KB174597

15단계로 배우는 도커와 쿠버네티스

Docker

Kubernetes

Original Japanese title:

15 STEP DE SHUTOKU DOCKER KARA HAIRU KUBERNETES

Copyright ⓒ 2019 Maho Takara
Original Japanese edition published by Ric Telecom Corp.
Korean translation rights arranged with Ric Telecom Corp.
through The English Agency (Japan) Ltd. and Danny Hong Agency

---

15단계로 배우는 도커와 쿠버네티스

1쇄 발행 2020년 10월 12일
2쇄 발행 2021년 5월 31일

지은이 타카라 마호
옮긴이 이동규
펴낸이 장성두
펴낸곳 주식회사 제이펍

출판신고 2009년 11월 10일 제406-2009-000087호
주소 경기도 파주시 회동길 159 3층 3-B호 / **전화** 070-8201-9010 / **팩스** 02-6280-0405
홈페이지 www.jpub.kr / **원고투고** submit@jpub.kr / **독자문의** help@jpub.kr / **교재문의** textbook@jpub.kr

편집부 김정준, 이민숙, 최병찬, 이주원 / **소통기획부** 송찬수, 강민철 / **소통지원부** 민지환, 김유미, 김수연
진행 이주원 / **교정·교열** 박대호 / **내지디자인 및 편집** 남은순 / **표지디자인** 미디어픽스
용지 에스에이치페이퍼 / **인쇄** 한승인쇄사 / **제본** 장항피엔비

ISBN 979-11-90665-46-9 (93000)
값 34,000원

제이펍은 독자 여러분의 아이디어와 원고 투고를 기다리고 있습니다. 책으로 펴내고자 하는 아이디어나 원고가 있는
분께서는 책의 간단한 개요와 차례, 구성과 저(역)자 약력 등을 메일(submit@jpub.kr)로 보내 주세요.

15단계로 배우는 도커와 쿠버네티스

Docker

Kubernetes

타카라 마호 지음 / 이동규 옮김

제이펍

❀ 차례

옮긴이 머리말

컨테이너가 물류 시스템의 효율을 높여서 세상을 바꾸었듯이, 도커와 쿠버네티스도 IT 산업의 효율을 획기적으로 높이며 발전하고 있습니다. 개발자의 개발 효율, 운영자의 운영 효율 그리고 하드웨어의 이용 효율까지도 높여 주고 있습니다.

저는 3년 전부터 회사에서 쿠버네티스를 사용해 왔습니다. 처음 쿠버네티스를 공부할 때만 해도 처음 접하는 용어들, 이를테면 파드나 컨트롤러, etcd, flannel, calico와 같은 용어들이 너무 낯설어서 지레 겁부터 먹었던 기억이 납니다. 하지만 막상 쿠버네티스를 접하고 보니 그 구조가 상당히 심플하다는 것을 알았습니다. 미리 겁먹을 필요가 없었습니다. 그래서 지금부터 쿠버네티스를 공부하는 분들에게 두려움 없이 시작하라고 권하고 싶습니다. 산을 오르기 전엔 어떤 경사 길이 있을지 두려워 도전 자체가 꺼려질 수 있지만, 이미 가 본 사람이 길을 알려 준다면 안심하고 도전할 수 있지 않을까요? 그런 마음으로 입문자들을 격려하고 싶습니다.

쿠버네티스 진입을 어렵게 하는 1차 관문은 설치입니다. 쿠버네티스는 여러 대의 머신으로 구성된 클러스터에서 그 진가를 발휘하지만, 처음 개념을 파악하는 단계에서는 미니쿠베(Minikube)를 추천합니다. 여러분이 사용하는 컴퓨터에 미니쿠베를 설치한 뒤, 매니페스트를 배포하고 쿠버네티스의 상태를 확인하는 일에 익숙해지기 바랍니다. 이때 매니페스트는 YAML 형식을 주로 사용합니다. 따라서 이 책의 Step05 끝에 있는 'K8s 사용자를 위한 YAML 입문'을 미리 읽어 본다면 도움이 될 것입니다.

미니쿠베를 통한 연습이 충분히 되었다면, 여러 대의 머신에서 쿠버네티스를 사용해 보고 싶은 생각이 들 것입니다. 이 책에서 준비한 스크립트를 사용하면 여러 대의 가상 머신 위에서 쿠버네티스 클러스터를 자동으로 구축할 수 있습니다. 명령어 하나만 실행하면 여러분의 컴퓨터에 멀티 노드 클러스터가 준비되기 때문에 무척 편리합니다. 쿠버네티스 입문 시 가장 큰 난관인 설치 문제를 해결해 주는 것입니다. 다만, 실습하는 컴퓨터의 사양이 너무 낮거나 디스크의 용량이 부족하면 설치에 실패할 수도 있습니다. 그런 경우에는 클라우드의 쿠버네티스 서비스를 이용해 보기 바랍니다.

이 책에서는 구글 클라우드와 IBM 클라우드의 사용법을 안내합니다. 쿠버네티스의 모체가 구글에서 탄생한 만큼 구글의 클라우드 서비스를 이용해 보는 것도 의미가 있을 것입니다. 한편, IBM 클라우드는 아직 국내 이용자가 많지 않은 것으로 알고 있습니다. 국내에서 이미 확고하게 자리를 잡은 AWS나 Azure, GCP를 사용하는 것이 더 편리하고 활용도가 높을 수 있지만, 후발 주자는 이용자가 적어 인프라가 쾌적하거나 나름의 혜택을 주려고 노력하기 때문에 알아 두는 것도 도움이 되리라 생각합니다. 어느 업체를 선택하든 처음에는 일정 시간 무료로 사용할 수 있으며, UI에 다소 차이가 있을 뿐 사용법은 거의 비슷합니다.

쿠버네티스는 비교적 버전 업데이트가 빠른 편입니다. 저자는 버전 1.14를 기준으로 책을 집필했고, 번역 시점에서는 1.18이 최신이었습니다. 번역을 진행하면서 예제 코드가 버전 1.14와 1.18에서 동작함을 확인하였습니다. 아마 당분간은 새로운 버전이 출시되더라도 책의 예제 코드는 변경이 필요하지 않거나 있더라도 적은 수정에 그칠 것으로 예상합니다.

이 책은 실습이 가능한 15단계로 구성되어 있습니다. 단계별로 실습하다 보면 쿠버네티스의 기본 동작 원리를 익힐 수 있고, 더 나아가 응용하는 수준까지 도달할 수 있으리라 생각합니다. 세상에는 반짝 빛을 냈다가 단명하는 소프트웨어가 많지만, 쿠버네티스는 오래도록 소프트웨어 업계에서 자리를 잡을 가능성이 크다고 생각합니다. 쿠버네티스가 중심이 되는 IT 세상에서 활약하고 싶은 많은 분들에게 이 책이 도움이 되었으면 좋겠습니다.

옮긴이 **이동규**

⚙️ 시작하며

스마트폰이 널리 사용되는 오늘날, 실로 다양한 앱들이 등장하면서 빠르게 발전하고 있다. 이에 따라 애플리케이션의 개발과 운영 또한 예전처럼 긴 시간을 들여 설계하고 개발하는 대신 끊임없이 빠르게 진화되어야 한다.

이러한 개발과 운영 스타일의 전환 중심에 있는 것이 컨테이너화와 데브옵스(DevOps)다. 그중에서도 특히 주목받는 것이 쿠버네티스(Kubernetes, 약칭 K8s)다. 쿠버네티스는 구글이 처음으로 만들었고, 현재는 CNCF(Cloud Native Computing Foundation)에 참여하는 기업들이 오픈 소스로 개발하는 컨테이너 운영 플랫폼이다.

이 책의 목표와 특징

이 책은 쿠버네티스의 핵심 내용을 엄선하여 독자들이 효율적으로 익힐 수 있도록 구성했다. 무엇보다 실무에 보탬이 되는 지식을 담기 위해 노력했다.

이 책은 쿠버네티스를 다루기 전에 반드시 알아야 하는 컨테이너 기술의 기초부터 다룬다. 도커의 모든 내용을 망라하지는 않지만, 쿠버네티스를 다루는 데 필수적인 내용을 선별하여 담았다.

또한, 이 책은 학습 과정을 15단계로 구성하여 이해를 단계적으로 넓힐 수 있게 구성했다. PC에 직접 혹은 가상 머신을 사용하여 실습 환경을 구축하는 방법과 퍼블릭 클라우드를 사용하는 방법을 다룬다.

대상 독자

이 책의 대상 독자는 IT 업계에 종사하는 모든 사람들이며, 다음과 같은 목적을 가진 독자들에게 특히 적합하다.

- 개발자로서 컨테이너와 쿠버네티스의 필수 기술을 이해하고 활용하고 싶은 경우
- 시스템 아키텍트로서 시스템의 기획과 설계를 위해 필요한 지식을 얻고자 하는 경우
- IT 컨설팅을 하는 영업 담당자로서 고객과의 대화가 가능할 정도의 지식을 얻고자 하는 경우
- 기업 내 IT 활용 계획을 세우는 의사 결정권자로서 참고할 지식을 얻고자 하는 경우
- 쿠버네티스를 사용하는 프로젝트에 참가하게 되어 사용법을 파악해야 하는 경우
- 전직이나 능력 향상을 목표로 자기계발을 하는 경우

이 책의 학습 방법

이 책은 실습 형태로 구성된 15개의 스텝으로 이루어져 있다. 각 스텝에는 직접 실습을 하지 않아도 내용을 이해할 수 있도록 실행 예에 대한 중간 결과와 최종 결과를 같이 기술했다. 따라서 일일이 실습할 시간이 없거나 흐름만을 파악하고자 하는 독자에게도 도움이 될 것이다. 물론, 직접 학습 환경을 구축하여 실습해 보는 것이 가장 좋다. 실습 환경을 구축하는 방법은 부록에서 자세히 설명한다. PC에 실습 환경을 구축하면 퍼블릭 클라우드를 사용할 때처럼 비용이 발생하지 않아 이것저것 실험해 볼 수 있을 것이다.

쿠버네티스 프로젝트는 IT 인프라를 추상화하여 클라우드 환경이나 온프레미스 환경에 얽매이지 않는 애플리케이션 중심의 컨테이너 실행 환경 제공을 목표로 삼는다. 따라서 이 책에서 배운 내용은 온프레미스나 퍼블릭 클라우드를 포함한 모든 쿠버네티스 환경에서 도움이 될 것이다.

이 책의 구성

이 책은 3개의 장과 부록으로 구성되었다.

1장에서는 도커와 쿠버네티스에 대한 기초 지식과 개요를 다룬다. 구체적인 기술은 다루지 않기 때문에 IT에 익숙하지 않은 독자들도 IT 산업이 지향하는 방향과 쿠버네티스가 가지는 의미를 파악할 수 있을 것이다.

2장에서는 컨테이너에 대한 기술을 다룬다. 단계적으로 독자들의 이해를 높일 수 있게끔 구성했다. 도커는 쿠버네티스를 이루는 기초 기술이다. 도커를 이해함으로써 궁극적으로는 쿠버네티스를 잘 다루는 것을 목표로 설명했다.

3장에서는 본격적으로 쿠버네티스를 알아본다. 2장과 마찬가지로 단계적으로 지식을 획득할 수 있도록 구성했다. 쿠버네티스는 오픈 소스로 개발되면서 끊임없이 발전하고 있다. 그러다 보니 새로운 기능과 오래된 기능이 혼재되어 있다. 지금도 새로운 기능이 개발되고 있어, 최신 릴리즈에도 베타라고 불리는 개발 단계의 기능과 정식적으로 안정화된 GA(General Available) 기능이 공존하고 있다.

CNCF의 공식 웹사이트에는 쿠버네티스에 관한 문서화가 잘 되어 있는 편이지만, 상용 솔루션의 매뉴얼처럼 모든 기능이 꼼꼼히 기재되지는 않았으며, 최신 내용 업데이트가 누락되어 있기도 하다. 이러한 것들이 쿠버네티스의 진입을 어렵게 만드는 이유다. 쿠버네티스는 끊임없이 변화하고 있다. 따라서 이 책은 모든 기능을 구체적으로 망라하는 것에 목표를 두기보다는 각 기능의 목적과 근본 원리의 이해를 목표로 삼았다.

책의 부록에는 학습 환경을 구축하는 방법을 담았다. 독자들은 필요에 따라 학습 환경을 선택하여 실습을 진행할 수 있다. 부록의 마지막에는 퍼블릭 클라우드의 쿠버네티스 관리 서비스 사용법을 기재했다. 학습 환경을 구축하고 책의 내용을 공부한다면 CNCF Certified Kubernetes Administrator 자격증 시험을 준비하는 데 분명 도움이 될 것이다.

*　　　　　　*

저자는 퍼블릭 클라우드 업체에서 자사의 클라우드를 소개하고 널리 알리고 있다. 이 일을 하면서 도커와 쿠버네티스가 소프트웨어 개발과 운영 방식을 근본적으로 바꾸는 획기적인 기술이라는 확신을 가지게 되었다. 더 많은 사람들이 쿠버네티스를 깊이 이해하도록 도움을 주고 싶어 이 책을 집필하였다. 독자 여러분에게 도움이 되길 바라며, 이 책이 IT 산업 발전에 작은 보탬이 되길 희망한다.

⚙️ 감사의 말

이 책은 많은 분들의 도움과 아이디어로 탄생하였습니다. 컨테이너와 쿠버네티스 스터디를 하며 기술에 대한 이해를 높였고, 참가자들과의 토론을 통해 기술의 가치를 확인할 수 있었습니다. 또한, 고객사분들로부터 들은 기업이 해결해야 될 많은 문제들은 이 책을 만드는 데 큰 동기부여가 되었습니다. 이러한 활동으로 만난 모든 분들께 감사드립니다.

쿠버네티스라는 좋은 소프트웨어를 개발하는 CNCF 쿠버네티스 프로젝트의 한 분 한 분에게도 감사를 표하고 싶습니다. 그리고 쿠버네티스 서비스를 추진하면서 아낌없이 지도해 주신 IBM 글로벌팀과 강사의 기회를 주신 직장 상사분께도 감사를 전합니다. 한 권의 책을 세상에 내는 일의 어려움, 품질의 중요성을 알려 주시고 지도해 주신 편집자 마츠모토 아키히코 님에게도 감사하다는 말을 전합니다.

많은 분들이 바쁘신 와중에 개인적인 시간을 내어 책의 오류를 찾아 주셨습니다. 한 분 한 분께 감사의 마음을 표합니다. 마지막으로 날마다 저를 지지해 준 아내 유미에게 진심을 담아 감사의 마음을 전합니다.

책을 검토해 주신 분들

바쁘신 와중에도 열심히 이 책을 검토해 주신 분들이 계십니다. 진심으로 감사드립니다.

이와시나 토모노리, 키시다 요시히로, 쿠로카와 아츠시, 사토 코우타, 신도 켄타로, 세키구치 타다토시, 토키타 히데아키, 나카지마 유키, 노구치 타쿠야, 하나이 시오, 하야마 쿄우헤이, 후루카와 마사히로, 모토즈미 미츠히로, 모리 다이스케, 야스다 시노부

타카라 마호

⚓ 샘플 코드 및 기타 안내

자신의 PC에서 실습하는 경우

이 책의 독자는 자신의 PC에 학습 환경을 구축하고 샘플 코드(주로 2장과 3장)를 다운로드하여 실습해 볼 수 있다. 학습 환경을 구축할 때는 무료로 공개된 OSS(Open Source Software)와 저자가 작성한 자동 구축 코드를 사용한다. 학습 환경에 대한 자세한 내용은 1장의 네 번째 절 '이 책의 학습 환경'과 부록을 참고하자.

● 샘플 코드 다운로드 방법 ●

이 책의 스텝 01~15(2장과 3장)에서 사용하는 샘플 코드는 원서 깃헙(GitHub) 리포지터리를 포크(fork)한 다음 페이지에서 구할 수 있다. 학습 환경을 구축하기 위해 사용하는 코드는 부록을 참고하자.

• https://github.com/Jpub/15_DandK

깃헙에서 다운로드하는 경우

```
$ git clone https://github.com/Jpub/15_DandK
```

라이선스 및 지원

이 책에서 제공하는 코드는 저자가 MIT 라이선스로 공개하기 때문에 누구나 무료로 사용할 수 있다. 그러나 사용에 대한 기술적 지원과 책임은 지지 않는다. 버그를 발견하거나 수정이 필요한 경우는 리포지터리의 이슈(Issues)에 등록하거나 풀 리퀘스트(Pull Requests)를 요청하기 바란다.

출간 후 추가 정보

이 책이 출간되고 난 후의 변경 사항이나 업데이트는 다음 페이지에서 확인할 수 있다.

• https://github.com/Jpub/15_DandK

⚓ 베타리더 후기

 김형빈(티맥스소프트)

쿠버네티스 버전 업데이트가 수시로 이루어지다 보니 현 시점과는 다소 차이가 있지만, 그래도 기본적인 뼈대 내용인 각 컨트롤러와 리소스에 대한 개념은 크게 변하지 않았습니다. 이 책은 저자의 경험을 기반으로 한 팁과 놓치기 쉬운 정보들을 실용적이고 자세한 예시와 함께 설명합니다. 따라서 도커와 쿠버네티스를 배우려는 초급자뿐 아니라 실무로 이 둘을 접한 중급자에게도 도움이 되리라 생각합니다. 도커와 쿠버네티스에 관한 기본 지식을 다지기 좋은 책입니다.

 신진규(JEI)

처음부터 끝까지 읽는 것만으로도 충분히 배울 점이 많은 책입니다. 직접 인프라를 구성하고 실습하는 것이 좋겠지만, 초심자에게는 쉽지 않은 과제입니다. 이 책은 실제로 실습하지 않고도 책을 통해 전반적인 기능을 파악할 수 있도록 도와줍니다.

 안병규(티라유텍)

이 책은 도커와 쿠버네티스의 개념 및 사용 방법을 단계별로 잘 설명합니다. 해당 분야에 대한 대부분의 내용을 커버하며, 이제 막 입문하려는 분들 혹은 이미 사용하는 분들에게도 아주 유용한 책이라 생각합니다. 또 책에 나온 예제 코드들은 깃헙에서 지속적으로 관리되고 있으므로 쉽게 사용할 수 있습니다. 게다가 지금까지 베타리딩을 하며 본 책들 중에서 가장 번역 품질이나 책의 품질이 좋은 것 같습니다. 오타도 거의 발견하지 못했고, 용어들도 거부감 없이 번역된 듯합니다. 감사합니다.

🔖 육용수

쿠버네티스는 '사실상 업계 표준의 컨테이너 오케스트레이션'이라고 불립니다. 그만큼 수많은 곳에서 쿠버네티스를 사용하고 있습니다. 어떤 솔루션은 아예 쿠버네티스 관리 프로그램으로 노선을 변경하기도 할 정도입니다. 이 책은 매뉴얼과 비슷합니다. 꼼꼼하게 설명하고, 예상되는 다양한 상황도 기재하고 있어 읽는 사람이 책을 벗어나 검색 엔진에 빠져들지 않도록 도와줍니다. 책의 마지막에 도달했을 때는 이미 탄탄한 기초가 쌓였을 것입니다.

🔖 임혁(나일소프트)

서버 가상화와 컨테이너 방식의 운영 플랫폼 중 큰 각광을 받는 것이 바로 도커와 쿠버네티스입니다. 그동안 초보자가 진입하기에는 어려움이 많았으나, 이 책은 고급 수준을 포함하면서도 입문자도 실력을 갖출 수 있도록 구조, 철학, 용어부터 친절히 설명하고 있습니다. 저자가 이끄는 대로 잘 따라가다 보면 최신 기술에 익숙해져 있는 자신을 볼 수 있을 것입니다.

🔖 정태일(삼성SDS)

이 책은 쿠버네티스를 정확하게 이해하고 사용할 수 있도록 컨테이너 기초 지식부터 실전에 활용 가능한 지식까지 폭넓게 다룹니다. 책에서 제시하는 15단계를 차근차근 따라가다 보면 쿠버네티스 기술 전반에 대한 개념이 머릿속에 잡힐 것입니다. 저는 실무에서 쿠버네티스를 활용하기 위한 기초 경험이 쌓이는 느낌을 받을 수 있어 더 좋았습니다. 아울러 적재적소에 들어간 그림과 표는 쿠버네티스 구성 요소를 이해하는 데 한층 도움이 되었습니다. 또한, 다른 베타리딩 서적에 비해 어색한 표현이나 오타가 적었고, 각 장 마지막에 참고 자료로 명시된 다양한 URL을 통해서 책에 담긴 것 이상의 많은 자료와 내용을 찾아볼 수 있어서 좋았습니다.

🔖 최용호(넥슨코리아)

제가 느낀 이 책의 장점은 군더더기 없는 설명입니다. 쿠버네티스를 활용하는 실무자 입장에서도 큰 도움이 되는 실용적인 내용들로 가득하고, 예제의 흐름도 자연스럽습니다. 사용하다 보면 의미를 제대로 이해하지 못한 채 반복적으로 사용하는 명령어들이 꽤 있는데, 그런 부분들까지 세세하게 설명하고, 근간이 되는 지식들도 빼놓지 않고 알려 줍니다. 쿠버네티스는 특정 벤더에 종속적이지 않은 표준으로 자리 잡고 있기 때문에 이 책으로 잘 알아 두면 도움이 될 것입니다. 베타리딩을 진행하며 이렇게 문장이 깔끔한 경우는 흔치 않았던 것 같습니다. 문맥도 굉장히 읽기 쉽고 술술 읽혀서 개인적으로 재미있게 읽었습니다. 도커나 쿠버네티스를 활용하면서 찾기가 굉장히 어려운 요소들이 있는데, 그런 부분들까지 설명하고 있어서 정말 큰 도움이 되었습니다.

 황도영(하이퍼커넥트)

어려워 보이는 쿠버네티스를 15단계에 걸쳐 명쾌하게 소개합니다. 코드와 실행 결과를 중심으로 진행하고 있어, 하나씩 따라가며 쿠버네티스의 컴포넌트들을 이해하기 좋습니다. 개인적으로는 어렴풋하게만 알던 쿠버네티스였지만, 이 책을 보며 전체적인 로드맵을 그릴 수 있었습니다. 그만큼 내용이 좋아서 입문하려는 분들께 추천합니다. 그리고 저서라고 착각할 만큼 글이 매끄럽고 술술 읽히는 데다, 편집 품질도 좋아서 베타리딩하기도 아주 편했습니다.

제이펍은 책에 대한 애정과 기술에 대한 열정이 뜨거운 베타리더의 도움으로
출간되는 모든 IT 전문서에 사전 검증을 시행하고 있습니다

1 장

도커와 쿠버네티스의
개요

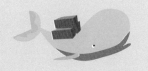

이 책은 총 3개의 장과 부록으로 구성되었다. 1장은 도커와 쿠버네티스의 개요로, 구체적인 설명보다는 기술의 배경과 전반적인 개요를 다룬다. IT에 익숙하지 않은 독자들도 쿠버네티스가 무엇이며, 왜 필요한지와 같은 전반적인 개요를 파악할 수 있을 것이다. 특히, 쿠버네티스가 해결하는 과제가 현재 IT 산업이 지향해야 할 방향과 일치하는 것임을 알게 될 것이다.

1 쿠버네티스란?

컨테이너화의 의의와
쿠버네티스의 개요

쿠버네티스(Kubernetes)는 컨테이너화된 애플리케이션을 효율적으로 배포하고 운영하기 위해 설계된 오픈 소스 플랫폼이다. 따라서 쿠버네티스를 이해하기 위해서는 먼저 컨테이너를 사용하는 이유부터 알아야 한다.

오늘날 애플리케이션이 사용되는 모습을 잠시 떠올려 보자. 남녀노소를 불문하고 많은 사람들이 스마트폰을 사용해서 게임, 음악, 쇼핑, SNS 등의 애플리케이션을 이용한다. 일상에서 수시로 사용되고, 경쟁 애플리케이션이 범람하는 가운데 중요성이 점차 높아지는 것이 바로 지속적 통합(CI)과 지속적 배포(CD)[1]다. 사용자에게 새로운 기능과 서비스를 빠르고 안정적으로 제공해야 하는 것이다. 컨테이너 기술은 이러한 요구 사항에 효과적인 대안을 제시한다.

개발자들은 일반적으로 오픈 소스를 사용하여 짧은 시간에 고품질의 애플리케이션을 개발한다. 그런데 오픈 소스의 경우는 버전이 계속 바뀌기 때문에 같은 팀의 개발자들 간에도 서로 다른 버전을 사용하는 상황이 벌어지기 일쑤다. 즉, 개발자들 간에 개발 환경의 차이가 발생하여 개발 생산성과 안정성이 떨어지는 것이다.

이러한 상황에서는 컨테이너 기술이 빛을 발한다. 컨테이너 기술은 애플리케이션 실행에 필요한 라이브러리나 운영체제 패키지 등을 모두 담아서 불변의 실행 환경(Immutable Infrastructure)을 만든다. 이렇게 하면 개발자들 간에, 그리고 테스트와 운영 환경 간의 차이를 없앨 수 있어 개발 생산성을 높이고, 애플리케이션 정식 서비스를 안정적으로 배포할 수 있게 된다.

1 　보충　CI/CD(Continuous Integration/Continuous Delivery)에서 CI는 지속적 통합이라 부르며, 소프트웨어 개발을 할 때 테스트 단계에서만 테스트하는 것이 아니라 일상적으로 빌드와 테스트를 수행하여 실제 동작을 확인하는 사이클을 돌면서 소프트웨어 품질을 관리하는 것을 말한다. 일반적으로 CI를 위한 전용 소프트웨어나 SaaS를 이용하여 자동화한다. 한편, CD는 지속적 배포라 불리며, CI의 범위를 확장해서 통합 테스트를 위한 스테이징 환경에 배포, 그리고 정식 서비스 배포까지 자동화 도구를 사용하여 수행하는 것을 말한다.

이러한 컨테이너화된 애플리케이션의 엔드 유저는 스마트폰을 사용하는 일반 사용자가 될 수도 있으므로, 수십 명에서 수백만 명의 규모까지 대응 가능한 확장성과 가용성이 요구된다. 이러한 요구를 만족시킬 수 있는 업계 표준 플랫폼으로 기대를 받는 것이 바로 쿠버네티스다.

컨테이너화와 쿠버네티스의 필요성에 대해 간단히 살펴봤다. 이번 장에서는 쿠버네티스의 전반적인 개요를 살펴볼 것이고, 2장에서는 도커를 기반으로 한 컨테이너 기술을, 3장에서는 쿠버네티스의 내부 구조에 대해 살펴볼 것이다.

1.1 쿠버네티스의 개요

쿠버네티스는 구글의 사내 운영 시스템인 Borg를 오픈 소스로 만든 것이며, 크게 다음과 같은 기능을 제공한다.

- 배포 계획에 맞춰 애플리케이션을 신속하게 배포할 수 있다.
  - 컨테이너 개수, CPU 사용률, 메모리 사용량을 설정 가능
  - 저장 공간, 네트워크 접근 제어, 로드밸런싱 기능 설정 가능
- 가동 중인 애플리케이션을 스케일 업/다운할 수 있다.
  - 요청이 많을 때는 컨테이너 수를 늘려서 처리 능력을 높임
  - 요청이 적을 때는 컨테이너 수를 줄여서 자원 점유율이나 요금을 줄임
- 새로운 버전의 애플리케이션을 무정지로 업그레이드할 수 있다.
- 하드웨어 가동률을 높여 자원 낭비를 줄인다.

쿠버네티스는 서비스 운영에서 발생하는 다양한 부담을 줄이는 것을 목표로 하여 다음과 같은 특징을 가진다.

- 다양한 환경에서 쿠버네티스 사용 가능
  - 퍼블릭 클라우드: 고객들 간에 공유하는 대신 저렴하고 신속한 운영이 가능한 인프라 환경
  - 프라이빗 클라우드: 독점적으로 사용하여 보안을 높일 수 있는 인프라 환경
  - 멀티 클라우드: 여러 퍼블릭 클라우드를 함께 사용하는 경우
  - 하이브리드 클라우드: 온프레미스와 퍼블릭 클라우드를 함께 사용하는 경우

- 온프레미스: 자사 설비를 이용해 애플리케이션에 특화된 운영을 하는 경우
- 계속되는 변화를 전제로 설계된 높은 유연성과 확장성
  - 마이크로 서비스화된 애플리케이션에 최적화된 실행 환경
  - 느슨한 결합에 의한 유연성, 교체 용이성
  - 다양한 스펙의 서버가 혼재하는 클러스터 구성에 사용 가능
  - 서버(노드)의 정지, 추가, 제거가 용이
  - 저장소나 로드밸런서의 동적 프로비저닝
  - 퍼블릭 클라우드 API와 연동한 쿠버네티스 조작
- 고가용성과 성능 관리
  - 서버 정지 시 애플리케이션 재배포 자동화
  - 애플리케이션의 이상 종료 시 자동 재기동
  - 필요한 인스턴스의 개수를 유지
  - 높은 부하에서 자동 스케일

2014년 이래 많은 기업들이 쿠버네티스를 서비스에 활용하였다. 프로젝트 홈페이지(https://kubernetes.io/ko/case-studies/)를 방문하면 다양한 활용 사례들을 찾아볼 수 있다.

1.2 탄생부터 현재까지의 역사

쿠버네티스는 많은 기업이 참가한 덕분에 빠르게 발전을 거듭하며 서비스에 활용되고 있다. 그만큼 쿠버네티스가 제공하는 기능은 현재의 IT 업계에서 반드시 필요하다고 할 수 있다. 이 책에서 다루는 기능 중에는 포함된 지 채 1년이 안 된 기능들도 있다. 빠른 개발 속도를 문서화가 따라가지 못해, 블로그 기사를 참고해야 하는 경우도 있다. 특히 버전 업과 함께 발표된 블로그는 프로젝트가 어떻게 발전해 왔는지 흐름을 이해하는 데 큰 도움을 준다. 각 버전별로 URL을 기재하였으니 참고하기 바란다.

앞서 소개한 대로 쿠버네티스는 구글의 사내 운영 시스템인 Borg에서부터 출발했다. 2015년 4월, 구글은 〈Large-scale cluster management at Google with Borg〉라는 논문을 발표했다. 이 논문에서 구글은 지난 10년간 클러스터와 관련된 모든 워크로드가 Borg라는 관리 시스템을 사용하도록 교체되었고, 이 Borg가 진화하여 쿠버네티스가 되었다고 밝혔다[1]. 그리고 같은

시점에 쿠버네티스 버전 0.15를 발표했다[2].

쿠버네티스 프로젝트는 CNCF(Cloud Native Computing Foundation)가 주도하고 있다. 이 단체는 2015년 7월에 발표하고, 2016년 1월에 정식으로 발족했다. 발표 시점에는 AT&T, 시스코(Cisco), 클라우드 파운드리 재단(Cloud Foundry Foundation), CoreOS, 사이클컴퓨팅(CycleComputing), 도커(Docker), 이베이(eBay), 골드만삭스(GoldmanSachs), 구글(Google), 화웨이(Huawei), IBM, 인텔(Intel), 조이넷(Joynet), 메소스피어(Mesosphere), 레드햇(RedHat), 트위터(Twitter), VMware, 위브웍스(Weaveworks) 등의 28개 회사가 참가했고, 그 후에도 계속해서 늘어나 2018년에는 170개 회사가 참여했다.

다음 연표를 보면 알 수 있듯이 2016년 이후 쿠버네티스는 연간 네 번 정도 버전 업을 하며 성능, 안정성, 보안 기능을 강화해 왔다. 그리고 2018년 3월에는 충분히 성숙한 소프트웨어로 인정되어, CNCF의 인큐베이션 단계를 졸업하였음이 선언되었다. 졸업이라고 해도 CNCF로부터 탈퇴하는 것이 아닌, 필요한 기능을 충분히 갖추었음을 의미한다. 그 후에도 쿠버네티스는 CNCF의 대표적인 프로젝트로 운영되고 있다.

2015년 7월: CNCF 발표. 구글, 시스코, 레드햇, IBM 등이 참여[3]

2015년 7월: OSCON(오픈 소스 컨벤션)에 버전 1.0 출시[4, 5]

2015년 11월: 버전 1.1로 성능 개선[6]

2016년 3월: 쿠버네티스의 개발 주체가 CNCF로 정식 이관[7]

2016년 3월: 버전 1.2, 성능 개선[8]

2016년 7월: 버전 1.3, 오토스케일 구현[9]

2016년 9월: 버전 1.4, 클러스터 구성 작업을 쉽게 만들어 2개의 커맨드로 구축 가능[10]

2016년 12월: 버전 1.5, 정식 서비스 운영을 위한 지원, 스테이트풀셋(StatefulSet) 베타 버전 출시[11]

2017년 3월: 버전 1.6, 5,000노드를 넘어서는 스케일, 클러스터 페더레이션[12]

2017년 6월: 버전 1.7, 보안 기능 강화[13]

2017년 9월: 버전 1.8, 롤 기반 접근 제어(RBAC) 안정화[14]

2017년 12월: 버전 1.9, 미션 크리티컬(Mission Critical)한 워크로드를 위한 안정성 달성[15]

2018년 3월: CNCF 인큐베이션 단계로부터 졸업 선언[16]

2018년 3월: 버전 1.10, CSI(Container Storage Interface)가 베타 버전으로 출시[17]

2018년 7월: 버전 1.11, CoreDNS가 기본으로 CSI를 강화[18]

2018년 10월: 버전 1.12, RuntimeClass 도입으로 다른 실행 환경의 노드 대응[19]

2018년 12월: 버전 1.13, kubeadm과 CSI 정식 제공[20], kubeadm이 정식 이용[21]

2019년 3월: 버전 1.14, Windows 노드와 로컬 퍼시스턴트 볼륨 기능[22]

※ 참고 자료의 출처는 각 장의 마지막에 정리하였다.

현재도 쿠버네티스는 베타 버전의 기능을 다수 포함하고 있으며, 더욱 뛰어난 소프트웨어를 만들기 위해 많은 활동이 이어지고 있다.

1.3 쿠버네티스의 발음과 로고에 대하여

Kubernetes는 어떻게 발음해야 할까? 이 단어는 그리스어라서 영미권 사람들도 발음을 고민하는 듯하다. 쿠버네티스의 창립 멤버 중 한 명인 브렌단 번스(Brendan Burns)는 자신의 트위터에서 다음과 같이 말했다[23].

▲ 그림 1 브렌단 번스의 트윗 내용

유튜브를 보면 외국인들이 '쿠베네티스'로 많이 발음한다. 저자의 직장 동료들은 줄여서 '쿠베'나 '쿠바'로 부르기도 하지만, 전반적으로 '쿠버네티스'라고 부른다[24]. 그러므로 이 책에서도 '쿠버네티스'라고 부르겠다.

쿠버네티스는 그리스어로 조타수, 캡틴 등의 의미가 있어, 배의 타륜을 그린 로고가 사용된다[25].

▲ 그림 2 쿠버네티스의 로고와 이름

1.4 쿠버네티스가 해결하는 과제

스마트폰 애플리케이션은 일상에서 빈번하게 사용되며, 새로운 아이디어와 사용자들의 피드백에 따라 자주 새로운 버전이 출시된다. 이러한 개발 환경에서는 지속적 통합(CI)과 지속적 배포(CD)가 중요한데, 도커와 쿠버네티스를 사용하면 다음과 같은 과제들을 효과적으로 해결할 수 있다.

과제 1: 애플리케이션의 빈번한 출시[2]

경쟁사보다 뛰어난 애플리케이션을 제공하기 위해서는 되도록 많은 아이디어를 시험해 보고, 실패를 경험하고, 성공에 도달하는 것이 중요하다. 쿠버네티스의 롤아웃과 롤백 기능은 새로운 기능을 빈번하게 출시하고 버그 수정을 긴급 투입하는 것과 같은 민감한 작업을 안전하게 자동화해 준다. 이를 사용하면 정식 운영 중인 서비스의 애플리케이션 컨테이너를 무정지로 교체할 수 있다. 또한, 교체 중에 발생하는 성능 저하와 프로그램 충돌로 인한 서비스 정지를 막기 위해 컨테이너 교체 정책(policy)을 설정할 수 있다. 그리고 롤아웃을 취소하고 롤백하는 것도 가능하다.

과제 2: 무정지 서비스

스마트폰이 보급되면서 사용자들은 24시간 언제 어디서나, 심지어 이동 중에도 서비스에 접근할 수 있게 되었다. 특히 IoT(Internet of Things)가 발전하면서 자동차, 가전제품 등에도 인터넷이 연결되기 시작했다. 이처럼 IT 기술이 사람들의 생활을 감싸기 시작하면서 서비스의 가용성이 중요한 요건이 되었다.

쿠버네티스의 자기 회복 기능은 무정지 서비스 운영을 도와준다. 응답이 없어진 컨테이너를 재기동하며, 쿠버네티스 클러스터(이하 K8s 클러스터) 내에 지정한 수만큼 컨테이너가 돌도록 관리해 준다.

2 　**보충** 애플리케이션이 새롭게 출시될 때는 소스 코드뿐 아니라, 데이터베이스의 스키마가 변경되는 경우도 있다. NoSQL을 사용하고 있다면, 코드를 수정하는 것으로 끝날 수도 있지만 SQL 데이터베이스를 사용하는 경우에는 별도로 스키마를 변경하고 코드에서 사용되는 SQL문을 바꿔줘야 한다. 그래서 SQL 데이터베이스를 사용하는 경우에는 쿠버네티스를 사용해도 무정지 롤아웃이나 롤백이 쉽지 않을 수 있다. 그리고 애플리케이션에 로그인 중인 유저의 세션을 유지하기 위해 컨테이너들이 공통으로 접근할 수 있는 외부 캐시를 사용해야 한다. 이처럼 무정지 롤아웃이라는 쿠버네티스의 장점을 살리기 위해서는 애플리케이션 설계 단계에서부터 충분히 고려해야 한다.

과제 3: 초기 비용을 낮추고 비지니스 상황에 맞게 규모를 조정

컨테이너 기술[3]은 애플리케이션과 실행 환경을 하나로 묶어서 배포할 수 있게 해준다. 그리고 쿠버네티스는 복수의 노드 위에서 컨테이너가 조화롭게 돌아갈 수 있도록 해준다.

이때 K8s 클러스터의 각 노드들이 똑같은 스펙일 필요는 없다. 따라서 비지니스의 초기 단계에서는 스펙이 낮고 저렴한 가상 서버를 사용하다가, 비지니스가 확대되면 고성능의 가상 서버나 물리 서버를 투입시키는 전략을 취하여 초기 비용을 낮출 수 있다.

K8s 클러스터 내에서 컨테이너를 다른 노드로 옮기기 위해서는 먼저 해당 노드에 스케줄이 되지 않도록 설정하고, 해당 노드의 모든 컨테이너를 추방시키면 된다.

과제 4: 쿠버네티스와 외부 서비스와의 연동

애플리케이션 서버와 달리 데이터베이스에 대한 컨테이너화는 신중하게 접근할 필요가 있다. 컨테이너는 태생적으로 언제든지 재시작될 수 있는 일시적인 존재로 상태를 포함하지 않는 것을 전제로 하기 때문이다. 이때 하이브리드한 시스템을 구축하는 것이 한 가지 대안이 될 수 있다. 예를 들면, 클라우드의 DBaaS(Database as a Service)나 온프레미스에서 관리하는 데이터베이스와 연동하는 것이다. 이러한 연동을 위해 쿠버네티스는 외부 서비스를 내부 DNS에 등록하는 기능을 제공한다.

과제 5: 개발 환경과 운영 환경의 분리[4]

컨테이너의 개발이 완료되어 테스트까지 끝났다면 정식 서비스 때 배포하기 전까지는 이미지를 다시 빌드하지 않는 것이 좋다. 테스트로 검증되지 않은 기능이 포함될 여지가 있기 때문이다. 하지만 운영 환경에서 사용하는 엔드포인트나 인증 정보는 테스트 환경과 다르기 마련이다. 예를 들어, 데이터베이스의 접속 주소나 HTTPS를 위한 인증서 등이 다르다.

쿠버네티스에서는 클러스터를 여러 개의 가상 환경으로 분할하는 것이 가능하다. 그리고 각각의 가상 환경에 설정 파일, 보안이 필요한 인증서나 비밀번호를 저장할 수 있다. 그리고 컨테이

---

3 보충 도커 컨테이너의 특징에 관해서는 다음 절을 참고하기 바란다.

4 보충 개발 중 컨테이너에 포함시킨 디버깅 도구들은 정식 서비스에 배포하는 이미지에는 포함시키지 않는 것이 좋다. 이를 위해서는 다음과 같은 배포 규칙을 정하는 것이 좋다. 개발이 완료되어 테스트까지 통과했으면 출시용 이미지를 다시 빌드하고, 이 이미지로 테스트를 다시 한번 수행한다. 그리고 정식 서비스에 배포하기 전까지 다시 빌드하지 않는다는 규칙을 지킨다.

너에서는 이 저장된 정보에 접근할 수 있다. 따라서 이를 활용하면 테스트 환경에서 운영 환경으로 옮길 때, 이미지를 다시 만들 필요가 없다. 즉, 테스트가 완료된 컨테이너의 이미지를 그대로 정식 운영 환경에 배포할 수 있는 것이다.

과제 6: 온프레미스와 클라우드 위에 구축

보안상의 이유로 인터넷을 경유하는 퍼블릭 클라우드를 사용하지 않는 기업도 있다. 하지만 보안이 문제되지 않는 상황이라면 퍼블릭 클라우드를 최대한 활용하고 싶은 개발자들도 늘고 있다. 이에 따라 퍼블릭 클라우드의 활용 또한 점차 늘어나는 추세다.

대형 클라우드 업체들은 EKS(AWS), AKS(Azure), IKS(IBM Cloud)와 같은 쿠버네티스 서비스를 제공한다. 쿠버네티스는 인프라의 복잡성을 감추며, 일관된 인터페이스로 다룰 수 있도록 설계되었다. 따라서 온프레미스와 클라우드 환경에서 동일한 인터페이스로 조작하며 운영할 수 있다.

과제 7: 애플리케이션 중심의 오케스트레이션

퍼블릭 클라우드 덕택에 애플리케이션을 위한 인프라를 구축하는 노동과 시간이 상당히 줄어들었다. 여기에 쿠버네티스는 애플리케이션 중심의 운영이라는 흐름을 더욱 가속화하고 있다. 애플리케이션 개발자가 YAML[5] 파일을 기술하여 쿠버네티스에 제출하면 로드밸런서, 저장소, 네트워크, 런타임 등의 환경이 구성된다.

과제 8: 특정 기업에 종속되지 않는 표준 기술

IT 기술은 기업의 경영 자원으로서 그 중요도가 점점 높아지고 있다. 특히 빅데이터 및 인공지능 기술이 기업 성장에 중요한 요소로 부각되고 있다. 이러한 기술들의 실행 환경으로 주목받는 것이 컨테이너 기술과 쿠버네티스다.

특정 IT 기업이 독점하는 기술에 의지하는 건 리스크 관리 측면에서도 피해야 할 일이다. 쿠버네티스 프로젝트는 원래 구글에서 시작되었지만, CNCF에 기증되어 오픈 소스 프로젝트로 운영되고 있다. 170여 개의 회사가 참가하고 있기 때문에 특정 회사에 종속되지 않은 표준 기술로 자리잡았다고 볼 수 있다.

---

5   주 YAML에 대해서는 '2장 칼럼 K8s 사용자를 위한 YAML 입문'을 참고하기 바란다.

과제 9: 서버들의 가동률 높이기

CPU 사용률이 낮은 서버가 많은 것은 퍼블릭 클라우드에서도 온프레미스에서도 바람직하지 않다. 한편, 쿠버네티스에서 사용되는 컨테이너 기술은 애플리케이션이 정해진 서버에서 돌지 않아도 된다는 자유를 제공한다. 또한, CPU 사용 시간이나 메모리 요구량도 간단히 제어할 수 있다.

이 기술 덕분에 쿠버네티스는 가동률이 적은 서버의 애플리케이션을 한곳에 모을 수 있다. 그래서 서버의 CPU 가동률을 높게 유지하면서도 안정적으로 서비스를 제공한다는 상반되는 요구 사항을 충족시킬 수 있는 것이다.

1.5 쿠버네티스의 아키텍처

쿠버네티스의 아키텍처는 매우 간단하다. 클러스터 관리를 담당하는 마스터와 컨테이너화된 애플리케이션을 실제로 실행하는 노드라는 단 두 종류의 서버로 구성된다. 클라우드의 문서에서는 마스터를 마스터 노드, 노드를 워커 노드로 기재하는 경우도 있다. 또한, 노드는 초기에 미니언이라 불리기도 했다[26, 27]. 지금부터는 쿠버네티스 클러스터를 K8s 클러스터라고 표기하고, 쿠버네티스는 K8s라고 줄여서 표기하겠다.

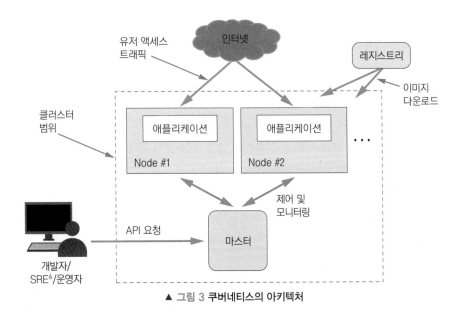

▲ 그림 3 쿠버네티스의 아키텍처

6 　주 Site Reliability Engineer(사이트 신뢰성 엔지니어)의 약어로, 운영 업무뿐만 아니라 운영의 신뢰성 향상, 자동화를 목적으로 하는 프로그램 개발을 담당하는 엔지니어를 말한다.

마스터는 kubectl과 같은 API 클라이언트로부터 요청을 받아서 애플리케이션의 배포, 스케일 업/다운, 컨테이너의 버전 업 등의 요구를 처리한다. 마스터는 K8s 클러스터의 단일 장애점(Single Point of Failure, SPOF)이 되지 않도록 다중화할 수 있다[28].

유저의 요청이 늘어나 처리 능력을 늘려야 할 때는 기본적으로 컨테이너의 수를 늘리면 되는데 이때 노드 수를 늘려야 할 때도 있다. 쿠버네티스에 연결 가능한 노드의 개수는 버전 1.11 기준으로 5,000대다[29]. 노드를 추가하고 제거하는 작업은 애플리케이션이 돌아가는 중에도 실시할 수 있다.

한편, K8s 클러스터의 외부에는 레지스트리가 있다. 이는 도커의 레지스트리와 동일하다. 각 노드에서 이미지를 다운로드할 수 있도록 네트워크상 접근 가능한 곳에 있어야 한다.

마무리

이번 절에서 알아본 쿠버네티스의 핵심을 일곱 가지로 정리하면 다음과 같다.

1. 쿠버네티스는 대규모의 유저 요청을 받아들이는 서비스의 백엔드에 적합한 플랫폼으로서, 지속적 통합과 지속적 배포에 적합한 구조를 가진다.

2. 퍼블릭 클라우드와 온프레미스에서 같은 방식으로 사용할 수 있다.

3. 컨테이너 기술을 통해 애플리케이션과 서버 인프라를 분리하여 변화에 대응할 수 있는 유연성과 확장성을 제공한다.

4. 역사는 짧지만, 프로젝트를 진행하는 CNCF(Cloud Native Computing Foundation)는 많은 기업의 지지를 받으며 빠르게 성장해, 집필 시점에는 170여 회사가 참여 중이었다. 정식 서비스에 운영할 수 있을 정도로 성숙하여 많은 기업들이 활용하고 있다.

5. 주요 퍼블릭 클라우드 업체가 쿠버네티스 관리 서비스를 제공하고 있어 온프레미스에서 클라우드로 쉽게 이동할 수 있다.

6. 쿠버네티스는 그리스어로 조타수나 캡틴을 의미하며, 그 의미에 맞게 타륜 그림을 로고로 채택하였다.

7. 쿠버네티스의 아키텍처는 마스터와 노드로 구성되며, 마스터가 노드를 제어하고, 노드에서 컨테이너가 돌아간다.

쿠버네티스는 컨테이너 기술을 기초로 하기 때문에 컨테이너에 대한 지식이 필수다. 이어지는 1장 2절에서는 컨테이너를 다루는 법을 알아보고, 3절에서 쿠버네티스의 구성 요소에 대해 알아본다.

참고 자료

[1] 구글의 Borg 논문, Abhishek Verma, Luis Pedrosa, Madhukar R. Korupolu, David Oppenheimer, Eric Tune, John Wilkes(2015), 〈Large-scale cluster management at Google with Borg〉, https://research.google.com/pubs/pub43438.html

[2] Kubernetes Release: 0.15.0, https://kubernetes.io/blog/2015/04/kubernetes-release-0150

[3] CNCF 발족 발표, https://www.cncf.io/announcement/2015/06/21/new-cloud-native-computing-foundation-to-drive-alignment-among-container-technologies/

[4] Announcing Kubernetes 1.0, http://kuberneteslaunch.com/

[5] Kubernetes 1.0 Launch Event at OSCON, https://kubernetes.io/blog/2015/07/kubernetes-10-launch-party-at-oscon

[6] Kubernetes 1.1 Performance upgrades, improved tooling and a growing community, https://kubernetes.io/blog/2015/11/kubernetes-1-1-performance-upgrades-improved-tooling-and-a-growing-community

[7] Cloud Native Computing Foundation Accepts Kubernetes as First Hosted Project; Technical Oversight Committee Elected, https://www.cncf.io/announcement/2016/03/10/cloud-native-computing-foundation-accepts-kubernetes-as-first-hosted-project-technical-oversight-committee-elected/

[8] Kubernetes 1.2: Even more performance upgrades, plus easier application deployment and management, https://kubernetes.io/blog/2016/03/kubernetes-1-2-even-more-performance-upgrades-plus-easier-application-deployment-and-management/

[9] Kubernetes 1.3: Bridging Cloud Native and Enterprise Workloads, https://kubernetes.io/blog/2016/07/kubernetes-1-3-bridging-cloud-native-and-enterprise-workloads/

[10] Kubernetes 1.4: Making it easy to run on Kubernetes anywhere, https://kubernetes.io/blog/2016/09/kubernetes-1.4-making-it-easy-to-run-on-kubernetes-anywhere

[11] Kubernetes 1.5: Supporting Production Workloads, https://kubernetes.io/blog/2016/12/kubernetes-1-5-supporting-production-workloads

[12] Kubernetes 1.6: Multi-user, Multi-workloads at Scale, https://kubernetes.io/blog/2017/03/kubernetes-1-6-multi-user-multi-workloads-at-scale/

[13] Kubernetes 1.7: Security Hardening, Stateful Application Updates and Extensibility, https://kubernetes.io/blog/2017/06/kubernetes-1-7-security-hardening-stateful-application-extensibility-updates/

[14] Kubernetes 1.8: Security, Workloads and Feature Depth, https://kubernetes.io/blog/2017/09/kubernetes-18-security-workloads-and

[15] Kubernetes 1.9: Apps Workloads GA and Expanded Ecosystem, https://kubernetes.io/blog/2017/12/kubernetes-19-workloads-expanded-ecosystem

[16] 최초의 CNCF 졸업 프로젝트 Kubernetes Is First CNCF Project To Graduate, https://www.cncf.io/blog/2018/03/06/kubernetes-first-cncf-project-graduate/

[17] Kubernetes 1.10: Stabilizing Storage, Security, and Networking, https://kubernetes.io/blog/2018/03/26/kubernetes-1.10-stabilizing-storage-security-networking/

[18] Kubernetes 1.11: In-Cluster Load Balancing and CoreDNS Plugin Graduate to General Availability, https://kubernetes.io/blog/2018/06/27/kubernetes-1.11-release-announcement/

[19] Kubernetes 1.12: Introducing RuntimeClass, https://kubernetes.io/blog/2018/10/10/kubernetes-v1.12-introducing-runtimeclass/

[20] Kubernetes 1.13: Simplified Cluster Management with Kubeadm, Container Storage Interface (CSI), and CoreDNS as Default DNS are Now Generally Available, https://kubernetes.io/blog/2018/12/03/kubernetes-1-13-release-announcement/

[21] Production-Ready Kubernetes Cluster Creation with kubeadm, https://kubernetes.io/blog/2018/12/04/production-ready-kubernetes-cluster-creation-with-kubeadm/

[22] Kubernetes 1.14: Production-level support for Windows Nodes, Kubectl Updates, Persistent Local Volumes GA, https://kubernetes.io/blog/2019/03/25/kubernetes-1-14-release-announcement/

[23] 브렌단 번스(2015) 트위터(Twitter) 트윗, https://twitter.com/brendandburns/status/585479466648018944

[24] 쿠버네티스 위키페이지, https://ko.wikipedia.org/wiki/쿠버네티스

[25] 로고, https://github.com/kubernetes/kubernetes/tree/master/logo

[26] 아키텍처 문서, https://kubernetes.io/ko/docs/concepts/architecture/

[27] **아키텍처 그림(버전 1.5),** https://github.com/kubernetes/kubernetes/blob/release-1.5/docs/
design/architecture.md

[28] **고가용성 클러스터 구축 방법,** https://kubernetes.io/docs/setup/independent/high-availability/

[29] **대규모 클러스터 구축,** https://kubernetes.io/docs/setup/cluster-large/

2 컨테이너의 이해

쿠버네티스를 위해
꼭 알아야 하는 도커 지식

일반적으로 파이썬, PHP, 루비, 자바 등으로 애플리케이션을 개발할 때는 다양한 라이브러리나 오픈 소스로 공개되는 프레임워크를 사용하여 개발을 진행한다. 이를 통해 개발자가 직접 작성해야 하는 코드 양이 줄고 단기간에 고품질의 애플리케이션을 개발할 수 있다.

그런데 오픈 소스 프로젝트는 빈번하게 버전 업되며, 버그 수정, 보안 패치 등이 일어난다. 그결과, 애플리케이션을 빌드할 때마다 다른 라이브러리를 사용하게 될 가능성이 있다.

즉, 개발 생산성이 좋아지는 대신에 애플리케이션 소프트웨어의 안정성을 유지하기 어려워진 것이다. 라이브러리의 버전이 바뀌면 API의 호환성이 깨지거나 새로운 버그가 잠재할 수도 있다.

도커는 이러한 문제를 컨테이너를 통해 해결하여, 오픈 소스를 사용한 개발 생산성 향상과 애플리케이션 안정성이라는 두 마리 토끼를 잡고 있다. 컨테이너화된 애플리케이션을 운영하는 플랫폼 쿠버네티스도 일부 모듈이 컨테이너로 되어 있다.

이번 절에서는 도커와 관련된 기초 지식 중에서 쿠버네티스를 위해 필요한 부분을 중점적으로 살펴볼 것이다. 도커에는 이 책에서 소개하는 내용 외에도 다양한 기능이 있으니 도커 자체에 대한 서적도 참고하기를 추천한다.

2.1 컨테이너를 사용하는 이유

컨테이너를 사용하는 이유를 요약하면 다음과 같다[1].

1. **인프라의 사용률 향상**
   - 하나의 물리 서버나 가상 서버 위에서 여러 개의 컨테이너를 돌릴 수 있다.
   - CPU와 메모리 사용률을 높여 하드웨어를 효율적으로 이용할 수 있다.

2. **빠른 기동 시간**
  ○ 컨테이너의 기동 시간은 가상 서버나 물리 서버의 기동 시간보다 훨씬 빠르다.
  ○ 운영체제, 애플리케이션, 미들웨어 등 다양한 이미지를 쉽게 얻을 수 있다.
  ○ 설치 작업이나 설정 작업이 줄어든다.
  ○ 네트워크, 볼륨(외부 저장)을 소프트웨어 정의 오브젝트로 작성할 수 있다.

3. **불변 실행 환경(Immutable Infrastructure)**
  ○ 애플리케이션 실행에 필요한 소프트웨어를 모두 포함하여 컨테이너를 작성할 수 있다.
  ○ 컨테이너를 조합하여 시스템을 구성함으로써 특정 서버 환경에 대한 종속성을 배제할 수 있다.
  ○ 개발 환경과 운영 환경의 차이를 줄일 수 있다.

이러한 특징들 덕분에 컨테이너는 가상 서버보다 우수한 애플리케이션 실행 환경이라고 여겨진다. 그러면, 컨테이너는 어떠한 구조로 구성되었는지 살펴보자.

2.2 가상 서버와 컨테이너의 차이점

가상 서버는 가상화 소프트웨어를 사용하여 하드웨어를 공유하는 형태로, 마치 한 대의 전용 서버가 있는 것처럼 이용할 수 있게 해준다. 한 대의 머신에서도 여러 대의 가상 서버를 가동할 수 있어 하드웨어 구입이나 설치 관리 비용을 줄일 수 있다. 이러한 가상화 소프트웨어를 하이퍼바이저(Hypervisor)라 부르며, VMware, Xen, KVM, 버추얼박스(VirtualBox), Hyper-V와 같이 상용 제품부터 오픈 소스까지 다양한 제품들이 있다.

한편, 컨테이너는 하나의 리눅스 프로세스가 마치 전용 서버에서 동작하고 있는 것 같은 분리 상태를 만들어 낸다. 이는 리눅스 커널의 네임스페이스와 컨트롤 그룹(cgroup)이라는 기술을 기반으로 한다[2].

▲ 그림 1 가상 서버와 컨테이너의 차이

컨테이너와 가상 서버를 비교하면 다음 표 1과 같다.

▼ 표 1 컨테이너와 가상 서버 비교

특징	가상 서버	컨테이너
이미지 크기(CentOS 7.4의 경우)	최소 1.54GB	최소 0.20GB
메모리 사용량	기본 640MB	기본 512MB
벤치 마크 성능 비교	65%(Xen HVM 가상 서버)	90%
OS 기동 시간	분 단위	초 단위

개발자들이 주로 사용하는 Windows나 Mac에서 컨테이너를 돌리려면 리눅스 커널을 위해 가상 서버가 필요하다. Docker CE(Community Edition 18.06 이후)를 Mac이나 Windows에 설치하면 각각의 하이퍼바이저 위에서 LinuxKit이 기동하여, 그 위에서 컨테이너의 런타임인 containerd가 기동한다. Windows 10에서는 Hyper-V를 사용하고 Mac에서는 Hypervisor. framework를 기반으로 하는 HyperKit을 사용한다. 한편, LinuxKit은 컨테이너를 실행하기 위한 경량의 리눅스 서브 시스템으로 도커(Docker), IBM, 리눅스 파운데이션(Linux Foundation), 마이크로소프트(Microsoft), ARM, 휴렛 패커드(Hewlett Packard), 인텔(Intel)과 같은 회사가 만들었다[3, 4].

컨테이너는 하이퍼바이저상의 가상 서버에서도 사용할 수 있어 퍼블릭 클라우드의 가상 서버나 온프레미스의 OpenStack 위에서 많이 활용된다(그림 2). 가까운 미래에는 LinuxKit으로 표준화된 리눅스 커널을 통해 애플리케이션이 컨테이너 위에서 실행되는 것이 당연해지는 시대가 될 가능성이 높다[5].

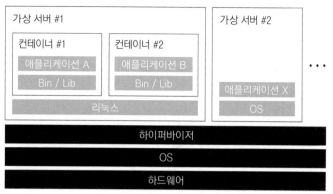

▲ 그림 2 가상 서버와 컨테이너를 함께 사용하는 경우

2.3 도커의 아키텍처

리눅스 커널이 제공하는 기능을 활용하면 도커가 아니라 자체적으로 컨테이너를 만드는 것도
가능하다. 그러나 그렇게 개발한 컨테이너는 커뮤니티가 개발한 컨테이너를 재사용하는 것이
어렵고 공유하기도 어렵다. 도커는 소프트웨어 개발자가 컨테이너를 이용해 개발 생산성을 높
일 수 있도록 컨테이너를 Build(작성), Ship(이동), Run(실행)할 수 있는 기능을 지원한다. 이러한
기능을 제공하는 도커는 도커 데몬 서버와 클라이언트인 도커 커맨드, 그리고 이미지의 보관소
인 레지스트리로 구성된다[6].

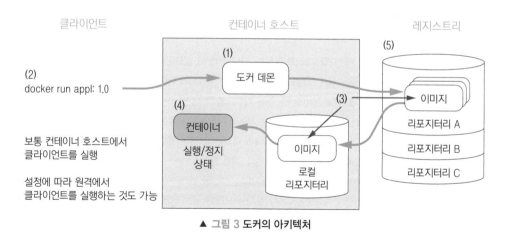

▲ 그림 3 도커의 아키텍처

그림 3에 표시된 도커의 구성 요소를 차례대로 알아보자.

(1) 도커 데몬

도커 데몬은 클라이언트인 도커 커맨드의 명령을 받아들여서 도커 오브젝트인 이미지, 컨테이너, 볼륨, 네트워크 등을 관리한다. 그리고 도커 데몬은 네트워크 너머에 있는 원격 클라이언트로부터 요청을 받는 것도 가능하다[7].

(2) 도커 클라이언트

도커 키맨드는 컨테이너를 조작하는 커맨드 라인 유저 인터페이스로 도커 데몬의 클라이언트다. 도커 커맨드는 도커 API를 사용하여 도커 데몬에 요청을 보낸다. 도커 커맨드를 통해 자주 사용하는 서브 커맨드 세 가지를 소개하면 다음과 같다[8].

1. **docker build**: 베이스 이미지에 기능을 추가하여 새로운 이미지를 만들 때 사용한다.
2. **docker pull**: 레지스트리에서 이미지를 로컬에 다운로드할 때 사용한다.
3. **docker run**: 이미지를 바탕으로 컨테이너를 실행한다.

도커 커맨드를 사용하면 컨테이너, 이미지, 네트워크, 볼륨 등의 오브젝트를 만들어 활용할 수 있다. 여기서 컨테이너와 이미지가 헷갈릴 수 있어 추가로 설명하겠다.

> **도커 커맨드 체계의 변화**
>
> 실행 중인 도커 컨테이너의 목록을 얻는 방법은 다음과 같이 두 가지가 있다.
>
> ```
> docker ps
> docker container ls
> ```
>
> 전자는 예전부터 있던 서브 커맨드다. 그리고 후자는 2017년 1월에 발표된 새로운 서브 커맨드 체계로서, 도커 버전 1.13부터 도입되었다. 새로운 서브 커맨드 체계에서는 서브 커맨드에 이어 container, image처럼 대상이 되는 오브젝트 종류를 지정하고, 그 후에 동사에 해당하는 키워드를 배치하여 이해하기 쉽고, 외우기도 쉬워졌다. 구 서브 커맨드 체계를 없애겠다는 발표는 없으나 새로운 기능에 대해서는 새로운 체계가 사용될 가능성이 높다.
>
> 저자도 새로운 서브 커맨드 체계에 익숙해지기 위해 노력했는데, 타이핑해야 할 글자수가 늘어나서 불편한 점도 있었다. 한편, 쿠버네티스는 축약된 명령어를 지원한다. 예를 들어, daemonset은 ds라고 짧게 줄여 쓸 수 있다. 메인프레임과 같은 오랜 역사의 OS 커맨드도 이용자의 생산성을 배려하여 축약형 명령어를 제공한다.
>
> 이 책에서는 새로운 서브 커맨드 체계만을 다루기보다는 오래된 서브 커맨드 중에서 자주 사용되는 것들을 소개하고자 한다. 대신, 스텝의 마무리 단계에서 오래된 서브 커맨드에 대응하는 새로운 커맨드를 소개하겠다. 이후 출시될 도커의 새로운 버전에서는 축약형 커맨드가 탑재되길 바란다.
>
> **참고 자료**
>
> https://blog.docker.com/2017/01/whats-new-in-docker-1-13/

(3) 이미지

이미지는 읽기 전용인 컨테이너의 템플릿을 말한다[9]. 컨테이너를 기동하기 위한 실행 파일과 설정 파일의 묶음이라고 볼 수 있다. 컨테이너를 실행하면 이미지에 담긴 미들웨어나 애플리케이션이 설정에 따라 기동한다. 도커 허브에는 데이터베이스, 웹 서버, 애플리케이션 등 다양한 이미지가 등록되어 있다. 예를 들면, CI/CD 도구[7]인 젠킨스(Jenkins)도 도커 허브에 등록되어 있어 이미지를 다운받으면 특별한 설치없이 젠킨스 서버를 바로 기동할 수 있다.

젠킨스를 본격적으로 사용하기 위해서는 일부 옵션을 추가해야 하지만, 별다른 설정 없이 기본 설정으로 'docker run'을 실행하면 그림 4의 ②와 같은 상태가 된다. 이 상태는 젠킨스의 컨테이너가 실행되어 웹 대시보드에 접속할 수 있는 상태다.

호스트의 로컬에 이미지가 존재하지 않는 경우에는 자동으로 원격 레지스트리에서 다운받아 실행한다. 한편, 그림 4의 ①과 같이 로컬에 이미지만을 다운로드하고 싶은 경우에는 'docker pull' 명령어를 사용한다.

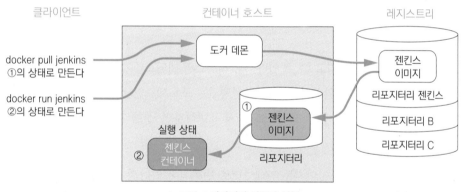

▲ 그림 4 이미지의 이동과 실행

대부분의 이미지는 다른 이미지에 기반하여 만들어진다. 예를 들어, 웹 서버인 Nginx의 컨테이너는 리눅스 배포판 중 하나인 데비안(Debian)에 기반하여 만들어졌다. 이미지를 만들 때는 기반 이미지와 설치 스크립트 등을 Dockerfile에 기재하여 빌드한다[10,11].

그림 5는 Dockerfile에 기술한 내용에 따라 Nginx의 컨테이너 이미지가 만들어지는 과정을 표현한 것이다. 제일 먼저 Dockerfile은 ① 'docker build' 명령어를 통해 읽혀지며, ② 기반이 되

---

7   보충 '1장 1.1 쿠버네티스의 개요' 중 보충 1을 참고하기 바란다.

는 데비안 이미지가 로컬에 없으면 레지스트리로부터 다운받는다. 그리고 ③ 데비안 이미지를 컨테이너로 기동하고 ④ Nginx 패키지를 설치하고 설정 파일을 추가한 후 ⑤ 새로운 이미지 Nginx로 로컬 리포지터리에 저장한다.

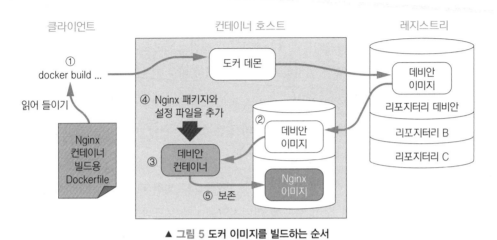

▲ 그림 5 도커 이미지를 빌드하는 순서

(4) 컨테이너

컨테이너는 하나의 프로세스라고 볼 수 있다. 즉, 리눅스의 네임스페이스나 컨트롤 그룹(Cgroups)을 통해 다른 프로세스들과 완전히 분리되어 실행되는 프로세스인 것이다. 하지만 컨테이너는 정지된 상태로도 관리되기 때문에 보다 명확하게 표현하자면 '실행 가능한 이미지의 인스턴스'[12]라고 할 수 있다(그림 6).

'docker run' 명령어를 통해 이미지는 컨테이너로 변환되어 하나의 인스턴스가 된다. 이 실행 상태의 컨테이너는 IP 주소를 가지는 하나의 독립된 서버처럼 동작한다. 컨테이너의 IP 주소와 포트번호로 온 요청은 컨테이너 내의 프로세스로 연결된다.

'docker run' 명령어를 실행할 때 다양한 옵션을 줄 수 있다. 그림 6의 예에서는 웹 서버 Nginx 컨테이너에 마운트할 볼륨으로 각각 ABC와 XYZ를 지정하고 있다. 이처럼 컨테이너를 실행할 때 전달하는 파라미터를 통해 동작을 바꿀 수 있어 하나의 이미지를 다양한 상황에서 재사용할 수 있다.

컨테이너를 정지하고 싶을 때는 'docker stop' 혹은 'docker kill' 명령어를 사용한다. 두 서브 커맨드의 차이점은 정상 종료를 기다릴지 아니면 바로 강제 종료할지 여부다. 어느 명령어를 사용해도 컨테이너는 정지 상태가 되지만, 삭제되는 것은 아니다. 정지 상태인 컨테이너는 'docker rm'에 의해 지워지기 전까지 기동했을 때의 실행 옵션과 로그들을 간직한다.

정지된 컨테이너를 다시 기동하기 위해서는 'docker start' 명령어를 사용한다. 이때 주의할 점은 정지 전에 할당되었던 IP 주소가 유지되지 않는다는 점이다. 컨테이너는 기동 시에 이전 이력과 관계없이 IP 주소가 할당된다.

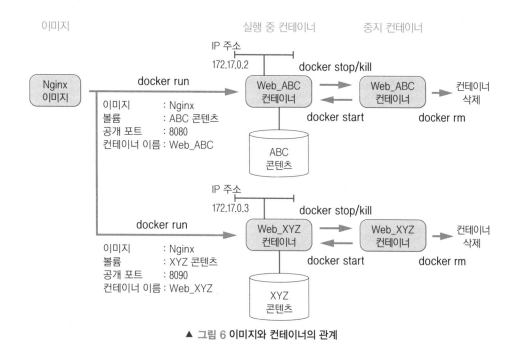

▲ 그림 6 이미지와 컨테이너의 관계

(5) 도커 레지스트리

도커 레지스트리는 컨테이너의 이미지가 보관되는 곳이다[13]. 도커는 기본으로 도커 허브(Docker Hub)에 있는 이미지를 찾도록 설정되어 있다. 'docker run hello-world'를 실행하면 공개 레지스트리인 도커 허브에 등록된 이미지 hello-world를 다운받아서 컨테이너로서 실행한다.

레지스트리와 리포지터리는 이름이 비슷하여 헷갈리기 쉽다. 레지스트리는 리포지터리를 여러 개 가지는 보관 서비스다. 그리고 리포지터리는 하나의 이미지에 대해 태그를 사용하여 다양한 출시 버전을 함께 보관하는 곳이다.

퍼블릭 레지스트리

누구나 이용할 수 있도록 공개된 레지스트리다. 도커 허브의 경우, 무료로 공개 리포지터리를
사용할 수 있는 반면, 비공개 리포지터리를 사용하기 위해서는 돈을 내야 한다.

git에 있는 Dockerfile이나 소스 코드를 편집하여 푸시(push)하면, 자동으로 이미지를 빌드하
고 리포지터리에 등록해 주는 자동화 서비스도 있다. 또한, 컨테이너의 취약성을 검사하여 보
고서를 제공하는 기능을 갖춘 레지스트리도 있다. 대표적인 공개 레지스트리로는 다음과 같은
것들이 있다.

1. Docker Hub(https://hub.docker.com/)
2. Quay(https://quay.io/)

클라우드 레지스트리

퍼블릭 클라우드가 제공하는 레지스트리 서비스다. 접근 가능한 계정을 제한하여 비공개로 운
영할 수 있다. 물론 인터넷에 공개하는 것도 가능하다. 대표적인 클라우드 레지스트리로는 다음
과 같은 것들이 있다.

1. Amazon Elastic Container Registry(https://aws.amazon.com/ecr/)
2. Azure Container Registry(https://azure.microsoft.com/en-us/services/container-registry/)
3. Google Container Registry(https://cloud.google.com/container-registry/)
4. IBM Cloud Container Registry(https://www.ibm.com/cloud/container-registry)

비공개 레지스트리

회사나 팀 전용으로 레지스트리를 구축하여 운영하는 경우에 해당한다. 이 책의 부록 2.4에 비
공개 레지스트리로 전용 레지스트리를 구축하는 방법을 소개하였다. 오픈 소스로 이용할 수 있
는 레지스트리 소프트웨어로는 다음과 같은 것들이 있다.

1. Harbor(https://goharbor.io/)
2. GitLab Container Registry(https://docs.gitlab.com/ee/user/project/container_registry.html)
3. registry(https://hub.docker.com/_/registry/)

쿠버네티스를 코어로 하는 소프트웨어 제품들 중에는 레지스트리 기능이 포함된 경우도 있다. 이들을 활용하면 구축 시간을 절약할 수 있다.

2.4 레지스트리와 쿠버네티스의 관계

쿠버네티스에서도 레지스트리에서 이미지를 다운로드받아 컨테이너를 실행한다. 이를 표현한 것이 그림 7이다. 쿠버네티스에서 컨테이너가 동작할 때까지의 흐름을 설명하면 다음과 같다.

1. docker build로 이미지를 빌드한다.
2. docker push로 이미지를 레지스트리에 등록한다.
3. kubectl 커맨드로 매니페스트에 기재한 오브젝트들의 생성을 요청한다.
4. 매니페스트에 기재된 리포지터리로부터 컨테이너의 이미지를 다운로드한다.
5. 컨테이너를 파드 위에서 기동한다.

이처럼 레지스트리는 쿠버네티스를 사용할 때 반드시 필요한 서비스다.

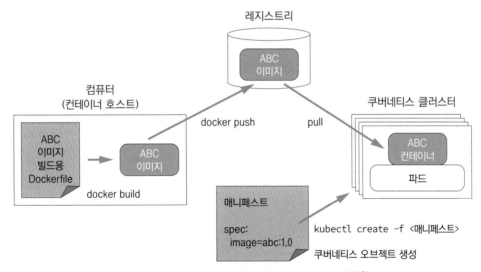

▲ 그림 7 도커와 쿠버네티스를 연결하는 레지스트리의 역할

쿠버네티스는 도커를 컨테이너의 런타임 환경으로 사용한다. 쿠버네티스를 설치할 때 제일 먼저 도커를 설치해야 하는 것도[14] 이 때문이다.

쿠버네티스와 도커의 연동을 그림 8에서 살펴보자.

도커 데몬 프로세스인 dockerd와 연동하여 동작하는 containerd[15] 프로세스는 원래 도커 기업이 개발하였다. 이후, 2017년 3월 런타임 표준화를 위해 도커에서부터 CNCF(Cloud Native Computing Foundation)로 기증되어 개발되었다[16]. 이후 containerd는 다양한 플랫폼 위에서 동작하는 업계 표준 코어 컨테이너 런타임으로 간결하고 높은 이식성을 목표로 개발되었다[17].

containerd는 Docker CE 17.3에서 버전 0.2.3이 도입되었고, Docker CE 17.12에서는 1.1이 되었다. 이를 통해 이미지 보관 및 전송, 컨테이너 실행, 볼륨과 네트워크 연결과 같은 컨테이너의 라이프 사이클을 호스트에서 완전히 관리할 수 있게 되었다.

containerd의 버전 1.1부터는 CRI(Container Runtime Interface)[18]에 대응하여 네이티브 kubelet[8]도 연동할 수 있게 되었다[19].

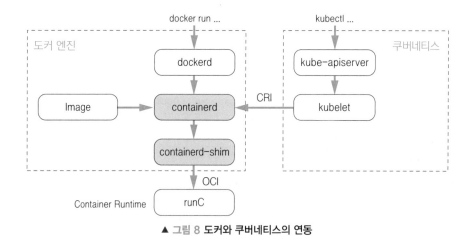

▲ 그림 8 도커와 쿠버네티스의 연동

---

8   📌 '1장 3 쿠버네티스의 기본' 중 표 2를 참고하기 바란다.

containerd는 OCI(Open Container Initiative)의 표준 사양[20]에 준하는 컨테이너 런타임 runC[21]를 사용한다. CRI를 통해 컨테이너 실행 요청을 받으면 contianerd는 containerd-shim을 만든다(shim이란 틈을 메워서 높이나 수평을 맞추기 위한 끼움쇠를 의미하며, 여기서는 containerd와 runC의 틈을 메워 준다고 볼 수 있다). runC는 컨테이너를 띄운 후 바로 종료하며, 이어서 container-shim이 프로세스로 남게 된다[22].

이와 같이 내부 표준화가 진행됨에 따라 향후 쿠버네티스의 컨테이너 실행 환경은 도커 설치를 필수로 하지 않게 되어, 보다 심플하고 경량으로 고속화될 수 있는 방향으로 개발이 진행되고 있다. 퍼블릭 클라우드의 쿠버네티스 관리 서비스와 상용 제품에서도 containerd와 kubelet이 직접 연계하는 방향으로 진행되고 있으며, IBM Cloud Kubernetes Service에서도 버전 1.11 이후에는 도커를 이용하지 않게 되었다[23].

2.6 컨테이너를 위한 기술과 표준

컨테이너를 구성하는 기반 기술들에 대해 간단히 살펴보자.

리눅스 표준 규격과 리눅스 ABI(Application Binary Interface)

도커를 사용하면 다양한 리눅스 배포판을 기반으로 한 컨테이너 실행이 가능하다.

예를 들면, CentOS 7, 데비안 9, 우분투 18.04의 컨테이너가 있다고 하자. 그러면 각 컨테이너가 사용하는 커널의 버전은 다 다르다. CentOS 7은 3.10, 데비안 9는 4.9, 우분투 18.04는 4.15[24, 25, 26]를 사용한다. 그런데 Docker CE(버전 16.04.0-ce)에서 이들 리눅스 배포판을 실행하면 컨테이너의 커널은 4.9.93-linuxkit-aufs가 사용된다.

이처럼 리눅스 배포판과 커널 버전이 달라도 동작하는 이유는 다음과 같다. 먼저 LBS(Linux Base Standard)는 소스 코드를 컴파일한 시점에서 호환성 있는 머신 코드를 생성하도록 ISO 규격으로 표준화되어 있다. 또한, 리눅스 ABI(Application Binary Interface)로 인해 리눅스 커널의 버전이 올라가도 유저 공간에서 동작하는 바이너리(머신 코드) 레벨의 호환성은 유지된다[27].

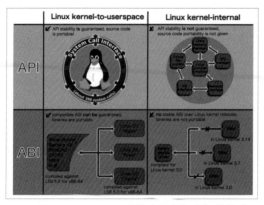

▲ 그림 9 Linux API, ABI의 유저 공간과 커널 내부[28]

리눅스 커널 기술

① 네임스페이스(Namespace)

네임스페이스는 리눅스 커널에 사용된 기술로 컨테이너가 하나의 독립된 서버와 같이 동작할 수 있게 한다. 네임스페이스를 사용하면 특정 프로세스를 다른 프로세스로부터 분리시켜 같은 네임스페이스 내에서만 접근할 수 있도록 제한할 수 있다[29].

▼ 표 2 네임스페이스의 종류와 역할

네임스페이스	의미	역할
pid	PID: Process ID	리눅스 커널의 프로세스 ID 분리
net	NET: Networking	네트워크 인터페이스(NET) 관리
ipc	IPC: Inter Process Communication	프로세스 간 통신(IPC) 접근 관리
mnt	MNT: Mount	파일 시스템의 마운트 관리
uts	UTS: Unix Timesharing System	커널과 버전 식별자 분리

② 컨트롤 그룹(cgroup)

도커는 리눅스 커널의 cgroup을 사용한다. cgroup은 프로세스별로 CPU 시간이나 메모리 사용량과 같은 자원을 감시하고 제한한다[30].

유니온 파일 시스템(UnionFS)

UnionFS는 다른 파일 시스템에서 파일이나 디렉터리를 투과적으로 겹쳐서, 하나의 일관적인 파일 시스템으로 사용할 수 있게 한다. 도커에서는 UnionFS의 여러 구현체(aufs, btrfs, overlay2) 중 하나를 선택할 수 있다. 예전에는 aufs가 사용되었으나, Docker CE 버전 17.12에서는 보다 빠르게 동작하고 구조가 간단한 overlay2가 사용된다[31, 32].

OCI(Open Container Initiative)

컨테이너의 표준 사양을 책정하기 위해 2015년 6월에 만들어진 단체로, 처음에는 The Open Container Project라고 불렸다. 설립 초기에는 도커(Docker)가 사실상 컨테이너의 표준이었는데, CoreOS가 또 다른 표준화를 진행하고 있어 업계 표준이 필요한 상황이었다. OCI의 설립에는 도커(Docker), CoreOS, 구글(Google), IBM, 레드햇(Red Hat), AWS, VMware, HP, EMC, Pivotal, 마이크로소프트(Microsoft), 리눅스 파운데이션(Linux Foundation) 등이 주요 멤버로 참가하였다[33].

이 단체가 2017년 7월에 발표한 OCI v1.0은 컨테이너 런타임의 표준 사양인 Runtime Specification v1.0과 이미지 포맷의 표준 사양인 Format Specification v1.0으로 구성된다 [34]. 이에 맞춰 도커가 구현한 것이 컨테이너 런타임 runC다[35]. 한편, CoreOS의 컨테이너 런타임 rkt도 내부적으로 표준에 맞추는 작업이 진행 중이다[36].

마무리

이번 절의 내용은 다음 일곱 가지로 요약할 수 있다.

1. 컨테이너를 사용하면 오픈 소스를 효율적으로 사용하여 애플리케이션을 개발할 수 있으며, 안정적으로 배포할 수 있다.
2. 컨테이너를 사용하는 의의로는 (1) 인프라 사용 효율 향상, (2) 빠른 기동 시간, (3) 불변 실행 환경(Immutable Infrastructure)이 있다.
3. 가상 서버와 비교했을 때 컨테이너는 (1) 경량, (2) 빠른 기동, (3) 이식성의 장점을 가진다.
4. 도커의 아키텍처는 클라이언트/서버 모델을 따르며, 서버인 도커 데몬이 클라이언트인 도커 커맨드로부터 요청을 받아 동작한다.

5. 컨테이너의 이미지를 보존하는 레지스트리는 개발한 컨테이너 이미지를 쿠버네티스에서 실행하기 위한 중간 창고와도 같은 존재다.

6. 쿠버네티스 스택은 예전부터 주로 도커를 런타임 환경으로 사용했는데, CRI(Container Runtime Interface)로 컨테이너 실행 환경과 연동하는 식으로 발전하고 있다.

7. 컨테이너 내의 실행파일은 리눅스의 표준 규격 LBS(Linux Base Standard)와 리눅스 ABI(Application Binary Interface)에 의해 실행이 보증된다. 그리고 컨테이너는 OCI(Open Container Initiative)가 정하는 업계 표준을 지킴으로써 이식성이 확보된다.

'2장 컨테이너 개발을 익히기 위한 5단계'에서는 쿠버네티스 이용을 위해 알아야 하는 도커의 실전 스킬을 다룬다. 이번 절에서 배운 이론들이 실제로 어떻게 동작하는지 확인할 수 있을 것이다.

참고 자료

[1] Adrian Mouat 著, 《Docker》, O'REILLY, p3-4

[2] 컨테이너의 기초 기술, https://docs.docker.com/engine/docker-overview/#the-underlying-technology

[3] macOS의 HyperKit용 LinuxKit, https://github.com/linuxkit/linuxkit/blob/master/docs/platform-hyperkit.md

[4] Windows의 Hyper-V용 LinuxKit, https://github.com/linuxkit/linuxkit/blob/master/docs/platform-hyperv.md

[5] LinuxKit 안내, https://blog.docker.com/2017/04/introducing-linuxkit-container-os-toolkit/

[6] 도커 아키텍처, https://docs.docker.com/engine/docker-overview/#docker-architecture

[7] How do I enable the remote API for dockerd, https://success.docker.com/article/how-do-i-enable-the-remote-api-for-dockerd

[8] 도커 커맨드 라인 레퍼런스, https://docs.docker.com/engine/reference/commandline/cli/

[9] 도커 오브젝트 이미지, https://docs.docker.com/engine/docker-overview/#docker-objects

[10] Nginx의 Dockerfile, https://github.com/nginxinc/docker-nginx/blob/3b108b59619655e3bd4597a059f544afa374b7fb/mainline/stretch/Dockerfile

[11] 데비안 컨테이너 이미지, https://hub.docker.com/_/debian/

[12] 도커 오브젝트 CONTAINERS, https://docs.docker.com/engine/docker-overview/#docker-objects

[13] 도커 레지스트리, https://docs.docker.com/engine/docker-overview/#docker-registries

[14] 쿠버네티스 설치 시 도커 설치, https://kubernetes.io/docs/setup/independent/install-kubeadm/#installing-docker

[15] 도커 엔진 설명, https://www.docker.com/products/docker-engine

[16] CNCF 발표, containerd 기증, https://www.cncf.io/announcement/2017/03/29/containerd-joins-cloud-native-computing-foundation/

[17] containerd 프로젝트 홈페이지, https://containerd.io/

[18] CR(Container Runtime Interface) 소개, https://kubernetes.io/blog/2016/12/container-runtime-interface-cri-in-kubernetes/

[19] Kubernetes와 containerd의 통합 GA, https://kubernetes.io/blog/2018/05/24/kubernetes-containerd-integration-goes-ga/

[20] Open Container Initiative 홈페이지, https://www.opencontainers.org/

[21] runC 소개, https://blog.docker.com/2015/06/runc/

[22] containerd-shim 역할 설명, https://stackoverflow.com/questions/46649592/dockerd-vs-docker-containerd-vsdocker-runc-vs-docker-containerd-ctr-vs-docker-c

[23] IBM Cloud Kubernetes Service Supports containerd, https://www.ibm.com/blogs/bluemix/2019/01/ibm-cloud-kubernetes-service-supports-containerd/

[24] CentOS의 버전과 커널 자료, https://en.wikipedia.org/wiki/CentOS

[25] 데비안의 버전과 리눅스 커널 자료, https://en.wikipedia.org/wiki/Debianversionhistory

[26] 우분투 버전과 리눅스 커널 지원, https://wiki.ubuntu.com/Kernel/Support

[27] 위키피디아, Linux Standard Base, https://en.wikipedia.org/wiki/LinuxStandardBase

[28] API와 ABI 그림, https://en.wikipedia.org/wiki/LinuxStandardBase#/media/File:Linuxkernel interfaces.svg

[29] 리눅스 네임스페이스, http://manpages.ubuntu.com/manpages/bionic/man7/namespaces.7.html

[30] 리눅스 컨트롤 그룹, http://manpages.ubuntu.com/manpages/bionic/man7/cgroups.7.html

[31] 도커 기초 기술, https://docs.docker.com/engine/docker-overview/#the-underlying-technology

[32] OverlayFS 스토리지 드라이버, https://docs.docker.com/storage/storagedriver/overlayfs-driver/

[33] 오픈 컨테이너 프로젝트 창설, https://blog.docker.com/2015/06/open-container-project-foundation/

[34] 오픈 컨테이너 홈페이지, https://www.opencontainers.org/

[35] runC 소스 코드, https://github.com/opencontainers/runc/

[36] OCI 이미지 포맷 로드맵, https://coreos.com/rkt/docs/latest/proposals/oci.html

Column

해상 컨테이너가 이룩한 혁명과 IT의 컨테이너 기술 혁명

도커의 로고는 고래의 등에 선박용 컨테이너가 쌓인 모양이다. 많은 컨테이너를 싣고 항해하는 화물선을 연상시킨다. 도커 학습 자료를 봐도 컨테이너를 가득 실은 화물선의 사진이 자주 사용된다. 다양한 화물을 컨테이너에 담아서 하나의 배로 옮기는 것은 실제로 도커를 사용해 다양한 워크로드를 하나의 서버에서 운영하는 것과 매우 비슷하다.

▲ 그림 1 컨테이너를 가득 싣고 항해하는 화물선

역사적으로 해상 컨테이너의 등장은 국제 해상 운송 분야뿐만 아니라 물류 업계에 대변혁을 불러 일으켰다. 해상 컨테이너가 있기 전에는 화물선에 담긴 물건을 옮기는 일을 사람들이 직접 담당했다. 화물을 일시 보관하기 위해 선착장 근처에는 창고가 줄지어 있었고, 배가 도착하면 많은 인력이 배와 창고를 왕복하며 짐을 옮기는 풍경이 연출되었다.

▲ 그림 2 부두에 늘어서 있는 창고와 짐을 내리는 모습(1920년대 호주, 애들레이드 항구)

2차 세계대전이 끝나고 경제가 살아나면서 화물량이 증대했고, 이에 따라 항구 노동력이 턱없이 부족하게 되었다. 배에서 짐을 내리는 작업이 길어져서 항구에 도착한 배가 바다 위에서 대기하는 일도 벌어졌다. 이는 항구와 연결된 트럭이나 철도와 같은 육상 수송에도 큰 영향을 미쳤다. 즉, 당시에는 항구에서 짐을 내리는 것이 물류의 병목 구간(bottleneck)이었던 셈이다.

그러다 1950년대 후반, 미국에서 개인 트럭 업자에서 굴지의 트럭 운송 회사의 주인이 된 말콤 맥린(Malcom P. McLean)이 해상 컨테이너, 전용 트레일러, 컨테이너선을 개발하여 시대를 바꿨다. 그의 수송 시스템은 국제 화물의 해륙 일관 수송이라는 대변혁을 불러 일으켰다. 이어서 유럽과 일본의 선박 회사가 정기 항로에 컨테이너선을 사용하여 1970년대에는 세계 주요 항로의 컨테이너화가 완료되었다. 이러한 해륙 일관 수송 시스템의 발전이 있었기에 오늘날의 물류 인프라를 통해 우리들의 생활이 더욱 풍성해진 것이다.

▲ 그림 3 트럭에 실리는 컨테이너

IT업계의 컨테이너는 이후 어떤 영향을 미치게 될까? 지금까지 소프트웨어와 시스템은 많은 엔지니어의 헌신적인 노력 덕분에 발전해 왔으나 만성적인 인력 부족 문제는 해결되지 않았다. 물류 업계의 역사를 돌이켜 보면 컨테이너를 통한 해륙 일관 수송이 항구 인력 부족 문제를 해결하여 원활한 글로벌 물류를 이뤘다. 도커 컨테이너와 쿠버네티스의 우수한 운영 기능은 지속적 소프트웨어 개발(CI)와 서비스 운영(DevOps)에 있어 일관화된 배포 파이프라인 구축에 크게 공헌할 것이라 기대된다. 도커와 쿠버네티스에 대한 IT 회사들의 반응을 보면, IT 업계에서도 해상 컨테이너가 불러온 개혁에 필적할 만한 기술의 발전을 기대해도 좋을 듯하다.

3 쿠버네티스의 기본

쿠버네티스의
기본 구조와 철학

본격적인 실습에 앞서 이번 절에서는 쿠버네티스의 기본적인 구조에 대해 알아보겠다.

3.1 아키텍처

1.5절에서 쿠버네티스는 마스터와 노드로 구성된다고 했다. 각각의 기능과 역할 그리고 구성 요소를 알아보자.

그림 1은 공식 웹사이트(https://kubernetes.io/docs/setup/)에 있는 쿠버네티스 업스트림의 기본 구성이다. 퍼블릭 클라우드의 쿠버네티스 관리 서비스에는 이외에 추가적인 컴포넌트들이 있으나 업스트림의 핵심 기능이 가장 중심이 된다.

그림 1에 나오는 내용을 실제 K8s 클러스터에서 확인해 보자. 실행 예 1은 학습 환경 2의 '2.1 멀티 노드 K8s'에서 마스터를 포함한 모든 노드에서 동작하는 파드의 목록을 출력한 결과다.

실행 예 1 각 노드에서 동작하는 파드의 목록

```
$ kubectl get pods --all-namespaces --sort-by=.spec.nodeName -o=custom-columns=NODE:
.spec.nodeName,NAME:.metadata.name,IMAGE:.spec.containers[0].image
NODE      NAME                               IMAGE
master    coredns-fb8b8dccf-7zgf7            k8s.gcr.io/coredns:1.3.1
master    etcd-master                        k8s.gcr.io/etcd:3.3.10
master    kube-apiserver-master              k8s.gcr.io/kube-apiserver:v1.14.0
master    kube-controller-manager-master     k8s.gcr.io/kube-controller-manager:v1.14.0
master    kube-scheduler-master              k8s.gcr.io/kube-scheduler:v1.14.0
master    kube-flannel-ds-amd64-qm579        quay.io/coreos/flannel:v0.10.0-amd64
master    kube-proxy-b8fcc                    k8s.gcr.io/kube-proxy:v1.14.0
node1     coredns-fb8b8dccf-jqht4            k8s.gcr.io/coredns:1.3.1
node1     kube-flannel-ds-amd64-sz66p        quay.io/coreos/flannel:v0.10.0-amd64
node1     kube-proxy-p4hdn                    k8s.gcr.io/kube-proxy:v1.14.0
node2     kube-proxy-tl2bn                    k8s.gcr.io/kube-proxy:v1.14.0
node2     kube-flannel-ds-amd64-5qfzx        quay.io/coreos/flannel:v0.10.0-amd64
```

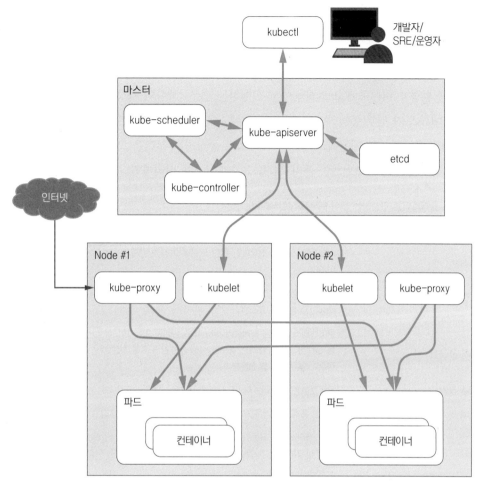

▲ 그림 1 마스터와 노드의 내부 구조

실행 예 1의 NODE, NAME, IMAGE 열이 의미하는 바를 표 1에 정리하였다.

▼ 표 1 실행 예 1 각 열의 의미

이름	설명
NODE	각 노드의 역할을 의미. 제어를 담당하는 master와 실행을 담당하는 node1과 node2가 존재
NAME	컨테이너의 실행 단위인 파드의 이름. 네임스페이스(Namespace) 내에서 유일한 이름이 되도록 해시 문자열이 추가로 붙기도 함
IMAGE	컨테이너의 이미지와 태그

앞의 파드의 목록은 업스트림 쿠버네티스에서 실행한 결과다. 퍼블릭 클라우드의 쿠버네티스 관리 서비스에서 실행해 보면 마스터에서 돌아가는 파드는 표시되지 않고, 각 업체가 독자적으로 추가한 파드도 있어 다소 다른 결과를 확인할 수 있지만 코어는 동일하다.

한편, 학습 환경 1 미니쿠베(Minikube)에서 실행하는 경우, 하나의 가상 서버 위에서 동작하고 있기 때문에 노드가 전부 동일하다. 그리고 실행 예 1에서 표시되는 것은 '파드'라 불리는 컨테이너에서 실행되는 것이기 때문에 리눅스 프로세스로 동작하는 부분은 포함되지 않는다. 쿠버네티스를 구성하는 기본 컴포넌트와 플러그인을 표 2와 표 3에 정리하였다.

▼ 표 2 K8s 클러스터를 구성하는 코어 프로세스(컨테이너)[1]

구성 요소	개요
kubectl	K8s 클러스터를 조작하기 위한 도구로 가장 빈번하게 이용되는 커맨드 라인 인터페이스다.
kube-apiserver	kubectl 등의 API 클라이언트로부터 오는 REST 요청을 검증하고, API 오브젝트를 구성하고 상태를 보고한다.
kube-scheduler	쿠버네티스의 기본 스케줄러이며, 새로 생성된 모든 파드에 대해 실행할 최적의 노드를 선택한다. 스케줄러는 파드가 실행 가능한 노드를 찾은 다음 점수를 계산하여 가장 점수가 높은 노드를 선택한다.
kube-controller-manager	컨트롤러를 구동하는 마스터상의 컴포넌트
cloud-controller-manager	API를 통해서 클라우드 서비스와 연계하는 컨트롤러로, 클라우드 업체에서 개발한다.
etcd	K8s 클러스터의 모든 관리 데이터는 etcd에 저장된다. 이 etcd는 CoreOS가 개발한 분산 키/값 저장소로 신뢰성이 요구되는 핵심 데이터의 저장 및 접근을 위해 설계되었다.
kubelet	kubelet은 각 노드에서 다음과 같은 역할을 수행한다. • 파드와 컨테이너의 실행 • 파드와 노드의 상태를 API 서버에 보고 • 컨테이너의 동작을 확인하는 프로브 실행 • 내장된 cAdvisor를 통해 메트릭 수집 및 공개
kube-proxy	kube-proxy는 각 노드에서 동작하며 로드밸런싱 기능을 제공한다. • 서비스와 파드의 변경을 감지하여 최신 상태로 유지 • iptables 규칙을 관리 • 서비스명과 ClusterIP를 내부 DNS에 등록
coredns	파드가 서비스 이름으로부터 IP 주소를 얻기 위해 사용된다. 버전1.11부터, kube-dns 대신 coredns가 사용되었다. 이전의 kube-dns가 부족했던 신뢰성, 보안성, 유연성이 coredns에서 개선되었다. CoreDNS 프로젝트는 CNCF가 관리한다[2].

구성 요소	개요
kube-flannel	kube-flannel은 모든 노드에서 실행되어 여러 노드 사이에서 IPv4 네트워크를 제공한다. 이에 따라 컨테이너(파드)는 K8s 클러스터 내부에서 사용되는 IP 주소를 바탕으로 다른 노드에 있는 파드와 통신할 수 있다[3]. 네트워크 접근 제어가 필요한 경우에는 calico를 사용해야 한다.
calico-kube-controllers	calico를 위한 컨트롤러. 데이터 스토어로서 etcd를 이용하기 위하여 사용된다[4, 5].
calico-node	모든 노드에서 실행되어 노드 간 파드의 통신, 라우팅, 네트워크 접근 관리 기능을 제공한다[4, 5].
kubernetes-dashboard	Web 대시보드
heapster	kebelet에 내장된 cAdvisor로부터 메트릭 정보를 수집. 버전 1.11부터 지원이 중단되었다[6].
metrics-server	heapster를 대신하여 버전 1.8부터 도입되었다. API의 aggregation layer를 통해서 K8s 클러스터 전체로부터 메트릭을 수집한다[7].

3.2 쿠버네티스 계층 구조

클라이언트 도구인 kubectl을 통해 K8s 클러스터를 조작하는 사람을 제일 위에 놓고 K8s 클러스터의 구성도를 그린 것이 그림 2다. K8s를 조작하는 사람으로는 애플리케이션 개발자, SRE(Site Reliability Engineer), 그리고 서비스 운영 및 감시 담당자가 있을 수 있다. 각자의 역할에 맞게 K8s 클러스터를 조작하며 사용하게 된다.

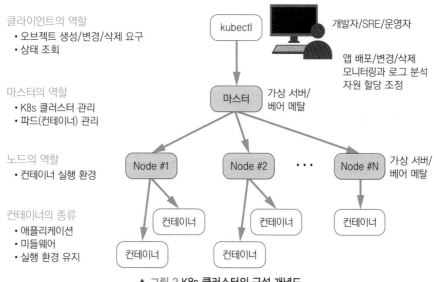

▲ 그림 2 K8s 클러스터의 구성 개념도

이 그림에서의 마스터 노드는 다음과 같은 역할을 담당한다.

1. 쿠버네티스의 API 서버로서 클라이언트로부터의 명령을 받아들이고 실행
2. 컨테이너를 파드 단위로 스케줄링 및 삭제
3. 파드의 컨트롤러 기능과 외부 리소스 관리

여기서 스케줄링이란 용어가 무엇인지 아직은 쉽게 감이 잡히지 않을 수도 있다. 일반적으로 스케줄링이란 해야 될 일을 계획하는 것을 의미하지만, 쿠버네티스에서는 파드를 실행할 노드를 정하는 것을 의미한다. 마스터는 각 노드의 CPU와 메모리 예약 상황, 그리고 실제 사용량을 감시하고 있다. 그래서 새로운 파드를 배치해야 할 때는 해당 파드의 매니페스트에 기재된 CPU와 메모리 요청값 및 상한값을 기준으로 조건에 부합하는 노드를 찾아서 파드를 스케줄한다. 즉, 파드의 실행을 할당한다.

3.3 쿠버네티스 API 오브젝트

여기서는 쿠버네티스 API 리소스의 개요를 살펴본다. 쿠버네티스에서 사용되는 API 리소스 타입의 이름은 지금까지 IT 업계에서 관용적으로 사용된 용어와 다소 다른 의미로 사용되는 경우가 있어 주의가 필요하다.

쿠버네티스 API란?

쿠버네티스에 대한 조작은 모두 API를 통해 이뤄진다. 커맨드 라인 유저 인터페이스인 kubectl은 마스터 노드상의 kube-apiserver에게 쿠버네티스 API 규약[8]에 맞게 기술된 목표 상태 선언서인 매니페스트를 YAML[9] 형식 혹은 JSON 형식으로 전송하여 오브젝트를 만들고, 바꾸고, 제거하는 일을 한다. 이 API 규약은 새로운 버전이 공개될 때마다 추가나 변경된 점이 반영된 API 레퍼런스가 공개된다[9, 10].

또한, 다양한 프로그램 언어로 API 라이브러리[11]가 제공된다. 예를 들면 파이썬, Go 언어를 사용하여 쿠버네티스 운영을 자동화하는 것이 가능하다.

9 　📕 YAML에 대한 자세한 내용은 '2장 칼럼 K8s 사용자를 위한 YAML 입문'을 참고하기 바란다.

오브젝트란?

쿠버네티스 오브젝트란 K8s 클러스터 내부의 엔티티로서, 이후 설명할 파드, 컨트롤러, 서비스 등의 인스턴스를 의미한다. 각각의 오브젝트는 쿠버네티스 API의 리소스 종류(Kind)에 맞게 설정되고 생성된다. 오브젝트는 지정된 상태가 유지되도록 쿠버네티스에 의해 제어된다.

각 오브젝트는 메타데이터에 기술된 이름에 의해 식별된다. 따라서 오브젝트를 만들 때는 반드시 이름을 부여해야 한다. 같은 종류(Kind)의 오브젝트의 이름은 하나의 네임스페이스(Namespace)에서 반드시 유일해야 한다.

네임스페이스(Namespace)는 K8s 클러스터를 논리적으로 분할하여 사용하기 위해 존재하는 기능이다. 예를 들어, 쿠버네티스의 시스템 관련 기능을 수행하는 오브젝트들은 일반적인 애플리케이션들과 구별하여 네임스페이스 kube-system에 만들어진다. 그리고 kubectl의 유효 범위는 지정한 네임스페이스로 제한된다.

워크로드(Workload)

워크로드란 오브젝트의 카테고리를 나타내는 용어로 컨테이너와 파드, 그리고 컨트롤러의 그룹을 의미한다. 이들은 컨테이너의 실행을 관리하기 위해 사용된다. 다만 이 책에서는 워크로드를 애플리케이션이나 프로그램의 부하를 의미하는 경우로도 사용하고 있으므로 문맥에 맞게 적절히 판단하기 바란다.

컨테이너(Container)

쿠버네티스에서는 컨테이너만을 독자적으로 실행하는 것은 불가능하고, 반드시 파드 내에서 실행해야 한다. 컨테이너 기동 시 설정할 수 있는 항목은 이미지의 이름, 실행 명령어, 실행 인자, 환경 변수, 볼륨, CPU 사용 시간과 메모리 크기의 요청값 및 상한값 등이 있다.

파드(Pod)

파드는 컨테이너를 실행하기 위한 오브젝트다. 파드는 한 개 혹은 여러 개의 컨테이너를 담을 수 있으며, 이 구조는 완두콩이 콩을 담고 있는 모양과 비슷하다. 그래서 꼬투리를 의미하는 영어 단어 Pod가 이름이 되었다[12]. 파드는 매우 중요한 오브젝트이므로 뒤에서 보다 자세히 다룬다.

컨트롤러(Controller)

컨트롤러는 파드의 실행을 제어하는 오브젝트로서, 여러 종류의 컨트롤러가 있어 각 컨트롤러의 기능을 이해하고 목적에 맞게 적절히 구별해서 사용해야 한다. 예를 들어, 클라이언트-서버 모델에 적합한 디플로이먼트 컨트롤러는 서버가 돌아가는 파드의 개수가 지정한 숫자보다 적으면, 자동으로 지정한 개수가 되도록 파드를 기동시킨다. 그리고 배치 처리를 위한 잡 컨트롤러는 배치 처리가 정상 종료될 때까지 재실행을 반복한다.

설정(Configuration)

컨테이너 내 애플리케이션의 설정값이나 비밀번호 등의 정보는 배포된 네임스페이스로부터 취득하는 것이 좋다. 이를 위해 설정을 저장할 수 있는 컨피그맵(ConfigMap)과 비밀번호와 같은 기밀 정보를 담기 위한 시크릿(Secret)이라는 오브젝트가 있다. 이들을 통해 네임스페이스에 저장된 정보는 컨테이너 내의 파일이나 환경 변수를 통해 애플리케이션에서 참조할 수 있다.

서비스(Service)

쿠버네티스에서의 서비스는 파드와 클라이언트를 연결하는 역할을 수행한다. 즉, 서버 역할을 수행하는 파드가 클라이언트의 요청을 받을 수 있도록 대표 IP 주소를 취득하여 내부 DNS에 등록한다. 그리고 대표 IP 주소로의 요청 트래픽을 지정된 파드들에 부하분산하며 전송하는 역할도 수행한다. 서비스는 쿠버네티스에서 중요한 오브젝트이기 때문에 '3.8 서비스의 기본'에서 더욱 구체적으로 살펴보겠다.

스토리지(Storage)

파드나 컨테이너는 실행 시에만 존재하는 일시적인 존재이기 때문에 중요한 데이터를 컨테이너의 파일 시스템에 저장해서는 안 된다. 데이터를 잃지 않기 위해서는 퍼시스턴트 볼륨을 사용하여 전원이 꺼져도 데이터가 유지되는 스토리지 시스템에 데이터를 저장해야 한다.

그런데 복수의 노드에서 접속 가능한 퍼시스턴트 볼륨은 쿠버네티스의 범위에 포함되지 않기 때문에 외부 스토리지 시스템을 연동해야 한다. 다양한 외부 스토리지 시스템의 프로토콜과 API의 차이점을 은폐하기 위해 쿠버네티스는 스토리지를 계층적으로 추상화한 오브젝트를 제공한다.

3.4 파드의 기본

파드는 쿠버네티스에서 컨테이너를 실행하는 최소 단위로 한 개 혹은 여러 개의 컨테이너를 포함한다. 하나의 파드에 속하는 모든 컨테이너들은 같은 노드에서 동작한다[13].

파드는 다음과 같은 특징을 가진다.

컨테이너 재사용 촉진을 위한 플랫폼

파드는 하나의 목적을 위해 만들어진 컨테이너를 부품처럼 조합할 수 있도록 설계되었다.

1. 파드 내부의 컨테이너들은 파드의 IP 주소와 포트번호를 공유한다.
2. 파드의 내부 컨테이너들은 localhost로 서로 통신할 수 있다.
3. 파드의 내부 컨테이너들은 System V 프로세스 통신이나 POSIX 공유 메모리를 사용하여 서로 통신할 수 있다.
4. 파드의 내부 컨테이너들은 파드의 볼륨을 마운트하여 파일 시스템을 공유할 수 있다.

앞에서 언급한 기능은 같은 파드 내의 컨테이너 사이에서만 가능하며, 다른 파드에 있는 컨테이너와는 불가능하다.

파드는 일시적인 존재

파드는 일시적 존재로 설계되어 파드 내의 컨테이너는 이미지로부터 매번 생성된다. 즉, 같은 오브젝트 이름으로 몇 번이고 파드를 기동해도 이전에 컨테이너에서 수행한 변경 이력은 남지 않고, 이미지의 초기 상태에서 시작할 뿐이다.

심지어, 파드의 IP 주소도 고정적이지 않다. 파드의 IP 주소는 기동 시 부여되고, 종료 시에 회수되어 다른 파드가 기동할 때 사용된다. 파드의 기동과 삭제는 컨트롤러에 의해 동적으로 실행되기 때문에 해당 파드가 언제까지 같은 IP 주소를 가지고 있을지 알 수 없다. 그래서 파드에 요청을 보내고 싶은 경우에는 반드시 서비스를 사용해야 한다.

파드는 컨테이너의 실행 상태를 관리

파드가 정지한 경우에는 담당 컨트롤러가 재기동 등의 정해진 처리를 수행하는 한편, 파드 내부의 컨테이너가 정지한 경우에는 파드가 해당 컨테이너를 재시작한다. 설정에 따라서는 정지한 컨테이너를 그대로 유지한 채 로그를 참조할 수 있도록 하는 것도 가능하다.

그리고 파드는 활성 프로브(Liveness Probe)와 준비 상태 프로브(Readiness Probe)를 설정하여 내부 애플리케이션의 상태를 감시할 수 있다.

예를 들어, 활성 프로브를 설정하면 애플리케이션이 멈춰 있는 상태를 감지하여 컨테이너를 강제 종료 시킬 수 있다. 한편, 준비 상태 프로브를 설정하면, 파드가 요청을 받을 준비가 될 때까지 서비스 오브젝트가 요청을 전송하지 않는다.

파드는 초기화 전용 컨테이너를 실행

파드에 초기화만을 담당하는 컨테이너를 설정할 수 있다. 그러면 파드가 기동된 후 초기화 담당 컨테이너가 제일 먼저 실행되며 초기화가 끝나면 핵심 기능을 수행하는 컨테이너들이 실행된다.

여기까지의 내용을 정리하자면 파드는 IP 주소를 가지며, 복수의 컨테이너를 내포하며, 하나의 가상 서버처럼 동작하지만, 기존에 서버를 관리하던 것처럼 친숙한 호스트 이름을 붙여 오랫동안 정성들여 관리를 하는 것과는 다른 방식으로 설계되었다. 즉, 쓰고 버리고 새롭게 시작할 수 있도록 설계된 것이다.

파드는 단독으로 사용될 수도 있지만 서비스, 컨트롤러, 퍼시스턴트 볼륨, 컨피그맵, 시크릿 등의 오브젝트와 함께 사용될 때 그 진가를 발휘한다. 파드의 구체적인 동작에 대해서는 '스텝 06 쿠버네티스 첫걸음'에서 살펴볼 것이다. 그리고 이어지는 스텝에서 다른 오브젝트와 조합하여 활용하는 방법을 알아볼 것이다.

3.5 파드의 라이프 사이클

쿠버네티스의 트러블 슈팅 중 가장 많이 발생하는 것이 파드의 기동 실패 원인 분석이다. 개인의 개발 환경에서 컨테이너 이미지를 빌드하고 쿠버네티스 환경에 배포했을 때 제일 먼저 경험하는 것이 컨테이너가 기동하지 않거나 재시작을 반복하는 현상이다. 이때, 파드의 상태가 가지는 의미를 이해하고 적절한 대처를 할 수 있어야 문제를 해결할 수 있다.

문제를 파악하기 위해서는 'kubectl get pods'를 실행했을 때 나타나는 STATUS 열의 정보가 중요하다. 이 필드의 정보는 Kubernetes API를 통해 획득하는데, 이 API를 통해서 얻을 수 있는 다양한 정보 중에서 도움이 될 만한 정보가 선별되어 STATUS 열에 표시된다.

다음 표 4는 STATUS 열에 표시되는 정보다. 배경색이 있는 것은 참고 자료 [14]에 있는 파드의 phase에 해당하는 키워드다. 그 외는 저자가 실험해서 얻은 결과를 정리하였다.

▼ 표 4 kubectl get pod로 표시되는 STATUS와 의미

STATUS	의미와 대책
ContainerCreating	이미지를 다운로드 중이거나 컨테이너를 생성하는 중에 있음을 의미한다. 컨피그맵과 시크릿이 마운트되지 않아 컨테이너 생성이 보류된 경우일 수도 있다.
CrashLoopBackOff	파드 내의 컨테이너가 종료되어 다음 기동 시까지 대기 상태에 있음을 의미한다. 2회 이상 컨테이너가 종료되면, CrashLoopBackOff 시간 동안 대기하게 된다. 이 상황에서는 컨테이너 내의 프로세스를 재검토할 필요가 있다.
Pending	파드 생성 요구를 받았지만 하나 이상의 컨테이너가 생성되지 않은 상태를 의미한다. 리소스 부족 등의 이유로 스케줄이 되지 않은 경우에 해당한다.
Running	파드의 모든 컨테이너가 생성되어 실행 중임을 의미한다.
Terminating	컨테이너에 종료 요청 시그널을 보낸 후 컨테이너가 종료할 때까지 대기 중임을 의미한다. 유예 시간을 넘겨도 컨테이너가 종료할 수 없는 경우는, 컨테이너를 강제로 종료한다.
Succeeded	파드 내 모든 컨테이너가 정상적으로 종료했음을 의미한다.
Completed	파드 내 컨테이너가 정상적으로 종료되었음을 의미한다. 파드 내에 복수의 컨테이너가 있는 경우, 첫 번째 컨테이너가 정상 종료(Exit 코드=0) 하면 Completed가 표시된다.
Error	컨테이너가 이상 종료된 경우다. Exit 코드≠0인 경우에 이상 종료로 간주한다. 파드 내에 복수의 컨테이너가 있는 경우, 첫 번째 컨테이너가 이상 종료하면, Error로 표시된다.
Failed	파드 내에 적어도 하나의 컨테이너가 이상 종료했음을 의미한다.
Unknown	파드의 상태를 얻을 수 없는 상황을 의미한다.

3.6 파드의 종료 처리

쿠버네티스는 종료 요청 시그널을 받은 컨테이너의 애플리케이션이 일정 시간 내에 종료 처리를 완료하고 정상 종료를 하도록 요구하고 있다[15].

예를 들어, 쿠버네티스에는 롤아웃이라 불리는 기능이 있다. 이것은 운영 중인 애플리케이션을 가동 중에 업데이트하는 기능이다. 이 기능을 담당하는 컨트롤러는 가동 중인 애플리케이션에 종료 요청 시그널을 보내고 유예 시간까지 파드의 종료를 기다린다. 만약, 유예 시간 내에 종료되지 않으면 강제로 종료된다.

애플리케이션이 동작 중에 강제로 종료되면, 데이터 분실 등의 장애로 이어질 수 있다. 따라서, 애플리케이션은 유예 시간 내에 메모리상의 데이터를 퍼시스턴트 볼륨에 보존하거나 데이터베이스와의 세션을 종료하는 등의 종료 처리를 수행해야 한다. 만약에 이러한 요청에 대응하는 구현이 되어 있지 않다면 애플리케이션은 문제를 일으킬 소지가 있는 것이다. 컨테이너의 시그널 수신에 따른 종료 처리는 '스텝 05 컨테이너 API 연습'에서 구체적으로 살펴볼 것이다.

파드가 삭제 요청을 받으면 컨테이너의 메인 프로세스에게 종료 요청 시그널(SIGTERM)을 보낸다. 만약 컨테이너에 종료 요청 시그널에 대한 처리가 구현되지 않은 경우에는 유예 시간 동안 기다린 뒤 강제로 종료된다. 이러한 흐름을 정리하면 다음과 같다.

종료 처리의 흐름

1. 사용자가 kubectl delete pod를 실행하면 파드의 종료 처리가 시작된다. 기본 유예 시간은 30초다.
2. kubectl get pod의 status는 Terminating이라고 표시된다.
3. 다음 세 가지 작업이 동시에 진행된다.
   - 파드의 PreStop hook이 정의되어 있으면, 파드 내에서 호출된다. 유예 시간을 넘어서면 PreStop hook이 실행되고 있어도, 파드 내의 메인 프로세스에 SIGTERM이 보내지며, 2초 후에 SIGKILL로 강제 종료된다.
   - PreStop hook이 정의되어 있지 않다면, 곧바로 파드 내의 메인 프로세스에 SIGTERM 신호가 송신되며 종료 처리가 개시된다.
   - 파드가 서비스의 엔드포인트 목록에서 제거되며, 로드밸런서(kube-proxy 등)의 목록에서도 제거된다.

4. 유예 시간을 넘어서서 파드 내의 프로세스가 살아 있다면, 파드의 메인 프로세스에 SIGKILL을 보내서 강제로 종료한다.

5. 제거 대상인 파드가 표시되지 않게 된다.

앞에서 나오는 PreStop은 컨테이너가 종료되기 직전에 호출된다. 이것은 컨테이너 내의 프로세스가 종료 요청 시그널을 받을 수 없는 제약이 있는 경우에 종료 요청을 받는 수단이 된다. 이에 대한 구현 방법은 참고 자료 [16]을 확인하기 바란다. 그리고 요청을 받아들이기 위한 핸들러 API는 참고 자료 [17]을 확인하기 바란다.

또한, 'kubectl delete'를 실행할 때 옵션 '--grace-period=초'를 통해 유예 시간을 별도로 지정할 수 있다. 여기에 0을 설정하면 즉시 파드를 제거한다.

3.7 클러스터 네트워크

클러스터 네트워크는 K8s 클러스터 내부에서 사용되는 네트워크다. 파드는 이 네트워크상의 IP 주소를 부여받아 다른 노드에 있는 파드와 서로 통신한다.

서비스의 IP 주소나 포트번호를 K8s 클러스터 외부 네트워크에서 접근할 수 있게 하려면, 서비스 타입을 NodePort 혹은 LoadBalancer로 설정하거나 인그레스를 함께 사용하면 된다. 한편, CNCF의 문서를 보면 '클러스터 네트워크'라는 용어와 '파드 네트워크'라는 용어가 혼용되어 사용되고 있다. 참고 자료 [18]에서는 클러스터 네트워크라고 불리며, 참고 자료 [19]의 명령어 옵션이나 소스 코드에서는 파드 네트워크가 쓰이고 있다. 이 책에서는 원칙적으로 클러스터 네트워크란 용어를 사용하지만, 노드가 접속하는 네트워크랑 혼동이 우려되는 경우에는 명확하게 구별될 수 있도록 파드 네트워크라고 쓰겠다.

파드 네트워크는 각 개발사의 특징을 살릴 수 있게 구현되었다[20]. 여기서는 2개의 대표적인 오픈 소스 네트워크 애드온을 소개하겠다.

Flannel

간단한 L3 네트워크를 노드 간에 구축한다. 각 노드 위에 서브넷을 구성해서 한 노드 위의 파드가 다른 노드 위의 파드랑 통신할 수 있도록 한다. Flannel의 파드는 데몬셋 컨트롤러에 의해 배포된다. 그래서 K8s 클러스터에 새로운 노드가 추가되면 자동적으로 파드 네트워크가 확장된다. Flannel은 네트워킹 기능만을 갖추고 있으며, 접근 제어 기능은 제공하지 않는다[21]. 이 책의 부록 2 학습 환경 2(멀티 노드 K8s)에서는 Flannel을 사용해서 파드 네트워크를 구축한다.

Calico

노드 간 파드 통신에 더해 네트워크 접근 제어 기능을 제공한다. 예를 들면, 2개의 네임스페이스 간에 통신을 금지하는 접근 제어 기능을 설정할 수 있다[22]. 최종 단계인 '스텝 15 클러스터 가상화' 후반에서는 K8s 클러스터를 네임스페이스로 논리적으로 분할한 뒤 접근 제어 기능을 확인해 볼 것이다. 그런데 이 책의 부록 2 학습 환경 2는 Calico 네트워크를 사용하지 않으므로 이 기능을 확인하기 위해서는 부록 3 학습 환경 3을 참고하여 퍼블릭 클라우드를 사용해야 한다.

3.8 서비스의 기본

쿠버네티스의 서비스는 클라이언트의 요청을 파드에 전달하는 역할을 담당한다. 이러한 서비스가 필요한 이유는 파드의 IP 주소가 기동할 때마다 바뀌기 때문이다. 그래서 파드에 접속해야 하는 클라이언트는 서비스가 가지는 대표 IP를 사용해서 접속해야 한다[23].

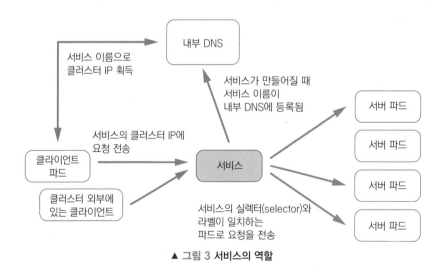

▲ 그림 3 서비스의 역할

그림 3의 동작을 자세히 알아보자. 여기서는 서버의 파드나 애플리케이션의 파드를 파드라고 했고, 클라이언트 파드나 클러스터 외부의 클라이언트를 클라이언트라고 기재했다.

1. 서비스는 로드밸런서의 역할을 가지며, 클라이언트의 요청을 받기 위한 대표 IP 주소를 획득한다.
2. 서비스의 이름은 내부 DNS에 등록되기 때문에 클라이언트는 서비스의 이름만으로 서비스의 IP 주소를 획득할 수 있다.
3. 서비스는 실렉터에 지정된 라벨과 일치하는 파드 중 하나에게 요청을 전달한다[24].
4. 서비스가 만들어지고 나서 기동된 파드의 컨테이너에는 서비스에 대한 정보가 담긴 환경 변수가 자동으로 설정된다.
5. 서비스에는 네 종류의 서비스 타입이 있어, 클라이언트의 범위를 K8s 클러스터 내부로 한정할지, 외부까지 확장할지, 또한 K8s 클러스터 외부의 IP 주소에 전송할지를 설정한다.

여기서 3번의 내용은 쿠버네티스의 특징에 해당하므로 좀 더 보충 설명을 하겠다. 파드는 기동될 때 라벨이나 IP 주소를 포함한 자신의 오브젝트 정보를 마스터 노드의 etcd에 등록한다. 그래서 서비스의 전송처를 결정할 때 실렉터(selector)의 라벨에 일치하는 파드를 etcd에서 조회하여 전송할 파드의 IP 주소를 취득한다. 이처럼 라벨에 의해 대상 오브젝트를 결정하는 것이 쿠버네티스의 기본적인 동작이다.

이 책의 '3장 스텝 03 서비스'에서는 여기서 설명한 네 종류의 서비스 타입이 어떻게 동작하는지 구체적으로 확인할 것이다. 더욱이 '스텝 12 스테이트풀셋'에서는 대표 IP 주소를 가지지 않는 헤드리스 서비스에 대해서, 그리고 '스텝 13 인그레스'에서는 서비스의 애플리케이션 수준의 로드밸런서 기능을 살펴볼 것이다.

서비스의 기능을 이해하고자 할 때 중요한 7개 키워드는 다음과 같다.

대표 IP 주소

서비스는 파드의 그룹을 대표하여 클라이언트의 요청을 받기 위해 대표 IP 주소(ClusterIP)를 가진다. 헤드리스로 지정한 경우에는 대표 IP 주소를 획득하지 않고, 파드의 IP 주소를 직접 내부 DNS에 설정한다.

부하분산

서비스의 대표 IP 주소에 도착한 요청은 실렉터의 라벨과 일치하는 파드에 전송된다. 이를 위한 모듈인 kube-proxy는 초창기에는 커널의 유저 공간에서 동작하는 프록시 서버였지만, 지금은 iptables나 ipvs를 관리하는 프로그램으로 바뀌었다.

이름 해결

서비스는 IP 주소와 서비스명을 K8s 클러스터의 내부 DNS에 등록한다. 그래서 K8s 클러스터 내의 파드에서는 서비스 이름으로 접근하는 것이 가능하다.

환경 변수

서비스가 만들어지고 나서 생성되는 파드의 컨테이너에는 환경 변수가 설정되어 있다. 컨테이너 안의 애플리케이션 코드에서는 환경 변수를 이용해서 서비스의 대표 IP 주소를 얻을 수 있다.

서비스 타입

서비스를 설정할 때는 해당 서비스를 이용하는 클라이언트를 고려하여 서비스 타입을 지정한다. 예를 들면, K8s 클러스터 내부 파드를 대상으로 하는 경우와 K8s 클러스터 외부에서 접근하는 경우를 고려하여 지정한다.

어피니티

기본적으로 부하분산에 사용되는 알고리즘은 랜덤이다. 클라이언트에 따라 전송되는 파드를 고정하고 싶은 경우에는 sessionAffinity 항목에 ClientIP를 설정한다. 그리고 HTTP 헤드 안의 쿠키(Cookie) 값에 따라 전송되는 파드를 고정하고 싶은 경우에는 뒤에서 설명할 인그레스를 이용해야 한다.

실렉터와 라벨

서비스에 도달한 요청 트래픽이 파드에 전송될 때는 실렉터(selector)와 라벨을 참조한다. 라벨은 파드 등의 오브젝트에 부여하는 키값 쌍이다. 서비스에 도착한 요청은 실렉터에 설정된 조건에 일치하는 라벨을 가지는 파드에 전송한다. 실렉터의 라벨 조건이나 파드에 부여되는 라벨은 운영 중에도 바꿀 수 있어 유연하게 운영할 수 있다.

3.9 컨트롤러의 기본

컨트롤러는 파드를 제어한다. 파드에게 부여할 워크로드의 타입, 즉 처리에 따라서 적절한 컨트롤러를 선택해야 한다(그림 4).

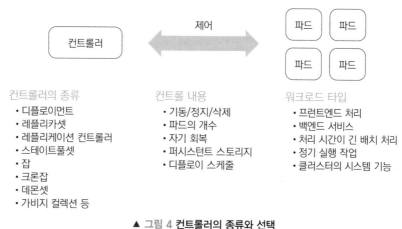

▲ 그림 4 **컨트롤러의 종류와 선택**

이 세션에서는 워크로드와 컨트롤러의 특징을 살펴본 뒤, 대응 관계를 정리한 표를 살펴볼 것이다. 먼저 워크로드의 타입에 대해 알아보자.

(1) 워크로드 타입

프런트엔드 처리

스마트폰, IoT기기, 컴퓨터 등의 클라이언트로부터 요청을 직접 받아들이는 워크로드를 총칭한다. 이 타입의 워크로드는 대량의 클라이언트 요청에 대해 짧은 시간에 응답을 반환하는 것이 중요하다.

이를테면, 일반 소비자를 대상으로 제공되는 애플리케이션은 서버 응답이 늦어서 유저를 답답하게 만들어서는 안 된다. 광고를 전송하는 광고 네트워크에서는 방대한 유저의 관심사에 맞게 실시간으로 반응해야 한다. 그리고 IoT 기기로부터의 요청은 기기로부터 끊임없이 만들어지는 데이터를 받아들여서 처리해야 한다.

이러한 워크로드 특성에 대응하기 위해서는 요청에 대응하는 처리를 복수의 파드에서 분담하도록 설계해야 한다. 또한, 24시간 무정지로 서비스를 제공하면서도 빠르게 신기능을 배포할 수 있어야 한다.

백엔드 처리

백엔드 처리는 프런트엔드의 뒤에서 업무 특성에 맞게 대응할 수 있는 유연성이 있어야 한다. 이를테면, 요청량이 변하더라도 일정한 응답 속도를 유지해야 한다. 또한, 요구 사항에 맞게 단기간에 기능을 추가하고 변경하는 것이 가능해야 한다.

백엔드 처리에서는 보통 MySQL이나 Redis와 같은 미들웨어를 사용하거나 클라우드 사업자가 제공하는 데이터베이스 관리 서비스를 활용한다. 다음과 같은 워크로드들이 있다.

1. 데이터 스토어: 데이터의 보존과 조회 기능(SQL/NoSQL 데이터베이스 등)
2. 캐시: 복수 파드에서 데이터 공유(세션 정보 공유 등)
3. 메시징: 비동기 시스템 간 연계 기능(메시지 브로커 등)
4. 마이크로 서비스: 전문적 업무 기능 구현(결제, 배송, 결제 승인 등)
5. 배치 처리: 긴 처리 시간을 요하는 업무 기능(기계 학습이나 데이터 분석 등)

배치 처리(정기 실행 처리 포함)

배치 처리는 어떤 트리거에 의해 실행이 개시된다. 예를 들면, 프런트엔드로부터의 요청, 정해진 시간, 단말로부터의 수시 요청 등에 의해 개시된다.

배치 처리의 내용은 다양해서 동영상 포맷 변환, 대량 메일 송수신, 과학 계산, GPU를 사용한 딥러닝 등이 있다.

시스템 운영 처리

시스템 운영을 돕기 위해 쿠버네티스 API를 사용해서 노드에서 발생하는 에러나 하드웨어 이상을 감지하고 자동으로 대책을 실행하는 파드를 만드는 경우가 있다.

구글이 강조하는 SRE(Site Reliability Engineering)는 소프트웨어 기술자가 시스템 운영의 자동화에 집중하여 효율적인 시스템 운영을 실현한다. 마찬가지로 구글에서 시작된 쿠버네티스는 API를 통해 시스템 운영을 자동화할 수 있는 플랫폼이다.

(2) 컨트롤러의 타입

컨트롤러는 앞에서 살펴본 다양한 워크로드를 처리하기 위해 파드를 제어하고 실행하는 역할을 담당한다[25]. 대표적인 컨트롤러 7개의 역할과 특징은 다음과 같다.

디플로이먼트(Deployment)

대등한 관계에 있는 여러 개의 파드로 수평한 클러스터를 구성할 때 사용한다. 정해진 개수만큼 파드가 기동하도록 관리하며, 가동 중인 파드를 차례대로 교체하거나 규모를 조절할 수 있는 기능을 갖추고 있다.

스테이트풀셋(StatefulSet)

파드와 퍼시스턴트 볼륨을 조합하여 데이터의 보관에 초점을 둔 컨트롤러다. 파드와 퍼시스턴트 볼륨에 번호를 매겨 관리함으로써 본질적으로 일시적인 존재인 파드가 상태를 가지는 워크로드를 처리할 수 있도록 해준다.

잡(Job)

배치 처리를 하는 컨테이너가 정상 종료할 때까지 재실행을 반복하는 컨트롤러다. 파드 실행 횟수, 동시 실행수, 실행 횟수의 상한을 설정할 수 있으며, 지워질 때까지 로그를 보존한다. 데이터 처리나 과학 분야의 계산 작업 등에 사용된다.

크론잡(CronJob)

지정한 시각에 정기적으로 앞서 소개한 잡을 생성한다. UNIX에서 사용되는 cron과 같은 형식으로 잡의 생성 시각을 설정할 수 있다. 잡을 실행 완료한 파드를 몇 개까지 보관할 수 있는지 설정할 수 있어, 정기적으로 실행되어야 하는 배치 처리에 적합하다.

데몬셋(DaemonSet)

K8s 클러스터의 모든 노드에서 같은 파드를 실행하기 위해 존재한다. 예를 들면, 클러스터 네트워크를 구성하는 파드는 데몬셋에 의해 모든 노드에서 실행되며, 새로운 노드가 추가되면 해당

노드에서 자동으로 실행된다. 시스템 운영의 자동화에 적합하다.

레플리카셋(ReplicaSet)

디플로이먼트 컨트롤러와 연동해서 파드가 기동되어야 하는 수를 관리한다. 레플리카셋은 직접 다루기보다는 디플로이먼트를 통해 이용하는 것이 기본이다.

레플리케이션 컨트롤러(Replication Controller)

쿠버네티스의 예전 튜토리얼 등에서 언급되는데 차세대 컨트롤러인 디플로이먼트로 대체되었다.

(3) 워크로드와 컨트롤러의 대응

워크로드와 컨트롤러의 대응 관계를 표 5에 정리했다. 이 표에 나오는 내용은 하나의 예에 불과하며, 워크로드와 컨트롤러 타입이 다르게 사용될 가능성도 충분히 있다.

▼ 표 5 워크로드 타입과 컨트롤러 대응표

워크로드 타입	컨트롤러 타입	다루는 스텝
프런트엔드 처리	디플로이먼트	스텝 08 디플로이먼트 스텝 14 오토스케일 스텝 13 인그레스 스텝 09 서비스
백엔드 처리	스테이트풀셋	스텝 12 스테이트풀셋 스텝 11 스토리지 스텝 09 서비스
배치 처리	잡 크론잡	스텝 10 잡과 크론잡
시스템 운영	데몬셋	스텝 12 스테이트풀셋 스텝 15 클러스터 가상화

한편, CPU 코어 수를 늘리거나 메모리 증설 등 노드의 스케일 업과 같은 기능은 컨트롤러가 제공하지 않는다. 이러한 노드 스케일 업은 클라우드에서의 경우, 보다 많은 CPU 코어 수나 메모리 용량을 탑재한 노드를 준비해서 K8s 클러스터에 추가한 후, 파드의 노드 실렉터를 설정해서 마이그레이션해야 한다.

마무리

이번 절에서 다룬 내용은 쿠버네티스의 기본에 해당하는 내용이다. 이번 절을 요약하면 다음과 같다.

1. K8s 클러스터는 마스터와 노드로 구성된다.
2. CNCF가 배포하는 쿠버네티스가 기본이며, 클라우드 업체나 솔루션 업체들이 자사 제품을 위해 독자적으로 기능을 추가하거나 확장하기도 한다.
3. 마스터는 목표 상태가 기술된 매니페스트를 받아들여서 그 상태가 유지되도록 오브젝트를 제어한다.
4. K8s 클러스터의 모든 조작은 쿠버네티스 API에 의해 실행되며, 오브젝트 작성, 수정, 삭제, 상태 조회 등을 실행한다.
5. 주요 오브젝트로는 파드, 서비스, 컨트롤러 세 가지가 있다.
6. 파드는 컨테이너의 기동 단위이며, 보통 서비스와 컨트롤러와 함께 사용된다.
7. 컨테이너 내 프로그램의 시그널 처리는 데이터 손실을 막고 안전하게 종료하도록 구현되어야 한다.
8. 서비스는 클라이언트로부터의 요청을 지정한 파드의 그룹에 부하분산하며 전송하는 역할을 담당한다.
9. 워크로드의 특성에 맞게 컨트롤러를 선택해서 쿠버네티스를 사용해야 한다.

참고 자료

[1] **컴포넌트의 개요**, https://kubernetes.io/docs/concepts/overview/components/

[2] **CoreDNS 설명**, https://kubernetes.io/blog/2018/07/10/coredns-ga-for-kubernetes-cluster-dns/

[3] **네트워크 플러그인**, Flannel, https://github.com/coreos/flannel

[4] **폴리시 제어 네트워크 플러그인 Calico**, https://docs.projectcalico.org/v2.3/reference/architecture/components

[5] **Calico 소스 코드**, https://github.com/projectcalico/kube-controllers

[6] **메트릭스 수집 Heapster 소스 코드**, https://github.com/kubernetes/heapster

[7] 차세대 메트릭스 수집 metric-server 개요, https://kubernetes.io/ko/docs/tasks/debug-application-cluster/resource-metrics-pipeline/

[8] 쿠버네티스 API, https://kubernetes.io/docs/concepts/overview/kubernetes-api/

[9] 쿠버네티스 API 개요, https://kubernetes.io/docs/reference/using-api/api-overview/

[10] API 레퍼런스, https://kubernetes.io/docs/reference/#api-reference

[11] API 클라이언트 라이브러리, https://kubernetes.io/docs/reference/#api-client-libraries

[12] 파드란, https://kubernetes.io/docs/concepts/workloads/pods/pod/#what-is-a-pod

[13] 파드 개요, https://kubernetes.io/docs/concepts/workloads/pods/

[14] 파드의 라이프 사이클, https://kubernetes.io/docs/concepts/workloads/pods/pod-lifecycle/

[15] 파드의 종료 처리, https://kubernetes.io/docs/concepts/workloads/pods/pod/#termination-of-pods

[16] 컨테이너의 라이프 사이클 훅, https://kubernetes.io/docs/concepts/containers/container-lifecycle-hooks/

[17] 핸들러, https://kubernetes.io/docs/reference/generated/kubernetes-api/v1.11/#handler-v1-core

[18] 클러스터 네트워크, https://kubernetes.io/docs/concepts/cluster-administration/networking/

[19] 파드 네트워크, https://kubernetes.io/docs/setup/independent/create-cluster-kubeadm/#pod-network

[20] 쿠버네티스 네트워크 모델 구현, https://kubernetes.io/docs/concepts/cluster-administration/networking/#howto-implement-the-kubernetes-networking-model

[21] Flannel 파드 네트워크 플러그인, https://github.com/coreos/flannel

[22] Calico 접근 제어 기능이 있는 파드 네트워크, https://docs.projectcalico.org/v3.2/introduction/

[23] 서비스의 개요, https://kubernetes.io/docs/concepts/services-networking/service/

[24] 라벨과 실렉터, https://kubernetes.io/docs/concepts/overview/working-with-objects/labels/

[25] 컨트롤러 설명, https://kubernetes.io/docs/concepts/workloads/controllers/

4 이 책의 학습 환경

실습 환경에 대한 안내

인터넷으로 다양한 정보를 얻을 수 있는 요즘 굳이 서적을 구입하는 이유는 시간 절약을 위해서일 것이다. 인터넷을 검색하다 보면 귀중한 시간을 소비하게 되는데, 책에는 유익한 정보가 집약되어 있다.

책으로 특정 기술을 익힐 때는 단계적인 실습이 가장 효율적일 것이다. 직접 손을 움직여 경험해 보는 것은 시간은 들지만 더욱 정확하고 직접적인 이해가 가능하다. 하지만 모든 독자들이 직접 실습할 수 있는 환경에 있지는 않다고 생각한다.

따라서 이 책은 직접 실습할 시간이 없는 독자도 함께 고려하여 구성했다.

4.1 빠르게 전반적인 기능을 파악하고 싶은 경우

이 책은 출퇴근 시간이나 틈새 시간을 이용해 공부하는 독자들을 위해 컴퓨터를 사용하지 않아도 간접 경험이 가능하도록 작성되었다. 그래서 각 스텝에서는 프로그램이나 커맨드를 수행한 결과를 함께 첨부했다. 또한, 코드를 읽지 않아도 실행 결과를 파악할 수 있도록 순서를 배열했다. 더 이상 구체적으로 알지 않아도 된다고 판단되면 해당 스텝의 마무리로 건너 뛸 수 있도록 구성한 것이다.

4.2 직접 돌려보면서 익히고 싶은 경우

도커와 쿠버네티스를 직접 돌려보면서 스킬을 쌓고 싶은 독자들을 위해 PC에 학습 환경을 구축하는 방법을 안내한다. 직접 PC에서 돌려보고 싶거나 실무에 적용 가능한 수준의 상세한 내용을 익히고 싶은 독자라면 부록에 소개한 세 종류의 학습 환경 중 자신의 목적이나 환경에 맞는 학습 환경을 선택해서 구축하면 된다. 환경 구축은 자동화 도구들을 사용하기 때문에 번거로운 설정 작업이 동반되지는 않는다.

학습 환경 1에서는 스텝 01부터 스텝 05까지의 내용을 실습해 볼 수 있다. 단일 노드 구성이지만 기초가 되는 기능을 실습할 수 있다.

학습 환경 2는 스텝 06에서 스텝 15까지, 쿠버네티스를 사용한 컨테이너를 정식 서비스에 적용하고 싶은 독자가 다양한 검증을 손쉽게 진행할 수 있도록 구성했다. 예를 들면, 멀티 노드 구성의 가용성에 대한 동작을 확인해 볼 수 있다.

학습 환경 3은 퍼블릭 클라우드인 Google Kubernetes Engine 혹은 IBM Cloud Kubernetes Service를 사용한다. 이 책에서는 특정 서비스에 편향되지 않도록 2개의 클라우드를 소개한다.

학습 환경 1과 학습 환경 2에서는 CNCF가 오픈 소스로 배포하고 있는 업스트림 쿠버네티스를 사용한다. 업스트림이란 클라우드 업체나 솔루션 업체가 손대지 않은 상태를 의미한다. 따라서 쿠버네티스의 코어 기능을 이해하기에 적절하다.

4.3 각 학습 환경의 구성

각 학습 환경의 설치 방법은 부록에 기술하였다. 이때 학습 환경을 자동으로 구축하는 Vagrant 와 Ansible의 코드를 깃헙에 공개하였다.

▼ 표 1 이 책 [부록]에 기재한 학습 환경 요소

부록 번호	학습 환경 명칭	PC/OS 환경	VM 메모리	개요
부록 1.1	학습 환경 1	Mac	4GB	Docker CE(Community Edition)와 미니쿠베(Minikube)를 인스톨하고, 전용 가상 머신을 각각 기동. 가상 머신은 각각 최소 2GB가 필요한데, 양쪽 다 가동하는 경우는 합계 4GB 메모리가 필요
부록 1.2	학습 환경 1	Windows	4GB	도커 툴박스(Docker Toolbox)와 미니쿠베(Minikube)를 인스톨하고, 각각 전용 가상 머신을 기동. 가상 머신은 각각 최소 2GB가 필요한데, 양쪽 다 가동하는 경우는 합계 4GB 메모리가 필요
부록 1.3	학습 환경 1 (Vagrant에 의한 가상화)	Windows/ Mac	2GB	PC상의 가상 머신에서 도커와 미니쿠베를 이용. 양쪽이 동일 가상 머신을 이용하므로 메모리는 2GB로 이용 가능

부록 번호	학습 환경 명칭	PC/OS 환경	VM 메모리	개요
부록 1.4	학습 환경 1 모니터링	Windows/ Mac	최대 8GB	미니쿠베에 함께 있는 모니터링 환경을 기동하는 방법을 설명. 대시보드, 모니터링 기반, 로그 분석의 구성. 로그 분석은 메모리가 많이 필요하기 때문에 학습 환경 이용 시는 추천하지 않음
부록 2.1	학습 환경 2 쿠버네티스(K8s 멀티 노드 구성)	Windows/ Mac	3GB	PC에서 3개의 가상 머신을 기동해서 K8s 클러스터를 구축. 가상 머신마다 최소 1GB로 3GB의 메모리가 필요. 독자의 필요에 따라 실행 환경이 허용하는 한 가상 머신의 메모리를 크게 할 수 있음
부록 2.2	학습 환경 2 NFS	Windows/ Mac	0.5GB	쿠버네티스 파드에서 퍼시스턴트 볼륨을 이용하는 학습에 사용. 가상 머신은 512MB의 메모리가 필요
부록 2.3	학습 환경 2 GlusterFS	Windows/ Mac	2GB	쿠버네티스에서 logical volume을 동적 프로비저닝 학습에 이용. 필요 메모리는 2GB(512MB×4)
부록 2.4	학습 환경 2 개인 레지스트리	Windows/ Mac	–	PC에서 컨테이너의 개인 레지스트리를 도커 컴포즈(Docker Compose)로 구성
부록 3.1	학습 환경 3 IKS 퍼블릭 클라우드	IBM Kubernetes Service	–	네트워크 정책 실행 예, 또는 자동 스케일링 실행 예로 참조용으로 이용. 네트워크 보안 정책이 적용되어 고부하 상황에도 문제가 발생하지 않고 안정 작동이 가능한 환경
부록 3.2	학습 환경 3 GKE 퍼블릭 클라우드	Google Kubernetes Engine	–	쿠버네티스 프로젝트를 견인해 온 구글의 퍼블릭 클라우드 서비스. 쿠버네티스를 배우는 사람이 경험하면 좋은 환경

※ 환경 요건, 인스톨 방법, 사용법은 각각의 페이지를 참고한다.

4.4 학습 환경 선택

도커 컨테이너와 쿠버네티스의 기초를 연습하고 싶은 독자는 부록 1.1부터 부록 1.3 중 하나의 환경을 설치하도록 한다. 저자의 추천은 '부록 1.3 Vagrant의 리눅스에서 미니쿠베 사용하기' 환경이다. 이것은 Windows와 Mac에서 동작하는 Vagrant와 버추얼박스(VirtualBox)를 사용하여 가상 머신 위 리눅스 서버에서 Docker CE와 미니쿠베를 사용한다. 가상 머신의 메모리 사용량도 적고 안정적으로 돌아간다. 그리고 학습에 사용하는 각종 소프트웨어를 PC의 운영체제에 직접 설치하지 않기 때문에 PC의 소프트웨어 환경을 깨끗이 유지할 수 있다. 유일한 단점은 도커 커맨드나 kubectl 커맨드를 Windows나 Mac에서 직접 실행할 수 없다는 점이다. 리눅스 가상 머신에 로그인해서 조작해야만 한다.

Windows의 커맨드 프롬프트나 마이크로소프트 파워셸(Microsoft PowerShell)에서 도커 커맨드를 실행하고 싶은 경우에는 '부록 1.2 Windows 환경'을 추천한다. 컨테이너를 돌리기 위해서는 리눅스 커널이 필요하기 때문에 하이퍼바이저인 버추얼박스(VirtualBox)를 사용해서 가상 머신을 기동한다. 도커 툴박스(Docker Toolbox)와 미니쿠베(Minikube)는 각각 다른 소프트웨어이므로, 2개의 가상 머신이 필요하다. Windows용 Docker CE에는 마이크로소프트의 Hyper-V를 설치해야 한다. 그러나 아쉽게도 버추얼박스와 Hyper-V는 동시에 설치할 수 없다. 그래서 Mac과 Windows의 공통 환경을 만들 수 없어, Windows의 Docker CE는 제외하기로 했다.

macOS의 터미널에서 직접 도커 커맨드를 사용하고 싶은 독자는 '부록 1.1 Mac 환경'을 추천한다. 이것도 Docker CE와 미니쿠베 각각의 가상 머신이 필요해서, 메모리 사용량이 크다는 단점이 있다.

부록을 참고하여 각자가 원하는 환경을 설치하여 학습을 진행하기 바란다.

4.5 이 책에서 다루는 OSS 목록

쿠버네티스나 도커 이외의 소프트웨어도 다수 등장한다. 각각 어떻게 이용되는지 정리해 보았다.

▼ 표 2 이 책에서 사용하는 OSS 용도

OSS명	이 책에서의 용도
Ansible	K8s 클러스터, GlusterFS 클러스터 등 여러 가상 머신이 연계하는 환경을 자동으로 설정하기 위해 사용. 또한 single NFS 서버, 미니쿠베 등에서도 패키지 인스톨에 사용. https://www.ansible.com/
Docker Community Edition	도커 학습 환경 및 쿠버네티스용 컨테이너 실행 환경으로서 사용. Docker CE는 무료이며, 다운로드해서 사용 가능. 한편, Docker EE(Enterprise Edition)은 서브 스크립션 구입(유료)이 필요. https://store.docker.com/search?type=edition&offering=community
도커 툴박스(Docker Toolbox)	Windows용 도커 학습 환경에 사용. Docker CE로 교체될 전망. Windows와 Mac의 공통 환경을 만들 수 있도록 도커 툴박스를 채용. https://docs.docker.com/toolbox/toolbox_install_windows/
도커 컴포즈(Docker Compose)	여러 도커 컨테이너를 조합해서 기동할 수 있도록 만든 개발자용 오케스트레이션 툴. 이 책에서는 프라이빗 레지스트리를 다룰 때 사용. https://docs.docker.com/compose/
일래스틱서치(Elasticsearch)	미니쿠베의 로그 보관을 위한 애드온으로서 사용. 메모리 사용량은 약 2.4GB로 큰 편이기 때문에 학습 환경에서의 설치는 추천하지 않음. https://www.elastic.co/

OSS명	이 책에서의 용도
Fluentd	미니쿠베의 로그를 일래스틱서치(Elasticsearch)에 전송하기 위한 툴. https://www.fluentd.org/
GlusterFS	확장 가능한 분산 파일 시스템. K8s 클러스터에서는 Heketi를 사용해서 logical volume의 동적 프로비저닝을 실행. https://docs.gluster.org/en/v3/Administrator%20Guide/GlusterFS%20Introduction/
Grafana	오픈 소스 데이터 시각화 웹 프로그램으로, 미니쿠베의 애드온으로서 기동. 미니쿠베에서는 influxDB와 Heapster를 연계하여 시계열 데이터를 시각적으로 표시. https://grafana.com/
Hyper-V	Windows의 하이퍼바이저로, Windows용 Docker CE로 리눅스 커널을 기동하기 위해 사용. 이 책에서는 Mac과의 공통 환경을 우선해서 채용을 보류
Heapster	쿠버네티스 노드에서 가동 정보를 수집하는 컴포넌트. 버전 1.13에서 metrics-server로 대체
Heketi	GlusterFS의 라이프 사이클을 관리하기 위해 만들어진 RESTful한 관리 인터페이스 제공. 쿠버네티스의 퍼시스턴트 볼륨 요청과 스토리지 클래스와 연계해서, 동적 프로비저닝을 실현하기 위해 사용. https://github.com/heketi/heketi
InfluxDB	시계열 데이터베이스로, 미니쿠베의 애드온으로서 기동. 시계열 데이터베이스의 Prometheus가 CNCF 프로젝트에 추가되어, 향후 대체될 전망. https://www.influxdata.com/
키바나(Kibana)	일래스틱서치의 로그 데이터를 시각화하는 툴. 미니쿠베의 애드온으로서 기동. https://www.elastic.co/kr/kibana
미니쿠베(Minikube)	쿠버네티스의 학습과 로컬 개발을 위해 CNCF에서 제공하는 환경. 단일 노드로 구성된 간이 클러스터를 쉽게 구축 가능. https://github.com/kubernetes/minikube
NFS	네트워크에서 파일 시스템을 공유. 1985년 선 마이크로시스템즈(Sun Microsystems)가 개발. 쿠버네티스의 파드에서 퍼시스턴트 볼륨 사용 학습 환경으로 사용. https://help.ubuntu.com/lts/serverguide/network-file-system.html.en
Docker Distribution의 Registry	외부에 공개하지 않고 컨테이너를 보존하기 위해 도커 허브의 대체 서비스로 사용. '부록 2.4 프라이빗 레지스트리'에서 사용법 해설. https://hub.docker.com/_/registry/ https://github.com/kwk/docker-registry-frontend
Vagrant	버추얼박스와 연계하여 가상 머신 관리를 자동화해 주는 도구. http://www.vagrantup.com/
버추얼박스(VirtualBox)	Windows PC, Mac, 리눅스 서버에서 사용 가능한 하이퍼바이저. Vagrant의 백엔드로서 학습용 가상 환경 구축에 사용. https://www.virtualbox.org/

5 도커 커맨드 치트 시트

도커 커맨드의 전반적인 기능과 개요 파악

치트 시트란 필요한 명령어를 빠르게 찾을 수 있도록 정리한 표를 말한다. 주요 명령어들이 잘 정리되어 있어 시스템에 대한 이해력을 높이는 데도 도움이 된다. 책을 읽기 전에 목차를 보면서 전체 구조를 파악하는 것과 비슷하다.

2장과 3장의 각 스텝에서는 학습 과제를 수행하며, 실제 커맨드를 사용해 볼 것이다. 이 책의 실습 과정 그리고 실무에서 이 치트 시트가 도움이 될 것이다.

● 신구 커맨드 체계의 차이점

도커 커맨드는 2017년 1월에 새로운 서브 커맨드 체계가 발표되어, 버전 1.13부터 도입되었다. 새로운 체계에서는 container나 image와 같이 대상이 되는 오브젝트의 종류를 지정하고 동사에 해당하는 키워드를 배치하여 이해하기 쉽고, 외우기도 쉬워졌다. 구 서브 커맨드 체계를 없애겠다는 발표는 없으나 새로운 기능에 대해서는 새로운 체계만 사용될 가능성이 높다.

그런데 새로운 서브 커맨드 체계는 타이핑해야 할 글자수가 늘어나서 작업 효율을 저하시킨다. 따라서 이 책에서는 능률이 좋은 구식 커맨드 체계를 주로 사용하기로 했다.

이번 절의 치트 시트에서는 새 체계와 구 체계를 같이 기재하고 새로운 기능에 대해서는 새로운 서브 커맨드 체계를 소개한다.

5.1 컨테이너 환경 표시

제일 먼저 소개하는 명령어는 도커 환경을 표시하는 커맨드다. 이 중 'docker info'는 리눅스 커널 버전, 컨테이너 런타임 버전과 같이 비교적 상세한 정보까지 출력한다.

▼ 표 1 컨테이너 환경 표시

커맨드 실행	설명
docker version	도커 클라이언트와 서버 버전 표시
docker info	구체적인 환경 정보 표시

5.2 컨테이너의 3대 기능

도커가 발전하고 진화하면서 다양한 기능이 추가되었지만 기본이 되는 기능을 뽑자면 (1) 컨테이너 이미지 빌드 (2) 이미지 이동과 공유 (3) 컨테이너의 실행이다. 이 기능은 쿠버네티스를 이용하는 경우에도 사용된다.

▼ 표 2 (1) 컨테이너 이미지 빌드

커맨드 실행 예	설명
docker build -t 리포지터리:태그 . docker image build -t 리포지터리:태그 .	현 디렉터리에 있는 Dockerfile을 바탕으로 이미지를 빌드
docker images docker image ls	로컬 이미지 목록
docker rmi 이미지 docker image rm 이미지	로컬 이미지 삭제
docker rmi -f 'docker images -aq' docker image prune -a	로컬 이미지 일괄 삭제

▼ 표 3 (2) 이미지의 이동과 공유

커맨드 실행 예	설명
docker pull 원격_리포지터리[:태그] docker image pull 원격_리포지터리[:태그]	원격 리포지터리의 이미지를 다운로드
docker tag 이미지[:태그] 원격_리포지터리[:태그] docker image tag 이미지[:태그] 원격_리포지터리[:태그]	로컬 이미지에 태그를 부여

커맨드 실행 예	설명
docker login 레지스트리_서버_URL	레지스트리 서비스에 로그인
docker push 원격_리포지터리[:태그] docker image push 원격_리포지터리[:태그]	로컬 이미지를 레지스트리 서비스에 등록
docker save -o 파일명 이미지 docker image save -o 파일명 이미지	이미지를 아카이브 형식 파일로 기록
docker load -i 파일명 docker image load -i 파일명	아카이브 형식 파일을 리포지터리에 등록
docker export 〈컨테이너명 | 컨테이너ID〉 -o 파일명 docker container export 〈컨테이너명 | 컨테이너ID〉 -o 파일명	컨테이너명 또는 컨테이너ID로 컨테이너를 지정해서 tar 형식 파일로 기록
docker import 파일명 리포지터리[:태그] docker image import 파일명 리포지터리[:태그]	파일로 저장된 이미지를 리포지터리에 입력

▼ 표 4 (3) 컨테이너 실행

커맨드 실행 예	설명
docker run --rm -it 이미지 커맨드 docker container run --rm -it 이미지 커맨드	대화형으로 컨테이너를 기동해서 커맨드를 실행. 종료 시에는 컨테이너를 삭제. 커맨드에 sh와 bash를 지정하면 대화형 셸로 리눅스 명령어 실행 가능
docker run -d -p 5000:80 이미지 docker container run -d -p 5000:80 이미지	백그라운드로 컨테이너를 실행. 컨테이너 내 프로세스의 표준 출력과 표준 에러 출력은 로그에 보존. 보존된 로그의 출력은 'docker logs'를 참조. '-p'는 포트 포워딩으로 '호스트_포트:컨테이너_포트'로 지정
docker run -d --name 컨테이너명 -p 5000:80 이미지 docker container run -d --name 컨테이너명 -p 5000:80 이미지	컨테이너에 이름을 지정하여 실행
docker run -v 'pwd'/html:/usr/share/nginx/html -d -p 5000:80 nginx docker container run -v 'pwd'/html:/usr/share/nginx/html -d -p 5000:80 nginx	컨테이너의 파일 시스템에 디렉터리를 마운트하면서 실행. '-v'는 '로컬_절대_경로:컨테이너_내_경로'
docker exec -it 〈컨테이너명 | 컨테이너ID〉 sh docker container exec -it 〈컨테이너명 | 컨테이너ID〉 sh	실행 중인 컨테이너에 대해서 대화형 셸을 실행
docker ps docker container ls	실행 중인 컨테이너 목록 출력
docker ps -a docker container ls -a	정지된 컨테이너도 포함하여 출력

커맨드 실행 예	설명
docker stop 〈컨테이너명 | 컨테이너ID〉 docker container stop 〈컨테이너명 | 컨테이너ID〉	컨테이너의 주 프로세스에 시그널 SIGTERM을 전송하여 종료 요청. 타임 아웃 시 강제 종료 진행
docker kill 〈컨테이너명 | 컨테이너ID〉 docker container kill 〈컨테이너명 | 컨테이너ID〉	컨테이너를 강제 종료
docker rm 〈 컨테이너명 | 컨테이너ID〉 docker container rm 〈컨테이너명 | 컨테이너ID〉	종료한 컨테이너를 삭제
docker rm 'docker ps –a –q' docker container prune –a	종료한 컨테이너를 일괄 삭제
docker commit 〈컨테이너명 | 컨테이너ID〉 리포지터리: [태그] docker container commit 〈컨테이너명 | 컨테이너ID〉 리포지터리:[태그]	컨테이너를 이미지로서 리포지터리에 저장

5.3 디버그 관련 기능

도커 컨테이너 내부에서 대화형 셸을 실행하거나 로그를 출력하는 등의 컨테이너화된 애플리케이션의 디버그에 사용되는 커맨드를 다음 표에 정리했다. 이들은 도커 커맨드를 사용해서 컨테이너를 개발할 때 사용하는 커맨드다. 쿠버네티스에서 컨테이너를 디버깅할 때는 '6.5 (10) 문제 판별'을 참고하기 바란다.

▼ 표 5 컨테이너 디버깅 관련

커맨드 실행 예	설명
docker logs 〈컨테이너명 | 컨테이너ID〉 docker container logs 〈컨테이너명 | 컨테이너ID〉	컨테이너 로그를 출력
docker logs –f 〈컨테이너명 | 컨테이너ID〉 docker container logs –f 〈컨테이너명 | 컨테이너ID〉	컨테이너 로그를 실시간으로 표시
docker ps –a docker container ls –a	컨테이너 목록 표시
docker exec –it 〈컨테이너명 | 컨테이너ID〉 커맨드 docker container exec –it 〈컨테이너명 | 컨테이너ID〉 커맨드	실행 중인 컨테이너에 대해서 대화형으로 커맨드를 실행
docker inspect 〈컨테이너명 | 컨테이너ID〉 docker container inspect 〈컨테이너명 | 컨테이너ID〉	상세한 컨테이너의 정보를 표시
docker stats docker container stats	컨테이너 실행 상태를 실시간으로 표시

커맨드	설명
docker attach --sig-proxy=false 〈컨테이너명 ｜ 컨테이너ID〉 docker container attach --sig-proxy=false 〈컨테이너명 ｜ 컨테이너ID〉	컨테이너 표준 출력을 화면에 표시
docker pause 〈컨테이너명 ｜ 컨테이너ID〉 docker container pause 〈컨테이너명 ｜ 컨테이너ID〉	컨테이너를 일시정지
docker unpause 〈컨테이너명 ｜ 컨테이너ID〉 docker container unpause 〈컨테이너명 ｜ 컨테이너ID〉	컨테이너의 일시정지를 해제
docker start -a 〈컨테이너명 ｜ 컨테이너ID〉 docker container start -a 〈컨테이너명 ｜ 컨테이너ID〉	정지한 컨테이너를 실행. 이때 표준 출력과 표준 에러 출력을 터미널에 출력

5.4 쿠버네티스와 중복되는 기능

도커에는 복수의 노드로 클러스터를 구성하는 도커 스웜(Docker Swarm)이나 상호 의존하는 여러 개의 컨테이너를 빌드하여 실행하는 도커 컴포즈(Docker Compose)와 같은 우수한 도구들이 포함되어 있다. 그리고 네트워크나 퍼시스턴트 볼륨 기능도 있다. 참고를 위해 대표적인 커맨드를 표로 정리했다. 한편, 쿠버네티스에서는 쿠버네티스가 제공하는 네트워크나 스토리지 기능을 이용할 것이므로, 다음 커맨드를 사용하지 않는다.

▼ 표 6 네트워크 관련

커맨드 실행 예	설명
docker network create 네트워크명	컨테이너 네트워크를 작성
docker network ls	컨테이너 네트워크 목록 출력
docker network rm 네트워크명	컨테이너 네트워크 삭제
docker network prune	미사용 컨테이너 네트워크 삭제

▼ 표 7 퍼시스턴트 볼륨 관련

커맨드 실행 예	설명
docker volume create 볼륨명	퍼시스턴트 볼륨 작성
docker volume ls	퍼시스턴트 볼륨 목록 출력
docker volume rm 볼륨명	퍼시스턴트 볼륨 삭제
docker volume prune	미사용 퍼시스턴트 볼륨 삭제

▼ 표 8 docker compose 관련

커맨드 실행 예	설명
docker-compose up -d	현 디렉터리의 docker-compose.yml을 사용해서 복수의 컨테이너를 기동
docker-compose ps	docker-compose 관리하에 실행 중인 컨테이너의 목록을 출력
docker-compose down	docker-compose 관리하의 컨테이너를 정지
docker-compose down --rmi all	docker-compose 관리하의 컨테이너를 정지하고, 이미지도 삭제

참고 자료

도커 커맨드의 레퍼런스 매뉴얼은 즐겨찾기에 추가하여 자주 참고할 것을 추천한다.

1. 도커 커맨드 레퍼런스, https://docs.docker.com/engine/reference/commandline/cli/
2. 도커 도큐먼트, https://docs.docker.com/

6 kubectl 커맨드 치트 시트

**정보가 응축된 치트 시트를 이용해
전반적인 기능 파악하기**

K8s 클러스터에게 명령을 내릴 때는 kubectl을 사용한다. 이번 절에서는 kubectl의 사용법을 치트 시트 형식으로 정리했다. 3장에서 쿠버네티스를 실습할 때 참고하면 도움이 될 것이다.

kubectl 커맨드는 쿠버네티스 적합성 인증[1]을 통과한 클라우드 서비스와 소프트웨어 제품군에서 모두 이용할 수 있다. 이 치트 시트는 커맨드 레퍼런스[2], 리소스 타입[3], kubectl 공식 치트 시트[4] 등의 자료를 참고하여 정리했다.

6.1 kubectl 커맨드의 기본

kubectl 커맨드의 기본 구조는 다음과 같이 세 부분으로 구성된다. (1) 커맨드로 동작을 지정하고 (2) 리소스 타입과 이름으로 대상이 되는 오브젝트를 지정한 뒤 마지막으로 (3) 옵션을 지정한다. 옵션은 명령어마다 다양하게 지정할 수 있는데, 여기서는 출력 포맷을 예로 치트 시트를 작성했다.

kubectl 커맨드 인자의 기본 형식

```
kubectl <(1) 커맨드> <(2) 리소스 타입> [이름] [(3) 옵션]
```

커맨드, 리소스 타입, 옵션에 대해 각각 표 형식으로 정리했다. 이들 내용을 바탕으로 파라미터를 조합하여 kubectl을 사용하면 된다.

6.2 커맨드

kubectl의 첫 번째 파라미터로 지정할 수 있는 커맨드를 정리했다.

▼ 표 1 kubectl 첫 번째 파라미터

커맨드	사용 예	개요
get	kubectl get -f 〈매니페스트 | 디렉터리〉 kubectl get 〈리소스_타입〉 kubectl get 〈리소스_타입〉〈이름〉 kubectl get 〈리소스_타입〉〈이름〉〈옵션〉	get은 지정한 오브젝트의 목록을 한 줄에 하나씩 출력
describe	kubectl describe -f 〈매니페스트 | 디렉터리〉 kubectl describe 〈리소스_타입〉 kubectl describe 〈리소스_타입〉〈이름〉 kubectl describe 〈리소스_타입〉〈이름〉〈옵션〉	describe의 경우 get보다도 자세한 정보를 출력
apply	kubectl apply -f 〈매니페스트〉	매니페스트에 기술된 오브젝트가 존재하지 않으면 생성하고, 존재하면 변경
create	kubectl create -f 〈파일명〉	매니페스트에 기술된 오브젝트를 생성. 이미 있는 경우에는 에러를 반환
delete	kubectl delete -f 〈파일명〉 kubectl delete 〈리소스_타입〉〈이름〉	매니페스트에 기술된 오브젝트를 삭제
config	kubectl config get-contexts kubectl config use-context 〈콘텍스트명〉	접속 대상이 되는 콘텍스트(K8s 클러스터, 네임스페이스, 유저)의 목록을 출력하거나 선택
exec	kubectl exec -it 〈파드명〉 [-c 컨테이너명] 〈커맨드〉	컨테이너에 대화형으로 커맨드를 실행. 파드 내에 컨테이너가 여러 개 있는 경우 [-c]로 컨테이너명을 지정. 컨테이너명은 'kubectl get describe 〈파드명〉'으로 확인 가능
run	kubectl run 〈이름〉 --image=〈이미지명〉	파드를 실행
logs	kubectl logs 〈파드명〉 [-c 컨테이너명]	컨테이너의 로그 표시

6.3 리소스 타입

두 번째 파라미터로 지정할 수 있는 리소스 타입은 매우 다양하다. 그래서 여기서는 'kubectl api-resources'로 얻은 리소스의 목록을 종류별로 그룹화하여 표로 정리하였다. 이들 정보는 실무에서도 도움이 될 것이라 생각한다.

▼ 표 2 파드 관련 리소스 타입

리소스 타입(생략형)	이름	오브젝트 개요
pod(po)	파드	컨테이너의 최소 기동 단위로, 기동 시 파드 네트워크상의 IP 주소를 할당받으며, 한 개 이상의 컨테이너를 내포. https://kubernetes.io/docs/concepts/workloads/pods/
poddisruptionbudget(pdb)	파드 정지 허용 수	파드의 개수가 지정한 개수 이하가 되지 않도록 디플로이먼트, 스테이트풀셋, 레플리카셋, 레플리케이션 컨트롤러의 동작을 제어. https://kubernetes.io/docs/concepts/workloads/pods/disruptions/

▼ 표 3 서비스 관련 리소스 타입

리소스 타입(생략형)	이름	오브젝트 개요
service(svc)	서비스	파드를 클라이언트에 공개. https://kubernetes.io/docs/concepts/services-networking/service/
endpoints(ep)	엔드포인트	서비스를 제공하는 파드의 IP 주소와 포트를 관리. https://kubernetes.io/docs/concepts/services-networking/connect-applications-service/#creating-a-service
ingress(ing)	인그레스	서비스 공개, TLS 암호, 세션 유지, URL 매핑 기능을 제공. https://kubernetes.io/docs/concepts/services-networking/ingress/

▼ 표 4 컨트롤러 관련 리소스 타입

리소스 타입(생략형)	이름	오브젝트 개요
deployment(deploy)	디플로이먼트	파드의 레플리카 수, 자기 회복, 롤아웃, 롤백 등을 제어하는 컨트롤러. https://kubernetes.io/docs/concepts/workloads/controllers/deployment/
replicaset(rs)	레플리카셋	파드의 레플리카 수를 제어하는 컨트롤러로, 디플로이먼트와 연계하여 동작. https://kubernetes.io/docs/concepts/workloads/controllers/replicaset/
statefulset(sts)	스테이트풀셋	퍼시스턴트 데이터를 보유하는 파드를 제어하는 컨트롤러. 퍼시스턴트 볼륨과 파드를 하나씩 쌍으로 묶어 각 이름에 동일한 일련 번호를 부여하여 관리. https://kubernetes.io/docs/concepts/workloads/controllers/statefulset/
job	잡	배치 처리를 수행하는 파드를 관리하는 컨트롤러. https://kubernetes.io/docs/concepts/workloads/controllers/jobs-run-to-completion/

리소스 타입(생략형)	이름	오브젝트 개요
cronjob	크론잡	정기적으로 실행되는 배치 처리를 관리하는 컨트롤러. https://kubernetes.io/docs/concepts/workloads/controllers/cron-jobs/
daemonset(ds)	데몬셋	모든 노드에 파드를 배치하는 컨트롤러. https://kubernetes.io/docs/concepts/workloads/controllers/daemonset/
replicationcontroller(rc)	레플리케이션 컨트롤러	파드의 레플리카 수를 제어하는 컨트롤러. 레플리카셋의 이전 버전. https://kubernetes.io/docs/concepts/workloads/controllers/replicationcontroller/
horizontalpodautoscaler (hpa)	Horizontal Pod Autoscaler	워크로드에 따라 파드 수를 조절하는 컨트롤러. https://kubernetes.io/docs/tasks/run-application/horizontal-pod-autoscale/

▼ 표 5 볼륨 관련 리소스 타입

리소스 타입(생략형)	이름	오브젝트 개요
persistentvolume(pv)	퍼시스턴트 볼륨	로우 레벨 스토리지 관리. https://kubernetes.io/docs/concepts/storage/persistent-volumes/
persistentvolumeclaim(pvc)	퍼시스턴트 볼륨 클레임	스토리지 클래스와 용량을 지정해서 논리 볼륨의 프로비저닝을 요구. https://kubernetes.io/docs/concepts/storage/persistent-volumes/#persistentvolumeclaims
storageclass(sc)	스토리지 클래스	스토리지의 종류. https://kubernetes.io/docs/concepts/storage/storage-classes/

▼ 표 6 K8s 클러스터의 구성 관련 리소스 타입

리소스 타입(생략형)	이름	오브젝트 개요
node(no)	노드	K8s 클러스터의 워크로드를 실행하는 서버. https://kubernetes.io/docs/concepts/architecture/nodes/
apiservice	API 서비스	마스터가 지원하는 API 서비스를 관리. https://kubernetes.io/docs/concepts/overview/kubernetes-api/
componentstatuses(cs)	컴포넌트 상태	scheduler, controller-manager, etcd-0에 헬스 체크 결과를 보고. https://kubernetes.io/docs/concepts/overview/components/
controllerrevision	컨트롤러 리비전	컨트롤러의 리비전 관리. https://kubernetes.io/docs/tasks/manage-daemon/rollback-daemon-set/
event	이벤트	K8s 클러스터에서 발생한 이벤트를 기록하고 표시하기 위한 컨트롤러. https://kubernetes.io/docs/tasks/debug-application-cluster/debug-application-introspection/#example-debugging-pending-pods

▼ 표 7 컨피그맵과 시크릿 관련 리소스 타입

리소스 타입(생략형)	이름	오브젝트 개요
configmap(cm)	컨피그맵	설정 파일을 저장. https://kubernetes.io/docs/tasks/configure-pod-container/configure-pod-configmap/
secret	시크릿	패스워드 등 비밀성이 필요한 정보를 저장. https://kubernetes.io/docs/concepts/configuration/secret/

▼ 표 8 네임스페이스 관련 리소스 타입

리소스 타입(생략형)	이름	오브젝트 개요
namespace(ns)	네임스페이스	K8s 클러스터를 논리적으로 분할해서 사용. https://kubernetes.io/docs/concepts/overview/working-with-objects/namespaces/

▼ 표 9 역할 기반 액세스 제어(RBAC) 관련 리소스 타입

리소스 타입(생략형)	이름	오브젝트 개요
serviceaccount(sa)	서비스 어카운트	서비스 어카운트는 파드에서 실행되는 프로세스를 위한 어카운트. 접근 권한을 식별하기 위해 사용. https://kubernetes.io/docs/reference/access-authn-authz/service-accounts-admin/
role	롤	일련의 권한을 기술하여 롤을 정의. 롤의 유효 범위는 네임스페이스로 한정됨. https://kubernetes.io/docs/reference/access-authn-authz/rbac/
rolebinding	롤바인딩	서비스 어카운트와 롤을 바인딩. https://kubernetes.io/docs/reference/access-authn-authz/rbac/#default-roles-and-role-bindings
clusterrole	클러스터 롤	K8s 클러스터 전체에 유효한 롤. https://kubernetes.io/docs/reference/access-authn-authz/rbac/#api-overview
clusterrolebinding	클러스터 롤 바인딩	K8s 클러스터 전체에 유효한 클러스터 롤과 서비스 어카운트를 매핑. https://kubernetes.io/docs/reference/access-authn-authz/rbac/#api-overview

▼ 표 10 보안 관련 리소스 타입

리소스 타입(생략형)	이름	오브젝트 개요
certificatesigningrequest (csr)	루트 인증서 서명 요구	인증 기관(CA)에 인증서 서명 요구 작성. https://kubernetes.io/docs/reference/access-authn-authz/rbac/#api-overview
networkpolicies(netpol)	네트워크 폴리시	네임스페이스 사이의 네트워크 접근 제어. https://kubernetes.io/docs/concepts/services-networking/network-policies/
podsecuritypolicies(psp)	파드 시큐리티 폴리시	파드 시큐리티 관련 항목의 기본값 설정. https://kubernetes.io/docs/concepts/policy/pod-security-policy/

▼ 표 11 자원 관리 관련 리소스 타입

리소스 타입(생략형)	이름	오브젝트 개요
limitrange(limits)	limit range	네임스페이스 내 컨테이너의 CPU와 메모리 요구값과 상한값의 기본값 설정. https://kubernetes.io/docs/tasks/administer-cluster/manage-resources/memory-default-namespace/
resourcequota(quota)	resource quota	네임스페이스별 CPU와 메모리 요구량, 상한값 설정. https://kubernetes.io/docs/concepts/policy/resource-quotas/

6.4 옵션

옵션 중에는 기억하면 좋은 유용한 것들이 있다. 그중에서도 저자가 자주 사용하는 옵션을 모아 봤다.

▼ 표 12 표시 관련 옵션 예

옵션	개요
-n 네임스페이스명	조작 대상을 지정된 네임스페이스로 한정
--all-namespaces -A(v1.14부터)	모든 네임스페이스의 오브젝트를 대상으로 함
-o=yaml	YAML 포맷으로 API 오브젝트를 표시
-o=wide	추가 정보 표시(파드의 IP 주소, 배치된 노드 이름 등)
-o=json	JSON 형식으로 API 오브젝트를 표시

옵션	개요
-o=custom-columns=⟨spec⟩	항목을 지정해서 목록 표시
-o=custom-columns-file=⟨file⟩	템플릿 파일로 출력할 컬럼을 지정
-o=jsonpath=⟨template⟩	jsonpath에 일치하는 목록 표시. https://kubernetes.io/docs/reference/kubectl/jsonpath/
-o=jsonpath-file=⟨filename⟩	jsonpath 형식의 템플릿 파일로 출력할 내용 지정

참고: https://kubernetes.io/docs/reference/kubectl/overview/#output-options

6.5 kubectl 커맨드 실행 예

여기서는 앞에서 소개한 파라미터를 조합하여 실제 완성된 커맨드의 예를 소개하고자 한다. 실제로 알아 두면 유용한 커맨드로 예제를 구성했다.

(1) 표시 항목 커스터마이즈

필요한 항목을 선택해서 표시할 때는 '-o=custom-columns'나 '-o=jsonpath'를 사용한다. 옵션 '-o'의 설정 방법에 대해서는 표 12에서 소개한 URL을 참고하기 바란다.

실행 예 1 -o=custom-columns= 사용 예

```
$ kubectl get pods -o=custom-columns=NAME:.metadata.name,IMAGE:.spec.containers[0].
image,PodIP:.status.podIP
NAME                        IMAGE          PodIP
hello-1534412820-44zpf      busybox        172.30.26.203
hello-1534412880-d45hw      busybox        172.30.244.43
hello-1534412940-cblhp      busybox        172.30.184.99
```

실행 예 2 -o=custom-columns-file= 사용 예

```
$ cat columns.txt
NAME            IMAGE                        PodIP
.metadata.name  .spec.containers[0].image    .status.podIP

$ kubectl get pods -o=custom-columns-file=columns.txt
NAME                        IMAGE          PodIP
hello-1534412820-44zpf      busybox        172.30.26.203
hello-1534412880-d45hw      busybox        172.30.244.43
hello-1534412940-cblhp      busybox        172.30.184.99
```

실행 예 3 -o=jsonpath= 사용 예

```
$ kubectl get pods -o=jsonpath='{range .items[*]}{.metadata.name}{"\t"}{.status.
startTime}{"\n"}{end}'
hello-1534416780-djr28    2018-08-16T10:53:02Z
hello-1534416840-bjqkd    2018-08-16T10:54:02Z
hello-1534416900-c5chf    2018-08-16T10:55:03Z
```

실행 예 4 -o=jsonpath-file= 사용 예

```
$ cat json_temp.txt
{range .items[*]}{.metadata.name}{"\t"}{.status.startTime}{"\n"}{end}

$ kubectl get pods -o=jsonpath-file=json_temp.txt
hello-1534416900-c5chf    2018-08-16T10:55:03Z
hello-1534416960-fqq6f    2018-08-16T10:56:03Z
hello-1534417020-kxj5w    2018-08-16T10:57:03Z
```

(2) 클러스터의 네임스페이스 수정

여러 개의 K8s 클러스터를 바꿔가면서 조작할 때 유용한 커맨드가 config다. 이 커맨드를 이용함으로써, 온프레미스와 클라우드의 K8s 클러스터를 바꿔가면서 조작할 수 있다.

kubeconfig 파일 설정 표시

```
kubectl config view
```

복수의 kubeconfig가 있는 경우, 환경 변수 KUBECONFIG에 설정해서 병합 가능

```
KUBECONFIG=~/.kube/config:~/.kube/kubeconfig2 kubectl config view
```

콘텍스트 목록 표시, 콘텍스트 교체

```
kubectl config get-contexts
kubectl config use-context my-cluster-name
```

선택 중인 콘텍스트 표시

```
kubectl config current-context
```

```
kubectl config set-context production-c3 --namespace=production --cluster=c3 --user=admin-c3
```

사전에 '--user=⟨유저명⟩', '--cluster=⟨K8s 클러스터명⟩'이 등록되어 있어야 한다.

콘텍스트 변경(네임스페이스 변경)

```
kubectl config use-context production-c3
```

(3) 오브젝트 작성

YAML 형식이나 JSON 형식의 매니페스트로부터 오브젝트를 생성하는 방법을 소개한다. 이 예의 create는 apply로 바꿔도 된다. create를 사용하는 경우 이미 해당 오브젝트명이 존재하면 이상 종료로 처리된다. 한편, apply는 기존에 존재하는 오브젝트에 적용할 변화가 없다면 unchanged라고 표시되어 정상 종료로 취급된다. 혹시 변화가 필요하다면 해당 부분이 configured라고 표시되며 정상 종료된다. 그래서 오브젝트를 목적 상태로 만들기 위해서는 apply가 적합하며, 저자는 apply를 적극적으로 이용하고 있다. 3장의 스텝 06~15에서도 오브젝트를 만들 때 apply를 사용하는데 바로 이런 이유 때문이다.

매니페스트 파일로부터 오브젝트 생성

```
$ kubectl create -f my_manifest.yml
```

복수의 매니페스트 파일을 지정하면서 작성

```
$ kubectl create -f my_manifest1.yml -f my_manifest2.yml
```

복수의 매니페스트가 있는 디렉터리로부터 오브젝트를 생성. .yaml, .yml, .json의 확장자가 대상

```
$ kubectl create -f <manifest_directory>
```

URL로부터 오브젝트 작성

```
$ kubectl create -f https://raw.githubusercontent.com/Jpub/15_DandK/master/step08/
deployment1.yml
```

(4) 오브젝트 삭제

한번 만들어진 오브젝트는 지워질 때까지 계속 존재한다. 그래서 불필요한 오브젝트는 지울 필요가 있다. 매니페스트나 매니페스트가 담긴 디렉터리 이름을 지정해서 제거하는 기능이 편리하다.

오브젝트 삭제

```
$ kubectl delete -f my_manifest.yml      # 매니페스트 파일로부터 삭제
$ kubectl delete po nginx                # 파드 이름으로 삭제
$ kubectl delete deploy web-deploy       # 디플로이먼트 이름으로 삭제
$ kubectl delete service webservice      # 서비스 이름으로 삭제
$ kubectl delete -f <directory>          # 디렉터리 내 매니페스트로 삭제
```

(5) 오브젝트 표시

오브젝트를 표시할 때는 get과 describe를 사용하면 된다. get은 하나의 오브젝트를 한 줄에 표시하고 describe는 상세한 정보를 표시한다. 여러 리소스 타입을 콤마(,)로 이어서 입력하면, 한번에 여러 리소스를 표시할 수 있다.

서비스 리스트 표시

```
$ kubectl get service
$ kubectl get svc       # 단축형
```

파드의 리스트

```
$ kubectl get pods
$ kubectl get po                          # 단축형
$ kubectl get po --all-namespaces         # 모든 네임스페이스의 파드 표시
$ kubectl get po -n test                  # 네임스페이스 test의 파드 표시
$ kubectl get po -o wide                  # 파드의 IP 주소나 할당된 노드를 표시
$ kubectl get po --field-selector=spec.nameNode=node1  # node1의 파드를 표시
$ kubectl get po --show-labels --selector=app=web      # 라벨 app=web인 파드를 표시
```

파드의 상세 정보 표시

```
$ kubectl describe po                     # 모든 파드의 상세 정보 표시
$ kubectl describe po <파드명>             # 파드 이름으로 지정한 파드의 상세 정보 표시
```

디플로이먼트 표시

```
$ kubectl get deployment
$ kubectl get deploy                # 단축형
$ kubectl get deploy,po             # 디플로이먼트와 파드를 표시
```

(6) 오브젝트 변경

실행 중인 오브젝트의 사양을 수정할 수 있다. 변화가 적용될 때 서비스를 멈추지 않도록 제어할 수 있다. 자세한 내용은 3장에서 설명한다.

매니페스트에 의한 변경 적용

```
$ kubectl apply -f new_my_manifest.yml
$ kubectl replace -f new_my_manifest.yml
```

실행 중인 컨트롤러의 매니페스트 편집

```
$ kubectl edit deploy/web-deploy
$ KUBE_EDITOR="nano" kubectl edit deploy/web-deploy
```

파드의 라벨 추가

```
$ kubectl label pods web-deploy-84d778f979-25mcx mark=1
```

(7) 패치 적용

매니페스트의 일부 값을 커맨드로 적용한다.

node1에 대한 스케줄 정지

```
$ kubectl patch node node1 -p '{"spec":{"unschedulable":true}}'
```

(8) 스케일

컨트롤러 파드의 레플리카 수를 지정하여 처리하는 병렬성을 조절할 수 있다.

디플로이먼트의 레플리카 값 변경

```
$ kubectl scale --replicas=5 deployment/web-deploy
```

(9) 노드 보수

kubectl 커맨드 하나로 컨테이너를 실행하는 노드 하나를 보수 작업을 위해 K8s 클러스터로부터 분리하여 정지시키고, 작업 완료 후 파드의 실행이 다시 스케줄링되도록 작업할 수 있다.

노드의 보수 작업 시 대응 순서

```
$ kubectl cordon node1            # node1에 대한 스케줄 정지
$ kubectl drain node1 --force     # node1의 파드 퇴거
$ kubectl delete node1            # node1 제거

<node1 셧다운, (보수 작업), 기동>

$ kubectl uncordon node1          # node1의 스케줄 재개
```

(10) 문제 판별

문제 상황을 분석하기 위해 컨테이너 내에서 어떤 일이 벌어지는지 확인하기 위한 커맨드를 정리했다. '-o yaml'은 매니페스트를 표시하는 것뿐 아니라 상태를 취득해서 표시할 때도 사용된다. 또한, 'describe po'는 파드와 관련된 이벤트를 표시하기 때문에 유용하다.

실행 중인 파드의 대화형 셸 실행

```
$ kubectl exec 파드명 -it sh
```

파드의 로그 출력

```
$ kubectl logs web-deploy-84d778f979-25mcx
```

파드의 상세 정보 표시

```
$ kubectl describe po web-deploy-84d778f979-25mcx
```

파드의 설정과 상태 표시 1 – YAML 형식

```
$ kubectl get po -o yaml web-deploy-84d778f979-25mcx
```

파드의 설정과 상태 표시 2 – JSON 형식

```
$ kubectl get po -o json web-deploy-84d778f979-25mcx
```

파드가 배포되지 않는 상황에서 노드의 리소스 상태 표시

```
$ kubectl describe no node1
```

참고 자료

[1] Kubernetes Conformance Certification, https://kubernetes.io/blog/2017/10/software-conformance-certification/

[2] kubectl 커맨드 레퍼런스, https://kubernetes.io/docs/reference/kubectl/kubectl/

[3] 리소스 타입, https://kubernetes.io/docs/reference/kubectl/overview/#resource-types

[4] 치트 시트, https://kubernetes.io/docs/reference/kubectl/cheatsheet/

Column

5G와 자율 운전으로 주목받는 쿠버네티스

2019년부터 2020년에 걸쳐, 제5세대 이동 통신(이하 5G)의 상용 서비스가 미국, 중국, 한국, 일본에서 시작되었다.

5G의 특징은 다음과 같다.

1. 초고속 통신(4G의 100배 수준인 10Gbps)
2. 초대량 접속(4G의 100배의 접속 용량인 1평방킬로당 100만 단말)
3. 초저지연(4G에서는 30~40밀리초였으나 5G에서는 1밀리초)

이렇게 높은 스펙은 사람 간의 커뮤니케이션에만 머물지 않고 IoT(Internet of Things) 등에 나타나는 사물인터넷의 새로운 발전까지도 시야에 넣었다. 그중에서도 사회에 미치는 영향이 가장 큰 차량 자동 운전은, IoT의 견인역이라고 할 수 있다. 즉, 5G의 높은 스펙은 차량 자율 주행을 목표로 했다고 해도 과언이 아닐 것이다.

자동 운전은 몇 단계의 레벨이 있으며, 2019년 일반 차량에 탑재된 것은 레벨 2의 자동 운전이다. 이 레벨에는 운전자를 대신해 자동차 사이를 조정해 추돌을 방지하고, 보행자에 반응하여 자동으로 브레이크하는 기능 등이 있다. 그리고 2020년대 후반까지 레벨 5의 자율 주행 실용화를 목표로 개발이 진행 중이다[1]. 이 레벨에 이르면 모든 장소에서 운전자를 대신해 자동으로 차량을 운행하는 게 가능하다. 이 단계의 자동차는 인공지능을 탑재한 로봇이 운전하는 차량이라고 할 수 있다. 이는 모든 산업이나 사회에 막대한 영향을 미치고, 엄청난 경제효과까지 예측되기 때문에 제4차 산업혁명이 도래한다고 볼 수 있다.

레벨 5의 자율 주행 실용화를 위해서는 5G를 사용해 지원 시스템과 연계하는 것이 필수적이다. 즉, 자율 주행차는 차량에 탑재된 카메라뿐 아니라, 5G의 무선 전파로 지원 시스템으로부터의 동적인 주변 정보를 받아 주행하게 된다[2]. 예를 들어, 신호등이 빨간색으로 바뀔 때까지의 남은 시간, 우선도가 높은 긴급 차량의 접근, 도로 공사에 의한 차선 규제라는 동적으로 변화하는 다양한 정보를 받으면서 주행하는 것이다. 이를 위해서는 주행하는 자동차에 제때 정보를 주기 위해 1밀리초의 초저지연이 필수다.

서버 인프라를 담당한 경험이 있는 사람이라면 1밀리초라는 목표가 얼마나 높은지 쉽게 상상할 수 있을 것이다. 무선 통신에서 1밀리초의 저지연을 실현하기 위해 지금보다 약 7배 높은 주파수(28GHz대)로 고속으로 통신하지만, 그래도 거리가 멀면 지연이 발생하게 된다. 이 문제를 해결하기 위해 5G에서는 에지 컴퓨팅을 병용하는 것을 고려하고 있다. 5G 기기의 가까운 장소에 서버를 배치하여 분산 처리함으로써 클라우드에 대한 부하 집중을 방지하고 짧은 시간에 반응할 수 있도록 하는 것이다. 이를 MEC(Mobile Edge Computing)라고도 한다. 즉, 바로 반응해야 하는 처리는 가장 가까운 서버에서 응답을 돌려주는 것이다.

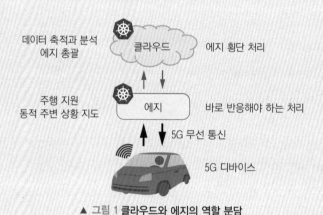

데이터 축적과 분석
에지 총괄

클라우드

에지 횡단 처리

주행 지원
동적 주변 상황 지도

에지

바로 반응해야 하는 처리

5G 무선 통신

5G 디바이스

▲ 그림 1 클라우드와 에지의 역할 분담

이와 같이 레벨 5의 자율 주행을 실현하기 위해서는 5G 통신과 에지와 클라우드 등의 IT 인프라가 필요하다. 에지의 거점 수는 일본에서만 수천 곳에 이를 것으로 예상된다. 물론 5G의 에지는 자율 주행뿐 아니라 다양한 용도로도 응용될 것이다. 이러한 에지와 클라우드를 병용하는 플랫폼으로 쿠버네티스가 검토되고 있다[3, 4]. 즉, 앞으로 본격화될 제4차 산업혁명의 중심에 쿠버네티스가 있는 것이다.

참고 자료

[1] The Self-Driving Car Timeline – Predictions from the Top 11 Global Automakers, https://emerj.com/ai-adoption-timelines/self-driving-car-timeline-themselves-top-11-automakers/

[2] The role of 5G in autonomous vehicles, https://www.futurithmic.com/2019/01/30/role-of-5g-autonomous-vehicles/

[3] Cloud at the Edge, https://www.ibm.com/cloud/blog/cloud-at-the-edge

[4] KubeEdge, a Kubernetes Native Edge Computing Framework, https://kubernetes.io/blog/2019/03/19/kubeedge-k8s-based-edge-intro/

2장

컨테이너 개발을
익히기 위한 5단계

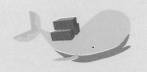

2장에서는 컨테이너의 실전 활용법을 알아본다. 이 책은 단계적으로 이해를 높일 수 있도록 구성했다. 익숙한 내용에서 시작해서 조금씩 깊이 있는 지식을 다룸으로써 독자들의 이해를 점진적으로 높일 수 있도록 구성했다.

스텝 01~15에서 사용하는 모든 코드는 깃헙에서 구할 수 있다. 직접 돌려 보면서 학습하면 이해의 폭을 더 넓힐 수 있을 것이다. 그러나 직접 실습하지 않아도 흐름을 파악할 수 있도록 책을 구성했으니 참고하기 바란다.

도커 컨테이너는 쿠버네티스의 기초 기술이다. 이 책의 궁극적인 목표는 쿠버네티스를 이해하는 것이기 때문에 이에 필요한 도커 기술들을 익힐 수 있도록 내용을 구성했다. 실습 환경을 구축하는 방법은 부록을 참고하기 바란다.

스텝 03~15에서 사용하는 샘플 코드 다운로드 방법

깃헙에서 코드를 다운로드한다.

$ git clone https://github.com/Jpub/15_DandK

※ 위 샘플 코드는 저자가 MIT 라이선스로 공개하여 누구나 무료로 사용할 수 있다. 사용에 대한 지원은 없으며, 버그를 발견하거나 업데이트가 필요한 경우 리포지터리의 이슈(Issues)에 등록하거나 풀 리퀘스트(Pull Requests)를 요청하기 바란다.

Step 01 컨테이너 첫걸음

hello-world 컨테이너
돌려보기

도커 컨테이너에 익숙해지기 위해 먼저 간단한 도커 컨테이너를 돌려보도록 하자. 여기서 돌려볼 이미지인 hello-world는 도커 컨테이너의 동작을 설명하기 위해 만들어진 공식 이미지다[1, 2].

여기서의 실습은 macOS 환경에서 진행했지만 Windows에서도 동일한 명령어로 실습을 진행할 수 있다. macOS의 터미널 대신에 Windows 10의 커맨드 프롬프트나 마이크로소프트 파워셸을 사용하면 된다.

❗ 도커의 실행 환경에 대해서는 부록의 학습 환경 구축법을 참고하기 바란다.

01.1 hello-world 실행

그럼 곧 바로 컨테이너를 돌려보도록 하자. 여러분의 실습용 컴퓨터의 macOS 터미널 혹은 Windows의 커맨드 프롬프트에서 'docker run hello-world'를 실행하면 된다.

실행 예 1 컨테이너 hello-world 실행

```
$ docker run hello-world
Unable to find image 'hello-world:latest' locally
latest: Pulling from library/hello-world
d1725b59e92d: Pull complete
Digest: sha256:0add3ace90ecb4adbf7777e9aacf18357296e799f81cabc9fde470971e499788
Status: Downloaded newer image for hello-world:latest

Hello from Docker!
```

```
This message shows that your installation appears to be working correctly.
To generate this message, Docker took the following steps:
1. The Docker client contacted the Docker daemon.
2. The Docker daemon pulled the "hello-world" image from the Docker Hub(amd64).
3. The Docker daemon created a new container from that image which runs the
   executable that produces the output you are currently reading.
4. The Docker daemon streamed that output to the Docker client, which sent it to your
   terminal.

To try something more ambitious, you can run an Ubuntu container with:
 $ docker run -it ubuntu bash

Share images, automate workflows, and more with a free Docker ID:
 https://hub.docker.com/

For more examples and ideas, visit:
 https://docs.docker.com/engine/userguide/
```

다음은 위 메시지를 번역한 내용이다. 도커 커맨드의 내부 동작을 설명하고 있다.

실행 예 2 실행 예 1의 한글 번역

```
안녕하세요, Docker입니다.

이 메세지가 출력되었다면 설치가 성공적으로 완료된 것입니다.
지금 출력되는 메시지는 다음 단계를 거쳐 만들어졌습니다.

1. 도커 클라이언트가 도커 데몬에 접속합니다.
2. 도커 데몬이 'hello-world' 이미지를 도커 허브에서 다운받습니다(amd64).
3. 도커 데몬이 다운받은 이미지를 바탕으로 컨테이너를 만들었고 컨테이너가 현재 이 메시지를 출력합니다.
4. 도커 데몬이 출력을 도커 클라이언트에게 보내면 터미널에 전달됩니다.

더 복잡한 기능을 돌려보고 싶다면 우분투 컨테이너를 실행해 보세요.
 $ docker run -it ubuntu bash

무료로 Docker ID를 만들어 이미지를 공유하고, 워크플로를 자동화하세요.
 https://hub.docker.com/

다양한 예제와 아이디어를 확인하고 싶다면 다음 사이트를 방문하세요.
 https://docs.docker.com/engine/userguide/
```

이 메시지에 출력된 1~4의 내용에 대해 살펴보자(그림 1).

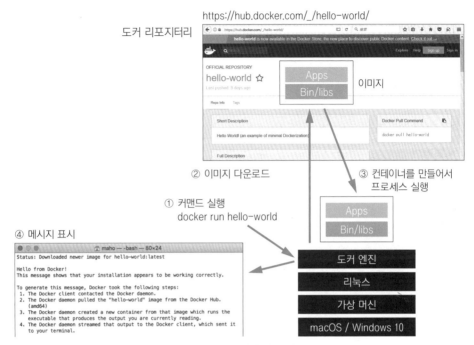

▲ 그림 1 컨테이너 실행 개요

① 터미널 혹은 커맨드 프롬프트에서 'docker run hello-world'를 실행하면 도커 데몬에 접속한다. 도커의 공식 문서에서는 데몬을 엔진이라고 부르고 있어 이 책에서도 도커 엔진이라는 표현을 사용하겠다.

② 커맨드 중 'hello-world'는 리포지터리의 이름이다. 도커 엔진은 도커 허브의 리포지터리 https://hub.docker.com/_/hello-world/에서부터 컨테이너를 위한 이미지를 로컬에 다운로드한다.

③ 도커 엔진이 이미지로부터 컨테이너를 생성한다. 그러면 컨테이너상의 프로세스가 메시지를 표준 출력에 쓰기 시작한다.

④ 도커 엔진은 컨테이너의 표준 출력을 도커 커맨드에 보내고 터미널에 표시된다.

앞의 설명에서 반드시 알고 넘어가야 할 도커 고유의 용어들이 있다. 이들의 의미를 정확히 알아야 도커나 쿠버네티스를 정확하게 이해할 수 있으니 짚고 넘어가도록 하자.

- 도커의 '이미지'는 운영체제와 소프트웨어를 담고 있는 컨테이너 실행 이전의 상태다. 각 이미지는 '리포지터리:태그'로 식별된다.
- 도커의 리포지터리는 이미지 보관소를 말한다. 리포지터리의 이름에 버전 등을 의미하는 태그를 붙여서 각각의 이미지를 구별하여 보관할 수 있다. 태그를 생략하면 최신을 의미하는 latest가 사용된다. 클라우드 서비스의 문서 등에서는 리포지터리 대신에 레지스트리 란 표현이 쓰이기도 한다.
- 레지스트리는 Windows의 설정 정보 데이터베이스를 말하기도 하지만, 도커에서는 리포지터리의 집합체로서 리포지터리를 제공하는 서버를 말한다.

01.2 컨테이너의 생명 주기와 도커 커맨드

컨테이너는 세 가지 상태를 가진다. 그림 2는 컨테이너의 세 가지 상태와 도커 커맨드와의 관계를 나타낸다. 커맨드에 따라 컨테이너의 상태가 어떻게 변화하는지 알 수 있다.

그림 2의 중심부를 보면 알 수 있듯이 컨테이너는 이미지, 실행, 정지의 세 가지 상태로 있을 수 있다. 그리고 도커 커맨드에 따라 컨테이너의 상태가 변한다.

- **이미지** 컨테이너의 모형이 되는 것으로 실행되기 전의 상태다.
- **실행** 컨테이너 위에서 프로세스가 실행 중인 상태를 의미한다.
- **정지** 프로세스의 종료 코드, 로그가 보존된 채 정지한 상태다.

그림 1에 나오는 컨테이너의 열 가지 명령어를 차례대로 살펴보자.

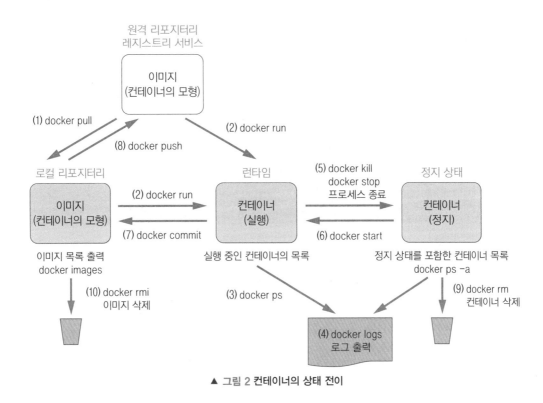

▲ 그림 2 컨테이너의 상태 전이

(1) 이미지 다운로드(docker pull)

명령어 'docker pull 리포지터리명[:태그]'를 실행하면 원격의 리포지터리로부터 이미지를 다운로드(pull)한다.

실행 예 3 이미지 다운로드 확인

```
## 이미지 다운로드
$ docker pull centos:7
7: Pulling from library/centos
ab5ef0e58194: Pull complete
Digest: sha256:4a701376d03f6b39b8c2a8f4a8e499441b0d567f9ab9d58e4991de4472fb813c
Status: Downloaded newer image for centos:7

## 다운로드된 이미지
$ docker images
REPOSITORY      TAG       IMAGE ID        CREATED         SIZE
centos          7         75835a67d134    5 weeks ago     200MB
```

(2) 컨테이너 실행(docker run)

명령어 'docker run [옵션] 리포지터리명:태그 [커맨드] [인자]'는 지정한 이미지를 모형으로 컨테이너를 기동한다. 만약 로컬에 없으면 원격의 리포지터리에서 이미지를 다운로드하고 컨테이너를 실행한다. 기본값으로 설정된 원격 리포지터리는 도커 허브(Docker Hub)이지만, 클라우드에서 제공하는 프라이빗 레지스트리 서비스를 사용할 수도 있다.

실행 예 4 컨테이너를 기동하여 대화형 셸을 실행

```
$ docker run -it --name test1 centos:7 bash
[root@977b3a2402a2 /]#
```

컨테이너를 실행할 때 자주 사용되는 옵션을 표 1에 정리했다. 전체 옵션 목록과 상세한 설명은 공식 문서(https://docs.docker.com/engine/reference/commandline/run/)를 참고하기 바란다.

▼ 표 1 자주 사용하는 docker run 옵션

옵션	설명
-i	키보드 입력을 컨테이너의 표준 입력에 연결하여 키보드 입력을 컨테이너의 셸 등에 보낸다.
-t	터미널을 통해 대화형 조작이 가능하게 한다.
-d	백그라운드로 컨테이너를 돌려 터미널과 연결하지 않는다.
--name	컨테이너에 이름을 설정한다. 시스템에서 유일한 이름이어야 하며, 옵션을 생략하면 자동으로 만들어진 이름이 부여된다.
--rm	컨테이너가 종료하면 종료 상태의 컨테이너를 자동으로 삭제한다.

(3) 컨테이너의 상태 출력(docker ps)

커맨드 'docker ps [옵션]'은 실행 중이거나 정지 상태에 있는 컨테이너 목록을 출력한다. 옵션을 생략한 경우에는 실행 중인 컨테이너만을 출력하며 '-a' 옵션을 추가하면 정지 상태인 컨테이너도 출력된다.

컨테이너 hello-world를 실행 후 'docker ps -a' 명령어를 실행하면 그 상태를 확인할 수 있다. 실행 예 5를 보면 컨테이너 hello-world가 Exit 코드 0으로 정상 종료했음을 알 수 있다.

```
$ docker ps -a
CONTAINER ID IMAGE          COMMAND  CREATED       STATUS                      NAMES
69657ace87b7 hello-world "/hello" 6 seconds ago Exited (0) 5 seconds ago infallibile_
stallman
```

(4) 로그 출력(docker logs)

정지 상태인 컨테이너는 삭제될 때까지 남아 있으며, 실행 중 발생한 표준 출력과 표준 에러 출력을 간직하고 있다. 명령어 'docker logs [옵션] 컨테이너ID | 컨테이너명'으로 확인할 수 있다.

옵션 '-f'를 사용하면 컨테이너가 실행 중인 상태에서 실시간으로 발생하는 로그를 볼 수 있다.

실행 예 6 종료 상태인 컨테이너의 로그 표시

```
$ docker logs ef5a8ba5f427

Hello from Docker!
This message shows that your installation appears to be working correctly.
<이하 생략>
```

(5) 컨테이너 정지(docker stop, docker kill)

실행 중인 컨테이너를 정지시키는 방법은 다음과 같이 세 가지가 있다.

1. 컨테이너의 PID=1인 프로세스가 종료한다.
2. 'docker stop 컨테이너ID | 컨테이너명'을 실행한다.
3. 'docker kill 컨테이너ID | 컨테이너명'을 실행한다.

실행 예 7을 보면 우분투(ubuntu) 이미지를 별다른 커맨드 지정 없이 실행했고, 실행하자마자 바로 종료하고 있다. 이것은 기동하자마자 PID=1인 셸이 종료했기 때문이다.

실행 예 7 커맨드를 지정하지 않고 실행하여 컨테이너가 바로 종료되는 예

```
## 바로 종료되는 컨테이너의 예
$ docker run ubuntu
Unable to find image 'ubuntu:latest' locally
latest: Pulling from library/ubuntu
5bed26d33875: Pull complete
```

```
f11b29a9c730: Pull complete
930bda195c84: Pull complete
78bf9a5ad49e: Pull complete
Digest: sha256:bec5a2727be7fff3d308193cfde3491f8fba1a2ba392b7546b43a051853a341d
Status: Downloaded newer image for ubuntu:latest

## 실행 상태의 컨테이너 목록 출력
$ docker ps
CONTAINER ID IMAGE COMMAND CREATED STATUS NAMES

## 종료 상태의 컨테이너 목록 출력(6초 만에 종료)
$ docker ps -a
CONTAINER ID IMAGE   COMMAND       CREATED        STATUS                    NAMES
5ff926a5ab28 ubuntu "/bin/bash" 8 seconds ago Exited (0) 6 seconds ago nervous_hamilton
```

실행 예 8에서는 컨테이너를 기동할 때 커맨드로 셸을 지정했다. PID 값이 1인 bash가 기동되었음을 ps 명령어를 통해 확인한 후 exit를 입력하여 컨테이너를 종료시켰다.

실행 예 8 프로세스 종료에 의한 컨테이너 정지

```
$ docker run -it --name tom ubuntu bash
root@1badd7e4f51c:/# ps -ax
  PID TTY      STAT   TIME COMMAND
    1 pts/0    Ss     0:00 bash
   10 pts/0    R+     0:00 ps -ax
root@1badd7e4f51c:/# exit

$ docker ps -a
CONTAINER ID IMAGE     COMMAND    CREATED        STATUS                     NAMES
1badd7e4f51c ubuntu   "bash"    19 seconds ago  Exited (0) 13 seconds ago  tom
```

한편, 실행 예 9에서는 실행 중인 컨테이너를 다른 터미널에서 docker stop 명령어로 정지시키고 있다. 실행 중이던 컨테이너는 exit를 출력하면서 종료되고 호스트의 프롬프트로 돌아온다. 이처럼 실행 중인 컨테이너를 다른 터미널에서 정지시킬 수도 있다. 예를 들어, 컨테이너 내의 프로세스가 비정상적인 상태에 빠져 강제 종료(Ctrl+c)로 정지할 수 없는 경우나 대화형 인터페이스가 없는 경우에 유효하다.

실행 예 9 다른 터미널에서 docker stop으로 컨테이너 종료

```
root@60de0d3d6539:/# exit
$ docker ps -a
```

```
CONTAINER ID   IMAGE    COMMAND   CREATED         STATUS                      NAMES
60de0d3d6539   ubuntu   "bash"    19 seconds ago  Exited (0) 5 seconds ago    tom
```

실행 예 10에서는 별도의 터미널에서 'docker kill'을 실행하여 컨테이너를 정지시키고 있다.

stop으로 종료했을 때와 미묘하게 다른 결과를 확인할 수 있다. 컨테이너의 셸 프롬프트와 같은 줄에 호스트의 프롬프트 'imac:~maho$'가 표시되는 것으로 보아 강제 종료된 것으로 보인다. 아니나 다를까 'docker ps' 명령어의 STATUS 열을 보면 종료 코드 137로 종료된 것으로 나온다. 즉, docker kill 커맨드는 컨테이너 안의 PID=1인 프로세스를 강제 종료한다. 따라서 'docker stop'을 사용할 수 없는 비정상적인 상황에서만 사용하는 것이 바람직하다.

실행 예 10 다른 터미널에서 docker kill을 한 경우

```
$ docker rm tom
$ docker run -it --name tom ubuntu bash
root@cf1ab6216f1c:/# imac:~ maho$
$ docker ps -a
CONTAINER ID   IMAGE    COMMAND   CREATED         STATUS                       NAMES
cf1ab6216f1c   ubuntu   "bash"    27 seconds ago  Exited (137) 18 seconds ago  tom
```

(6) 컨테이너 재기동(docker start)

정지 상태인 컨테이너는 'docker start [옵션] 컨테이너ID | 컨테이너명'으로 재기동할 수 있다.

실행 예 11에서는 옵션 –i를 붙여서 컨테이너가 터미널의 입력을 받아 표준 출력과 표준 에러를 터미널에 표시하도록 기동하고 있다.

실행 예 11 정지 상태의 컨테이너를 재기동

```
$ docker start -i ef5a8ba5f427

Hello from Docker!
This message shows that your installation appears to be working correctly.
<중간 생략>

$ docker ps -a
CONTAINER ID   IMAGE        COMMAND   CREATED        STATUS                   NAMES
ef5a8ba5f427   hello-world  "/hello"  9 minutes ago  Exited (0) 4 seconds ago  infallible_
stallman
```

(7) 컨테이너의 변경 사항을 리포지터리에 저장(docker commit)

기동한 컨테이너의 리눅스에서도 가상 서버에서처럼 필요한 패키지를 설치하거나 업데이트할
수 있다. 실행 예 12에서는 CentOS의 컨테이너에서 yum update를 실행하여 git을 설치하고
있다.

실행 예 12 컨테이너에서 CentOS 7의 yum을 업데이트하고 git을 설치

```
## 컨테이너 기동
$ docker run -it centos:7 bash
[root@9bd83b348993 /]# yum update -y
Loaded plugins: fastestmirror, ovl
Determining fastest mirrors
 * base: ftp.riken.jp
<이하 생략>

[root@9bd83b348993 /]# yum install -y git
Loaded plugins: fastestmirror, ovl
Loading mirror speeds from cached hostfile
 * base: ftp.riken.jp
<이하 생략>
```

'docker commit [옵션] 컨테이너ID | 컨테이너명 리포지터리명[:태그]'를 실행하면 현재 컨테
이너의 상태를 이미지로 만들어 리포지터리에 보관할 수 있다.

다음 실행 예 13에서는 컨테이너를 로컬의 리포지터리에 보관하고 있다. 컨테이너 실행 중에도
이미지를 만들 수 있으나 기본적으로 이미지를 쓰는 동안은 컨테이너가 일시정지한다. 보관할
이미지의 태그는 버전이나 기타 의미 있는 문자열을 사용하여 다른 이미지와 구별할 수 있도록
한다. 여기서는 git을 추가했기 때문에 '7-git'이란 태그를 붙였다.

원래 이미지와 새롭게 만든 이미지를 비교해 보자. centos:7이 원래 이미지고 사이즈는 200MB
다. 한편, 'centos:7-git'의 사이즈는 355MB다. git이 설치되면서 용량이 늘어난 것을 알 수 있다.

실행 예 13 컨테이너를 이미지로 리포지터리에 저장

```
$ docker commit 977b3a2402a2 centos:7-git
sha256:031577d027c50e88be9ac75124fdd18cb3584a248c99c8c41ec11fba064699a0

$ docker images
REPOSITORY      TAG        IMAGE ID       CREATED         SIZE
centos          7-git      031577d027c5   5 seconds ago   355MB
```

```
centos            7         75835a67d134   5 weeks ago    200MB
hello-world       latest    4ab4c602aa5e   2 months ago   1.84kB
```

(8) 이미지를 원격 리포지터리에 보관(docker push)

이미지를 원격 리포지터리에 등록하는 것은 쿠버네티스에서 컨테이너를 돌리기 위해 반드시 해야 하는 작업이다. 여기서는 도커 허브, IBM, 구글이 관리하는 리포지터리에 이미지를 등록하는 방법을 알아볼 것이다.

이미지를 원격 리포지터리에 등록하는 명령어는 동일한데 유저 인증 방법이 다소 다르다. 해당 부분은 부록을 참고하기 바란다. 그리고 온프레미스 환경에서 프라이빗한 레지스트리를 구축하고 싶은 경우에는 '부록 2.4 프라이빗 레지스트리'를 참고하기 바란다.

● 도커 허브 리포지터리를 사용하는 경우

도커 허브(Docker Hub) 리포지터리를 사용하는 흐름은 다음과 같다.

1. 도커 허브(https://hub.docker.com/)에 가입하여 도커 ID를 취득한다. 하나의 계정을 만들면 여러 개의 리포지터리를 소유할 수 있다.
2. 명령어 'docker login'으로 도커 ID와 비밀번호를 입력하여 로그인한다(실행 예 14).
3. 명령어 'docker tag'로 로컬의 이미지에 태그를 부여한다(실행 예 15).
4. 명령어 'docker push'를 사용하여 이미지를 원격 리포지터리에 업로드한다(실행 예 16).
5. 도커 허브에 접속하여 등록된 것을 확인하고 필요에 맞게 설명을 기재한다.

먼저 도커 허브에서 도커 ID를 획득하고 실습을 진행하기 바란다. 그리고 실행 예에 기재된 저자의 도커 ID maho는 여러분의 ID로 바꿔서 진행해야 한다. 그러면 도커 허브에 로그인하자. 한번 로그인하면 로그아웃할 때까지 다시 로그인하지 않아도 된다.

실행 예 14 도커 허브에 로그인

```
## 도커 허브에 로그인
$ docker login
Login with your Docker ID to push and pull images from Docker Hub. If you don't
have a Docker ID, head over to https://hub.docker.com to create one.
Username: maho
Password: ***********
Login Succeeded
```

도커 허브 유저의 리포지터리 이름은 도커 ID로 시작한다. 저자의 도커 ID는 maho이므로, 저자의 리포지터리들은 'maho/'로 시작한다. 그리고 로컬의 리포지터리 이름과 태그가 'centos:7-git'이므로 도커 허브의 리포지터리 이름과 태그는 'maho/centos:7-git'이 된다.

실행 예 15에서는 명령어 'docker tag 로컬_리포지터리:태그 원격_리포지터리[:원격태그]'를 실행하여 로컬의 이미지에 원격 리포지터리의 별명을 만들고 있다. 'docker images'의 실행 결과를 보면 2개의 리포지터리, 'centos:7-git'과 'maho/centos:7-git'의 IMAGE ID가 동일한 것을 알 수 있다.

실행 예 15 로컬 리포지터리에 원격 리포지터리의 이름과 태그 부여

```
## 컨테이너 이미지에 태그 붙이기
$ docker tag centos:7-git maho/centos:7-git

$ docker images
REPOSITORY      TAG       IMAGE ID        CREATED          SIZE
centos          7-git     4a4294f48451    52 seconds ago   355MB
maho/centos     7-git     4a4294f48451    52 seconds ago   355MB
centos          7         75835a67d134    6  weeks ago      200MB
```

명령어 'docker push 원격_리포지터리명:태그'를 실행하면 이미지가 도커 허브에 등록된다.

실행 예 16 도커 허브 리포지터리에 등록

```
## 원격 리포지터리에 업로드
$ docker push maho/centos:7-git
The push refers to repository [docker.io/maho/centos]
2e223e94a3d8: Layer already exists
f972d139738d: Layer already exists
7-git: digest: sha256:8b301e2e4b064a6ed0692d5f7960271e032b54d17e477bf8a9fa8913b40fadd
size: 741
```

도커 허브의 웹페이지에 로그인하여 확인해 보자. 도커 허브에 로그인하면 초기 화면에 본인의 리포지터리 목록이 표시될 것이다. 그중에서 방금 등록한 이미지를 찾아보고 필요에 따라 설명을 기록해 보자.

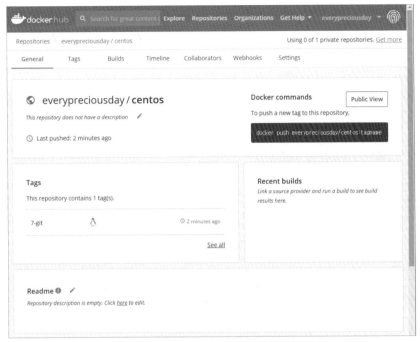

▲ 그림 3 도커 허브의 리포지터리 화면

이제 이미지를 'docker pull 원격_리포지터리:태그'로 공유할 수 있게 되었다.

● IBM Cloud의 레지스트리 서비스를 사용하는 경우

여기서는 로컬 리포지터리의 이미지를 IBM Cloud의 프라이빗 레지스트리 서비스에 등록하는 방법을 설명한 후 구체적인 실행 예를 살펴보겠다. 직접 돌려보기 위해서는 '부록 3.1 IBM Cloud Kubernetes Service'를 참고하여 실습을 준비하기 바란다.

1. IBM Cloud의 CLI인 ibmcloud를 사용해서 IBM Cloud의 레지스트리에 로그인한다(실행 예 17-1). 이때 'docker login'이 실행되어, 프라이빗 레지스트리에 이미지를 등록할 수 있게 된다.

2. 커맨드 'docker tag'로 로컬 리포지터리의 이미지에 원격 리포지터리의 이름과 태그를 붙인다(실행 예 17-2). 원격 리포지터리의 이름은 레지스트리의 주소(jp.icr.io) 뒤에 웹 콘솔에서 등록한 네임스페이스(testns)를 붙이고 이어서 이미지의 이름과 태그를 지정하면 된다. 예를 들면 jp.icr.io/testns/centos:7과 같다.

3. 커맨드 'docker push' 이미지를 원격 리포지터리에 등록한다(실행 예 17-3).

4. 레지스트리에 등록된 이미지의 목록을 확인한다(실행 예 17-4).

5. 테스트를 위해 로컬에 있는 이미지를 제거하고 컨테이너를 실행해 본다(실행 예 17-5).

실행 예 17 IBM Cloud 레지스트리에 이미지 등록 및 컨테이너 실행

```
## (1) IBM 레지스트리 서비스에 로그인
$ ibmcloud cr login
Logging in to 'jp.icr.io'...
Logged in to 'jp.icr.io'.

OK


## (2) 로컬의 이미지에 태그를 부여
$ docker tag centos:7 jp.icr.io/testns/centos:7


## (3) 원격 리포지터리에 등록
$ docker push jp.icr.io/testns/centos:7
The push refers to repository [jp.icr.io/takara/centos]
d69483a6face: Pushed
7: digest: sha256:ca58fe458b8d94bc6e3072f1cfbd334855858e05e1fd633aa07cf7f82b048e66
size: 529


## (4) 레지스트리에 등록된 이미지 목록 확인
$ ibmcloud cr image-list
Repository              Tag Digest       Namespace Created      Size   Security status
jp.icr.io/testns/centos 7   3a8eef8d0a81 testns    3 months ago 75 MB  2 Issues


## (5) 테스트를 위해 로컬 이미지 삭제 후 컨테이너 실행
$ docker rmi -f jp.icr.io/testns/centos:7
Untagged: jp.icr.io/testns/centos:7


$ docker run -it --name mytools --rm jp.icr.io/testns/centos:7 bash
Unable to find image 'jp.icr.io/testns/centos:7' locally
7: Pulling from testns/centos
Digest: sha256:ca58fe458b8d94bc6e3072f1cfbd334855858e05e1fd633aa07cf7f82b048e66
Status: Downloaded newer image for jp.icr.io/testns/centos:7
[root@fcb7b97cf03c /]#
```

● Google Cloud Platform(GCP)의 Container Registry를 사용하는 경우

구글의 퍼블릭 클라우드 서비스 GCP에는 프라이빗 레지스트리 서비스인 Container Registry 가 있다. 이번에는 이 서비스를 사용해 볼 것이다. 이를 위해 '부록 3.2 Google Kubernetes Engine'의 내용에 따라 실습을 준비하기 바란다.

1. gcloud CLI 도구를 인증 도구로 사용하도록 docker 설정 파일 업데이트(실행 예 18-1)

2. 'docker tag'로 로컬의 이미지에 원격 리포지터리의 이름과 태그를 부여(실행 예 18-2)

3. 'docker push'로 이미지를 원격 리포지터리에 등록(실행 예18-3)

4. GCP 컨테이너 레지스트리에 등록된 이미지나 태그 목록 확인(실행 예 18-4)

5. 테스트를 위해 이미지를 제거하고 컨테이너를 실행(실행 예 18-5)

실행 예 18 GCP 레지스트리에 이미지 등록 및 컨테이너 실행

```
## (1) gcloud CLI 도구를 인증 도구로 사용하도록 docker 설정 파일 업데이트
$ gcloud auth configure-docker
<중략>

## (2) 로컬의 이미지에 원격 리포지터리의 이름과 태그 부여(독자 여러분의 프로젝트 ID를 기재)
$ docker tag centos:7 gcr.io/k8s-test-274710/centos:7

## (3) 원격 리포지터리에 등록
$ docker push gcr.io/k8s-test-274710/centos:7
The push refers to repository [gcr.io/k8s-test-274710/centos]
d69483a6face: Layer already exists
7: digest: sha256:ca58fe458b8d94bc6e3072f1cfbd334855858e05e1fd633aa07cf7f82b048e66
size: 529

## (4) 이미지와 태그 목록
## 이미지 목록
$ gcloud container images list --repository gcr.io/k8s-test-274710
NAME
gcr.io/k8s-test-274710/centos

## 이미지의 태그 목록
$ gcloud container images list-tags gcr.io/k8s-test-274710/centos
DIGEST          TAGS   TIMESTAMP
39eda93d1586    7      2020-04-24T10:05:04

## (5) 테스트를 위해 로컬 이미지를 삭제하고 컨테이너 실행
$ docker rmi gcr.io/ldk-test-274710/centos:7
Untagged: gcr.io/ldk-test-274710/centos:7
<중략>

$ docker run -it --name mytools --rm gcr.io/ldk-test-274710/centos:7 bash
Unable to find image 'gcr.io/ldk-test-274710/centos:7' locally
7: Pulling from ldk-test-274710/centos
Digest: sha256:ca58fe458b8d94bc6e3072f1cfbd334855858e05e1fd633aa07cf7f82b048e66
Status: Downloaded newer image for gcr.io/ldk-test-274710/centos:7
[root@bd09af8889ec /]#
```

(9) 종료한 컨테이너 제거(docker rm)

실행 예 19처럼 커맨드 'docker rm 컨테이너ID | 컨테이너명'을 실행하면 컨테이너가 삭제된다. 컨테이너가 삭제되면 로그도 지워지고 더 이상 재기동할 수 없게 된다.

실행 예 19 종료된 컨테이너 제거

```
$ docker rm ef5a8ba5f427
ef5a8ba5f427

$ docker logs ef5a8ba5f427
Error: No such container: ef5a8ba5f427
```

(10) 필요 없어진 이미지를 로컬 리포지터리에서 삭제(docker rmi)

필요 없어진 이미지를 로컬 리포지터리에서 삭제하고자 할 때는 'docker rmi 이미지ID'를 실행하면 된다.

실행 예 20 이미지 삭제

```
$ docker rmi fce289e99eb9
Untagged: hello-world:latest
Untagged: hello-world@sha256:f9dfddf63636d84ef479d645ab5885156ae030f611a56f3a7ac7
f2fdd86d7e4e
Deleted: sha256:fce289e99eb9bca977dae136fbe2a82b6b7d4c372474c9235adc1741675f587e
Deleted: sha256:af0b15c8625bb1938f1d7b17081031f649fd14e6b233688eea3c5483994a66a3

$ docker images
REPOSITORY    TAG      IMAGE ID        CREATED         SIZE
centos        7-git    031577d027c5    13 hours ago    355MB
centos        7        75835a67d134    5 weeks ago     200MB
```

Step 01 마무리

이번 스텝에서 배운 내용을 정리하면 다음과 같다.

- 도커 커맨드는 백그라운드에서 돌고 있는 도커 엔진에 명령을 주어 컨테이너를 실행한다.
- 컨테이너를 실행하기 위해서는 리눅스 커널이 필요하기 때문에 macOS나 Windows에서 는 가상 머신의 리눅스에서 컨테이너를 실행한다.
- 도커 엔진은 docker 커맨드의 요청을 받아서 원격 리포지터리에서 이미지를 다운로드하 고, 컨테이너를 생성하여 실행하고, 애플리케이션의 입출력을 터미널과 연결하는 역할 등 을 수행한다.
- hello-world 이미지는 도커 허브에 등록되어 있다. 도커 허브에 등록된 이미지는 누구나 무료로 다운로드할 수 있다.
- 컨테이너는 도커 커맨드에 따라 이미지, 실행, 정지의 세 가지 상태를 전이한다.
- 이 책에서는 도커 커맨드 중 빈번하게 사용하는 일부만을 소개하며, 더 자세한 내용은 다 음 URL에서 참고할 수 있다.
  - https://docs.docker.com/engine/reference/commandline/docker/

  새로운 서브 커맨드의 공식 문서는 다음과 같다.
  - 컨테이너 계열: https://docs.docker.com/engine/reference/commandline/container/
  - 이미지 계열: https://docs.docker.com/engine/reference/commandline/image/

Step 01 참고 자료

[1] **도커 시작하기**, https://docs.docker.com/get-started/

[2] **hello-world 소스 코드**, https://github.com/docker-library/hello-world/

step 02 컨테이너 다루기

컨테이너에서 명령어 실행하기

이번 스텝에서는 도커 컨테이너에서 셸을 실행하여 가상 서버에 로그인한 것처럼 명령어를 실행해 볼 것이다. 컨테이너에 셸로 접속하는 이 방법은 문제되는 환경을 진단하기 위해 쿠버네티스 환경에서도 많이 사용한다.

02.1 대화형 모드로 컨테이너 기동 및 정지

일반적인 리눅스 서버에서는 유저가 로그인에 성공하면 이어서 셸이 기동된다. 그러면 터미널을 통해 셸에 명령어를 전달하고 수행 결과가 터미널에 출력된다.

한편, 도커에서도 컨테이너에서 셸을 실행할 수 있다. 이에 대해 구체적으로 알아보자.

(1) 대화형 모드로 컨테이너 기동(docker run -it)

대화형 모드로 컨테이너를 기동하기 위해서는 'docker run -it 리포지터리명:[태그] 셸'과 같이 명령어를 실행해야 한다. 여기서 옵션 '-i'는 키보드의 입력을 표준 입력(STDIN)으로 셸에 전달한다. 그리고 옵션 '-t'는 유사 터미널 디바이스(pts)와 셸을 연결한다. 이로써 셸은 터미널과 접속되어 있다고 인식하여 셸의 프롬프트를 출력하게 된다. 우분투나 CentOS에서는 bash를 지정할 수 있고, Alpine이나 BusyBox에서는 sh를 지정할 수 있다.

다음 실행 예 1을 보자. 명령어 'docker run -it ubuntu bash'를 실행하니 마치 가상 서버에 로그인한 것처럼 셸이 기동한 것을 알 수 있다.

실행 예 1 [터미널 1] 대화형으로 컨테이너를 기동하여 셸을 실행(우분투)

```
$ docker run -it ubuntu bash
root@7609f76406f9:/#
```

앞의 예를 보면 'root@7609f76406f9:/#'과 같이 프롬프트가 출력되었다. @ 이후의 문자열 '7609f76406f9'는 컨테이너의 호스트명이자 컨테이너의 ID다. 이번에는 실행 예 2와 같이 한 개의 터미널을 더 열어서 옵션 '--name 컨테이너명'으로 컨테이너의 이름을 지정하여 컨테이너를 기동해 보자.

실행 예 2 [터미널 2] 대화형으로 컨테이너를 기동하여 셸을 실행(CentOS)

```
$ docker run -it --name centos centos:7 bash
[root@9a8bf3a31b91 /]#
```

이번에도 호스트명에는 컨테이너의 ID가 설정되었다. 세 번째 터미널을 열어서 실행 중인 컨테이너의 리스트를 표시해 보자(실행 예 3).

실행 예 3 [터미널 3] 컨테이너의 실행 상태 출력

```
$ docker ps
CONTAINER ID   IMAGE      COMMAND    CREATED        STATUS          PORTS    NAMES
7609f76406f9   ubuntu     "bash"     4 minutes ago  Up 14 minutes            musing_joliot
9a8bf3a31b91   centos:7   "bash"     6 minutes ago  Up 14 minutes            centos
```

첫 번째 컨테이너의 NAMES 열을 보면 'musing_joliot'이란 이름이 표시되어 있다. 이는 컨테이너를 기동할 때 옵션 '--name'을 생략해서 자동으로 할당된 이름이다. 도커 커맨드로 컨테이너를 지정할 때 CONTAINER ID 대신에 이 이름을 사용할 수 있다.

그리고 두 번째로 기동한 centos:7의 컨테이너의 경우는 '--name' 옵션으로 지정한 문자열이 이름으로 표시되고 있다.

이들 두 컨테이너는 프로세스를 실행하는 것처럼 커맨드 라인에서 실행했지만 서로 분리된 환경에서 동작하고 있다.

(2) 대화형 모드에서 컨테이너 정지

대화형 모드로 기동한 컨테이너를 종료하기 위해서는 셸에서 exit를 입력하면 된다. 그러면 셸이 종료되면서 컨테이너도 종료된다.

02.2   컨테이너 조작 및 이미지 작성

이번에는 레지스트리에 등록된 공식 이미지 우분투와 CentOS를 기동한 후 소프트웨어 패키지를 설치한 뒤 이미지로 보존해 볼 것이다.

실행 중인 컨테이너는 IP 주소를 할당받고 이를 바탕으로 컨테이너 간 통신을 수행할 수 있는데, 이를 확인할 겸 네트워크 관련 도구들을 설치해 보자.

우분투는 데비안 계열의 배포판이므로 apt 명령어로 리눅스 패키지를 추가할 수 있다(실행 예 4). 한편, CentOS는 레드햇 계열의 리눅스이기 때문에 yum 명령어를 사용한다(실행 예 5).

설치가 완료되면 ifconfig, ping, netstat, ip, nslookup 등의 네트워크 관련 도구들을 사용할 수 있다. 먼저 각 컨테이너의 IP 주소를 표시해 보자. 터미널 1은 '172.17.0.2', 터미널 2는 '172.17.0.3'이 출력되었다. 서로 ping을 통해 통신이 되는 것을 확인할 수 있으며, HTTP 통신도 가능하다.

실행 예 4 [터미널 1] 컨테이너에 패키지 설치하기(우분투)

```
root@20c4917f18a6:/# apt-get update && apt-get install -y iputils-ping net-tools
iproute2 dnsutils curl

<생략>

root@20c4917f18a6:/# ifconfig eth0
eth0: flags=4163<UP,BROADCAST,RUNNING,MULTICAST>  mtu 1500
        inet 172.17.0.2  netmask 255.255.0.0  broadcast 172.17.255.255
        ether 02:42:ac:11:00:02  txqueuelen 0  (Ethernet)
        RX packets 16445  bytes 37044294 (37.0 MB)
        RX errors 0  dropped 0  overruns 0  frame 0
        TX packets 13970  bytes 768551 (768.5 KB)
        TX errors 0  dropped 0 overruns 0  carrier 0  collisions 0
```

실행 예 5 [터미널 2] 컨테이너에 패키지 설치하기(CentOS 7)

```
[root@6c5ef6cd88da /]# yum update -y && yum install -y iputils net-tools iproute
bind-utils

<생략>

[root@6c5ef6cd88da /]# ifconfig eth0
eth0: flags=4163<UP,BROADCAST,RUNNING,MULTICAST>  mtu 1500
        inet 172.17.0.3  netmask 255.255.0.0  broadcast 172.17.255.255
        ether 02:42:ac:11:00:02  txqueuelen 0  (Ethernet)
        RX packets 6539  bytes 39438242 (37.6 MiB)
        RX errors 0  dropped 0  overruns 0  frame 0
        TX packets 5519  bytes 308770 (301.5 KiB)
        TX errors 0  dropped 0 overruns 0  carrier 0  collisions 0
```

여기까지 작업한 내용을 이미지로 만들어 보자. 'docker commit 컨테이너ID │ 컨테이너명 리 포지터리명[:태그]'를 수행하면 이미지가 만들어져 리포지터리에 보관된다. 2개의 컨테이너를 모두 이미지로 보관하자.

실행 예 6 [터미널 3] 컨테이너를 이미지로 만들어 리포지터리에 보관

```
$ docker commit centos my-centos:0.1
sha256:5292e38066135d400946353d21f5da9c6d4c142bf7d2df75e1f33dbbf45ecb12
```

다음 실행 예 7은 로컬에 있는 리포지터리의 목록을 출력한 모습이다. 'ubuntu:latest'에 패키지 를 추가한 것이 'my-ubuntu:0.1'로 보관되었으며, 'centos:7'에 패키지를 추가한 것은 'my-centos:0.1'로 보관되어 있다. 패키지를 설치했기 때문에 이미지의 크기가 커진 것을 알 수 있다.

실행 예 7 [터미널 3] 이미지 목록

```
$ docker images
REPOSITORY      TAG       IMAGE ID        CREATED        SIZE
my-centos       0.1       5292e3806613    1 hours ago    312MB
my-ubuntu       0.1       0e5cdabda20d    4 hours ago    167MB
my-centos       latest    93fd78260bd1    5 hours ago    86.2MB
my-ubuntu       7         75835a67d134    7 hours ago    200MB
```

지금까지의 방법을 사용해서 다양한 도구를 설치한 이미지를 미리 만들어 놓으면 필요할 때 편 리하게 사용할 수 있을 것이란 생각이 들었을 수도 있다. 하지만 앞의 방법으로 이미지를 만들 면 이미지에 어떤 도구를 설치했는지 나중에 확인하기 어렵다는 단점이 있다. 그래서 실행한 컨테이너로부터 이미지를 만들지 않는 것이 좋다[1]는 의견도 있다. 이 문제를 효과적으로 해결하는 방법은 '스텝 03 컨테이너 개발'에서 다룰 것이다.

한편, 실행 중인 컨테이너의 IP 주소는 도커 커맨드로 확인할 수 있다. 명령어 'docker inspect [옵션] 컨테이너ID | 컨테이너명'을 실행하면 컨테이너의 상세 정보를 JSON 형식으로 표시해 준다(실행 예 8).

실행 예 8 [터미널 3] 컨테이너 상세 정보

```
# 컨테이너의 IP 주소 출력
$ docker inspect --format='{{range.NetworkSettings.Networks}}{{.IPAddress}}{{end}}'
7609f76406f9
172.17.0.2
```

여기서 '--format'의 표기 형식은 Go 언어에서 사용하는 텍스트 출력용 템플릿이다[2, 3].

02.3 여러 터미널에서 조작하기

2개 이상의 터미널에서 하나의 컨테이너에 접속하여 작업을 수행하는 것도 가능하다. 그림 1을 살펴보자. 터미널 1에서는 옵션 '--name'으로 이름을 지정하여 컨테이너를 기동하며 셸을 실행한다. 이어 터미널 2에서는 'docker exec -it 컨테이너명 bash'를 실행하여 같은 컨테이너에 접속한다.

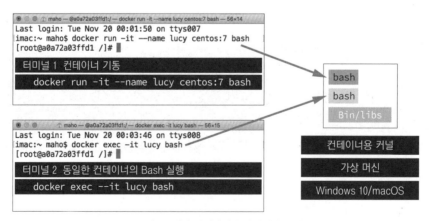

▲ 그림 1 2개의 터미널에서 컨테이너 조작

실제 실행 예를 살펴보자.

(1) 대화형 컨테이너로 셸 기동

먼저 터미널 1에서 lucy라는 이름의 컨테이너를 기동하며 셸을 실행한다.

실행 예 9 [터미널 1] 컨테이너 기동

```
$ docker run -it --name lucy centos:7 bash
[root@a0a72a03ffd1 /]#
```

(2) 실행 중인 컨테이너에 접속(docker exec -it)

이어서 두 번째 터미널에서 명령어 'docker exec -it 컨테이너명 | 컨테이너ID 셸'을 실행하여 컨테이너 lucy에 두 번째 셸을 기동한다.

실행 예 10 [터미널 2] 컨테이너에 두 번째 셸 기동

```
$ docker exec -it lucy bash
[root@a0a72a03ffd1 /]#
```

이처럼 같은 컨테이너에 여러 터미널이 접속하여 작업하는 것이 가능하다. 인증 과정도 없기 때문에 가상 서버보다 더 편리하게 사용할 수 있다.

이때 보안을 위해 호스트 외부에서의 접속은 막혀 있다. 또한, 컨테이너 내에서는 외부에서 로그인하기 위한 sshd를 기동시키지 말아야 한다는 의견도 있다[4].

(3) 로그인을 관리하지 않는 컨테이너

리눅스 서버에서는 w 명령어로 동시에 로그인한 다른 유저의 정보를 얻을 수 있다. 그러나 실행 예 11에서 볼 수 있듯이 컨테이너에서 w 커맨드를 실행해도 아무것도 출력되지 않는다.

이유는 컨테이너에는 로그인을 통한 유저 인증 기능도 없고, 유저 자체를 관리하지 않기 때문이다. 리눅스는 기본적으로 멀티 유저용으로 개발되었지만 컨테이너는 싱글 유저용으로 만들기 위해 해당 기능을 제거했다.

이에 따라 ps 커맨드의 결과에 주목하기 바란다. TTY 열을 보면 유사 터미널 pts/1에 연결되어 있는 것을 알 수 있다. tty 커맨드로 확인해 봐도 '/dev/pts/1'이 표시된다. 이는 'docker run'의 '-t' 옵션에 의해 서버에 로그인하는 것과 비슷하게 유사 터미널이 셸에 접속했기 때문이다.

여기서 'ps ax'를 실행해 보면 2개의 셸이 보인다. PID 1은 터미널 1에서 'docker run'으로 기동한 bash이고, 유사 터미널 pts/0과 연결되어 있다.

실행 예 11 [터미널 2]에서 프로세스 확인

```
$ docker exec -it lucy bash

## 다른 로그인 유저를 출력
[root@a0a72a03ffd1 /]# w

 09:36:56 up 37 min,  0 users,  load average: 0.00, 0.00, 0.00
USER      TTY      FROM      LOGIN@   IDLE    JCPU    PCPU WHAT

## 본인 단말의 프로세스 목록
[root@a0a72a03ffd1 /]# ps
  PID TTY          TIME CMD
   17 pts/1     00:00:00 bash
   33 pts/1     00:00:00 ps

## 본인의 터미널 디바이스 출력
[root@a0a72a03ffd1 /]# tty
/dev/pts/1

## 모든 프로세스 목록 출력
[root@a0a72a03ffd1 /]# ps ax
  PID  TTY      STAT   TIME   COMMAND
    1  pts/0    Ss+    0:00   bash
   17  pts/1    Ss     0:00   bash
   35  pts/1    R+     0:00   ps ax
```

컨테이너를 일종의 가상 서버로 생각하기 쉬운데 실행 예 11에서 볼 수 있듯이 사실은 그렇지 않다. 컨테이너는 목표로 하는 프로세스만을 실행할 수 있도록 고안된 실행 환경인 것이다.

터미널 1에서 tty 커맨드를 실행해 보면 터미널의 디바이스 번호가 0으로 나오며, w 커맨드로도 아무것도 표시되지 않는 것을 확인할 수 있다.

02.4 호스트와 컨테이너의 관계

이 책에서 말하는 호스트란 컨테이너를 실행하는 리눅스 서버를 말한다. 호스트와 컨테이너의 관계를 알기 위해 호스트의 운영체제에서 컨테이너의 실행 상태를 관찰해 보자.

여기서는 '부록 1.3 Vagrant로 리눅스에서 미니쿠베 사용하기'를 활용할 것이다. 부록 3의 안내에 따라 만든 디렉터리로 이동하여 'vagrant up'을 실행하여 가상 머신을 기동한다. 그리고 미니쿠베를 시작하지 않은 상태에서 3개의 터미널을 열어 각각 'vagrant ssh'로 로그인한다.

먼저 터미널 1에서 대화형 컨테이너를 기동해서 sleep 커맨드를 실행한다. 이어서 터미널 2로부터 같은 컨테이너에 접속하여 프로세스 목록을 출력한다. 터미널 3에서는 컨테이너가 아닌 호스트의 프로세스 목록을 관찰한다.

그러면 제일 먼저 터미널 1에서 컨테이너를 실행한다. 확인하기 편하도록 셸에서 'sleep 321'을 실행한다.

실행 예 12 [터미널 1] 컨테이너 실행

```
imac:vagrant-minikube maho$ vagrant ssh
<생략>
vagrant@minikube:~$ docker run -it --name lucy centos:7 bash
[root@74d4a5b0d7ed /]# sleep 321
```

터미널 2에서는 동일한 컨테이너에 접속하여 프로세스 목록을 출력한다. 이때 TTY 열의 pts/0은 앞서 실행한 터미널 1에 연결된 프로세스다. 그리고 pts/1이 터미널 2에 대응하는 프로세스다. 이렇게 보면 가상 서버처럼 단독으로 동작하는 리눅스처럼 보인다.

실행 예 13 [터미널 2] 동일한 컨테이너에 접속하여 프로세스 목록 출력

```
imac:vagrant-minikube maho$ vagrant ssh
<생략>
vagrant@minikube:~$ docker exec -it lucy bash
[root@74d4a5b0d7ed /]# ps axf
  PID   TTY     STAT    TIME  COMMAND
   14   pts/1   Ss      0:00  bash
   28   pts/1   R+      0:00   \_ ps axf
    1   pts/0   Ss      0:00  bash
   27   pts/0   S+      0:00  sleep 321
```

이제 터미널 3에서 호스트의 상태를 살펴보자. 그림 2는 컨테이너를 실행한 컨테이너 호스트의 리눅스에 로그인한 상태다. 여기에 표시되는 목록은 가상 머신에서 동작하는 데몬 중에서 관련 있는 것만을 선별한 것이다.

TTY 열에는 프로세스랑 연결된 제어 단말이 표시되어 있다. 여기서 터미널 1의 프로세스는 유사 단말을 의미하는 pts/0과 연결되어 있음을 알 수 있다. 그리고 터미널 2의 프로세스는 pts/1, 터미널 3의 프로세스는 pts/2와 연결되어 있다.

```
vagrant@minikube:~$ ps axf
   PID TTY      STAT   TIME COMMAND
<중략>
  1200 ?        Ss     0:00 /usr/sbin/sshd -D
  2381 ?        Ss     0:00  \_ sshd: vagrant [priv]
  2427 ?        S      0:00  |   \_ sshd: vagrant@pts/0
  2428 pts/0    Ss     0:00  |       \_ -bash
  2510 pts/0    Sl+    0:00  |           \_ docker run -it --name lucy centos:7 bash
  4476 ?        Ss     0:00  \_ sshd: vagrant [priv]
  4516 ?        S      0:00  |   \_ sshd: vagrant@pts/1
  4517 pts/1    Ss     0:00  |       \_ -bash
  4531 pts/1    Sl+    0:00  |           \_ docker exec -it lucy bash
  4581 ?        Ss     0:00  \_ sshd: vagrant [priv]
  4621 ?        S      0:00      \_ sshd: vagrant@pts/2
  4622 pts/2    Ss     0:00          \_ -bash
  4733 pts/2    R+     0:00              \_ ps axf
<중략>
  1141 ?        Ssl    0:09 /usr/bin/dockerd -H fd://
  1354 ?        Ssl    0:01  \_ docker-containerd --config /var/run/docker/containerd/containerd.toml
  4401 ?        Sl     0:00      \_ docker-containerd-shim -namespace moby -workdir /var/lib/docker/
containerd/daemon/io.containerd.runtime.v1.linux/moby/9571f35041e34edbe11d31e66549
  4420 pts/0    Ss     0:00  \_ bash
  4475 pts/0    S+     0:00  |   \_ sleep 321
  4554 pts/1    Ss+    0:00      \_ bash
```

▲ 그림 2 [터미널 3] 컨테이너 호스트의 프로세스 리스트

마지막에서 두 번째 줄에 나오는 프로세스 번호(PID) 4475에 주목하기 바란다. 이 프로세스는 컨테이너 lucy 위에서 실행되고 있는 sleep 프로세스로서, 그 부모 프로세스는 'docker run' 커맨드로 실행한 bash다. 이 두 프로세스는 pts/0에 연결되어 있다. 그리고 프로세스의 부모를 따라가 보면 도커 데몬(/usr/bin/dockerd)인 것을 알 수 있다.

한편, 터미널 1의 도커 커맨드의 PID는 2510이다. 이 프로세스는 도커 데몬에게 컨테이너 생성을 의뢰하고 pts/0을 컨테이너의 프로세스와 공유한다. 마찬가지로 터미널 2의 도커 커맨드 'PID 4531'도 pts/1을 컨테이너의 프로세스와 공유하고 있다.

이처럼 컨테이너의 실체는 호스트의 프로세스다. 그리고 컨테이너에서 'uname -r'을 실행해 보면 호스트의 커널[5, 6, 7, 8, 9]이 출력된다. 즉, 컨테이너는 하나의 독립적인 운영체제처럼 보이지만, 실은 호스트의 커널을 공유하여 동작하는 리눅스 프로세스다.

Step 02 마무리

이번 스텝에서 배운 내용을 정리하면 다음과 같다.

- 컨테이너를 사용하면 마치 가상 서버에 로그인한 것처럼 셸을 사용하여 명령어를 내릴 수 있다.
- 컨테이너를 여러 개 기동하면 분리된 가상 서버인 것처럼 독립적으로 사용할 수 있다.
- 컨테이너는 IP 주소를 가지며 호스트의 다른 컨테이너들과 통신할 수 있다.
- 'docker commit' 명령어를 통해 컨테이너를 이미지로 만들어 로컬 리포지터리에 보관하고 재사용할 수 있다.
- 리눅스는 원래 멀티 유저용 운영체제지만 컨테이너는 유저 인증 기능을 제거하여 단일 유저 시스템처럼 사용한다.
- 의도적으로 포트를 열지 않는 이상 호스트의 외부에서 컨테이너에 접속할 수 없다.
- 컨테이너는 호스트의 커널을 공유하는 리눅스 프로세스다.

Step 02 참고 자료

[1] **도커 컨테이너에서 하지 말아야 할 열 가지**, https://developers.redhat.com/blog/2016/02/24/10-things-to-avoid-in-docker-containers/

[2] **Go 언어 패키지 템플릿**, https://golang.org/pkg/text/template/

[3] **CentOS 버전 7의 커널**, https://en.wikipedia.org/wiki/CentOS

[4] **도커 컨테이너에서 sshd를 실행하지 않아도 되는 이유**, https://blog.docker.com/2014/06/why-you-dont-need-to-run-sshd-in-docker/

[5] **Moby 프로젝트**, https://blog.mobyproject.org/infrakit-linuxkit-and-moby-updates-and-use-cases-8cdebfaee453

[6] **LinuxKit**, https://github.com/linuxkit/linuxkit

[7] **도커 툴박스**, https://docs.docker.com/toolbox/

[8] **boot2docker**, https://github.com/boot2docker/boot2docker

[9] **우분투 리눅스 커널 버전**, https://wiki.ubuntu.com/Kernel/Support

Step 03 컨테이너 개발

간단한 애플리케이션의 컨테이너를
빌드하고 실행하기

이번 스텝에서는 간단한 애플리케이션의 이미지를 빌드하고 컨테이너로 실행하는 흐름을 실습해 볼 것이다. 이를 위해 이미지를 만들 때 사용하는 'docker build'라는 명령어를 사용할 것이다. 이번 절의 내용은 쿠버네티스에서 돌아가는 컨테이너를 개발하는 것과도 연결된다.

03.1 이미지 빌드의 개요

그림 1은 컨테이너의 이미지를 만드는 과정을 표현한다. 도커 이미지를 만들기 위해서는 명령어 'docker build [옵션] 경로|URL|-'을 사용하면 된다. 입력해야 할 정보가 여러 개 있는데 차례대로 알아보자.

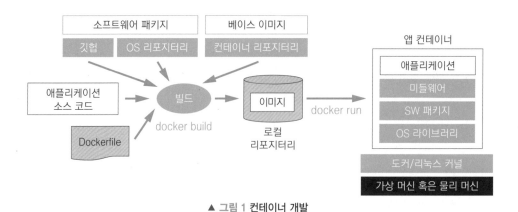

▲ 그림 1 컨테이너 개발

(1) 베이스 이미지 선택

이미지를 만들 때 바탕이 되는 이미지를 베이스 이미지라고 한다. 베이스 이미지에는 리눅스의 공유 라이브러리, 동적 링크나 로드에 필요한 기초적인 파일들이 포함되며, 이를 기반으로 사용자의 이미지를 만들게 된다.

도커 허브(https://hub.docker.com)에는 다양한 미들웨어나 프로그래밍 언어가 포함된 이미지가 등록되어 있다. 표 1은 도커 허브(Docker Hub)의 인기 있는 이미지 목록을 정리한 것이다.

▼ 표 1 도커 허브에 등록된 인기 이미지

분류	공식 이미지
리눅스 배포판	alpine, busybox, ubuntu, centos, debian, fedora, amazonlinux, opensuse, oraclelinux
프로그래밍 언어	node, golang, php, python, openjdk, ruby, java, jruby, perl, erlang, pypy, mono, gcc, rails, ibmjava, rust, swift
NoSQL 데이터베이스	redis, mongo, memcached, cassandra, couchbase
SQL 데이터베이스	postgres, mysql, mariadb, percona
Web 서버	nginx, httpd
Servlet/JSP 서버	tomcat, jetty, websphere–liberty
콘텐츠 관리 시스템	wordpress, ghost, drupal
컨테이너	registry, docker, swarm, hello–world
로그와 메트릭 분석	ElasticSerach, InfluxDB, logstash, telegraf, kibana,
CD/CI	maven, jenkins, sonarqube
빈 이미지	scratch

이미지를 판매하기 위해 존재했던 도커 스토어는 도커 허브에 통합되었다. 그리고 베이스 이미지를 직접 만드는 것도 가능하니 참고하기 바란다[1, 2].

(2) 소프트웨어 패키지 설치

애플리케이션 실행에 필요한 소프트웨어 패키지를 설치한다. 주로 운영체제나 프로그래밍 언어의 패키지 매니저를 사용해서 설치하게 된다. 예를 들어, 데비안 계열의 리눅스에서는 apt를 사용하고 레드햇 계열 리눅스에서는 yum을 사용한다. 프로그래밍 언어의 경우는 파이썬의 pip나 Node.js의 npm 등이 있다. 뒤에서 설명할 Dockerfile에 설치 스크립트를 기재하면 베이스 이미지 위에 소프트웨어 패키지가 설치된다.

(3) 애플리케이션 소스 코드

깃헙 혹은 로컬에 있는 소스 코드를 이미지에 복사한다.

(4) Dockerfile

이미지를 빌드하는 스크립트가 기재된 파일로서, 다음과 같은 내용을 담고 있다. 각 항목의 자세한 내용은 Dockerfile 치트 시트를 참고하기 바란다.

1. 베이스 이미지의 리포지터리
2. 설치할 패키지
3. 애플리케이션 코드와 설정 파일
4. 컨테이너 기동 시 실행될 명령어

03.2 빌드 실행 순서

이미지를 빌드하기까지의 흐름은 다음 5단계로 구성된다. 차례대로 진행해 보자.

1. 디렉터리를 준비하여 이미지에 포함시킬 파일들을 모은다.
2. Dockerfile을 작성한다.
3. 컨테이너에서 실행할 애플리케이션 코드를 작성하고 유닛 테스트를 실행한다.
4. 이미지를 빌드한다.
5. 컨테이너를 실행하고 동작을 확인한다.

● **샘플 코드 이용법** ●

이 책에서 제공하는 코드는 깃헙(https://github.com/Jpub/15_DandK)에서 다운받을 수 있다.

```
$ git clone https://github.com/Jpub/15_DandK
$ cd codes_for_lessons/Step03
```

Step03 폴더에 이번 절에서 사용할 파일들이 있다.

먼저 컨테이너에 포함시킬 파일들을 담을 Step03이란 디렉터리를 만들고 이동한다. 이번 실습에서는 message라는 이름의 파일에 있는 문자열을 아스키 아트(ASCII ART)로 변환하여 출력하는 컨테이너를 만들어 볼 것이다.

실행 예 1 컨테이너를 빌드하기 위한 디렉터리 작성

```
$ mkdir Step03
$ cd Step03
```

베이스 이미지, 이미지에 포함시킬 파일, 컨테이너에서 실행될 명령어가 기술된 Dockerfile(파일 1)을 작성한다.

파일 1 Dockerfile

```
1    FROM   alpine:latest
2    RUN    apk update && apk add figlet
3    ADD    ./message /message
4    CMD    cat /message | figlet
```

첫 번째 줄에서 FROM으로 베이스 이미지를 지정했고, 두 번째 줄의 RUN으로 리눅스 패키지 및 추가 모듈 설치를 기술하였다. 세 번째 줄의 ADD는 컨테이너의 파일 시스템에 파일을 추가한다. 마지막 줄의 CMD는 컨테이너 기동 시 실행할 커맨드를 지정한다.

세 번째 줄에서 추가한 파일에 적힌 문자열이 리눅스의 파이프로 figlet이란 명령어에 표준 입력으로 넘어간다. 그러면 문자열에 대한 아스키 아트가 출력된다. 각 줄의 설명을 표 2에 정리했다.

▼ 표 2 Dockerfile 설명

Dockerfile 커맨드	설명
FROM alpine:latest	FROM으로 베이스 이미지를 지정. 이미지가 로컬에 없으면, 도커 허브에서 다운로드한다. alpine은 리눅스의 기본적인 커맨드만 설치되어 있는 5MB 남짓의 경량 이미지다. alpine에 대한 자세한 정보는 https://hub.docker.com/_/alpine/와 https://alpinelinux.org를 참고한다.
RUN apk update && apk add figlet	RUN으로 컨테이너에서 실행할 명령어를 지정한다. 여기서는 alpine의 패키지 매니저인 apk를 업데이트하고 figlet이란 커맨드를 설치하고 있다. figlet은 아스키 아트를 출력하는 커맨드다. &&를 사용하면 왼쪽의 커맨드가 정상적으로 종료된 후 오른쪽의 커맨드가 실행된다.
ADD ./message /message	ADD로 컨테이너에 배치할 파일이나 디렉터리를 지정한다. 현재 디렉터리에 있는 message라는 파일을 컨테이너의 루트 디렉터리에 배치하고 있다.
CMD cat /message | figlet	CMD로 컨테이너가 기동한 직후에 실행하는 커맨드를 지정한다. 'cat message'의 결과를 figlet 커맨드의 표준 입력으로 전달하고 있다.

그러면 message 파일에 적당한 메시지를 기록하고 이미지를 빌드해 보자.

실행 예 2 message 파일에 메시지를 기록

```
$ echo "Hello World" > message
$ cat message
Hello World
```

실행 예 3은 빌드를 실행하고 완료될 때까지 출력되는 메시지다. 'docker build --tag 리포지터리명[:태그] 경로'를 실행하면 Dockerfile에 따라 이미지를 빌드한다. 옵션 '--tag'는 빌드된 이미지의 리포지터리 이름과 태그를 지정한다. 마지막에 추가된 점(.)은 Dockerfile의 경로를 지정하기 위한 것으로 현재 디렉터리에 Dockerfile이 있음을 의미한다. 점(.) 앞에 반드시 빈 칸을 넣어야 하는 것도 주의한다.

실행 예 3 이미지 빌드

```
$ docker build --tag hello:1.0 .
Sending build context to Docker daemon 3.072kB
Step 1/4 : FROM alpine:latest
---> 11cd0b38bc3c
Step 2/4 : RUN apk update && apk add figlet
---> Running in eaa1407f5c37
fetch http://dl-cdn.alpinelinux.org/alpine/v3.8/main/x86_64/APKINDEX.tar.gz
fetch http://dl-cdn.alpinelinux.org/alpine/v3.8/community/x86_64/APKINDEX.tar.gz
v3.8.0-95-g244b823930 [http://dl-cdn.alpinelinux.org/alpine/v3.8/main]
v3.8.0-95-g244b823930 [http://dl-cdn.alpinelinux.org/alpine/v3.8/community]
OK: 9542 distinct packages available
(1/1) Installing figlet (2.2.5-r0)
Executing busybox-1.28.4-r0.trigger
OK: 5 MiB in 14 packages
Removing intermediate container eaa1407f5c37
---> ad4d946b336f
Step 3/4 : ADD ./message /message
---> 33bda19488bc
Step 4/4 : CMD cat /message | figlet
---> Running in 93a6555d16f6
Removing intermediate container 93a6555d16f6
---> ff97c6741505
Successfully built ff97c6741505
Successfully tagged hello:1.0
```

빌드가 완료된 후 'docker images'를 실행하면 방금 빌드한 이미지가 표시된다.

실행 예 4 이미지 목록 표시

```
$ docker images
REPOSITORY    TAG    IMAGE ID        CREATED            SIZE
hello         1.0    56ee939fff9e    About a minute ago  6.35MB
```

이로써 우리가 만든 이미지를 실행할 준비가 완료되었다. 다음과 같이 컨테이너를 실행해 보자.

실행 예 5 빌드한 이미지를 실행한 결과

종료한 컨테이너는 'docker ps -a'로 확인할 수 있다. 그리고 'docker logs 컨테이너ID'를 실행하면 실행 중에 표준 출력으로 출력한 메시지를 볼 수 있다.

실행 예 6 실행 종료 후 컨테이너 리스트 표시

```
$ docker ps -a
CONTAINER ID IMAGE      COMMAND              CREATED        STATUS                 NAMES
ccef6cd849d5 hello:1.0  "/bin/sh -c 'cat /me…" 2 minutes ago Exited (0) 2 minutes ago
goofy_swartz
```

03.3 Dockerfile 작성법

Dockerfile에 사용할 수 있는 키워드는 이 책에서 소개하는 것 외에도 많다. 표 3에 비교적 자주 사용하는 커맨드와 그 의미를 정리했다. Dockerfile 레퍼런스[3]에서 더 많은 정보를 얻을 수 있으니 참고하기 바란다.

▼ 표 3 Dockerfile 치트 시트

커맨드	설명
FROM 〈이미지〉[:태그]	컨테이너의 베이스 이미지를 지정
RUN 〈커맨드〉 RUN ["커맨드", "파라미터1", "파라미터2"]	FROM의 베이스 이미지에서 커맨드를 실행
ADD 〈소스〉 〈컨테이너_내_경로〉 ADD ["소스", ... 〈컨테이너_내_경로〉"]	소스(파일, 디렉터리, tar 파일, URL)를 컨테이너 내 경로에 복사
COPY 〈소스〉 〈컨테이너_내_경로〉 COPY ["소스", ... 〈컨테이너_내_경로〉"]	소스(파일, 디렉터리)를 컨테이너 내 경로에 복사
ENTRYPOINT ["실행가능한_것", "파라미터1", "파라미터2"] ENTRYPOINT 커맨드 파라미터1 파라미터2(셸 형식)	컨테이너가 실행하는 파일을 설정
CMD ["실행_바이너리", "파라미터1", "파라미터2"] CMD 〈커맨드〉(셸 형식) CMD ["파라미터1", "파라미터2"](ENTRYPOINT의 파라미터)	컨테이너 기동 시 실행될 커맨드를 지정
ENV 〈key〉 〈value〉 ENV 〈key〉=〈value〉 ...	환경 변수 설정
EXPOSE 〈port〉 [〈port〉...]	공개 포트 설정
USER 〈유저명〉 | 〈UID〉	RUN, CMD, ENTRYPOINT 실행 유저 지정
VOLUME ["/path"]	공유 가능한 볼륨을 마운트
WORKDIR /path	RUN, CMD, ENTRYPOINT, COPY, ADD의 작업 디렉터리 지정
ARG 〈이름〉[=〈디폴트 값〉]	빌드할 때 넘길 인자를 정의 --build-arg 〈변수명〉=〈값〉
LABEL 〈key〉=〈value〉 〈key〉=〈value〉	이미지의 메타데이터에 라벨을 추가
MAINTAINER 〈이름〉	이미지의 메타데이터에 저작권을 추가

더욱 자세한 내용은 https://docs.docker.com/engine/reference/builder를 참고하기 바란다.

03.4 Dockerfile 작성 모범 사례

Dockerfile 작성에 관한 모범 사례를 소개한 글이 있다[4]. 컨테이너의 설계 철학에 맞게 이미지를 만들어야 생산성이 높아지고 운영 중 겪게 될 문제를 사전에 예방할 수 있다. 그중에서도 '짧게 사는 컨테이너를 만들라'에 대해 소개하겠다.

종래의 오케스트레이션 도구인 Ansible이나 Chef 등은 서버들을 목표로 하는 상태로 만든다는 사고 방식으로 동작한다. 그리고 그 동작 방식은 멱등성(Idempotence)에 기초하여 몇 번을 배포해도 한결같이 목표로 하는 상태로 만들어 준다. 이들 도구들은 서버의 기동이나 설정에 오랜 시간이 걸리는 것을 고려하여 만들어졌다.

한편, 도커의 경우에는 Dockerfile에 운영체제와 의존 패키지를 기술하여 이미지를 만들면 굉장히 짧은 시간에 컨테이너를 기동/교체/종료할 수 있다. 그리고 이미지에는 운영체제와 패키지가 이미 모두 포함되어 있으므로 배포 시 추가적인 시간이 발생하지 않아 짧게 사용하고 폐기한다는 사고방식이 유효하다. 애플리케이션에 변경 사항이 있는 경우에는 Dockerfile을 변경하여 이미지를 다시 만들면 그만인 것이다.

이러한 컨테이너의 특징은 다음과 같은 운영상의 장점으로 작용한다.

1. 프로젝트에 새롭게 참가한 개발자가 개발 및 실행 환경에 대해 학습해야 할 시간과 노력을 줄여 준다.
2. 소프트웨어의 의존 관계를 컨테이너에 담아서 실행 환경 사이의 이동을 쉽게 해준다.
3. 서버 관리나 시스템 관리의 부담을 줄여 준다.
4. 개발 환경과 운영 환경의 차이를 줄여서 지속적 개발과 릴리즈를 쉽게 해준다.
5. 같은 이미지를 사용하는 컨테이너 수를 늘림으로써 쉽게 처리 능력을 높일 수 있다.

컨테이너의 이점을 최대한 활용하기 위해서는 가상 서버의 연장선 정도로 컨테이너를 생각하고 사용해서는 안 된다. 컨테이너의 철학을 최대한 이해하고 Dockerfile을 작성하는 것이 좋다. Dockerfile 작성 모범 사례[4]가 컨테이너 철학을 잘 설명한다. 컨테이너의 철학은 쿠버네티스를 활용할 때도 여전히 유효하다.

Step 03 마무리

이번 스텝에서 배운 내용을 정리하면 다음과 같다.

- 이미지를 빌드하려면 먼저 디렉터리를 만들고 이미지에 포함시킬 파일들을 모아야 한다.
- 그 디렉터리에 Dockerfile을 만들고 'docker build' 명령어로 이미지를 빌드한다.
- Dockerfile에서는 FROM으로 베이스 이미지를 지정, RUN으로 스크립트를 실행, ADD로 컨테이너 안에 파일이나 디렉터리를 추가, CMD로 컨테이너 기동 시 실행할 명령어를 지정한다.
- 빌드가 무사히 완료되면 '--tag' 옵션을 사용해 지정한 이름으로 로컬 리포지터리에 이미지가 저장된다.

Step 03 참고 자료

[1] **명시적인 빈 이미지**, https://hub.docker.com/_/scratch/

[2] **베이스 이미지 개발**, https://docs.docker.com/develop/develop-images/baseimages/

[3] **Dockerfile reference**, https://docs.docker.com/engine/reference/builder/

[4] **Best practices for writing Dockerfiles**, https://docs.docker.com/develop/develop-images/dockerfile_best-practices/

Step 04 컨테이너와 네트워크

컨테이너 네트워크와
포트 공개 방법

실행 중인 컨테이너는 IP 주소를 할당받아 컨테이너 간 통신이 가능하다. 그림 1의 왼쪽과 같이 호스트 내에서 접근 가능한 전용 네트워크를 통해 애플리케이션과 데이터베이스를 연결하는 것이 가능하다. 또한, 그림 1의 오른쪽과 같이 컨테이너를 호스트의 외부 네트워크에 공개하는 것도 가능하다.

입문자의 경우 여기서 다루는 컨테이너의 네트워크와 쿠버네티스의 네트워크 모델이 헷갈릴 수도 있는데, 이들의 개요는 '1장 3.7 클러스터 네트워크', 그리고 더욱 구체적인 동작에 대해서는 '3장 스텝 7 매니페스트와 파드'에서 다룬다.

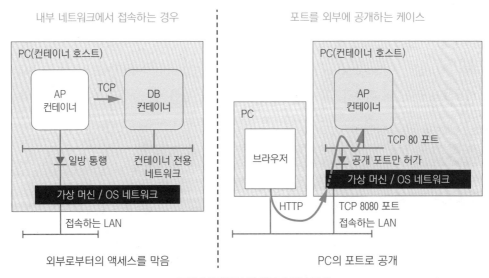

▲ 그림 1 컨테이너 간 연동과 외부 공개

이와 같이 컨테이너 간의 연결을 이용하는 애플리케이션 이미지가 도커 허브에는 다수 등록되어 있다. 이들 애플리케이션은 컨테이너를 기동하는 것만으로 사용할 수 있으니 꼭 한번 사용해보기 바란다.

▼ 표 1 컨테이너 간 연결을 사용한 애플리케이션 예

애플리케이션	설명과 리포지터리 URL	연동하는 컨테이너
Rocket.Chat	슬랙(Slack)과 비슷한 채팅 애플리케이션 https://hub.docker.com/_/rocket-chat	MongoDB 컨테이너와 연동
owncloud	BOX나 DropBox 같은 파일 공유 애플리케이션 https://hub.docker.com/r/_/owncloud/	MySQL나 MariaDB 등 컨테이너와 연동
Redmine	프로젝트 관리 애플리케이션 https://hub.docker.com/_/redmine/	PostgreSQL 컨테이너와 연동
WordPress	유명한 컨텐츠 관리 시스템 https://hub.docker.com/_/wordpress/	MySQL 컨테이너와 연동

04.1 컨테이너 네트워크

도커 허브에 등록된 많은 애플리케이션들이 --link를 사용해 컨테이너를 연동할 것을 안내하고 있다. 하지만 집필 시점인 2018년 11월, --link는 폐지될 수도 있는 기능[1, 2]이 되었고 가능하면 'docker network' 사용을 권고하고 있다[3].

따라서 여기서는 커맨드 'docker network'를 사용할 것이다. docker의 서브 커맨드 network를 사용하면 컨테이너 네트워크를 만들거나 지울 수 있다. 관련 기능들을 표 2에 정리했다.

▼ 표 2 컨테이너 네트워크 커맨드

컨테이너 네트워크 커맨드	설명
docker network ls	컨테이너 네트워크를 리스트로 표시
docker network inspect	네트워크명을 지정해서 자세한 내용을 표시
docker network create	컨테이너 네트워크를 생성
docker network rm	컨테이너 네트워크를 삭제
docker network connect	컨테이너를 컨테이너 네트워크에 접속
docker network disconnect	컨테이너를 컨테이너 네트워크에서 분리

실행 예 1에서는 'docker network ls'로 컨테이너 네트워크의 목록을 출력하고 있다.

실행 예 1 컨테이너 네트워크 목록

```
$ docker network ls
NETWORK ID      NAME        DRIVER      SCOPE
6bd99288ee95    bridge      bridge      local
fe2467487b7d    host        host        local
4ae4075cb93b    none        null        local
```

DRIVER 열에 있는 값이 bridge인 경우는 외부 네트워크와 연결되어 있는 네트워크다. 이 네트워크에 연결된 컨테이너는 외부의 리포지터리에 접근할 수 있으며 '-p' 옵션으로 외부에 포트를 공개할 수도 있다. 컨테이너를 기동할 때 명시적으로 네트워크를 지정하지 않으면 이 네트워크에 연결된다. DRIVER 열의 host와 null은 별도 설정이 필요[4]한데 이 책에서는 다루지 않는다.

실행 예 2에서는 'docker network create 네트워크명'으로 전용 네트워크를 만들고 있다. 만들어지는 네트워크는 별도의 IP 주소 범위가 지정되어 다른 네트워크와 격리된다.

실행 예 2 컨테이너 네트워크 생성

```
$ docker network create my-network
148a23f5d2427b99c3b65b8e6a2903c004bbb854073acb71d273e5b4a2e85d4d
```

컨테이너를 기동할 때 docker run 커맨드 옵션으로 '--network my-network'를 지정하면 my-network에 연결된 컨테이너가 기동한다. 이렇게 기동된 컨테이너는 같은 네트워크에 연결된 컨테이너와만 통신이 가능하다.

다음 실행 예 3에서는 웹 서버인 Nginx를 my-network에 연결하여 기동시키고 있다.

실행 예 3 컨테이너의 폐쇄 네트워크 접속 예

```
## 폐쇄 네트워크와 접속한 컨테이너 기동
$ docker run -d --name webserver1 --network my-network nginx:latest
b616c99f93aff9f5ff57db8d4bada891880fae313f373cf3e54af82794663891

## 컨테이너 포트번호 표시
$ docker ps
CONTAINER    ID IMAGE       CREATED         STATUS         PORTS     NAMES
b616c99f93af nginx:latest   13 seconds ago  Up 13 seconds  80/tcp    webserver1
```

다음 실행 예 4에서는 또 다른 컨테이너를 기동하여 nslookup으로 방금 만든 컨테이너 이름에 대한 IP 주소를 조사하고 curl로 HTTP 요청을 전송하고 있다. 명령을 실행하는 컨테이너는 스 텝 02에서 작성한 커스텀 이미지 'my-ubuntu:0.1'을 사용했다.

실행 예 4 커스텀 컨테이너를 사용한 네트워크 접속 테스트

```
## 컨테이너 네트워크에 접속하는 대화형 컨테이너 기동
$ docker run -it --rm --name net-tool --network my-network my-ubuntu:0.1 bash

## 내부 DNS 주소 해결 테스트
rool@47c874dbfd1f:/# nslookup webserver1
Server: 127.0.0.11
Address: 127.0.0.11#53

Non-authoritative answer:
Name: webserver1
Address: 172.18.0.2

## 컨테이너 이름으로 HTTP 접속 테스트
root@47c874dbfd1f:/# curl http://webserver1
<!DOCTYPE html>
<html>
<head>
<title>Welcome to nginx!</title>
```

이번에는 기본으로 지정되는 bridge 네트워크에 연결된 컨테이너에서 폐쇄 네트워크에 접속을 시도해 보자.

실행 예 5를 보면 bridge에 연결된 컨테이너에서는 nslookup으로 webserver1의 도메인 이름 분석에 실패하는 것을 알 수 있다. IP 주소로 역조사해도 실패하며, IP 주소로 직접 접속을 시도 해도 응답이 오지 않는다. 이를 통해 my-network는 기본 네트워크로부터 분리되어 있음을 알 수 있다.

실행 예 5 bridge 네트워크에서 접속 테스트

```
## bridge 네트워크에 연결한 컨테이너 기동
$ docker run -it --rm --name net-tool --network bridge my-ubuntu:0.1 bash

## 내부 DNS 주소 해결 테스트
root@6995d7d66515:/# nslookup webserver1
Server: 192.168.65.1
```

```
Address: 192.168.65.1#53

** server can't find webserver1: NXDOMAIN

## 내부 DNS 역 이름 해결 테스트
root@6995d7d66515:/# nslookup 172.18.0.2
** server can't find 2.0.18.172.in-addr.arpa: NXDOMAIN

## HTTP 접속 시험
root@6995d7d66515:/# curl http://172.18.0.2
curl: (7) Failed to connect to 172.18.0.2 port 80: Connection timed out
```

04.2 외부에 포트를 공개하기

이번에는 컨테이너의 포트를 호스트의 IP 주소로 공개하는 방법을 살펴보자. 컨테이너 기동 시 'docker run [옵션] 리포지터리[:태그] 커맨드 인자'의 옵션으로 '-p 공개_포트번호:컨테이너_내_포트번호'를 지정하면 컨테이너 내 포트를 호스트의 IP 주소상의 포트번호로 매핑한다.

실행 예 6 호스트의 IP 주소와 포트로 컨테이너의 웹 서버 공개

```
## 포트 8080을 사용하는 웹 서버 컨테이너를 백그라운드로 기동
$ docker run -d --name webserver1 -p 8080:80 nginx:latest
3dc12302a55d8995b43ba3ddd112975ef8edd848d4c124e7c3cb7bf267830875

## localhost로 접속 테스트
$ curl http://localhost:8080/
<!DOCTYPE html>
<html>
<head>
<title>Welcome to nginx!</title>
<이하 생략>

## IP 주소로 접근 테스트(ifconfig 등으로 확인)
$ curl http://192.168.1.25:8080/
<!DOCTYPE html>
<html>
<head>
<title>Welcome to nginx!</title>
<이하 생략>
```

여기서 작성한 컨테이너 네트워크는 'docker network rm my-network' 혹은 'docker network prune'으로 삭제할 수 있다.

04.3 AP 컨테이너와 DB 컨테이너의 연동 예

조금 더 실용적인 컨테이너 연동 예를 살펴보자. 그림 2는 MySQL 컨테이너(DB 컨테이너)와 PHP 컨테이너(AP 컨테이너)를 컨테이너 네트워크로 연결한 모습을 그린 것이다. 이러한 구조를 구성하는 순서는 다음과 같다.

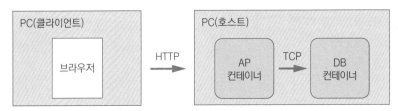

▲ 그림 2 컨테이너 간 연동과 공개용 포트 개설

(1) 컨테이너 네트워크 작성

먼저 컨테이너 간 통신을 위한 전용 네트워크 apl-net을 만든다. 명령어 'docker network create 네트워크명'을 실행한다.

실행 예 7 컨테이너 연동을 위한 컨테이너 네트워크 작성

```
$ docker network create apl-net
a7c9dc1d2f0549c8d823ffaf5557f53f346951534e52a3114820597e06344fa9
```

(2) MySQL 서버 기동

여기서 사용하는 MySQL 공식 이미지는 컨테이너 기동 시 환경 변수를 통해 설정 정보를 전달받는다. 이처럼 환경 변수를 사용하도록 컨테이너를 개발하면 이미지의 재사용성이 좋아진다. 이를 컨테이너 API라고 하는데 상세한 내용은 스텝 05에서 살펴볼 것이다.

실행 예 8에서 '-e'에 이어 환경 변수 'MYSQL_ROOT_PASSOWD'를 지정한 것도 컨테이너 API의 하나로 MySQL 서버의 root 패스워드를 지정하고 있다. 이외에도 다양한 환경 변수가 있는데 자세한 내용은 MySQL 공식 리포지터리(https://hub.docker.com/_/mysql)를 참고하기 바란다.

실행 예 8 api-net 네트워크에 연결한 MySQL 서버 컨테이너 기동

```
$ docker run -d --name mysql --network apl-net -e MYSQL_ROOT_PASSWORD=qwerty mysql:5.7
9b7fde16b1fd43208d62712a414f995892fe31dca3aaa9c41220be12513e3708
```

(3) 애플리케이션 컨테이너 개발

이번에는 MySQL 서버에 접속해서 화면을 표시하는 PHP 애플리케이션을 만들어 이미지로 빌드한다. 먼저 이미지를 만들기 위한 디렉터리를 만들고 Dockerfile과 PHP 코드를 작성한다.

실행 예 9 AP 서버의 이미지를 빌드하기 위한 디렉터리

```
$ mkdir Step04
$ cd Step04
$ tree
.
|-- Dockerfile
`-- php
    `-- index.php
```

index.php는 MySQL에 접속하고 그 결과를 메시지로 출력하는 단순한 프로그램이다. MySQL 에 접속하기 위한 정보는 환경 변수로부터 취득하도록 기술하고 있어 컨테이너 기동 시 '-e'로 환경 변수를 지정해야 한다.

파일 1 index.php AP 서버 애플리케이션 코드

```
1 <html>
2 <head><title>PHP CONNECTION TEST</title></head>
3 <body>
4
5 <?php
6 $servername = "mysql";
7 $database = "mysql";
8
9 $username = getenv('MYSQL_USER');        // 환경 변수로부터 유저 ID 취득
```

```
10 $password = getenv('MYSQL_PASSWORD');   // 동일하게 비밀번호 취득
11
12 // MySQL 서버에 접속하여 결과 표시
13 try {
14     $dsn = "mysql:host=$servername;dbname=$database";
15     $conn = new PDO($dsn, $username, $password);
16     $conn->setAttribute(PDO::ATTR_ERRMODE, PDO::ERRMODE_EXCEPTION);
17     print("<p>접속에 성공했습니다.</p>");
18 } catch(PDOException $e) {
19     print("<p>접속에 실패했습니다.</p>");
20     echo $e->getMessage();
21 }
22
23 $conn = null;
24 print('<p>종료합니다.</p>');
25
26 ?>
27 </body>
28 </html>
```

파일 2는 이미지를 빌드하기 위한 Dockerfile이다. 첫 번째 줄의 FROM에서 지정한 'php:7.0-apache'는 PHP 공식 이미지 중 하나로 자세한 정보는 https://hub.docker.com/_/php를 참고하기 바란다.

RUN으로 시작하는 두 번째 줄과 다섯 번째 줄에서는 mysql-client와 같이 MySQL에 접속하기 위해 필요한 모듈들을 설치한다.

마지막 줄에서 COPY는 php 디렉터리를 Apache의 디렉터리(/var/www/html/)에 복사한다.

이 Dockerfile에는 컨테이너 기동 후 실행할 커맨드를 지정하는 CMD가 없다. 이는 베이스 이미지에 설정되어 있기 때문이다. 베이스 이미지의 Dockerfile은 앞서 소개한 웹 페이지에서 확인할 수 있다.

파일 2 PHP 애플리케이션의 이미지를 빌드하는 Dockerfile

```
1  FROM php:7.0-apache
2  RUN apt-get update && apt-get install -y \
3      && apt-get install -y libmcrypt-dev mysql-client \
4      && apt-get install -y zip unzip git vim
5  RUN docker-php-ext-install pdo_mysql session json mbstring
6  COPY php/ /var/www/html/
```

(4) 컨테이너 이미지 빌드

이제 'docker build [옵션] 리포지터리[:태그] 경로'를 실행하여 PHP 애플리케이션이 포함된 컨테이너의 이미지를 빌드하자.

PHP 기능 확장 모듈의 컴파일로 인해 빌드 시간이 조금 오래 걸린다. 만약 도중에 컴파일 에러가 발생한다면 출력되는 에러 메시지를 추적하여 에러의 원인을 제거하고 진행해야 한다.

실행 예 10 PHP의 컨테이너 이미지 빌드

```
$ docker build -t php-apl:0.1 .
Sending build context to Docker daemon 4.096kB
Step 1/4 : FROM php:7.0-apache
---> e18e9bf71cab
Step 2/4 : RUN apt-get update && apt-get install -y && apt-get install -y libmcrypt-dev
mysql-client && apt-get install -y zip unzip git vim
---> Running in 6bdeafe0aca8
Get:1 http://security.debian.org/debian-security stretch/updates InRelease [94.3 kB]


<중간 생략>

rm -f libphp.la modules/* libs/*
Removing intermediate container 6c2adaf0f512
---> 539c68e3c46b
Step 4/4 : COPY php/ /var/www/html/
---> 240f3abaa637
Successfully built 240f3abaa637
Successfully tagged php-apl:0.1
```

빌드가 무사히 끝났으면 'docker images'를 실행하여 이미지 'php-apl:0.1'이 만들어진 것을 확인한다.

실행 예 11 로컬 이미지 목록 출력

```
$ docker images
REPOSITORY      TAG      IMAGE ID       CREATED          SIZE
php-apl         0.1      240f3abaa637   12 minutes ago   528MB
```

(5) 컨테이너 실행

빌드한 이미지를 컨테이너로 실행하기 위한 커맨드는 'docker run [옵션] 리포지터리명[:태그]'
다. 이때 사용할 옵션을 표 3에 정리했다. 그리고 실행 예 12에서 옵션을 지정하여 컨테이너를
실행한다.

▼ 표 3 docker run 옵션 설명

옵션	설명
-d	컨테이너를 백그라운드로 기동
--name 컨테이너명	컨테이너에 이름을 부여
--network 네트워크명	접속하는 컨테이너 네트워크명을 지정
-p 공개_포트번호:컨테이너_포트번호	컨테이너의 포트번호를 호스트의 IP 주소의 포트번호로 매핑. 여러 개 기술 가능
-e 환경 변수=설정값	컨테이너 안에 환경 변수를 지정. 여러 개 기술 가능

실행 예 12 AP 서버 컨테이너 기동

```
$ docker run -d --name php --network apl-net -p 8080:80 -e MYSQL_USER=root -e
MYSQL_PASSWORD=qwerty php-apl:0.1
```

기동 후에 실습 중인 컴퓨터의 웹 브라우저에서 http://localhost:8080으로 접속하면 다음과 같은
화면이 표시된다.

▲ 그림 3 브라우저에서 공개 포트로 접속한 화면

만약, 환경 변수의 설정이 잘못된 경우 다음과 같은 에러가 표시된다.

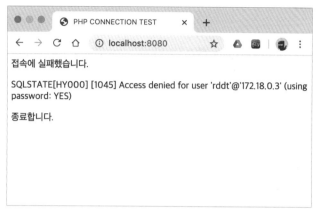

▲ 그림 4 환경 변수에 문제가 있어 에러가 발생한 경우

웹 서버의 접속 로그는 'docker logs 컨테이너명 | 컨테이너ID'를 통해 출력할 수 있다.

실행 예 13 AP 서버 컨테이너의 접속 로그 출력

```
$ docker logs php
AH00558: apache2: Could not reliably determine the server's fully qualified domain
name, using 172.18.0.3. Set the 'ServerName' directive globally to suppress this message
AH00558: apache2: Could not reliably determine the server's fully qualified domain
name, using 172.18.0.3. Set the 'ServerName' directive globally to suppress this message
[Sun Jun 24 23:16:49.398141 2018] [mpm_prefork:notice] [pid 1] AH00163:
Apache/2.4.25 (Debian)
PHP/7.0.30 configured -- resuming normal operations
[Sun Jun 24 23:16:49.398209 2018] [core:notice] [pid 1] AH00094: Command line:
'apache2 -D FOREGROUND'
172.18.0.1 - - [24/Jun/2018:23:17:01 +0000] "GET / HTTP/1.1" 200 501 "-" "Mozilla
/5.0 (Macintosh; Intel Mac OS X 10_13_5) AppleWebKit/537.36 (KHTML, like Gecko)
Chrome/67.0.3396.87 Safari/537.36"
```

여기까지의 내용을 정리하면 다음과 같다.

데이터베이스는 MySQL의 공식 이미지를 사용했고 환경 변수로 사용자와 비밀번호를 설정하여 컨테이너를 기동했다. 그리고 데이터베이스에 접속하는 애플리케이션은 PHP 공식 이미지를 사용해서 개발했다. 동일한 컨테이너 네트워크를 사용해서 두 컨테이너를 연동했고, 포트 포워딩을 설정하여 호스트의 IP 주소로 애플리케이션을 공개했다.

컨테이너 네트워크는 컨테이너 간에 서로 통신할 수 있는 통로와도 같다. 쿠버네티스에서는 비슷한 역할을 수행하는 클러스터 네트워크가 있다.

Step 04 마무리

이번 스텝에서 배운 내용을 정리하면 다음과 같다.

- 컨테이너 간 연동을 위해 사용됐던 '--link' 대신에 컨테이너 네드워크를 사용한다.
- 컨테이너는 기본적으로 bridge 컨테이너 네트워크에 연결된다.
- 'docker network create 이름'으로 컨테이너 네트워크를 만들고, 컨테이너 기동 시 옵션 '--network 이름'을 지정하면 전용 컨테이너 네트워크를 사용하게 된다.
- 전용 컨테이너 네트워크를 사용하면 다른 네트워크의 컨테이너와 통신할 수 없게 된다.
- 같은 컨테이너 네트워크 내에서는 컨테이너의 이름으로 서로 통신할 수 있다.
- 컨테이너의 포트를 호스트의 IP 주소를 통해 공개하기 위해서는 옵션 '-p'를 설정한다.

Step 04 참고 자료

[1] **--link 사용에 대한 주의사항**, https://docs.docker.com/network/links/

[2] https://blog.docker.com/2015/11/docker-multi-host-networking-ga/

[3] **도커 네트워크 설정**, https://docs.docker.com/network/

[4] https://docs.docker.com/v17.09/engine/userguide/networking/#default-networks

Step 05 컨테이너 API

컨테이너 API의 역할과
사용법 이해

컨테이너 API는 컨테이너를 블랙박스처럼 다룰 수 있게 해주는 인터페이스다. 이는 쿠버네티스 환경에서도 사용된다.

먼저 API(Application Programming Interface)라는 용어부터 알아보자. 인터페이스란 원래 하드웨어 간 접속을 위한 규격이나 케이블 연결 사양을 의미한다. 소프트웨어에서도 이와 비슷하게 서로 다른 팀이 개발한 프로그램들을 연결하기 위해 서로 지켜야 하는 규격을 인터페이스라 한다. 따라서 API는 대상이 되는 프로그램을 블랙박스로 취급하여 다른 프로그램에서 호출할 수 있게 해준다. 예를 들어, 클라우드 서비스의 기능을 특정 프로그래밍 언어로 호출하여 조작하는 인터페이스를 클라우드 API라고 한다.

도커 컨테이너에 API가 있다면 컨테이너 내부의 프로그램에 대해 잘 알지 못해도 간단하게 재이용하는 것이 가능하다. 실제 도커 허브(https://hub.docker.com/)에 등록된 많은 공식 이미지들이 컨테이너 API를 구현하였다.

이 책의 궁극적인 목표는 쿠버네티스를 활용하는 것이므로, 이번 스텝에서는 쿠버네티스에서 요구하는 컨테이너 API까지 시야를 넓혀 보자.

05.1 컨테이너 API의 종류와 개요

컨테이너 API에는 몇 가지 종류[1]가 있으며, 각각의 목적과 사용법이 다르다. 그림 1에 표현된 각각의 항목에 대해 살펴보자.

다행히도 여기에 있는 모든 API를 필수적으로 알고 구현해야 되는 것은 아니다. 애플리케이션의 특성에 맞게 적절한 API를 선택하여 구현하면 된다.

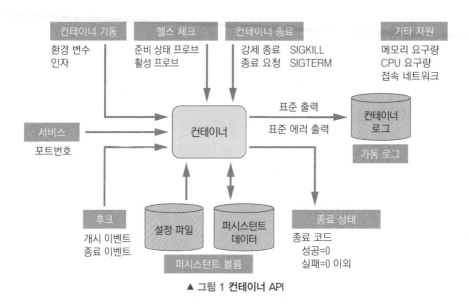

▲ 그림 1 컨테이너 API

● 컨테이너 기동

컨테이너 내의 애플리케이션은 기동 시에 환경 변수나 실행 인자를 읽어서 그에 맞게 동작하게 만들 수 있다. 예를 들면, 스텝 04에서 살펴본 MySQL 이미지는 환경 변수로 전달된 유저 ID, 비밀번호, 데이터베이스 이름, 데이터 저장 경로 등을 바탕으로 데이터베이스를 초기화한다.

● 헬스 체크(쿠버네티스 환경)

준비 완료 프로브는 컨테이너의 애플리케이션이 초기화가 완료되어 외부로부터의 요청을 받을 수 있게 되었음을 알리는 인터페이스다. 로드밸런서가 컨테이너에 요청을 전달하기 시작해도 될지 확인하기 위한 목적으로 사용된다.

한편, 활성 프로브는 애플리케이션의 기동 상태(정상/비정상)를 알리는 인터페이스다. 이를 통해 비정상이 감지되면 쿠버네티스가 컨테이너를 재기동하여 복구를 시도한다.

애플리케이션에 이들 API에 대응하는 구현을 하면 쿠버네티스의 헬스 체크 기능을 사용할 수 있다. 구체적인 예는 '스텝 07 매니페스트와 파드'에서 다룬다.

● 컨테이너 종료

컨테이너 내의 애플리케이션은 종료 요청 시그널(SIGTERM)에 대한 종료 처리를 구현하는 것이 좋다. 여기서 종료 처리란 메모리의 값을 보존하거나 데이터베이스와의 세션을 종료한 뒤 정상 종료하는 것을 말한다.

한편, 강제 종료 시그널(SIGKILL)은 제한 시간 내에 종료 처리가 완료되지 않은 경우 컨테이너를 강제 종료하기 위해 사용된다. 애플리케이션이 강제 종료를 막을 수 있는 방법은 없다.

● 서비스

컨테이너 위에서 돌아가는 서버 애플리케이션은 특정 포트를 통해 클라이언트로부터의 요청을 받아들인다. 그림에서의 서비스는 이처럼 특정 포트번호로 클라이언트로부터의 요청을 받고, 처리 결과를 반환하는 역할을 수행한다.

이를 위해서는 컨테이너의 포트를 호스트의 IP 주소에 포트 포워딩을 하여 외부에서의 요청을 받아들여야 한다.

한편, 쿠버네티스에서는 컨테이너를 담는 파드에 포트를 열어 클라이언트로부터의 요청을 받는다. 그리고 파드로의 접근을 돕는 쿠버네티스 오브젝트인 서비스와 연동하여 클라이언트에게 기능을 공개한다. 상세한 내용은 '스텝 09 서비스'에서 다룬다.

● 로그

마이크로서비스 아키텍처를 사용하고 규모가 커지게 되면 보통 많은 수의 컨테이너를 돌리게 된다. 그러면 프로그램의 로그의 양도 비례해서 늘어난다. 도커나 쿠버네티스에서는 로그를 일관되게 관리하여 컨테이너의 표준 출력(STDOUT)과 표준 오류(STDERR)를 로그로 간직한다[2, 3]. 따라서 컨테이너의 애플리케이션은 로그를 파일에 쓰는 것이 아니라 표준 출력이나 표준 오류에 쓰면 된다. 도커 허브에 등록된 Nginx의 경우는 엑세스 로그를 표준 출력에 출력한다.

● 후크(쿠버네티스 환경)

컨테이너가 기동하고 종료할 때 컨테이너 내에서 특정 처리를 실행시킬 수 있다. 쿠버네티스에서는 파드의 매니페스트에 실행 내용을 기술할 수 있는데 상세한 내용은 '1장 3.6 파드의 종료 처리', 그리고 후크 핸들러는 '스텝 07 매니페스트와 파드'에서 다룬다.

컨테이너에는 후크에 의해 실행될 스크립트, 혹은 HTTP 요청 처리를 구현해야 한다. 이때 Dockerfile의 ENTRYPOINT나 CMD로 지정한 명령어와 후크는 비동기적으로 실행되어 실행 순서가 보장되지 않는다.

● 퍼시스턴트 볼륨

컨테이너에서 퍼시스턴트 볼륨을 사용하는 대표적인 경우는 설정 파일을 외부에서 주입하는 경우와 발생 데이터를 보존하는 경우 두 가지가 있다. 두 경우 다 호스트의 디렉터리를 컨테이너의 파일 시스템에 마운트하여 사용한다.

전자의 경우, 애플리케이션이 읽어 들일 설정 파일을 컨테이너 외부에서 주입한다. 그러면 설정 파일을 바꾸기 위해 이미지를 다시 빌드하지 않아도 되어 컨테이너의 재사용성이 높아진다. 주입하는 방법은 설정 파일을 담은 디렉터리를 컨테이너의 특정 디렉터리에 마운트하면 된다. 예를 들어, Nginx의 컨테이너(https://hub.docker.com/_/nginx/)의 경우는 컨테이너의 경로 '/etc/nginx/conf.d'에 설정 파일을 담은 호스트의 디렉터리를 마운트하면 된다.

또한, 인증서와 같이 보안에 민감한 파일은 이미지에 담아 리포지터리에 등록해서는 안 된다. 이 경우에도 퍼시스턴트 볼륨을 사용하여 외부에서 컨테이너에 주입해야 한다. 쿠버네티스에는 보안에 민감한 데이터를 다루기 위한 시크릿과 일반적인 설정 파일을 다루는 컨피그맵이 있다. 이들에 대해서는 '스텝 15.3 시크릿과 컨피그맵'에서 다룬다.

컨테이너는 일시적인 존재이기 때문에 보관이 필요한 데이터를 컨테이너의 파일 시스템에 저장해서는 안 된다. 컨테이너가 삭제되면 데이터도 삭제되기 때문이다. 이를 위해 존재하는 쿠버네티스의 퍼시스턴트 볼륨은 스텝 11에서 다룬다.

● 종료 상태

PID가 1인 프로세스의 Exit 코드가 컨테이너의 종료 코드로 설정된다. 쿠버네티스에서는 컨테이너가 종료 코드 0으로 종료하면 정상 종료로 취급하고, 그 외의 값인 경우에는 비정상 종료로 취급한다. 컨테이너상의 애플리케이션은 적절하게 종료 코드를 반환하도록 구현해야 한다.

● 그 외

그림에서 '그 외'에 해당하는 것들은 애플리케이션에서 구현할 컨테이너 API 기능은 아니지만 관계가 깊은 것들이다.

접속 네트워크는 컨테이너 간 연동을 위해 존재한다. 예를 들어, 한 컨테이너가 데이터베이스 컨테이너를 필요로 하는 경우엔 같은 네트워크에 묶으면 된다. 메모리 요구량이나 CPU 요구 시간의 경우는 컨테이너 실행 전에 필요한 크기를 예측하여 설정하면 쿠버네티스가 스케줄링을 효과적으로 수행하여 문제를 미연에 방지할 수 있다.

이제 도커에서 컨테이너 API를 구현한 예를 살펴보자.

05.2 환경 변수 API 구현 예

여기서는 d5라고 하는 디렉터리를 만들고 Dockerfile과 my_daemon이라고 하는 2개 파일을 바탕으로 컨테이너를 개발할 것이다.

실행 예 1 작성할 디렉터리와 파일

```
$ tree step05
d5
|-- Dockerfile
|-- my_daemon
```

파일 1의 Dockerfile의 내용을 살펴보자. 먼저 FROM을 사용해 베이스 이미지로 alpine을 지정했다. RUN에서는 'apk add bash'로 bash 셸을 추가했다. 그리고 ADD로 셸 스크립트 my_daemon을 루트 경로에 배치하고 CMD로 컨테이너가 기동할 때 실행하게 했다.

파일 1 Dockerfile

```
1 FROM alpine:latest
2 RUN apk update && apk add bash
3 ADD ./my_daemon /my_daemon
4 CMD ["/bin/bash", "/my_daemon"]
```

파일 2 my_daemon은 컨테이너가 기동되면 실행되는 셸 스크립트다. 보통 자바나 파이썬으로 작성한 코드를 컨테이너로 만드는 경우가 많은데 여기서는 간단한 예를 위해 셸 스크립트를 사용했다.

이 셸 스크립트는 환경 변수 INTERVAL이 없는 경우에는 3초 단위로 현재 시간과 카운터를 표준 출력(STDOUT)에 출력한다. 환경 변수 INTERVAL은 무한 루프 내에서 슬립하는 시간(초)으로 사용된다. 이렇게 컨테이너 내에서 환경 변수를 사용하면 이미지를 다시 빌드할 필요 없이 재활용할 수 있게 된다. 실전에서 많이 사용되기 때문에 꼭 기억해 두기 바란다.

파일 2 my_daemon

```
 1   # 카운터 초기화
 2   COUNT=0
 3
 4   # 환경 변수가 없으면 설정
 5   if [ -z "$INTERVAL" ]; then
 6       INTERVAL=3
 7   fi
 8
 9   # 메인 루프
10   while [ ture ];
11   do
12       TM=`date|awk '{print $4}'`
13       printf "%s : %s \n" $TM $COUNT
14       let COUNT=COUNT+1
15       sleep $INTERVAL
16   done
```

컨테이너를 빌드하기 전에 유닛 테스트를 수행한다. 실행 예 2의 첫 줄 'LANG=C'는 아스키 코드를 지정하여 'date' 명령어가 영어로 출력되도록 했다. 첫 실행에서는 3초 간격으로 카운터가 표시된다. 이어서 Ctrl+c로 셸 스크립트를 멈추고 환경 변수 'INTERVAL=10'으로 설정하고 다시 실행해 보면 10초 간격으로 메세지가 출력되는 것을 알 수 있다.

실행 예 2 유닛 테스트 수행

```
$ LANG=C ./my_daemon
01:21:37 : 0
01:21:40 : 1
01:21:43 : 2
01:21:46 : 3
```

```
01:21:49 : 4
^C
$ LANG=C;INTERVAL=10 ./my_daemon
01:22:11 : 0
01:22:21 : 1
01:22:31 : 2
01:22:41 : 3
01:22:51 : 4
```

이제 이 셸을 실행하는 컨테이너 이미지를 빌드하자. Dockerfile이 있는 디렉터리에서 실행 예 3과 같이 명령어를 입력한다.

실행 예 3 컨테이너 이미지 빌드

```
$ docker build --tag my_daemon:0.1 .
Sending build context to Docker daemon 3.072kB
Step 1/4 : FROM alpine:latest
---> 3fd9065eaf02
Step 2/4 : RUN apk update && apk add bash
---> Running in 58a9533e54ea
fetch http://dl-cdn.alpinelinux.org/alpine/v3.7/main/x86_64/APKINDEX.tar.gz
fetch http://dl-cdn.alpinelinux.org/alpine/v3.7/community/x86_64/APKINDEX.tar.gz
v3.7.0-214-g519be0a2d1 [http://dl-cdn.alpinelinux.org/alpine/v3.7/main]
v3.7.0-207-gac61833f9b [http://dl-cdn.alpinelinux.org/alpine/v3.7/community]
OK: 9054 distinct packages available
(1/6) Installing pkgconf (1.3.10-r0)
(2/6) Installing ncurses-terminfo-base (6.0_p20171125-r0)
(3/6) Installing ncurses-terminfo (6.0_p20171125-r0)
(4/6) Installing ncurses-libs (6.0_p20171125-r0)
(5/6) Installing readline (7.0.003-r0)
(6/6) Installing bash (4.4.19-r1)
Executing bash-4.4.19-r1.post-install
Executing busybox-1.27.2-r7.trigger
OK: 13 MiB in 17 packages
Removing intermediate container 58a9533e54ea
---> 2347f4f7ecd8
Step 3/4 : ADD ./my_daemon /my_daemon
---> fa782b20f77d
Step 4/4 : CMD ["/bin/bash", "/my_daemon"]
---> Running in 12fbdc8b9a5b
Removing intermediate container 12fbdc8b9a5b
---> bedeeb3c9390
Successfully built bedeeb3c9390
Successfully tagged my_daemon:0.1
```

빌드가 완료되면 'docker images'를 통해 만들어진 이미지를 확인한다.

실행 예 4 이미지 목록 확인

```
$ docker images
REPOSITORY      TAG      IMAGE ID        CREATED          SIZE
my_daemon       0.1      bedeeb3c9390    11 seconds ago   9.5MB
```

이제 컨테이너를 실행해 보자. 실행 예 5에서는 실행되고 카운터가 3을 출력한 시점에서 다른 터미널에서 'docker stop myd'로 컨테이너를 정지시키고 있다. 그리고 컨테이너를 다시 시작하는데, 이때 '-i'는 포그라운드로 긴테이너를 기동하기 위한 옵션이다.

실행 예 5 컨테이너 종료 및 재시작

```
$ docker run --name myd my_daemon:0.1 #(1) 컨테이너 실행
06:38:17 : 0
06:38:20 : 1
06:38:23 : 2
06:38:26 : 3 #<-- (2) 여기서 다른 터미널에서 docker stop myd 실행(종료 요청)
06:38:29 : 4
06:38:32 : 5
06:38:35 : 6 #<-- (3) 약 10초 경과 후 컨테이너 종료

$ docker start -i myd # <-- (4) 종료한 컨테이너 재개
06:38:52 : 0 #<-- (5) 카운터가 0이 된 것에 주목
06:38:55 : 1
06:38:58 : 2
06:39:01 : 3 #<-- (6) docker stop myd 다시 정지 요청
06:39:04 : 4
06:39:07 : 5
06:39:10 : 6 #<-- (7) 3초 간격이라 정확하지 않지만, 약 10초 후 종료
```

카운터 값이 3일때 정지를 시도했지만 종료까지 9초 이상 경과한 것을 알 수 있다. 그리고 컨테이너명을 지정하여 재실행했지만 카운터 값은 초기값으로 돌아가 있는 것을 알 수 있다. 컨테이너를 종료하면 로그는 보존되지만 메모리상의 정보는 없어지기 때문이다. 이 두 가지 문제점에 대한 해결책을 알아볼 것이다.

05.3 종료 요청 API 구현 예

쿠버네티스는 컨테이너를 언제든지 종료할 수 있는 일시적인 존재로 다룬다. 예를 들어, 하드웨어 점검을 위해 컨테이너를 다른 서버에 옮기도록 종료 요청 시그널을 보내는 경우가 빈번하게 발생한다. 그리고 애플리케이션의 버전을 업데이트할 때도 종료 요청 시그널을 보내 컨테이너를 종료시킨다.

그래서 쿠버네티스에서 돌아가는 컨테이너를 개발할 때는 종료 요청 시그널 처리를 구현하는 것이 좋다. 종료 요청 시그널에 대한 처리는 프로그래밍 언어나 실행 환경에 따라 다르기 때문에 채택한 환경에 맞게 구현해야 한다. 예를 들어, 자바 서블릿의 경우는 JVM이 종료 요청 시그널을 받으면 destroy 메소드를 호출하기 때문에 destroy 메소드를 적절하게 구현해야 한다. 한편, 파이썬이나 Node.js에서는 시그널을 받아서 처리하는 시그널 핸들러 함수를 설정해야 한다 [4].

시그널은 유닉스 계열의 운영체제에서 프로세스에게 이벤트를 비동기적으로 전달하기 위해 존재한다. 커널로부터 시그널을 받은 프로세스는 인터럽트된다. 미리 시그널 처리 루틴(시그널 핸들러)을 등록해 두면 시그널을 받았을 때 필요한 처리를 수행할 수 있다.

잠시 시그널에 대해 알아봤는데, 도커 컨테이너로 돌아와서 계속해서 살펴보자.

'docker stop' 명령어는 컨테이너의 PID가 1인 프로세스에게 시그널 SIGTERM을 전달하여 종료 처리를 요청한다. 도커의 경우 이 시그널을 보내고 10초를 기다린 뒤 강제 종료한다.

한편, 'docker kill' 명령어를 사용하면 컨테이너상의 PID가 1인 프로세스가 SIGKILL 시그널을 받고 바로 강제 종료된다(그림 2).

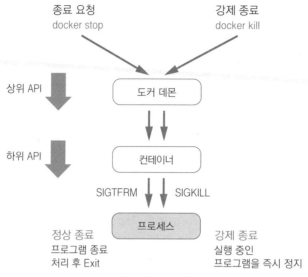

종료 요청
docker stop

강제 종료
docker kill

상위 API

도커 데몬

하위 API

컨테이너

SIGTFRM   SIGKILL

프로세스

정상 종료
프로그램 종료
처리 후 Exit

강제 종료
실행 중인
프로그램을 즉시 정지

▲ 그림 2 컨테이너의 stop과 kill의 차이

그러면 시그널을 받아서 종료 처리를 수행하도록 셸을 고쳐보자. 파일 3은 종료 처리를 추가한
셸이다. 기동 시 파일에 저장된 상태값을 읽어 들이고 SIGTERM 시그널을 처리하는 부분을 추
가했다. 기동 시 컨테이너 안에 save.dat 파일이 있으면 값을 읽어서 변수에 설정한다. 그리고
SIGTERM 시그널을 받으면 변수 COUNT의 값을 파일 save.dat에 쓰고 셸을 정상 종료한다.

파일 3 my_daemon2(my_daemon 개선 버전)

```
 1 # 카운터 초기화
 2 COUNT=0
 3
 4 # 환경 변수가 없으면 설정
 5 if [ -z "$INTERVAL" ]; then
 6     INTERVAL=3
 7 fi
 8
 9 # 기동 시 상태 획득 <-- (1) 추가 처리 #1
10 if [ -f save.dat ]; then
11     COUNT=`cat save.dat`
12     rm -f save.dat
13 fi
14
15 # SIGTERM 수신 시 처리 <-- (2) 추가 처리 #2
16 save() {
```

```
17     echo $COUNT > save.dat
18     exit 0
19 }
20 trap save TERM ## 시그널 핸들러 정의, SIGTERM을 받으면 save()를 수행
21
22 # 메인 루프
23 while [ ture ];
24 do
25     TM=`date|awk '{print $4}'`
26     printf "%s : %s \n" $TM $COUNT
27     let COUNT=COUNT+1
28     sleep $INTERVAL
29 done
```

이 셸을 my_daemon2라는 이름으로 저장하고, Dockerfile을 수정한 Dockerfile2를 빌드하여 이미지를 만들도록 한다. ADD에서 './my_daemon2'를 지정하도록 수정했다.

파일 4 Dockerfile2(my_daemon2 실행)

```
1   FROM alpine:latest
2   RUN apk update && apk add bash
3   ADD ./my_daemon2 /my_daemon
4   CMD ["/bin/bash", "/my_daemon"]
```

실행 예 6에서는 '--tag mydaemon:0.2'와 같이 태그를 바꿔서 빌드하고 있다. 이로써 리포지터리 mydaemon에는 0.1과 0.2의 두 이미지가 있어 태그를 바꿔 실행할 수 있게 되었다. 또한, 옵션 -f를 사용해서 빌드에 사용할 Dockerfile의 이름을 지정하고 있다.

실행 예 6 개선된 셸로 컨테이너 다시 빌드

```
$ docker build --tag my_daemon:0.2 -f Dockerfile2 .
Sending build context to Docker daemon 4.096kB
Step 1/4 : FROM alpine:latest
---> 3fd9065eaf02
Step 2/4 : RUN apk update && apk add bash
---> Using cache
---> 2347f4f7ecd8
Step 3/4 : ADD ./my_daemon2 /my_daemon
---> 42485b63671c
Step 4/4 : CMD ["/bin/bash", "/my_daemon"]
---> Running in ec2f04837563
```

```
Removing intermediate container ec2f04837563
---> ed9ca0231cb3
Successfully built ed9ca0231cb3
Successfully tagged my_daemon:0.2
```

빌드가 완료된 후 이미지 목록을 출력해 보면 태그가 다른 2개의 이미지가 존재하는 것을 알 수 있다.

실행 예 7 이미지 목록 출력

```
$ docker images
REPOSITORY    TAG    IMAGE ID        CREATED            SIZE
my_daemon     0.2    ed9ca0231cb3    2 minutes ago      9.5MB
my_daemon     0.1    bedeeb3c9390    About an hour ago  9.5MB
```

실행 예 8은 새롭게 작성한 컨테이너를 실행한 결과다. 카운터 값 3이 표시된 시점에서 'docker stop myd'를 실행한 결과 이번에는 곧바로 정지한 것을 알 수 있다. 그리고 컨테이너를 재기동해 보면 카운터 값이 이어서 시작하는 것도 확인할 수 있다. 컨테이너가 정지할 때 파일에 기록한 값을 재시작 시 읽어 들였기 때문이다.

실행 예 8 새롭게 작성한 컨테이너 실행

```
$ docker run --name myd my_daemon:0.2
07:32:25 : 0
07:32:28 : 1
07:32:31 : 2
07:32:34 : 3 <-- (1) 여기서 다른 터미널에서 docker stop myd 실행
$ docker start -i myd
07:32:54 : 4 <-- (2) 카운터 값이 이어지고 있다
07:32:57 : 5
07:33:00 : 6
```

하지만 여전히 한 가지 문제점이 있다. 컨테이너 안에 파일로 보존한 데이터는 컨테이너가 지워지면 삭제된다는 점이다. 정식으로 운영하는 서비스에서는 커다란 문제의 소지가 될 수 있다.

컨테이너를 지워도 데이터를 잃지 않기 위해서는 퍼시스턴트 볼륨을 사용해야 한다. 여기서는 퍼시스턴트 볼륨으로 호스트의 디렉터리를 사용한다.

파일 5의 my_daemon3은 my_daemon2의 코드를 수정하여 외부 저장소를 마운트한 디렉터리에 데이터를 쓰도록 바꾸었다. 주석으로 표시한 세 군데의 변경점을 확인하기 바란다.

파일 5 my_daemon3

```
 1 ## 카운터 초기화
 2 COUNT=0
 3
 4 ## 퍼시스턴트 볼륨상의 저장 파일 경로   <-- 변경점 1
 5 PV=/pv/save.dat
 6
 7 ## 환경 변수가 없으면 설정
 8 if [ -z "$INTERVAL" ]; then
 9     INTERVAL=3
10 fi
11
12 ## 기동 시 상태 취득   <-- 변경점 2 퍼시스턴트 볼륨의 파일에서 상태 취득
13 if [ -f $PV ]; then
14     COUNT=`cat $PV`
15     rm -f $PV
16 fi
17
18 ## SIGTERM 처리   <-- 변경점 3 퍼시스턴트 볼륨의 파일에 상태 저장
19 save() {
20     echo $COUNT > $PV
21     exit
22 }
23 trap save TERM
24
25
26 ## 메인 루프
27 while [ ture ];
28 do
29     TM=`date|awk '{print $4}'`
30     printf "%s : %s \n" $TM $COUNT
```

```
31    let COUNT=COUNT+1
32    sleep $INTERVAL
33 done
```

Dockerfile 3을 만든다. 컨테이너에 복사할 셸 스크립트를 my_daemon3으로 수정한다.

파일 6 Dockerfile3(my_daemon3을 사용하도록 수정)

```
1 FROM alpine:latest
2 RUN apk update && apk add bash
3 ADD ./my_daemon3 /my_daemon
4 CMD ["/bin/bash", "/my_daemon"]
```

실행 예 9와 같이 컨테이너의 이미지를 빌드한다. 이미지의 태그는 버전 3을 의미하도록 'my_daemon:0.3'으로 지정한다.

실행 예 9 셸 스크립트 수정 후 컨테이너 재빌드

```
$ docker build --tag my_daemon:0.3 -f Dockerfile3 .
Sending build context to Docker daemon 8.704kB
Step 1/4 : FROM alpine:latest
---> 11cd0b38bc3c
Step 2/4 : RUN apk update && apk add bash
---> Using cache
---> 7d3f19c60ed5
Step 3/4 : ADD ./my_daemon3 /my_daemon
---> 7ad2964072bf
Step 4/4 : CMD ["/bin/bash", "/my_daemon"]
---> Running in 51ea74b0f01f
Removing intermediate container 51ea74b0f01f
---> 5ecd33d95a7b
Successfully built 5ecd33d95a7b
Successfully tagged my_daemon:0.3
```

호스트상에 퍼시스턴트 볼륨으로 마운트할 디렉터리를 만든다.

실행 예 10 디렉터리 작성

```
$ ls -F
Dockerfile Dockerfile3 my_daemon2*
Dockerfile2 my_daemon* my_daemon3
```

```
$ mkdir data

$ ls -F
Dockerfile   Dockerfile3 my_daemon* my_daemon3
Dockerfile2 data/                    my_daemon2*
```

이것으로 새로운 이미지 'my_daemon:0.3'과 퍼시스턴트 볼륨으로 마운트할 디렉터리가 만들어졌으니 컨테이너를 실행해 보자. 카운터 값이 3이 되면 종료시킨다. 그리고 다시 실행하면 4부터 시작한다.

이번에는 컨테이너를 지우고 다시 실행해 본다. 퍼시스턴트 볼륨에 카운터 값이 저장되어 있기 때문에 카운터 값이 계속해서 이어지는 것을 확인할 수 있다.

실행 예 11 컨테이너 실행, 정지, 재실행

```
$ docker run -it --name myd -v `pwd`/data:/pv my_daemon:0.3
08:58:03 : 0
08:58:06 : 1
08:58:09 : 2
08:58:12 : 3 <-- docker stop myd
#
# 재실행
$ docker start -i myd
08:58:42 : 4
08:58:45 : 5
08:58:48 : 6 <-- docker stop myd
#
# 컨테이너 지우고 다시 실행
$ docker rm myd
$ docker run -it --name myd -v `pwd`/data:/pv my_daemon:0.3
09:01:06 : 7
09:01:09 : 8 <-- docker stop myd
#
# 보존 데이터 출력
$ cat data/save.dat
9
```

이 실행 예 11에서 사용한 옵션 '-v'는 '호스트의_절대_경로:컨테이너_경로'와 같이 지정한다. 호스트의 디렉터리는 절대 경로로 지정하기 때문에 실행 예 11에서는 pwd를 사용하여 현재 경로로 치환되도록 하였다. Windows에서는 환경 변수 '%CD%'를 사용하면 된다.

로그와 백그라운드 기동

컨테이너를 백그라운드로 돌리기 위해서는 옵션 '-d'를 사용한다. 그러면 표준 출력이나 표준 오류가 터미널에 출력되지 않고 로그에만 기록된다. 즉, 컨테이너가 터미널로부터 분리된 상태로 기동한다. 이때는 로그를 통해 컨테이너 내 애플리케이션의 동작을 확인하게 된다.

실행 예 12에서는 환경 변수 INTERVAL을 10초로 변경하고 퍼시스턴트 볼륨을 지정하여 백그라운드로 기동했다. '-d' 옵션을 추가했기 때문에 컨테이너 ID가 출력된 후에는 아무것도 출력되지 않는다.

컨테이너의 표준 출력 결과를 보기 위해서는 'docker logs |'을 실행한다. 그리고 'docker logs myd -f'처럼 '-f' 옵션을 붙이면 'tail -f'처럼 추가되는 로그를 실시간으로 볼 수 있다. 그리고 '-t'를 추가하면 타임 스탬프가 표시된다.

실행 예 12 컨테이너를 백그라운드로 기동하고 로그 확인

```
$ docker run -d --name myd -e INTERVAL=10 -v `pwd`/data:/pv my_daemon:0.3
c9e4d4de2955cdd45b5b3471f44764a274464c54fbd8a4d76abcc9f07c779442

$ docker logs myd
13:01:28 : 9
13:01:38 : 10
13:01:48 : 11
```

백그라운드로 동작하는 컨테이너를 터미널에 연결시키기 위해서는 'docker attach --sig-proxy=false |'와 같이 입력하면 된다. 옵션 '--sig-proxy=false'를 설정한 이유는 터미널에서 Ctrl+c를 눌렀을 때 컨테이너 자체를 종료하지 않고 터미널과 분리만 하기 위해서다.

실행 예 13에서는 백그라운드에서 동작하는 컨테이너를 터미널에 연결하고 있다.

실행 예 13 백그라운드에서 동작하는 컨테이너를 포그라운드로 전환

```
$ docker attach --sig-proxy=false myd
13:14:38 : 24
13:14:48 : 25
13:14:58 : 26
```

Step 05 마무리

이번 스텝에서 배운 내용을 정리하면 다음과 같다.

- 컨테이너 API를 사용하면 컨테이너 이미지를 널리 재사용할 수 있다.
- 컨테이너 API는 애플리케이션의 특성에 맞게 필요한 것만을 적절히 구현하면 된다.
- 컨테이너 API를 구현할 때는 쿠버네티스의 헬스 체크, 후크, 퍼시스턴트 볼륨, 로그 통합 관리를 고려한다.
- 컨테이너 API 중에서 특히 중요한 것은 환경 변수와 종료 요청 시그널 처리다.

Step 05 참고 자료

[1] **컨테이너 기반 애플리케이션 설계 원칙**, https://www.redhat.com/cms/managed-files/cl-cloud-native-container-design-whitepaper-f8808kc-201710-v3-en.pdf

[2] **컨테이너 로깅**, https://docs.docker.com/config/containers/logging/

[3] **Loggint Best Practices**, https://success.docker.com/article/logging-best-practices

[4] **nodejs 시그널 처리**, https://nodejs.org/api/process.html#processsignalevents

Column

K8s 사용자를 위한 YAML 입문

YAML은 가독성이 뛰어난 데이터 직렬화 언어로 설정 파일을 기술할 때 많이 사용된다[1]. YAML은 'YAML Ain't Markup Language'의 약어로 마크업 언어가 아니라는 뜻을 가진다. 원래는 'Yet Another Markup Language'의 약어로 '또 다른 마크업 언어'였다[2]. YAML은 풍부한 표현이 가능한 탓에 공식 문서를 읽어도 사용 규칙을 쉽게 파악하기 어렵다. 그래서 여기서는 쿠버네티스의 매니페스트 파일을 예로 읽고 쓰는 방법을 알아볼 것이다.

nginx-pod.yml 파드를 기동하기 위한 매니페스트

```
apiVersion: v1
kind: Pod
metadata:
  name: nginx
spec:
  containers:
  - name: nginx
    image: nginx:latest
```

첫 줄에서 apiVersion은 키이고, v1은 값이다. 프로그램에서는 키에 대한 값을 얻을 수 있다.

```
apiVersion: v1
키          값
```

YAML은 프로그램으로 다뤄보는 게 이해에 도움이 된다. 파이썬의 PyYAML[3]이라는 파서를 한번 사용해 보자.

ya-reader-1.py는 YAML 파일을 읽어서 apiVersion과 kind를 표시하는 파이썬 프로그램이다. 각 줄의 의미는 주석에 표시하였으니, 한 줄씩 동작을 파악하기 바란다.

파일 yaml-reader.py

```
import yaml                          ## 라이브러리 임포트
f = open("nginx-pod.yml", "r+")      ## 파일 열기
data = yaml.load(f)                  ## YAML 파일 읽어서 변수 data에 적재
```

```
print(data["apiVersion"])       ## 사전형 변수 data에서 키 apiVersion의 값을 출력
print(data["kind"])             ## 키 kind의 값을 출력
```

이 프로그램을 실행하면 apiVersion과 kind의 값이 출력된다.

```
$ python ./yaml-reader.py
v1
Pod
```

이어서 매니페스트의 metadata를 살펴보자. 파이썬의 REPL을 기동하여 yaml-reader.py의 세 번째 줄까지 실행한 다음 metadata를 출력해 보자. 키 name과 그 값 nginx가 출력된다.

```
>>> print(data["metadata"])
{'name': 'nginx'}
```

즉, name 앞에 있는 들여쓰기는 metadata 밑에 name이 있다는 계층 구조를 표현한 것이다.

```
metadata:
  name: nginx
```

metadata 밑에 있는 name의 값을 읽고 싶은 경우에는 다음과 같이 하면 된다. nginx가 출력된다.

```
print(data["metadata"]["name"])
```

이어서 매니페스트의 spec 부분을 살펴보자.

```
spec:
  containers:
  - name: nginx
    image: nginx:latest
```

앞서 살펴본 예와 비슷하게 키 spec의 값을 출력해 보면, 다음과 같이 containers의 값으로 name과 image의 값이 출력된다.

```
>>> print(data["spec"])
{'containers': [{'image': 'nginx:latest', 'name': 'nginx'}]}
```

여기서 name 앞에 있는 하이픈(-)은 무슨 뜻일까? 이는 containers가 배열임을 의미하여 하이픈(-)으로 시작하는 줄은 배열의 한 요소가 시작됨을 의미한다. 그리고 이어지는 하이픈(-)이 없는 줄들은 하이픈(-)이 있는 줄과 같은 요소에 포함된다.

```
containers:
  - dog
  - cat
  - bird
```

위 YAML을 읽으면 dog, cat, bird는 각각 containers라는 배열의 한 요소가 된다. 파이썬에서는 대괄호 [ ]에 둘러싸인 부분이 배열이다.

```
{'containers': ['dog', 'cat', 'bird']}
```

배열의 특정 요소에 접근하기 위해서는 다음과 같이 몇 번째 요소인지를 지정한다.

```
>>> print data['containers'][2]
bird
```

이에 반해 하이픈이 없는 경우에는 이전 요소에 포함된다.

```
containers:
- dog
  cat
- bird
```

앞의 예에서는 dog와 cat이 배열의 0번째 요소에 포함된다.

```
{'containers': ['dog cat', 'bird']}
```

따라서 매니페스트에서 키 name과 image는 같은 배열의 요소다.

```
containers:
- name: nginx
  image: nginx:latest
```

앞의 YAML의 경우에는, containers 배열의 인덱스 0에 접근하면 다음과 같이 2개의 키값 쌍이
출력된다.

```
>>> print data['spec']['containers'][0]
{'image': 'nginx:latest', 'name': 'nginx'}
```

하나의 파드에 2개 이상의 컨테이너를 배치하는 사이드카 패턴의 매니페스트에는 containers에
여러 개의 컨테이너를 정의한다.

```
spec:
containers:
- name: nginx              ## 메인 컨테이너
  image: nginx:latest
- name: cloner             ## 사이드카 컨테이너
  image: maho/c-cloner:0.1
```

앞의 YAML을 파이썬으로 읽어 들이면 다음과 같다.

```
>>> print data["spec"]["containers"]
[{'image': 'nginx:latest', 'name': 'nginx'}, {'image': 'maho/c-cloner:0.1', 'name':
'cloner'}]
```

좀 더 보기 쉽게 들여쓰기를 하면 다음과 같다. 배열을 의미하는 [ ] 안에 { }가 2개 있음을 알 수
있다.

```
>>> import json
>>> print(json.dumps( data["spec"]["containers"], sort_keys=False, indent=4))
[
    {
        "image": "nginx:latest",
        "name": "nginx"
    },
    {
        "image": "maho/c-cloner:0.1",
        "name": "cloner"
    }
]
```

매니페스트의 YAML을 작성할 때는 다음 세 가지 포인트를 바탕으로 작성하면 된다.

1. 콜론(:)의 왼쪽은 키, 오른쪽은 값

   예

   ○ "apiVersion: v1"에서 apiVersion이 키, v1이 값

   ○ "containers:"의 경우, containers가 키고 그 밑으로 이어지는 내용들이 값이 된다.

2. 들여쓰기로 복합적 데이터 구조를 표현한다.

   예

   ○ 키 metadata 밑에 name의 키와 값을 기술한다.

   ○ 키 spec 밑에 containers, volumes 등의 키와 값을 기재한다.

3. 하이픈(-)으로 시작하는 줄은 배열의 요소가 된다. 이어서 하이픈이 없는 줄은 윗줄과 같은 배열의 요소로 취급된다.

   예

   YAML의 구조

   containers:
   - name: nginx ## 첫 번째 요소(메인 컨테이너)
     image: nginx:latest
   - name: cloner ## 두 번째 요소(사이드카 컨테이너)
     image: maho/c-cloner:0.1

위 YAML을 프로그램의 변수에 저장하면 [{첫 번째 요소}, {두 번째 요소}]와 같이 된다. 파이썬에서는 다음과 같다.

[{'image': 'nginx:latest', 'name': 'nginx'}, {'image': 'maho/c-cloner:0.1', 'name': 'cloner'}]

참고 자료

[1] YAML 홈페이지, http://yaml.org/

[2] YAML 위키피디아, https://en.wikipedia.org/wiki/YAML

[3] PyYAML 홈페이지, https://pyyaml.org/

3장

K8s 실전 활용을 위한
10단계

3장도 2장과 마찬가지로 모든 기능을 설명하는 것에 목표를 두진 않는다. 그 대신 개발과 설계를 위한 실제적인 역량을 한 단계씩 쌓아 나갈 수 있도록 구성했다.

3장의 내용을 실습하기 위해서는 독자의 PC에 쿠버네티스를 설치하거나 퍼블릭 클라우드 서비스를 이용해야 한다. 기초적인 내용을 다룰 때는 CNCF가 제공하는 미니쿠베(학습 환경 1)를 사용한다. 이 학습 환경은 사양이 낮은 PC에서도 실습을 진행할 수 있다.

한편, 하드웨어 장애 상황에서 쿠버네티스의 동작을 확인하는 것과 같은 실습을 위해서는 여러 노드로 구성된 K8s 클러스터가 필요하다. 이때는 Vagrant와 버추얼박스(VirtualBox)를 이용하여 가상 서버 위에 K8s 클러스터를 구성(학습 환경 2)하여 실습을 진행하도록 한다. CNCF가 배포하는 쿠버네티스 바이너리를 사용하면 퍼블릭 클라우드의 비용에 대한 부담 없이 핵심이 되는 기술을 파악할 수 있다.

한편, 쿠버네티스를 정식 서비스에 사용하고자 한다면 액세스 정책과 자원 설정도 고려해야 한다. 이 정도 수준의 실습을 위해서는 PC의 가상 서버 환경으로는 충분치 않다. 퍼블릭 클라우드 서비스를 이용하는 것이 좋다. 학습 환경 3은 퍼블릭 클라우드 서비스인 IBM의 IKS 또는 구글의 GKE를 사용한다. 각 학습 환경의 구축 방법에 대해서는 부록을 참고하기 바란다.

Step 06 쿠버네티스 첫걸음

hello-world 컨테이너를
쿠버네티스에서 돌려 보기

먼저 도커와 쿠버네티스의 관계를 직접 체험해 보자. 여기서는 '스텝 01 컨테이너 첫걸음'에서 실행한 이미지 hello-world를 쿠버네티스의 커맨드 kubectl로 실행해 볼 것이다.

ℹ️ kubectl로 컨테이너를 실행하기 위해서는 K8s 클러스터 환경이 필요하다. 부록을 참고하여 실습 환경을 준비하자. 어떤 학습 환경을 선택해도 실습을 진행할 수 있지만, 이번 스텝에서는 비용이 발생하지 않고 낮은 사양에서도 돌아가는 학습 환경 1을 사용하길 추천한다.

06.1 클러스터 구성 확인

먼저 K8s 클러스터의 구성을 확인해 보자. 실행 예 1에서는 'kubectl cluster-info'를 실행하여 마스터의 IP 주소와 내부 DNS의 엔드포인트를 확인하고 있다. 만약 kubectl과 마스터가 통신할 수 없는 문제가 있는 때는 에러가 출력된다. 그런 경우에는 부록에 기재된 내용에 따라 K8s 클러스터를 구성했는지 다시 한번 확인하기 바란다. 학습 환경 1인 미니쿠베를 사용 중이라면 'minikube delete'로 일단 삭제하고, 'minikube start'를 실행해 보자. 그래도 여전히 문제가 있다면 'minikube delete' 후에 홈디렉터리의 '.kube'와 '.minikube'를 지우고 'minikube start'를 실행하자. 미니쿠베 가상 머신을 다운로드하는 것부터 다시 시작할 것이다. 학습 환경 1 '1.3 Vagrant의 리눅스에서 미니쿠베 사용하기'를 이용하고 있다면 'minikube delete'로 삭제 후에 'minikube start --vm-driver none'을 입력하여 재실행하자.

실행 예 1 K8s 클러스터 환경의 정보 출력(macOS 미니쿠베)

```
$ kubectl cluster-info
Kubernetes master is running at https://192.168.99.100:8443
KubeDNS is running at https://192.168.99.100:8443/api/v1/namespaces/kube-system/
services/kube-dns:dns/proxy
To further debug and diagnose cluster problems, use 'kubectl cluster-info dump'.
```

이어서 K8s 클러스터의 구성을 'kubectl get node'로 확인한다. 미니쿠베에서는 K8s 클러스터를 제어하는 마스터 노드(이하, 마스터)와 컨테이너가 실행되는 워커 노드(이하, 노드)가 minikube란 이름의 노드 하나에 포함된다. 그래서 실행 예 2a와 같이 출력된다.

실행 예 2a 싱글 노드 K8s 클러스터에서 구성 노드 출력

```
$ kubectl get node
NAME         STATUS    ROLES     AGE     VERSION
minikube     Ready     master    14m     v1.14.0
```

멀티 노드 구성인 학습 환경 2에서는 다음과 같이 하나의 마스터와 2개의 노드가 표시된다.

실행 예 2b 멀티 노드 K8s 클러스터에서 노드 표시

```
$ kubectl get node
NAME       STATUS    ROLES     AGE    VERSION
master     Ready     master    5m     v1.14.0
node1      Ready     <none>    3m     v1.14.0
node2      Ready     <none>    3m     v1.14.0
```

K8s 클러스터가 정상적으로 동작하는 것을 확인했으면 다음 단계로 넘어가자.

06.2 파드 실행

파드는 쿠버네티스에서 컨테이너를 실행하는 최소 단위다. 파드에 대한 자세한 설명한 '1장 3.4 파드의 기본'에서 진행하였으니 아직 개념이 확실치 않다면 실습 전에 참고하기 바란다. 실행 예 3은 kubectl을 사용하여 hello-world 컨테이너를 쿠버네티스에서 돌리고 있다. 커맨드의 옵션은 도커와 아주 다르지만, 같은 결과가 출력되는 것을 확인하기 바란다.

실행 예 3 쿠버네티스에서 hello-world 컨테이너 실행

```
$ kubectl run hello-world --image=hello-world -it --restart=Never

Hello from Docker!
This message shows that your installation appears to be working correctly.

To generate this message, Docker took the following steps:
 1. The Docker client contacted the Docker daemon.
 2. The Docker daemon pulled the "hello-world" image from the Docker Hub(amd64).
 3. The Docker daemon created a new container from that image which runs the
    executable that produces the output you are currently reading.
 4. The Docker daemon streamed that output to the Docker client, which sent it to
    your terminal.

To try something more ambitious, you can run an Ubuntu container with:
 $ docker run -it ubuntu bash

Share images, automate workflows, and more with a free Docker ID:
 https://hub.docker.com/

For more examples and ideas, visit:
 https://docs.docker.com/engine/userguide/
```

여기서 사용된 kubectl의 옵션 (1)~(6)을 알아보자.

실행 예 4 kubectl 커맨드 설명

```
kubectl run hello-world --image=hello-world -it --restart=Never
(1)      (2) (3)          (4)               (5) (6)
```

kubectl은 K8s 클러스터에 대한 거의 모든 조작을 수행할 수 있어 전체 기능이 굉장히 방대하다[1, 2]. 여기서는 일단 가장 기본이 되는 조작법을 알아볼 것이다. kubectl을 도커 커맨드와 비교한 참고 자료 [3]을 읽는 것도 도움이 될 것이다.

▼ 표 1 kubectl 커맨드의 옵션

▼ 표 1 kubectl 커맨드의 옵션

번호	값	해설
(1)	kubectl	K8s 클러스터를 조작하기 위해 사용되는 커맨드
(2)	run	컨테이너 실행을 명령하는 서브 커맨드
(3)	hello-world	쿠버네티스 오브젝트의 이름(파드나 컨트롤러 등)
(4)	--image=hello-world	컨테이너의 이미지. 쿠버네티스에서는 파드 단위로 컨테이너가 기동되며 리포지터리명이 생략된 경우에는 도커 허브를 사용
(5)	-it	도커에서의 -it와 마찬가지로, -i는 키보드를 표준 입력에 연결하고, -t는 유사 터미널과 연결하여 대화 모드 설정. 옵션 '--restart=Never'인 경우에만 유효하며, 그 외에는 백그라운드로 실행
(6)	--restart=Never	이 옵션에 따라 파드의 기동 방법 변경. Never는 직접 파드가 기동되며 Always나 OnFailure는 컨트롤러를 통해 파드가 기동

실행 예 5에서는 다시 한 번 파드를 기동하고 있다. 하지만 이번에는 에러가 발생했다. '파드 (pods) hello-world가 이미 존재한다'가 에러 내용이다.

실행 예 5 같은 이름의 파드 실행 결과

```
$ kubectl run hello-world --image=hello-world -it --restart=Never
Error from server (AlreadyExists): pods "hello-world" already exists
```

원인이 무엇일지 살펴보자. 먼저 커맨드 'kubectl get pod'를 실행해 본다. 여기서 사용된 서브 커맨드 get은 이어서 지정하는 오브젝트(여기서는 파드)의 목록을 출력하라는 의미로 사용된다. 2장에서 배운 명령어 'docker ps -a'가 종료 상태를 포함한 모든 컨테이너 목록을 출력하라는 것과 비슷하다.

실행 예 6 파드 목록 출력

```
$ kubectl get pod
NAME          READY      STATUS        RESTARTS      AGE
hello-world   0/1        Completed     0             4m
```

❗ kubectl 버전 1.10부터는 '-a' 옵션을 주지 않아도 종료 상태를 포함한 모든 파드의 목록이 출력된다.

앞의 예를 보면 STATUS(상태)가 Completed(종료)라고 나오지만, hello-world라는 이름의 파드가 아직 있는 걸 알 수 있다. 이것이 already exists라는 에러 메시지의 원인이다. 'docker run --name 컨테이너명'처럼 이름을 지정하여 컨테이너를 기동했을 때와 비슷하다. 즉, 종료한 파드가 남아 있다는 말이다. 그럼, 파드를 지우고 다시 실행해 보자. 실행 예 7은 파드의 이름을 지정하여 삭제한 후, 'kubectl run'으로 실행한 결과다.

실행 예 7 종료한 파드를 지우고 파드 재실행

```
$ kubectl delete pod hello-world
pod "hello-world" deleted

$ kubectl run hello-world --image=hello-world -it --restart=Never

Hello from Docker!
This message shows that your installation appears to be working correctly.
<이하 생략>
```

'docker run'에서 '--rm'이란 옵션을 지정하면 실행 후 종료된 컨테이너를 자동으로 지워주는 것처럼 'kubectl run'에서도 마찬가지다.

실행 예 8 파드 종료 후 자동으로 삭제하는 옵션 '--rm' 사용 예

```
$ kubectl run hello-world --image=hello-world -it --restart=Never --rm
```

hello-world의 메시지가 출력되기까지의 흐름을 정리하면 그림 1과 같다.

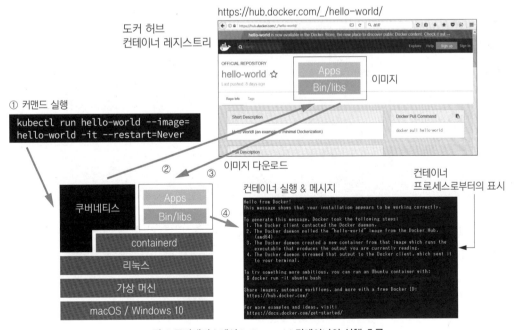

▲ 그림 1 쿠버네티스에서 hello-world 컨테이너의 실행 흐름

'kubectl run' 명령어를 입력하고 결과가 표시될 때까지의 흐름은 다음과 같으며 도커 명령어와 비슷하다.

① kubectl이 쿠버네티스에게 명령을 전달한다.
② 노드에 이미지가 없으면 원격 리포지터리(Docker Hub)에서 다운로드한다.
③ 노드의 containerd가 컨테이너를 실행한다.
④ kubectl이 터미널에 메시지를 표시한다.

쿠버네티스의 특징 중 하나는 개인의 PC, 퍼블릭 클라우드, 온프레미스의 모든 환경에서 동일한 kubectl 명령어로 조작할 수 있다는 점이다. 버전 1.11 기준으로 5,000대에 이르는 클러스터를 다룰 수 있다. 따라서 미니쿠베를 잘 익혀 두면 5,000대 규모의 클러스터도 다룰 수 있게 되는 것이다.

이번에는 백그라운드로 실행하는 방법과 로그를 출력하는 방법에 대해 알아보자. 실행 예 9와 같이 '-it' 옵션을 생략해서 파드를 실행하면, 백그라운드에서 실행된다. 이때 파드의 컨테이너가 표준 출력(STDOUT)으로 출력한 메시지들은 로그로 보존된다. 로그를 출력하려면 'kubectl logs 〈파드명〉'을 실행하면 된다. 물론, 파드를 지우면 로그를 출력할 수 없게 된다.

실행 예 9 파드를 백그라운드로 실행하고 로그를 출력

```
(1) hello-world 컨테이너 실행
$ kubectl run hello-world --image=hello-world --restart=Never
pod "hello-world" created

(2) 파드의 로그 출력
$ kubectl logs hello-world

Hello from Docker!
This message shows that your installation appears to be working correctly.

<이하 생략>
```

파드는 K8s 클러스터에서 애플리케이션을 실행하는 기본 단위로 가장 중요한 개념이다. 스텝 07에서는 매니페스트를 사용해서 파드를 기동하는 방법에 대해 자세히 알아볼 것이다.

컨트롤러에 의한 파드 실행

'kubectl run'에 옵션을 지정하면 파드를 디플로이먼트 컨트롤러(이하, 디플로이먼트)의 제어하에 실행하는 것이 가능하다. 이때 사용하는 옵션이 '--restart=Always'다. 한편, 파드만을 독립적으로 실행하고 싶을 때는 '--restart=Never' 옵션을 주면 된다. 파드가 정지되었을 때 재기동시킬 필요가 있는지에 따라 옵션을 주면 된다.

'kubectl run'의 옵션 '--restart='를 생략하면 기본값으로 Always로 실행된다. 즉, 기본적으로 디플로이먼트에 의해 파드가 기동된다(실행 예 10). 이 경우 백그라운드에서 실행되기 때문에 옵션 '-it'는 무시된다.

실행 예 10 kubectl에 의한 디플로이먼트 실행

```
$ kubectl run hello-world --image=hello-world
kubectl run --generator=deployment/apps.v1 is DEPRECATED and will be removed in a
future version. Use kubectl run --generator=run-pod/v1 or kubectl create instead.
deployment.apps/hello-world created
```

🛈 kubectl의 'run' 서브 커맨드의 기능이 지나치게 방대해지는 것을 막기 위해 파드 자체를 만들 때만 run을 사용하는 것이 추천되고 있다. 디플로이먼트를 만들 때는 'kubectl create deployment --image hello-world hello-world'를 사용한다[4].

실행 예 11을 보면 디플로이먼트가 만든 모든 오브젝트를 확인할 수 있다.

실행 예 11 디플로이먼트 상태 출력

```
$ kubectl get all
NAME                               READY   STATUS             RESTARTS   AGE
pod/hello-world-86f54c876-pfv2v    0/1     CrashLoopBackOff   1          19s

NAME                 TYPE        CLUSTER-IP   EXTERNAL-IP   PORT(S)   AGE
service/kubernetes   ClusterIP   10.32.0.1    <none>        443/TCP   5h2m

NAME                          READY   UP-TO-DATE   AVAILABLE   AGE
deployment.apps/hello-world   0/1     1            0           19s

NAME                                      DESIRED   CURRENT   READY   AGE
replicaset.apps/hello-world-86f54c876     1         1         0       19s
```

4개의 오브젝트가 출력되었다. 이 중 pod, deployment.apps, replicaset.apps가 'kubectl run hello-world --image=hello-world'에 의해 파생되어 만들어진 오브젝트들이다. 이들에 대한 설명은 다음과 같다.

1. deployment.apps/hello-world

   만들어진 디플로이먼트(deployment) 오브젝트의 이름은 hello-world다. 이 컨트롤러는 레플리카셋 컨트롤러(이하, 레플리카셋)와 함께 파드를 관리하여 이미지의 버전, 파드의 개수 등이 목표 상태가 되도록 관리한다.

2. replicaset.apps/hello-world-86f54c876

   디플로이먼트와 함께 만들어진 레플리카셋 오브젝트의 이름은 hello-world-86f54c876 이다. 디플로이먼트 오브젝트의 이름 뒤에 해시 문자열이 붙어 유일한 이름을 부여받는다. 레플리카셋은 디플로이먼트와 함께 파드의 수가 지정한 개수가 되도록 제어한다. 유저가 직접 레플리카셋을 조작하는 것은 권장되지 않는다.

3. pod/hello-world-86f54c876-pfv2v

   파드 안에는 하나 혹은 여러 개의 컨테이너가 실행된다. 여기서는 hello-world-86f54c876-pfv2v라는 이름을 부여받았다. 레플리카셋 오브젝트의 이름 뒤에 추가적인 해시 문자열이 추가되어 역시 유일한 이름을 부여받았다.

컨테이너 hello-world가 출력한 메시지는 'kubectl logs 파드명'으로 확인할 수 있다(실행 예 12).

실행 예 12 파드의 로그 출력

```
$ kubectl logs po/hello-world-86f54c876-pfv2v

Hello from Docker!
This message shows that your installation appears to be working correctly.

<이하 생략>
```

이 hello-world 컨테이너가 디플로이먼트에 의해 어떻게 제어되는지 살펴보자.

명령어 'kubectl get deploy,po'는 디플로이먼트와 파드 오브젝트의 목록을 출력한다. 다음은 'kubectl run hello-world'를 실행하고 나서 약 7분이 지났을 때의 상태다.

```
$ kubectl get deploy,po
NAME                                        READY    UP-TO-DATE    AVAILABLE    AGE
deployment.extensions/hello-world           0/1      1             0            7m51s

NAME                                READY    STATUS             RESTARTS    AGE
pod/hello-world-86f54c876-pfv2v     0/1      CrashLoopBackOff   6           7m51s
```

디플로이먼트에 대한 각 항목이 의미하는 바는 표 2에 정리했다. 'kubectl run'을 실행할 때 옵션 '--replicas=숫자'를 생략했기 때문에 기본값으로 1이 설정되었다. 그리고 AVAILABLE 칼럼의 값은 0이라고 나오는데 이는 파드가 기동에 실패했음을 의미한다. 무슨 문제가 있는 걸까?

▼ 표 2 kubectl get deployment(축약형 deploy) 각 항목의 의미

항목명	설명
NAME	디플로이먼트의 오브젝트명
DESIRED	희망 파드 개수, 디플로이먼트를 만들 때 설정한 파드 수
CURRENT	현재 실행 중인 파드의 개수. 재기동 대기 등을 포함한 모든 파드 수
UP-TO-DATE	최근에 업데이트된 파드의 개수. 즉, 컨트롤러에 의해 조정된 파드 수
AVAILABLE	사용 가능한 파드 개수. 즉 정상적으로 기동되어 서비스 가능한 파드 수
AGE	오브젝트가 만들어진 후 경과 시간

파드에 대한 각 항목이 의미하는 바는 표 3에 정리했다. 실행 예 13에서 STATUS 열에 CrashLoopBackOff라고 표시되고 있는데, 이는 hello-world 파드가 어떤 문제 때문에 재시작을 반복하고 있는 상태임을 의미한다.

▼ 표 3 kubectl get pod(축약형 po) 각 항목별 의미

항목명	설명
NAME	파드의 오브젝트명
READY	기동 완료 수. 분자와 분모의 형태로 숫자가 표시. 분자 측은 파드 내의 컨테이너가 기동된 개수이며, 분모 측은 파드 내의 정의한 컨테이너의 총 개수. 즉, 0/1의 의미는 파드에 컨테이너가 하나 정의되었으나 기동하지 않았음을 의미
STATUS	파드의 상태. CrashLoopBackOff라는 것은 컨테이너가 재시작을 반복하며 다음 재시작 전에 대기하고 있는 상태를 의미. 컨테이너를 기동할 때 리눅스의 프로세스 관리로 인해 CPU 부하가 많이 발생. 따라서 문제 상황에서 계속된 반복에 의한 CPU 과부하를 막기 위해 일정 간격을 두고 재시작 실행
RESTARTS	파드가 재시작된 횟수
AGE	파드 오브젝트가 만들어진 후 경과 시간

파드가 예외에 의해 재시작을 계속한다는 것은 무슨 의미일까? 디플로이먼트로 관리되는 파드들은 보통 웹 서버나 앱 서버처럼 상시로 가동되어야 하는 경우가 많다. 그런데 컨테이너 hello-world는 메시지를 출력하고 바로 종료하기 때문에 디플로이먼트가 몇 번이나 파드를 재시작하면서 STATUS가 CrashLoopBackOff가 되어 대기 상태가 된 것이다. 디플로이먼트는 관리 중인 파드가 종료되면, 지정된 파드의 개수를 유지하기 위해 파드를 재기동한다. 따라서 처음부터 컨테이너 hello-world는 디플로이먼트 컨트롤러에 맞지 않는 워크로드를 가진다고 볼 수 있다.

그러니 hello-world를 지우고, 디플로이먼트에 적합한 워크로드를 가지는 파드를 만들어 보자. 디플로이먼트를 지우기 위해서는 'kubectl delete deployment 〈오브젝트명〉'을 실행한다. kubectl 커맨드는 명령어를 조합하는 원리가 일관적이어서 외우기 쉽다. 디플로이먼트를 지웠으면, 동시에 레플리카셋도 같이 삭제된다(실행 예 14).

실행 예 14 디플로이먼트 삭제

```
$ kubectl get deployment
NAME            DESIRED   CURRENT   UP-TO-DATE   AVAILABLE   AGE
hello-world     1         1         1            0           1h

$ kubectl delete deployment hello-world
deployment "hello-world" deleted
```

이번에는 웹 서버의 파드를 5개 기동해 보자. 하나의 파드에 문제가 발생해도, 디플로이먼트가 파드 개수가 5개가 되도록 유지시켜 준다(실행 예 15, 실행 예 16).

실행 예 15 웹 서버 Nginx 디플로이먼트 실행 예

```
$ kubectl run webserver --image=nginx --replicas=5
kubectl run --generator=deployment/apps.v1 is DEPRECATED and will be removed in a
future version. Use kubectl run --generator=run-pod/v1 or kubectl create instead.
deployment.apps/webserver created

$ kubectl get deploy,po
NAME                                READY   UP-TO-DATE   AVAILABLE   AGE
deployment.extensions/webserver     5/5     5            5           50s


NAME                                READY   STATUS    RESTARTS   AGE
pod/webserver-5b76854b76-7glh9      1/1     Running   0          50s
pod/webserver-5b76854b76-8brkv      1/1     Running   0          50s
pod/webserver-5b76854b76-gtjvp      1/1     Running   0          50s
pod/webserver-5b76854b76-kn5jg      1/1     Running   0          50s
pod/webserver-5b76854b76-tx9bs      1/1     Running   0          50s
```

> ⓘ kubectl의 'run' 서브 커맨드의 기능이 지나치게 방대해지는 것을 막기 위해 파드 기동을 위해서만 사용하는 것을 추천하고 있다. 앞의 명령어 대신에 'kubectl create deployment --image=nginx webserver;kubectl scale --replicas=5 deployment/webserver'를 사용하는 것이 좋다.

하나의 웹 서버 파드를 지워 보자. 실행 예 16을 보면 파드가 삭제되자 새로운 파드가 자동으로 만들어지는 것을 확인할 수 있다.

실행 예 16 파드가 지워졌을 때 새로운 파드가 자동으로 생성되는 모습

```
$ kubectl delete po webserver-5b76854b76-7glh9 webserver-5b76854b76-8brkv
pod "webserver-5b76854b76-7glh9" deleted
pod "webserver-5b76854b76-8brkv" deleted

$ kubectl get deploy,po
NAME                                 READY   UP-TO-DATE   AVAILABLE   AGE
deployment.extensions/webserver      3/5     5            3           2m36s


NAME                                 READY   STATUS              RESTARTS   AGE
pod/webserver-5b76854b76-2q7zk       0/1     ContainerCreating   0          4s
pod/webserver-5b76854b76-d2tgv       0/1     ContainerCreating   0          4s
pod/webserver-5b76854b76-gtjvp       1/1     Running             0          2m36s
pod/webserver-5b76854b76-kn5jg       1/1     Running             0          2m36s
pod/webserver-5b76854b76-tx9bs       1/1     Running             0          2m36s

$ kubectl get deploy,po
NAME                                 READY   UP-TO-DATE   AVAILABLE   AGE
deployment.extensions/webserver      5/5     5            5           2m48s

NAME                                 READY   STATUS    RESTARTS   AGE
pod/webserver-5b76854b76-2q7zk       1/1     Running   0          16s
pod/webserver-5b76854b76-d2tgv       1/1     Running   0          16s
pod/webserver-5b76854b76-gtjvp       1/1     Running   0          2m48s
pod/webserver-5b76854b76-kn5jg       1/1     Running   0          2m48s
pod/webserver-5b76854b76-tx9bs       1/1     Running   0          2m48s
```

앞의 예에서 지우기 전의 파드와 새롭게 만들어진 파드의 이름이 다르다는 것에 주목하기 바란다. 파드는 일시적인 존재로 그 자체가 되살아난 것이 아니라 새로운 파드가 만들어진 것이다. 따라서 컨테이너의 애플리케이션은 기본적으로 상태가 없어야 한다(stateless).

지금까지 만든 오브젝트들(디플로이먼트, 레플리카셋, 파드)을 지우는 방법은 다음과 같다.

```
$ kubectl delete deployment webserver
```

쿠버네티스를 사용할 때는 워크로드의 특성에 맞게 컨트롤러를 선택하는 것이 중요하다. 디플로이먼트에 대해서는 스텝 08에서 더 자세히 살펴볼 것이다.

06.4 잡에 의한 파드 실행

hello-world 컨테이너는 메시지를 출력하고 종료하는 단발성 형태의 워크로드다. 이에 적합한 쿠버네티스의 컨트롤러로 잡 컨트롤러가 있다. 'kubectl run'의 옵션으로 '--restart =OnFailure'를 지정하면, 잡 컨트롤러의 제어하에 파드가 기동된다. 잡 컨트롤러는 파드가 비정상 종료하면 재시작하며 파드가 정상 종료할 때까지 지정한 횟수만큼 재실행한다.

실행 예 18에서는 잡 컨트롤러에서의 파드 hello-world가 정상 종료하였다. 'kubectl get all'로 종료된 파드 목록을 출력하거나 잡의 로그를 참조하는 것이 가능하다.

실행 예 18 kubectl로 잡 컨트롤러에서 파드 실행

```
$ kubectl run hello-world --image=hello-world --restart=OnFailure
kubectl run --generator=job/v1 is DEPRECATED and will be removed in a future version.
Use kubectl run --generator=run-pod/v1 or kubectl create instead.
job.batch/hello-world created

$ kubectl get all
NAME                     READY    STATUS       RESTARTS    AGE
pod/hello-world-9jsqf    0/1      Completed    0           9s
<중간 생략>

NAME                     COMPLETIONS    DURATION    AGE
job.batch/hello-world    1/1            5s          9s

$ kubectl logs hello-world-9jsqf

Hello from Docker!
This message shows that your installation appears to be working correctly.
<이하 생략>
```

> ⓘ kubectl의 'run' 서브 커맨드의 기능이 지나치게 방대해지는 것을 막기 위해 파드 기동을 위해서만 사용하는 것이 추천된다. 위 명령어 대신에 'kubectl create job hello-world --image=hello-world'를 사용하기 바란다.

잡 컨트롤러는 컨테이너의 프로세스 종료 코드 값으로 성공과 실패를 판정한다. 실행 예 19를 보면 job-1은 정상 종료, job-2는 비정상 종료하도록 셸 스크립트를 사용하고 있다. job-1은 COMPLETIONS가 1/1이 되어 잡이 수행 완료된 반면 job-2는 30초가 지나도 0이다. 이때 'kubectl get po'를 실행해 보면 job-2의 파드가 계속 재시작하는 것을 알 수 있다.

실행 예 19 종료 코드에 따른 동작 차이

```
$ kubectl create job job-1 --image=ubuntu -- /bin/bash -c "exit 0"
job.batch/job-1 created

$ kubectl get jobs
NAME      COMPLETIONS    DURATION    AGE
job-1     0/1            3s          3s

$ kubectl create job job-2 --image=ubuntu -- /bin/bash -c "exit 1"
job.batch/job-2 created

$ kubectl get jobs
NAME      COMPLETIONS    DURATION    AGE
job-1     1/1            9s          17s
job-2     0/1            3s          3s

$ kubectl get po
NAME             READY    STATUS       RESTARTS    AGE
job-1-zmlsj      0/1      Completed    0           40s
job-2-8vprw      0/1      Error        0           26s
job-2-gkr9r      0/1      Error        0           12s
job-2-jfnjn      0/1      Error        0           22s
```

잡 컨트롤러에 대해서는 스텝 10에서 다시 자세히 다룬다.

이번 스텝에서 배운 내용을 정리하면 다음과 같다.

- 도커와 쿠버네티스 모두 리포지터리로부터 이미지를 다운받아서 컨테이너를 기동한다.
- 미니쿠베를 사용하여 kubectl에 익숙해지면, 다양한 K8s 클러스터를 다룰 수 있게 된다. kubectl은 쿠버네티스를 조작하기 위한 기본적인 도구다.
- 파드는 쿠버네티스에서 컨테이너의 최소 기동 단위다.
- 파드를 관리하는 여러 컨트롤러가 있으며 워크로드에 맞게 선택해야 한다.
- 디플로이먼트는 웹 서버나 API 서버처럼 지속적으로 서비스를 제공해야 하는 워크로드에 적합한 컨트롤러다.
- 잡 컨트롤러는 배치 처리와 같은 워크로드에 적합한 컨트롤러다.

단독(알몸) 파드 구동
- 비정상으로 종료해도 기동하지 않음
- 컨테이너 종료 후, 삭제 필요
- 수평 스케일이 안 됨

싱글 컨테이너 파드

파드 | 컨테이너

멀티 컨테이너 파드

파드 | 컨테이너 | 컨테이너

2개 이상의 컨테이너를 내포한 파드

서버 타입의 파드 제어
- 요구를 계속 대기하면서 종료하지 않는 타입
- 수평 스케일
- 비정상 종료 시 기동함

배치 처리 타입 파드 제어
- 처리가 정상 종료 시 완료함
- 처리가 실패하면 재시도
- 병렬 처리 수를 설정해서 시간 단축

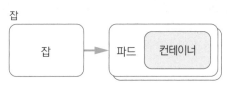

▲ 그림 2 **파드와 컨트롤러의 관계**

▼ 표 4 이번 스텝에서 새로 사용한 kubectl 명령어

커맨드	동작
kubectl cluster-info	K8s 클러스터의 엔드포인트를 표시
kubectl get no	K8s 클러스터를 구성하는 노드 목록 표시
kubectl run	파드를 실행
kubectl get po	파드의 목록 출력
kubectl delete po	파드의 이름을 지정해서 삭제
kubectl get all	모든 오브젝트를 출력
kubectl logs	컨테이너 프로세스가 STDOUT이나 STDERR로 출력하는 로그를 표시
kubectl get deploy,po	디플로이먼트와 파드의 목록을 표시
kubectl get deploy	디플로이먼트 목록 표시
kubectl delete deploy	디플로이먼트와 관련 레플리카셋 및 파드를 일괄 삭제
kubectl get jobs	잡의 실행 상태를 출력
kubectl create job	잡 컨트롤러 제어하에서 파드를 실행
kubectl create deployment	디플로이먼트 컨트롤러 제어하에서 파드를 실행
kubectl scale	레플리카 수 변경

Step 06 참고 자료

[1] **kubectl 커맨드 개요**, https://kubernetes.io/docs/reference/kubectl/overview/

[2] **kubectl 레퍼런스**, https://kubernetes.io/docs/reference/generated/kubectl/kubectl-commands#run

[3] **도커 유저를 위한 kubectl**, https://kubernetes.io/docs/reference/kubectl/docker-cli-to-kubectl/

[4] https://github.com/kubernetes/kubernetes/pull/68132

Step 07 매니페스트와 파드

파드 API를 구사하여
컨테이너 기동하기

이번 스텝에서는 매니페스트를 작성하여 파드를 작성하는 방법을 알아보고 구체적인 동작을 확인해 볼 것이다.

매니페스트란 쿠버네티스의 오브젝트를 생성하기 위한 메타 정보를 YAML[1]이나 JSON으로 기술한 파일이다.

실제 파드를 단독으로 기동하는 매니페스트를 작성하는 경우는 많지 않다. 보통 컨트롤러에 대한 매니페스트를 작성하는데 이때 파드에 대한 정보를 기술하는 부분이 포함된다. 이를 파드 템플릿이라고 하며, 파드의 매니페스트와 같다. 따라서 파드의 매니페스트를 기술하는 방법을 알고 있으면 컨트롤러를 사용할 때 도움이 된다. 그래서 이번 스텝에서는 파드를 단독으로 기동할 때 사용하는 매니페스트 기술법에 대해 알아볼 것이다.

● 샘플 코드 이용법 ●

이번 절에서 사용하는 코드는 깃헙(https://github.com/Jpub/15_DandK)에 있다.

깃헙에서 내려받기

```
$ git clone https://github.com/Jpub/15_DandK
$ cd codes_for_lessons/Step07
```

다음과 같은 디렉터리가 있다.

```
$ ls -F
hc-other-samples/ hc-probe/ init-container/ manifest/ sidecar/
```

---

1 <u>주</u> YAML에 대한 설명은 '2장 칼럼 K8s 사용자를 위한 YAML 입문'을 참고하기 바란다.

다음 파일 1과 파일 2는 동일한 매니페스트를 각각 YAML과 JSON 형식으로 기술한 것이다. 이 매니페스트는 'kubectl run nginx --image=nginx:latest --restart=Never'를 실행한 것과 같은 의미를 가진다.

이처럼 매니페스트는 YAML이나 JSON으로 기술할 수 있다. 비교해 보면 YAML이 좀 더 간결하고 가독성이 좋다. 그래서 주로 YAML이 많이 사용되며, 이 책에서도 YAML을 사용한다.

파일 1 Nginx 컨테이너를 실행하는 매니페스트: nginx-pod.yml(YAML 형식)

```
1    apiVersion: v1        ## 표 1 파드 API 참조
2    kind: Pod
3    metadata:
4      name: nginx
5    spec:                  ## 표 2 파드 사양
6      containers:          ## 표 3 컨테이너 기동 조건 설정
7      - name: nginx
8        image: nginx:latest
```

파일 2 Nginx 컨테이너를 실행하는 매니페스트: nginx-pod.json(JSON 형식)

```
1    {
2        "apiVersion": "v1",
3        "kind": "Pod",
4        "metadata": {
5            "name": "nginx"
6        },
7        "spec": {
8            "containers": [
9                {
10                    "image": "nginx:latest",
11                    "name": "nginx"
12                }
13            ]
14        }
15    }
```

매니페스트를 작성하는 방법은 쿠버네티스 API 레퍼런스(https://kubernetes.io/docs/reference/generated/kubernetes-api/v1.14/)에 기재된 내용과 밀접하게 연관되어 있다. 이 링크에 기술된 내용은 쿠버네티스의 소스 코드로부터 생성된 API 사양이다. 즉, 가장 믿을 수 있는 API 정보인 것이다. 따라서 매니페스트를 작성할 때는 API 레퍼런스를 참고하는 것이 좋다. API 레퍼런스는 쿠버네티스의 새로운 버전이 출시되면 자동으로 만들어진다. URL의 끝에 있는 숫자 14는 API의 마이너 버전 번호이므로 이를 변경하면 다른 버전의 레퍼런스를 확인해 볼 수 있다. 매니페스트의 각 항목을 표 1~3에 정리했다.

▼ 표 1 파드 API(Pod v1 core)

주요 항목	설명
apiVersion	v1 설정
kind	Pod 설정
metadata	파드의 이름을 지정하는 name은 필수 항목이며, 네임스페이스 내에서 유일한 이름이어야 함
spec	파드의 사양을 기술. 표 2 참고

※ 위 항목과 연관된 API의 자세한 내용은 https://kubernetes.io/docs/reference/generated/kubernetes-api/v1.14/#pod-v1-core에 있다. v1.14에서 14 부분을 13이나 12로 변경하면, 다른 마이너 버전의 API를 참조할 수 있다. 링크의 내용은 쿠버네티스 소스 코드에서 생성된 것이기 때문에 가장 신뢰할 수 있는 상세 정보다.

▼ 표 2 파드의 사양(PodSpec v1 core)

주요 항목	설명
containers	컨테이너의 사양을 배열로 기술. 표 3 참조
initContainers	초기화 전용 컨테이너의 사양을 배열로 기술. 내용은 containers와 동일. 표 3 참조
nodeSelector	파드가 배포될 노드의 레이블을 지정
volumes	파드 내 컨테이너 간에 공유할 수 있는 볼륨을 설정

※ 이 밖에도 네트워크, 재기동 폴리시, 서비스 어카운트 등 다양한 스펙을 기술할 수 있다. 자세한 내용은 https://kubernetes.io/docs/reference/generated/kubernetes-api/v1.14/#podspec-v1-core에서 확인할 수 있다.

표 2의 주요 항목에서 containers가 복수형인 것에 주목하기 바란다. 이것은 여러 개의 컨테이너를 기술할 수 있음을 의미한다. initContainers와 volumes도 마찬가지로 여러 개 정의할 수 있다. 여기서는 자주 사용되는 핵심 API를 위주로 소개하였다. 각 표의 하단에 기재한 URL에 접속하여 API의 구조나 상세 정보를 확인해 보기 바란다.

주요 항목	설명
image	이미지의 리포지터리명과 태그
name	컨테이너를 여러 개 기술할 경우 필수 항목
livenessProbe	컨테이너 애플리케이션이 정상적으로 동작 중인지 검사하는 프로브
readinessProbe	컨테이너 애플리케이션이 사용자의 요청을 받을 준비가 되었는지 검사하는 프로브
ports	외부로부터 요청을 전달받기 위한 포트 목록
resources	CPU와 메모리 요구량과 상한치
volumeMounts	파드에 정의한 볼륨을 컨테이너의 파일 시스템에 마운트하는 설정. 복수 개 기술 가능
command	컨테이너 기동 시 실행할 커맨드. args가 인자로 적용
args	command의 실행 인자
env	컨테이너 내에 환경 변수를 설정

※ 이 표에는 주로 이번 스텝에서 다루는 항목을 기재했는데, 그 외에도 다수의 항목이 있다. API의 자세한 내용은 https://kubernetes.io/docs/reference/generated/kubernetes-api/v1.14/#container-v1-core에서 확인할 수 있다.

07.2 매니페스트 적용 방법

매니페스트 파일을 K8s 클러스터에 전송하여 오브젝트를 만드는 방법은 다음과 같다. 이는 파드뿐만 아니라, 모든 K8s 오브젝트에 적용할 수 있다.

실행 예 1 매니페스트로부터 쿠버네티스 오브젝트를 생성

```
$ kubectl apply -f 매니페스트_파일명
```

매니페스트를 통해 오브젝트를 만드는 kubectl의 서브 커맨드로는 'create'와 'apply'가 있다. apply는 동일한 이름의 오브젝트가 있을 때 매니페스트의 내용에 따라 오브젝트의 스펙을 변경하는 한편, create는 에러를 반환한다. 이 책에서는 주로 create 대신에 apply를 사용할 것이다. 만든 K8s 오브젝트를 지우기 위해서는 apply를 delete로 바꿔서 실행하면 된다. 참고로 '-f'에 이어 기재하는 파일명에 URL을 쓸 수도 있어 깃헙에서의 YAML 파일을 그대로 사용할 수도 있다.

실행 예 2 매니페스트를 지정하여 API 오브젝트를 제거하는 예

```
$ kubectl delete -f YAML 파일명
```

07.3 파드의 동작 확인

실행 예 3에서는 파일 1을 적용하여 nginx 파드를 기동하고 있다.

실행 예 3 매니페스트의 적용과 확인

```
## 파드를 만드는 매니페스트 적용
$ kubectl apply -f nginx-pod.yml
pod "nginx" created

## 파드의 상태 목록
$ kubectl get po
NAME      READY    STATUS     RESTARTS    AGE
nginx     1/1      Running    0           2s
```

이 nginx 파드는 백그라운드로 돌면서 클러스터 네트워크의 TCP 80번 포트에서 요청을 대기한다. 클러스터 네트워크는 K8s 클러스터를 구성하는 노드 간의 통신을 위한 폐쇄형 네트워크다. 다른 말로 파드 네트워크라고도 불린다. 클러스터 네트워크에서 오픈한 포트는 K8s 클러스터를 호스팅하는 컴퓨터에서도 접근할 수 없다.

파드의 클러스터 네트워크의 IP 주소를 확인하고 싶은 경우에는 실행 예 4처럼 '-o wide' 옵션을 추가하면 된다. 여기서 얻은 IP 주소에 대해 curl로 접속을 시도해 보면 다음과 같이 타임아웃이 될 뿐이다.

실행 예 4 파드의 IP 주소와 파드가 배포된 노드 표시

```
## 파드의 IP 주소와 파드가 배포된 노드 표시
$ kubectl get po nginx -o wide
NAME     READY    STATUS     RESTARTS    AGE    IP            NODE
nginx    1/1      Running    0           1m     172.17.0.4    minikube

## IP 주소를 지정해서 접근 테스트
$ curl -m 3 http://172.17.0.4/
curl: (28) Connection timed out after 3000 milliseconds
```

K8s 클러스터 외부에서 클러스터 네트워크에 있는 파드의 포트에 접근하기 위해서는 서비스를 이용해야 한다. 이에 대해서는 스텝 09에서 다룬다. 여기서는 실행 예 5처럼 K8s 클러스터 내에

별도의 대화형 파드를 기동해서 nginx 파드에 접근해 볼 것이다.

실행 예 5 대화형 파드를 기동해서 다른 파드에 접근

```
(1) 대화형 파드 기동
$ kubectl run busybox --image=busybox --restart=Never --rm -it sh
If you don't see a command prompt, try pressing enter.

(2) BusyBox에 있는 wget 명령어로 URL 접근 테스트
/ # wget -q -O - http://172.17.0.4/
<!DOCTYPE html>
<html>
<head>
<title>Welcome to nginx!</title>
<style>
    body {
        width: 35em;
        margin: 0 auto;
        font-family: Tahoma, Verdana, Arial, sans-serif;
    }
</style>
</head>
<body>
<h1>Welcome to nginx!</h1>
<p>If you see this page, the nginx web server is successfully installed and
working. Further configuration is required.</p>

<p>For online documentation and support please refer to
<a href="http://nginx.org/">nginx.org</a>.<br/>
Commercial support is available at
<a href="http://nginx.com/">nginx.com</a>.</p>

<p><em>Thank you for using nginx.</em></p>
</body>
</html>
/ #
```

파드의 IP 주소를 다시 확인해 보자. 학습 환경 1은 미니쿠베를 사용하므로 NODE 컬럼이 전부 minikube로 출력되는데, 학습 환경 2처럼 멀티 노드로 구성된 환경에서도 노드의 경계를 넘어서 출력된 IP를 기반으로 파드 간 통신이 가능하다.

```
$ kubectl get po -o wide
NAME       READY    STATUS     RESTARTS    AGE    IP            NODE
busybox    1/1      Running    0           2m     172.17.0.5    minikube
nginx      1/1      Running    0           4m     172.17.0.4    minikube
```

파드 간의 통신을 그림으로 표현하면 그림 1과 같다. 터미널에서 busybox의 파드에 접속하여 wget 커맨드를 실행하여 nginx 파드의 HTTP TCP/80에 접속하고 있다.

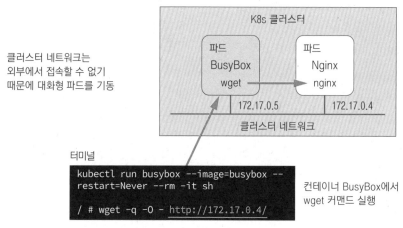

▲ 그림 1 K8s 클러스터 내 파드 간 통신

정리하자면, 파드는 클러스터 네트워크상의 IP 주소를 가지며 이 주소를 바탕으로 파드와 파드 가 서로 통신할 수 있다. 여기서 이용한 BusyBox는 도커 허브(https://hub.docker.com/r/ library/busybox/)에 등록된 공식 이미지 중 하나다. 약 1MB밖에 되지 않는 이미지 안에 유용한 명령어들이 다수 포함되어 있어 임베디드 리눅스의 맥가이버 칼이라고도 불린다.

07.4 파드의 헬스 체크 기능

파드의 컨테이너에는 애플리케이션이 정상적으로 기동 중인지 확인하는 기능, 즉 헬스 체크 기 능을 설정할 수 있어, 이상이 감지되면 컨테이너를 강제 종료를 하고 재시작시킬 수 있다. 이 기 능을 기존의 시스템과 비교하면서 동작을 확인해 보자(그림 2).

여러 개의 웹 서버의 앞단에서 요청을 받아들이는 로드밸런서는 주기적으로 요청을 보내서 각 서버의 애플리케이션이 정상적으로 동작 중인지를 확인한다. 이때 내부 에러(HTTP 상태 500)가 반복해서 반환되면 해당 서버로의 전송을 중지하고, 나머지 서버들에게만 요청을 전송하게 된다. 이렇게 하여 서버 장애가 유저에 미치는 영향을 줄인다. 한편, 쿠버네티스에서는 노드에 상주하는 kubelet이 컨테이너의 헬스 체크를 담당한다.

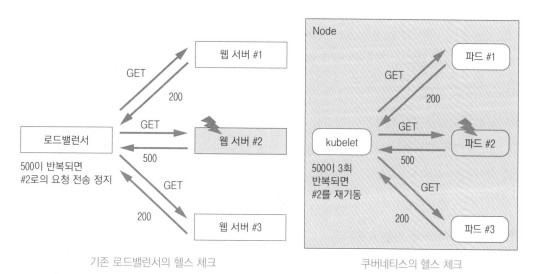

기존 로드밸런서의 헬스 체크   쿠버네티스의 헬스 체크

▲ 그림 2 기존의 로드밸런서와 쿠버네티스의 헬스 체크 비교

kubelet의 헬스 체크는 다음 두 종류의 프로브를 사용하여 실행 중인 파드의 컨테이너를 검사한다.

- **활성 프로브**(Liveness Probe) 컨테이너의 애플리케이션이 정상적으로 실행 중인 것을 검사한다. 검사에 실패하면 파드상의 컨테이너를 강제로 종료하고 재시작한다. 이 기능을 사용하기 위해서는 매니페스트에 명시적으로 설정해야 한다.
- **준비 상태 프로브**(Readiness Probe) 컨테이너의 애플리케이션이 요청을 받을 준비가 되었는지 아닌지를 검사한다. 검사에 실패하면 서비스에 의한 요청 트래픽 전송을 중지한다. 파드가 기동하고 나서 준비가 될 때까지 요청이 전송되지 않기 위해 사용한다. 이 기능을 사용하기 위해서는 매니페스트에 명시적으로 설정해야 한다.

로드밸런서와 마찬가지로 HTTP로 헬스 체크를 하는 경우에는 예를 들어 'http://파드IP주소:포트번호/healthz'를 정기적으로 확인하도록 하고 서버에는 이에 대한 적절한 응답을 반환하도록 구현해야 한다. 그리고 파드의 컨테이너에는 프로브에 대응하는 핸들러를 구현해야 한다. 이 핸들러는 컨테이너의 특성에 따라 다음 세 가지 중 하나를 선택할 수 있다.

▼ 표 4 프로브 대응 핸들러의 종류와 설명

핸들러 명칭	설명
exec	컨테이너 내 커맨드를 실행. Exit 코드 0으로 종료하면 진단 결과는 성공으로 간주되며, 그 외의 값은 실패로 간주
tcpSocket	지정한 TCP 포트번호로 연결할 수 있다면, 진단 결과는 성공으로 간주
httpGet	지정한 포트와 경로로 HTTP GET 요청이 정기적으로 실행. HTTP 상태 코드가 200 이상 400 미만이면 성공으로 간주되고, 그 외에는 실패로 간주. 지정 포트가 열려 있지 않은 경우도 실패로 간주

헬스 체크를 기술하는 방법을 파일 3을 통해 알아보자. 여기서 (1)의 이미지 애플리케이션에는 프로브에 대응하는 핸들러가 구현되어 있다. 이는 Node.js로 간단하게 구현했는데 뒤에서 살펴볼 것이다. 그리고 (2) 활성 프로브와 (3) 준비 상태 프로브에 관해 기술한다. 각각의 주요 항목에 대해서는 표 5에 정리했다.

파일 3 헬스 체크 설정 예: webapl-pod.yml

```
1    apiVersion: v1
2    kind: Pod
3    metadata:
4      name: webapl
5    spec:
6      containers:
7      - name: webapl
8        image: maho/webapl:0.1    # (1) 핸들러가 구현된 이미지
9        livenessProbe:            # (2) 활성 프로브에 대한 핸들러 설정
10         httpGet:
11           path: /healthz
12           port: 3000
13         initialDelaySeconds: 3  # 처음으로 검사를 수행하기 전의 대기 시간
14         periodSeconds: 5        # 검사 간격
15       readinessProbe:           # (3) 준비 상태 프로브에 대한 핸들러 설정
16         httpGet:
17           path: /ready
18           port: 3000
19         initialDelaySeconds: 15
20         periodSeconds: 6
```

기본 설정으로는 활성 프로브가 연속해서 3번 실패하면 kubelet이 컨테이너를 강제 종료하고 재기동한다. 컨테이너가 재시작되면 컨테이너에 있었던 정보들은 별도로 저장하지 않은 이상 지워진다.

▼ 표 5 프로브 대응 핸들러 기술 예

주요 항목	설명
httpGet	HTTP 핸들러

path
port
	핸들러의 경로
	HTTP 서버의 포트번호
	예
	<pre>readinessProbe:
	  httpGet:
	    path: /ready
	    port: 3000</pre>

tcpSocket	TCP 포트 접속 핸들러

port	감시 대상의 포트번호
	예
	<pre>readinessProbe:
	  tcpSocket:
	    port: 80</pre>

exec	컨테이너 내의 커맨드 실행 핸들러

command	컨테이너의 커맨드를 배열로 기술
	예
	<pre>livenessProbe:
	  exec:
	    command:
	    - cat
	    - /tmp/healthy</pre>

initialDelaySeconds	프로브 검사 시작 전 대기 시간
periodSeconds	검사 간격

프로브를 설정하는 방법은 쿠버네티스 공식 문서에 기술되어 있지만[1], 더욱 구체적인 파라미터는 API 레퍼런스에 기재되어 있다. 예를 들어, 시행 횟수나 타임아웃 등을 설정할 수 있으니 확인해 보기 바란다[2, 3].

헬스 체크는 파드가 스케줄된 노드에 있는 kubelet이 수행한다. 노드의 하드웨어 장애 시에는 kubelet도 정지되기 때문에 노드의 장애 대책으로는 적합하지 않다. 한편, 컨트롤러의 관리 대상은 파드다. 따라서 노드의 장애 대책을 위해서는 헬스 체크가 아닌 컨트롤러를 사용해야 한다. 이러한 용도로 자주 사용되는 컨트롤러가 디플로이먼트와 스테이트풀셋이다. 디플로이먼트는 스텝 08에서, 스테이트풀셋은 스텝 12에서 자세히 알아볼 것이다.

그러면 이제 실제 컨테이너를 기동하여 프로브의 동작을 확인해 보자. 먼저 컨테이너를 빌드하기 위한 디렉터리를 만들고 다음 세 파일을 배치한다. 실행 예 7에 나오는 webapl 이하의 파일들은 잠시 뒤에 설명할 데니 결과부터 확인해 보자.

실행 예 7 헬스 체크 확인을 위한 파일 목록

```
$ tree hc-probe
hc-probe
├── webapl
│   ├── Dockerfile
│   ├── package.json
│   └── webapl.js
└── webapl-pod.yml
1 directory, 4 files
```

실행 예 8에서는 파일 3에서 지정한 이미지 'image:maho/webapl:0.1'을 빌드해서 도커 허브 레지스트리에 등록하고 있다.

실행 예 8 컨테이너 이미지를 빌드하여 레지스트리에 등록

```
## Dockerfile이 있는 디렉터리로 이동
$ cd hc-probe/webapl/

## 컨테이너 빌드
## 리포지터리 maho/webapl은 독자들의 리포지터리로 변경
##
$ docker build --tag maho/webapl:0.1 .
Sending build context to Docker daemon 5.12kB
Step 1/7 : FROM alpine:latest
latest: Pulling from library/alpine
4fe2ade4980c: Pull complete
Digest: sha256:621c2f39f8133acb8e64023a94dbdf0d5ca81896102b9e57c0dc184cadaf5528
Status: Downloaded newer image for alpine:latest
---> 196d12cf6ab1
Step 2/7 : RUN apk update && apk add --no-cache nodejs npm
```

```
---> Running in 42921e386c02
fetch http://dl-cdn.alpinelinux.org/alpine/v3.8/main/x86_64/APKINDEX.tar.gz
fetch http://dl-cdn.alpinelinux.org/alpine/v3.8/community/x86_64/APKINDEX.tar.gz
v3.8.1 [http://dl-cdn.alpinelinux.org/alpine/v3.8/main]
v3.8.0-147-g4f5711b187 [http://dl-cdn.alpinelinux.org/alpine/v3.8/community]
OK: 9540 distinct packages available
fetch http://dl-cdn.alpinelinux.org/alpine/v3.8/main/x86_64/APKINDEX.tar.gz
fetch http://dl-cdn.alpinelinux.org/alpine/v3.8/community/x86_64/APKINDEX.tar.gz
(1/10) Installing ca-certificates (20171114-r3)
(2/10) Installing c-ares (1.14.0-r0)
(3/10) Installing libcrypto1.0 (1.0.2o-r2)
(4/10) Installing libgcc (6.4.0-r8)
(5/10) Installing http-parser (2.8.1-r0)
(6/10) Installing libssl1.0 (1.0.2o-r2)
(7/10) Installing libstdc++ (6.4.0-r8)
(8/10) Installing libuv (1.20.2-r0)
(9/10) Installing nodejs (8.11.4-r0)
(10/10) Installing npm (8.11.4-r0)
Executing busybox-1.28.4-r1.trigger
Executing ca-certificates-20171114-r3.trigger
OK: 62 MiB in 23 packages
Removing intermediate container 42921e386c02
---> 3f7d60ceef9d
Step 3/7 : WORKDIR /
---> Running in 0f7dfd1b06c0
Removing intermediate container 0f7dfd1b06c0
---> 148d64ddee2e
Step 4/7 : ADD ./package.json /
---> ea504742130c
Step 5/7 : RUN npm install
---> Running in eae690021a13
npm notice created a lockfile as package-lock.json. You should commit this file.
npm WARN webapl@1.0.0 No description
npm WARN webapl@1.0.0 No repository field.

added 50 packages in 1.794s
Removing intermediate container eae690021a13
---> accb728d43a1
Step 6/7 : ADD ./webapl.js /
---> 07362b5d7ba0
Step 7/7 : CMD node /webapl.js
---> Running in a447d24856c6
Removing intermediate container a447d24856c6
---> 14bcabc5d26a
```

```
Successfully built 14bcabc5d26a
Successfully tagged maho/webapl:0.1

## 도커 허브 레지스트리에 로그인
$ docker login
Authenticating with existing credentials...
Login Succeeded

## 리포지터리에 등록
##
$ docker push maho/webapl:0.1
The push refers to repository [docker.io/maho/webapl]
fe60f6bf6ac2: Pushed
fe4abb32e1e6: Pushed
34789cdd715a: Pushed
f9f5e83d9521: Pushed
df64d3292fd6: Mounted from library/alpine
0.1: digest: sha256:458a933a8f602ec90b76591eb1fe8dd82eba4bc9313452fad829691f3e369887
size: 1365
```

이어서 실행 예 9에서는 파드를 배포해서 헬스 체크의 프로브가 동작하는 것을 확인하고 있다.
실제 운영 환경에서는 컨트롤러를 사용하지 않고 파드만을 배포하는 경우는 거의 없다. 여기서
는 프로브의 동작을 확인하기 위해서 컨트롤러를 사용하지 않았다.

실행 예 9 파드를 배포하고 헬스 체크가 실행되어 READY 상태가 되는 모습

```
## 디렉터리를 이동하여 매니페스트를 적용
##
$ cd ..
$ kubectl apply -f webapl-pod.yml
pod/webapl created

## 파드의 STATUS가 Running이 될 때까지 확인
##    READY 0/1이 최종적으로 1/1이 됨. 처음에 0인 이유는
##    readinessProbe가 아직 성공하지 못하여 READY 상태가 아닌 것으로 판정했기 때문

$ kubectl get pod
NAME        READY     STATUS             RESTARTS    AGE
webapl      0/1       ContainerCreating  0           5s
$ kubectl get pod
NAME        READY     STATUS             RESTARTS    AGE
webapl      0/1       Running            0           11s
```

```
## 컨테이너 로그에 기록된 헬스 체크 결과를 출력
## 로그 출력은 webapl/webapl.js를 참조
##
$ kubectl logs webapl
GET /healthz 200      ## LivenessProbe에 의한 액세스
GET /healthz 200      ## 5초 간격으로 요청함
GET /healthz 200
GET /ready 500        ## 20초가 지나기 전에는 /ready가 500을 응답함
GET /healthz 200
GET /ready 200        ## 6초 후 ReadinessProbe에 성공하여 READY 1/1로 준비 완료


## 파드의 상세 정보
$ kubectl describe pod webapl
Name:        webapl
Namespace:   default
<중략>
Containers:
  webapl:
    Container ID:   docker://35cd742fbe287d88829664a7b8ab66b3de97ad948510be5c04fe19c7bf00dd00
    Image:          maho/webapl:0.1
    Image ID:       docker-pullable://maho/webapl@sha256:708be0bb980fdaef2fb3d5d15aee
edbe9f3881d47170674075348444944bae40
    Port:           <none>
    Host Port:      <none>
    State:          Running
    Started:        Wed, 12 Sep 2018 15:34:31 +0900
    Ready:          True          #### ReadinessProbe가 성공하여 True가 됨
    Restart Count:  0             #### 이하 프로브 설정 내용
    Liveness:       http-get http://:3000/healthz delay=3s timeout=1s period=5s
#success=1 #failure=3
    Readiness:      http-get http://:3000/ready delay=15s timeout=1s period=6s
#success=1 #failure=3
<중략>


## Events에서 Age는 해당 이벤트가 발생하고 지난 시간(초)을 의미
## Age 24s 시점에서 Liveness probe failed는 애플리케이션 기동이 완료되지 않아 타임아웃이 발생한 것이다.
## 이후 기동이 완료되어 probe에 성공하지만 로그에는 남지 않는다.
## 애플리케이션에서 20초 전에는 HTTP 500을 반환하도록 구현되어 있어,
## Age 20s 시점에서 Readiness probe에 실패한 기록이 남아 있다.
## 6초 후 probe에 성공하지만 로그에는 남지 않는다.
Events:
  Type    Reason                  Age    From              Message
  ----    ------                  ----   ----              -------
  Normal  Scheduled               46s    default-scheduler Successfully assigned
```

```
webapl to minikube
  Normal  SuccessfulMountVolume  45s  kubelet, minikube  MountVolume.SetUp
succeeded for volume "default-token-qw2gc"
  Normal  Pulling                44s  kubelet, minikube  pulling image
"maho/webapl:0.1"
  Normal  Pulled                 36s  kubelet, minikube  Successfully pulled
image "maho/webapl:0.1"
  Normal  Created                36s  kubelet, minikube  Created container
  Normal  Started                36s  kubelet, minikube  Started container
  Warning Unhealthy              24s  kubelet, minikube  Liveness probe failed:
Get http://172.17.0.9:3000/healthz: net/http: request canceled (Client.Timeout
exceeded while awaiting headers)
  warning unhealthy              20s  kubelet, minikube  Readiness probe failed:
HTTP probe failed with statuscode: 500
```

활성 프로브가 반복해서 실패하면, kubelet은 새로운 컨테이너를 기동하고 실패를 반복하는 컨테이너를 강제 종료한다. 실행 예 10을 통해 확인해 보자.

먼저 애플리케이션의 로그를 보면 '/healthz'가 3회 실패(HTTP 500)한 것을 알 수 있다. 연속 3회 'HTTP 500'이 출력된 시점에서 파드의 상세 정보를 출력해 보면 kubelet이 컨테이너를 교체한 것을 알 수 있다.

실행 예 10 활성 프로브가 반복해서 실패하여 컨테이너가 재시작되는 것을 확인

```
## 로그는 시간의 흐름에 따라 위에서 아래로 기록된다.
## 활성 프로브(LivenessProve)가 호출하는 /healthz의 응답이 3회 연속해서 HTTP 500(내부 에러)을 반환하고 있다.
##
##
$ kubectl logs webapl
<중략>
GET /healthz 200
GET /ready 200
GET /healthz 200
GET /ready 200
GET /healthz 500
GET /ready 200
GET /healthz 500
GET /healthz 500
GET /ready 200

##
## Age 32s 시점에서 HTTP 500 응답이 3번 발생하여 Age 2s에서 kubelet이 새로운 컨테이너를 생성하고
## 기존 컨테이너를 강제로 정지(Kill)한다.
```

```
## 그리고 1초 후에 새로운 컨테이너가 기동한다.
##
$ kubectl describe po webapl
<중략>
---
Events:
  Type       Reason      Age              From              Message
  ----       ------      ----             ----              -------
<중략>
  Normal     Pulling     1m               kubelet, minikube  pulling image
"maho/webapl:0.1"
  Normal     Pulled      1m               kubelet, minikube  Successfully pulled
image "maho/webapl:0.1"
  Warning    Unhealthy   1m               kubelet, minikube  Readiness probe
failed: HTTP probe failed with statuscode: 500
  Warning    nhealthy    32s (x3 over 42s) kubelet, minikube  Liveness probe
failed: HTTP probe failed with statuscode: 500
  Normal     Created     2s (x2 over 1m)  kubelet, minikube  Created container
  Normal     Killing     2s               kubelet, minikube  Killing container
with id docker://webapl:Container failed liveness probe.. Container will be killed
and recreated.
  Normal     Pulled      2s               kubelet, minikube  Container image
"maho/webapl:0.1" already present on machine
  Normal     Started     1s (x2 over 1m)  kubelet, minikube  Started container
```

프로브를 통한 파드의 헬스 체크 동작을 살펴보았다. 여기서 사용된 Node.js 애플리케이션의 코드는 다음과 같다.

- webapl.js Node.js 애플리케이션
- package.json Node.js의 의존 라이브러리를 기재한 패키지 파일
- Dockerfile 이미지 빌드 파일

파일 4 프로브의 핸들러를 구현한 애플리케이션: webapl.js

```
1    // 프로브 동작 확인 애플리케이션
2    //
3    const express = require('express')
4    const app = express()
5    var start = Date.now()
6
7    // 활성 프로브 핸들러
```

```
 8    // 기동으로부터 40초 이내에는 HTTP 200 OK를 반환하고, 이후는 HTTP 500 내부 에러를 반환
 9    // 활성 프로브가 실패해서 컨테이너가 재기동되는 것을 확인
10    //
11    app.get('/healthz', function(request, response) {
12        var msec = Date.now() - start
13        var code = 200
14        if (msec > 40000 ) {
15            code = 500
16        }
17        console.log('GET /healthz ' + code)
18        response.status(code).send('OK')
19    })
20
21    // 준비 상태 프로브 핸들러
22    // 첫 기동으로부터 20초를 초기화 시간으로 간주
23    // 기동 후 20초까지는 HTTP 500을 반환하고, 이후는 HTTP 200을 반환
24    //
25    app.get('/ready', function(request, response) {
26        var msec = Date.now() - start
27        var code = 500
28        if (msec > 20000 ) {
29            code = 200
30        }
31        console.log('GET /ready ' + code)
32        response.status(code).send('OK')
33    })
34
35    // GET / 요청에 대한 응답
36    //
37    app.get('/', function(request, response) {
38        console.log('GET /')
39        response.send('Hello from Node.js')
40    })
41
42    // 3000번 포트로 요청 대기
43    //
44    app.listen(3000);
```

파일 5 Node.js 의존 패키지: package.json

```
1    package.json
2    {
3      "name": "webapl",
```

```
 4      "version": "1.0.0",
 5      "description": "",
 6      "main": "webapl.js",
 7      "scripts": {
 8          "test": "echo \"Error: no test specified\" && exit 1"
 9      },
10      "author": "",
11      "license": "ISC",
12      "dependencies": {
13          "express": "^4.16.3"
14      }
15  }
```

파일 6 이미지 빌드를 위한 Dockerfile

```
 1   ## Alpine Linux https://hub.docker.com/_/alpine/
 2   FROM alpine:latest
 3
 4   ## Node.js https://pkgs.alpinelinux.org/package/edge/main/x86_64/nodejs
 5   RUN apk update && apk add --no-cache nodejs npm
 6
 7   ## 의존 라이브러리 설치
 8   WORKDIR /
 9   ADD ./package.json /
10   RUN npm install
11   ADD ./webapl.js /
12
13   ## 애플리케이션 기동
14   CMD node /webapl.js
```

07.5 초기화 전용 컨테이너

파드 내에 초기화만을 담당하는 컨테이너를 설정할 수도 있다[4]. 그러면 초기화만을 수행하는
컨테이너와 요청을 처리하는 컨테이너를 별도로 개발하여 각각 재사용할 수 있다. 예를 들어,
스토리지를 마운트할 때 '스토리지 안에 새로운 디렉터리를 만들고, 소유자를 변경한 후 데이터
를 저장'하는 것과 같은 초기화 처리를 전담하게 할 수 있다.

파일 7의 중간에 나오는 initContainers에서 초기화 전용 컨테이너를 설정하고 있다. 23번째 줄을 보면 초기화 전용 컨테이너가 공유 볼륨을 '/mnt'에 마운트하고, 21번째 줄의 명령어로 디렉터리 '/mnt/html'을 만들고 소유자를 변경하고 있다. 이 컨테이너는 명령어를 실행하고 바로 종료한다. 그 후 메인 컨테이너가 기동하여 공유 볼륨을 마운트한다.

파일 7 init-sample.yml

```
1     apiVersion: v1
2     kind: Pod
3     metadata:
4       name: init-sample
5     spec:
6       containers:
7       - name: main                      # 메인 컨테이너
8         image: ubuntu
9         command: ["/bin/sh"]
10        args: [ "-c", "tail -f /dev/null"]
11        volumeMounts:
12        - mountPath: /docs               # 마운트 경로
13          name: data-vol
14          readOnly: false
15
16      initContainers:                   # 초기화 전용 컨테이너, 메인 컨테이너 전에 실행
17      - name: init
18        image: alpine
19        ## 공유 볼륨에 디렉터리 작성, 소유자 변경
20        command: ["/bin/sh"]
21        args: [ "-c", "mkdir /mnt/html; chown 33:33 /mnt/html" ]
22        volumeMounts:
23        - mountPath: /mnt                # 마운트 경로
24          name: data-vol
25          readOnly: false
26
27      volumes:                          # 파드상의 공유 볼륨
28      - name: data-vol
29        emptyDir: {}
```

실행 예 11은 파일 7의 매니페스트를 적용하고 있다. 그래서 초기화 전용 컨테이너에 의해 초기화된 볼륨을 메인 컨테이너에서 확인하고 있다.

'kubectl exec'의 옵션 '-c'는 파드 내의 컨테이너를 지정하기 위해 사용한다. 이 파드에는 2개의 컨테이너가 있기 때문에 컨테이너를 지정해야 한다. 공유 볼륨 '/doc' 밑에 html의 디렉터리가 만들어져 있으며, 소유자와 그룹이 root가 아닌 'www-data'로 되어 있는 것을 알 수 있다.

실행 예 11 초기화 컨테이너의 실행 결과를 메인 컨테이너에서 확인

```
$ kubectl apply -f init-sample.yml
pod/init-sample created

$ kubectl get po
NAME            READY     STATUS            RESTARTS      AGE
init-sample     0/1       PodInitializing   0             6s
$ kubectl get po
NAME            READY     STATUS            RESTARTS      AGE
init-sample     1/1       Running           0             13s

$ kubectl exec -it init-sample -c main sh
# ls -al /docs/
total 12
drwxrwxrwx  3 root      root       4096 Sep 13 01:03 .
drwxr-xr-x  1 root      root       4096 Sep 13 01:04 ..
drwxr-xr-x  2 www-data www-data    4096 Sep 13 01:03 html
```

여기서 사용한 볼륨에 대해서는 '스텝 11 스토리지'에서 자세히 살펴볼 것이다.

07.6 사이드카 패턴

이번에는 하나의 파드 안에 여러 개의 컨테이너를 담아서 동시에 실행시키는 패턴에 대해 살펴볼 것이다. 이는 파드(Pod: 완두콩)라는 이름의 유래가 되는 기능이기도 하다.

앞서 살펴본 것은 초기화 전용 컨테이너가 처리를 완료하면 서비스 전용 컨테이너가 시작하는 구성 패턴이었다. 이번에 살펴볼 패턴에서는 파드 내부에 있는 여러 개의 컨테이너가 동시에 시작한다. 어떤 경우에 이러한 패턴이 사용될까? 그림 3을 보기 바란다.

그림 3에서는 웹 서버 컨테이너와 최신 콘텐츠를 깃헙에서 다운받는 컨테이너가 하나의 파드에 묶여 있다. 이러한 조합 패턴을 사이드카라고 한다[5].

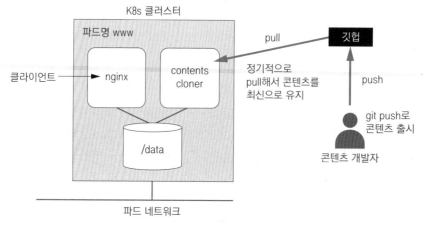

▲ **그림 3 사이드카 구성의 개념도**

사이드카 패턴의 장점은 여러 개의 컨테이너를 조합하여 사용함으로써 컨테이너의 재사용성이 높아지고, 생산성이 높아진다는 점이다. 매번 필요에 맞는 컨테이너를 만드는 것이 아니라 전에 만든 컨테이너를 재활용할 수 있어 단기간에 커다란 성과를 얻을 수 있다.

그림 3의 nginx는 도커 허브에 등록된 공식 웹 서버 이미지다. 이에 더해 contents-cloner라는 사이드카 컨테이너를 개발하여 조합했다. 이 컨테이너는 깃헙으로부터 HTML을 정기적으로 다운받아서 최신 콘텐츠를 보관한다. 이러한 컨테이너는 다른 애플리케이션에서도 활용할 수 있어 범용성이 높다. 또한, 환경 변수로 콘텐츠를 다운받는 URL을 지정하면 재사용성이 더욱 높아진다.

웹 서버와 contents-cloner를 조합하면 콘텐츠 개발자가 git push를 실행하는 것만으로 웹 서버의 콘텐츠를 업데이트할 수 있게 된다. 그리고 공유 저장소를 사용하는 대신 각 노드의 저장 공간을 사용하기 때문에 성능에 이점을 가진다.

이때 파드 안의 컨테이너별로 CPU 사용 시간을 제한하는 것이 가능하다[6]. 예를 들면, 웹 서버의 응답 시간을 우선하고 남은 CPU 자원으로 HTML 콘텐츠를 다운로드하는 것이 가능하다.

이제 contents-cloner를 셀 스크립트로 개발해 보자. webserver.yml은 웹 서버와 contents-cloner를 사이드카 패턴으로 조합한 파드를 실행하기 위한 매니페스트다.

```
$ tree Step07/sidecar/
Step07/sidecar/
├── Dockerfile
├── contents-cloner
└── webserver.yml
```

파일 8은 contents-cloner의 기능을 담당하는 셸 스크립트다. 이 코드는 환경 변수 CONTENTS_SOURCE_URL에 설정된 URL에 60초 간격으로 갱신 여부를 확인하여 다운받는다. 갱신 여부를 확인하는 것과 다운로드하는 기능은 git 명령어의 기능을 사용하고 있다.

처음에는 'git clone'으로 모든 콘텐츠를 다운받고 이후에는 'git pull'로 변경점을 다운받는다. 여기서 한 걸음 더 나아간다면 앞서 살펴본 초기화 전용 컨테이너와 준비 상태 프로브 기능을 사용하여 'git clone'이 완료된 후부터 웹 서버가 요청을 받게 할 수도 있다. 여기서는 해당 설정을 생략했다.

파일 8 contents-puller(콘텐츠를 깃헙에서 정기적으로 다운받는 셸)

```
1    #!/bin/bash
2    # 최신 웹 콘텐츠를 깃헙에서 다운받아 컨테이너에 저장
3
4    # 컨텐츠의 URL에 대한 환경 변수가 없으면 에러로 종료
5    if [ -z $CONTENTS_SOURCE_URL ]; then
6      exit 1
7    fi
8
9    # 처음에는 깃헙으로부터 콘텐츠를 그대로 다운로드
10   git clone $CONTENTS_SOURCE_URL /data
11
12   # 두 번째 이후는 1분 단위로 변경 사항을 취득
13   cd /data
14   while true
15   do
16       date
17       sleep 60
18       git pull
19   done
```

이어서 파일 9의 Dockerfile은 위 셸 스크립트를 바탕으로 이미지를 만든다. 베이스 이미지로 ubuntu:16.04 공식 이미지를 사용하고 있다. 컨테이너를 고속으로 기동하고 싶은 경우에는 더욱 작은 이미지를 사용하는 것이 좋다. 파일 9에서 사용한 ubuntu:16.04의 이미지의 크기는 120MB 정도다. 그에 반해 18.04는 65MB 정도로 반으로 줄었다. 심지어 Alpine의 크기는 6MB에 불과하다. 하지만 애플리케이션에 필요한 패키지를 추가하다 보면 비슷한 사이즈가 되기도 한다.

파일 9 Dockerfile

```
1    ## Contents Cloner Image
2    FROM ubuntu:16.04
3    RUN apt-get update && apt-get install -y git
4    COPY ./contents-cloner /contents-cloner
5    RUN chmod a+x /contents-cloner
6    WORKDIR /
7    CMD ["/contents-cloner"]
```

실행 예 13에서는 Dockerfile이 있는 폴더에서 이미지를 빌드하고 레지스트리에 등록하고 있다. 여기서 저자의 리포지터리 'maho/c-cloner:0.1'을 독자의 도커 허브 리포지터리로 바꾸는 것을 잊지 않기 바란다.

실행 예 13 이미지를 빌드하여 도커 허브에 등록

```
$ docker build --tag maho/c-cloner:0.1 .
Sending build context to Docker daemon 4.096kB
<중략>
Successfully built 503d264f6789
Successfully tagged maho/c-cloner:0.1

$ docker login
Authenticating with existing credentials...
Login Succeeded

$ docker push maho/c-cloner:0.1
The push refers to repository [docker.io/maho/c-cloner]
<중략>
sha256:76bb79a0a041a21d5363df06e27758e063ff29711e8f052eca37192906fd6501 size: 1983
```

이어서 파일 10의 webserver.yml을 살펴보자. 여기서는 'spec.containers'에 한 개 이상의 컨테이너를 기술하고 있다. 어떤 것이 메인이고 어떤 것이 사이드카인지는 주석으로 표시했다.

파일 10 webserver.yml(사이드카 구성의 매니페스트)

```
 1    ## 사이드카 구성 샘플
 2    #
 3    apiVersion: v1
 4    kind: Pod
 5    metadata:
 6      name: webserver
 7    spec:
 8      containers:              ## 메인 컨테이너
 9      - name: nginx
10        image: nginx
11        volumeMounts:
12        - mountPath: /usr/share/nginx/html
13          name: contents-vol
14          readOnly: true
15
16      - name: cloner           ## 사이드카 컨테이너
17        image: maho/c-cloner:0.1
18        env:
19        - name: CONTENTS_SOURCE_URL
20          value: "https://github.com/takara9/web-contents"
21        volumeMounts:
22        - mountPath: /data
23          name: contents-vol
24
25      volumes:                 ## 공유 볼륨
26      - name: contents-vol
27        emptyDir: {}
```

'spec.containers[cloner].env'의 환경 변수 'CONTENTS_SOURCE_URL'에 콘텐츠의 URL을 설정했다. 이 주소를 원하는 깃헙 주소로 바꿀 수 있다.

이 파드를 쿠버네티스에 배포하는 방법은 이전과 동일하다. 파드를 처음 배포할 때는 이미지를 다운받느라 시간이 조금 걸리지만, 이후에는 빠르게 기동한다. 베이스 이미지를 'Alpine Linux'로 바꾸면 초기 다운로드 시간을 크게 줄일 수 있다.

```
$ kubectl apply -f webserver.yml
pod/webserver created

$ kubectl get po
NAME            READY       STATUS                      RESTARTS        AGE
webserver       0/2         ContainerCreating           0               36s

$ kubectl get po -o wide
NAME            READY       STATUS      RESTARTS    AGE     IP              NODE
webserver       2/2         Running     0           51s     172.17.0.4      minikube
```

동작을 확인해 보자. 대화형 파드를 기동해서 파드의 IP 주소로 wget 명령어를 실행해 본다.
그러면 사이드카 컨테이너가 다운받은 깃헙의 콘텐츠가 출력될 것이다.

실행 예 15 파드의 초기 콘텐츠 출력

```
$ kubectl run busybox --image=busybox --restart=Never --rm -it sh
If you don't see a command prompt, try pressing enter.
/ # wget -q -O - http://172.17.0.4/
<!DOCTYPE html>
<html>
<head>
<title>파드 템플릿의 역할</title>
</head>
<body>
<h1>파드 템플릿의 역할</h1>

<p>파드 템플릿은 디플로이먼트, 레플리카셋, 잡, 스테이트풀셋 등의 컨트롤러에서 사용하는 파드의 사양이다.
컨트롤러들은 파드 템플릿에 기재된 대로 파드를 만든다 </p>
<이하 생략>
```

이제 깃헙 리포지터리의 콘텐츠를 수정한 후 커밋(commit)하고 푸시(push)한다. 약 1분 후에
wget을 하면 수정한 내용이 반영된 것을 확인할 수 있을 것이다.

한편, 이 파드를 종료해 보면 종료가 완료될 때까지 시간이 걸린다는 문제점이 있다. 실행 예 16
과 같이 'kubectl delete po webserver'를 실행하면 1분 정도 지나서야 파드가 삭제된다. 파드
를 삭제하는 데 이렇게 시간이 오래 걸리면 롤링 업데이트와 같은 쿠버네티스의 핵심 기능을 사
용할 때 문제의 소지가 된다.

실행 예 16 사이드카 구성 파드를 종료할 때 문제점

```
$ kubectl get po
NAME          READY    STATUS     RESTARTS    AGE
webserver     2/2      Running    0           37m

$ kubectl delete po webserver
pod "webserver" deleted
```

종료하는 데 이렇게 시간이 걸리는 이유는 스텝 05에서 설명한 종료 요청 시그널과 관련 있다. 우리가 작성할 셸에는 SIGTERM 시그널이 왔을 때 exit하는 구현이 없다. 그래서 종료 처리 대기 시간만큼 기다렸다가 SIGKILL 시그널을 보내 강제 종료를 하는 것이다. 이를 위해 다음 코드를 파일 8의 11번째 줄과 12 번째 줄 사이에 넣으면 빠르게 종료된다.

파일 11 스니펫(SIGTERM 시그널에 대한 종료 함수)

```
1    ## SIGTERM 수신 시 처리
2    save() {
3      exit 0
4    }
5    trap save TERM
```

Step 07 마무리

이번 스텝에서 배운 내용을 정리하면 다음과 같다.

- 실제 운영 환경에서는 컨트롤러를 사용해 파드를 기동하는 것이 일반적이지만, 여기서는 파드의 동작을 이해하기 위해 파드를 단독으로 기동하는 매니페스트를 사용했다.
- 파드는 컨테이너를 실행하는 최소 단위로서, 클러스터 네트워크상의 IP 주소를 가지며, 여러 개의 컨테이너를 내부적으로 가진다. 파드의 IP 주소는 호스트 PC와 같이 K8s 클러스터 외부에서 직접 접속할 수 없다.
- 파드에는 컨테이너에 있는 애플리케이션의 정상 동작을 확인하는 활성 프로브와, 초기화가 완료되어 응답이 가능한 상태가 되었음을 확인하는 준비 상태 프로브를 설정할 수 있다.

- 파드는 초기화 전용 컨테이너나 협력하여 동작하는 사이드카 컨테이너를 조합하여 구성할 수 있다. 따라서 컨테이너를 재사용하여 단기간에 효율적으로 기능을 구현할 수 있다.
- 컨테이너는 종료 요청 시그널(SIGTERM)에 대한 종료 처리를 수행하도록 구현해야 한다.

▼ 표 6 이번 스텝에서 새로 사용한 kubectl 커맨드

커맨드	동작
kubectl create -f 파일명	파일에 기술된 오브젝트를 생성
kubectl delete -f 파일명	파일에 기술된 오브젝트를 삭제
kubectl apply -f 파일명	파일에 기재된 오브젝트가 있으면 변경하고 없으면 생성

Step 07 참고 자료

[1] **프로브 설정 방법**, https://kubernetes.io/docs/tasks/configure-pod-container/configure-liveness-readiness-probes/#define-a-liveness-http-request/

[2] **준비 상태 프로브와 활성 프로브**, https://kubernetes.io/docs/reference/generated/kubernetes-api/v1.14/#container-v1-core/

[3] **프로브 핸들러**, https://kubernetes.io/docs/reference/generated/kubernetes-api/v1.14/#probe-v1-core

[4] **초기화 컨테이너**, https://kubernetes.io/docs/concepts/workloads/pods/init-containers/

[5] **사이드카 패턴**, https://kubernetes.io/blog/2015/06/the-distributed-system-toolkit-patterns/

[6] **CPU 메모리 할당**, https://kubernetes.io/docs/concepts/configuration/manage-compute-resources-container/

Step 08 디플로이먼트

디플로이먼트의 역할 이해하기

'1장 3.9 컨트롤러의 기본'에서는 디플로이먼트가 백엔드의 워크로드에 적합하다고 설명했다. 여기서는 디플로이먼트의 구체적인 동작을 실제 살펴보겠다.

디플로이먼트의 주된 역할은 파드의 개수를 관리하는 것이다[1]. 이 기능의 중요성을 알기 위해 기존의 수평 분산 시스템과 비교해 보자.

기존의 수평 분산 시스템은 로드밸런서와 대등한 스펙의 여러 서버로 구성된다. 로드밸런서는 클라이언트로부터의 요청을 받아서 뒤에 있는 여러 서버 중 한 대에 전송한다. 애플리케이션의 처리를 여러 서버가 분담하는 구조인 것이다. 이러한 구조에서는 서버의 대수를 늘려 처리 능력을 높일 수 있다. 그리고 여분의 서버를 미리 투입해 두면 한 대의 서버에 장애가 발생해도 문제 없이 서비스를 지속할 수 있다.

한편, K8s 클러스터에서는 파드가 서버의 역할을 담당한다. 그래서 처리 능력을 높이고 싶은 경우에는 파드의 수를 늘리면 된다. 그리고 여분의 파드를 가동해 두면 일부 파드에 문제가 생겨도 큰 문제 없이 서비스를 지속할 수 있다. 물론 불필요하게 많은 파드를 가동하면 CPU와 메모리가 낭비되는 것이니 적절히 조절해야 한다.

이처럼 파드의 개수를 관리하는 것은 시스템의 처리 능력, 서비스를 중단하지 않는 가용성, 그리고 비용 측면에서 매우 중요하다.

디플로이먼트는 요청한 개수만큼 파드를 기동하여, 장애 등의 이유로 파드의 개수가 줄어들면 새롭게 파드를 만들어 기동한다. 그리고 애플리케이션의 버전을 업그레이드할 때 새로운 버전의 파드로 조금씩 바꾸는 기능도 제공한다.

그런데 로드밸런서에 해당하는 기능은 디플로이먼트에 포함되어 있지 않다. 이 기능은 쿠버네티스의 서비스라는 오브젝트가 담당하고 있으며 이에 대해서는 스텝 09에서 다룬다.

디플로이먼트는 혼자 동작하는 것이 아니라 레플리카셋과 함께 동작한다. 이 관계를 표현한 것이 그림 1이다. 레플리카셋은 디플로이먼트의 매니페스트에 적힌 레플리카의 값을 기준으로 파드의 개수를 제어한다. 사용자가 직접 레플리카셋을 조작하는 경우는 많지 않고 주로 상태를 참조한다.

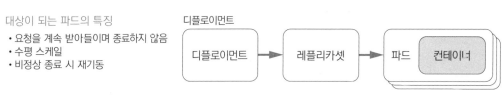

▲ 그림 1 디플로이먼트, 레플리카셋, 파드의 관계

이번 스텝에서는 실습을 바탕으로 디플로이먼트의 동작을 살펴볼 것이다.

● **샘플 코드 이용법** ●

이번 절에서 사용하는 코드는 깃헙(https://github.com/Jpub/15_DandK)에 있다.

깃헙에서 내려받기

```
$ git clone https://github.com/Jpub/15_DandK
$ cd codes_for_lessons/Step08
```

08.1 디플로이먼트의 생성과 삭제

다음 파일 1은 디플로이먼트를 만드는 매니페스트다. 디플로이먼트를 만들고 삭제하는 방법은 파드와 동일하다. 생성할 때는 'kubectl apply -f ⟨YAML_파일명⟩', 지울 때는 'kubectl delete -f ⟨YAML_파일명⟩'을 실행한다.

파일 1 deployment1.yml

1	apiVersion: apps/v1 # 표 1 디플로이먼트 API 참조
2	kind: Deployment

```
3    metadata:
4      name: web-deploy
5    spec:                           # 표 2 디플로이먼트 사양 참조
6      replicas: 3                   # 생성하고 유지할 파드의 개수
7      selector:
8        matchLabels:                # 컨트롤러와 파드를 대응시키는 라벨
9          app: web                  # <- 파드에 해당 라벨이 있어야 한다
10     template:                     # 파드 템플릿
11       metadata:
12         labels:
13           app: web                # 파드의 라벨, 컨트롤러의 matchLabels와 일치해야 함
14       spec:                       # 표 3 파드 템플릿의 사양 참조
15         containers:               # 컨테이너 사양
16         - name: nginx
17           image: nginx:latest
```

이 YAML 파일에서 사용된 항목을 표 1~3에 정리했다.

▼ 표 1 디플로이먼트 API(Deployment v1 apps)

주요 항목	설명
apiVersion	쿠버네티스 버전 1.9 이후는 app/v1, 1.8 이후는 apps/v1beta2, 1.6 이후는 apps/v1beta1, 그 이전은 extensions/v1beta1을 지정한다. GA판 버전 1.10 이후는 app/v1을 설정한다.
metadata	name에 오브젝트의 이름을 설정한다.
kind	Deployment를 설정한다.
spec	여기에 디플로이먼트의 사양을 기술. 자세한 내용은 표 2를 참고한다.

※ 각 항목의 자세한 내용은 https://kubernetes.io/docs/reference/generated/kubernetes-api/v1.14/#deployment-v1-apps를 참고한다. v1.14의 14를 13이나 12로 바꾸면 다른 마이너 버전의 API를 참고할 수 있다.

▼ 표 2 디플로이먼트 사양(Deploymentspec v1 apps)

주요 항목	설명
replicas	파드 템플릿을 사용해서 기동할 파드의 개수를 지정한다. 디플로이먼트는 이 값을 유지하도록 동작한다. 예를 들면, 보수 작업을 위해 노드를 정지시키는 경우, 남아 있는 노드에 파드를 기동해서 기동하는 파드의 개수가 replicas 값과 일치하도록 만든다.
selector	디플로이먼트 제어하의 레플리카셋과 파드를 대응시키기 위해 matchLabels의 라벨이 사용된다. 이 라벨이 파드 템플릿의 레이블과 일치하지 않으면, kubectl create/apply 시에 에러가 발생한다.
template	파드 템플릿. 표 3을 참고한다.

※ 각 항목의 자세한 내용은 https://kubernetes.io/docs/reference/generated/kubernetes-api/v1.14/#deploymentspec -v1-apps를 참고한다.

주요 항목	설명
metadata	이 라벨의 내용은, 상기의 실렉터가 지정하는 라벨과 일치해야 한다.
containers	파드 컨테이너의 사양. 자세한 내용은 '스텝 07 매니페스트와 파드'의 표 3을 참고한다.

※ 각 항목의 자세한 내용은 https://kubernetes.io/docs/reference/generated/kubernetes-api/v1.14/#podtemplatespec-v1-apps를 참고한다.

파일 1을 스텝 07에서 사용한 파드의 YAML과 비교해 보자. 주목해야 할 부분은 그림 2의 하단에 있는 공통 부분이다. 파드의 매니페스트에 있는 spec이 디플로이먼트의 매니페스트에도 존재한다. 디플로이먼트의 template은 디플로이먼트에 의해 기동될 파드의 템플릿을 의미한다. 즉, 디플로이먼트의 replicas 항목에 지정한 수만큼 만들 파드의 스펙이다. 그리고, 디플로이먼트와 파드 템플릿은 라벨에 의해 연관된다. 여기서는 'app:web'이 이에 해당한다.

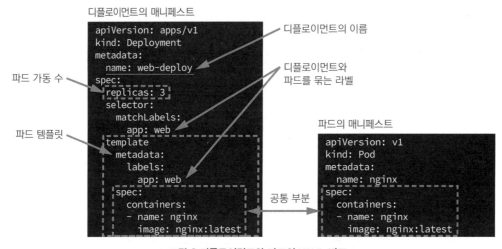

▲ 그림 2 디플로이먼트와 파드의 YAML 비교

다음 실행 예 1에서는 파일 1의 YAML을 적용하고 있다. 미니쿠베를 사용하는 학습 환경 1에서는 3개의 파드가 같은 노드에 배치된다. 그리고 여러 노드로 구성된 K8s 클러스터에서는 여러 노드에 분산되어 배치된다.

실행 예 1 디플로이먼트 생성(싱글 노드 미니쿠베 환경)

```
## (1) 디플로이먼트의 매니페스트를 적용
$ kubectl apply -f deployment1.yml
deployment "web-deploy" created
```

```
## (2) 디플로이먼트 상태
$ kubectl get deploy
NAME             DESIRED   CURRENT   UP-TO-DATE   AVAILABLE   AGE
web-deploy       3         3         3            3           12m


## (3) 레플리카셋 상태
$ kubectl get rs
NAME                    DESIRED   CURRENT   READY   AGE
web-deploy-fc785c5f7    3         3         3       13m


## (4) 파드의 상태 IP 주소와 노드
$ kubectl get po -o wide
NAME                         READY   STATUS    AGE   IP           NODE
web-deploy-fc785c5f7-7rbz7   1/1     Running   13m   172.17.0.4   minikube
web-deploy-fc785c5f7-pw7pp   1/1     Running   13m   172.17.0.5   minikube
web-deploy-fc785c5f7-zdsnp   1/1     Running   13m   172.17.0.6   minikube
```

다음 실행 예 2에서는 학습 환경 2에 배포하고 있다. 여기서 (3)에 주목하기 바란다. 옵션 '-o wide'를 추가하면 파드가 배치된 노드를 확인할 수 있다. 실행 예 2에서는 파드가 node1과 node2로 분산 배치된 것을 알 수 있다.

실행 예 2 디플로이먼트 생성(멀티 노드 환경)

```
## (1) 노드 목록
$ kubectl get node
NAME     STATUS   ROLES    AGE   VERSION
master   Ready    master   26d   v1.14.0
node1    Ready    <none>   10d   v1.14.0
node2    Ready    <none>   9d    v1.14.0


## (2) 디플로이먼트의 매니페스트를 적용
$ kubectl apply -f deployment1.yml
deployment "web-deploy" created


## (3) 파드 목록, IP 주소와 배치된 노드 표시
$ kubectl get po -o wide
NAME                         READY   STATUS    AGE   IP             NODE
web-deploy-fc785c5f7-dqxw2   1/1     Running   1m    10.244.1.104   node2
web-deploy-fc785c5f7-fjw2w   1/1     Running   1m    10.244.5.125   node1
web-deploy-fc785c5f7-lrz2j   1/1     Running   1m    10.244.5.124   node1
```

08.2 스케일 기능

스케일 기능이란 레플리카의 값을 변경하여 파드의 개수를 조절하여 처리 능력을 높이거나 낮추는 기능을 말한다. 여기서는 수동으로 레플리카의 값을 변경하는 방법에 대해 다룬다. 이에 반해 CPU 사용률과 연동하여 동적으로 레플리카의 값을 조절하는 오토스케일 기능도 있다. 이에 대해서는 스텝 14에서 다룬다.

그러면 이미 배포된 디플로이먼트의 레플리카 값을 변경하여 처리 능력을 올려 보자. 이를 위해 파일 1 deployment1.yml을 편집하여 레플리카 값을 3에서 10으로 늘려 본다. 그리고 'kubectl apply –f 파일명'을 실행한다.

파일 2 deployment1.yml의 레플리카를 10으로 변경: deployment2.yml

```
 1  apiVersion: apps/v1
 2  kind: Deployment
 3  metadata:
 4    name: web-deploy
 5  spec:
 6    replicas: 10 # <-- 이 값을 3에서 10으로 변경
 7    selector:
 8      matchLabels:
 9        app: web
10    template:
11      metadata:
12        labels:
13          app: web
14      spec:
15        containers:
16        - name: nginx
17          image: nginx:latest
```

실행 예 3은 변경한 매니페스트를 적용하기 전과 후의 파드의 개수를 확인한 결과다. 적용 몇 초 만에 파드의 개수가 늘어난 것을 알 수 있다.

실행 예 3 매니페스트의 레플리카 값을 변경하여 적용

```
$ kubectl get po -a
NAME                         READY   STATUS      RESTARTS   AGE
web-deploy-fc785c5f7-9sd4b   1/1     Running     0          1m
web-deploy-fc785c5f7-k9g26   1/1     Running     1          1m
web-deploy-fc785c5f7-qnvtz   1/1     Running     0          1m

## (1) 레플리카 수를 변경한 매니페스트를 적용 (3->10)

$ kubectl apply -f deployment2.yml
deployment "web-deploy" configured

## (2) 적용 4초 후의 모습
$ kubectl get po -a
NAME                         READY   STATUS             RESTARTS   AGE
web-deploy-fc785c5f7-2f4xv   0/1     ContainerCreating  0          4s
web-deploy-fc785c5f7-88k6k   0/1     ContainerCreating  0          5s
web-deploy-fc785c5f7-9sd4b   1/1     Running            0          24m
web-deploy-fc785c5f7-bm959   0/1     ContainerCreating  0          5s
web-deploy-fc785c5f7-gjbtn   1/1     Running            0          4s
web-deploy-fc785c5f7-k9g26   1/1     Running            1          24m
web-deploy-fc785c5f7-knxlc   0/1     ContainerCreating  0          4s
web-deploy-fc785c5f7-l8q7d   1/1     Running            0          4s
web-deploy-fc785c5f7-qnvtz   1/1     Running            0          24m
web-deploy-fc785c5f7-xdb8z   0/1     ContainerCreating  0          5s

## (3) 적용 11초 후
$ kubectl get po -a
NAME                         READY   STATUS      RESTARTS   AGE
web-deploy-fc785c5f7-2f4xv   1/1     Running     0          11s
web-deploy-fc785c5f7-88k6k   1/1     Running     0          12s
web-deploy-fc785c5f7-9sd4b   1/1     Running     0          24m
web-deploy-fc785c5f7-bm959   1/1     Running     0          12s
web-deploy-fc785c5f7-gjbtn   1/1     Running     0          11s
web-deploy-fc785c5f7-k9g26   1/1     Running     1          24m
web-deploy-fc785c5f7-knxlc   1/1     Running     0          11s
web-deploy-fc785c5f7-l8q7d   1/1     Running     0          11s
web-deploy-fc785c5f7-qnvtz   1/1     Running     0          24m
web-deploy-fc785c5f7-xdb8z   1/1     Running     0          12s
```

다음 실행 예 4에서는 'kubectl scale' 명령어를 사용하여 파드의 개수를 늘리고 있다.

실행 예 4 kubectl scale을 사용하여 파드의 개수 늘리기

```
## (1) 초기 상태
$ kubectl get deploy,po
NAME                                    DESIRED   CURRENT   UP-TO-DATE   AVAILABLE   AGE
deployment.extensions/web-deploy        3         3         3            3           8s

NAME                                    READY     STATUS    RESTARTS     AGE
pod/web-deploy-57b4848db4-2cwfn         1/1       Running   0            8s
pod/web-deploy-57b4848db4-jbxl6         1/1       Running   0            8s
pod/web-deploy-57b4848db4-rd2ns         1/1       Running   0            8s

## (2) 스케일 업 실행
$ kubectl scale --replicas=10 deployment.extensions/web-deploy
deployment.extensions/web-deploy scaled

## (3) 스케일 업 결과
$ kubectl get deploy
NAME          DESIRED   CURRENT   UP-TO-DATE   AVAILABLE   AGE
web-deploy    10        10        10           10          1m
```

디플로이먼트를 통해 늘릴 수 있는 것은 파드의 개수뿐이다. 파드의 개수를 늘리는 중에 K8s 클러스터의 자원(CPU와 메모리)이 부족해지면 노드를 추가하여 자원이 생길 때까지 파드 생성이 보류된다. 메모리가 부족한 상황에서 리눅스의 가상 메모리를 사용하여 메인 메모리를 페이징하면서까지 파드를 늘려주지는 않는다. 메인 메모리로 파드를 배치할 수 없으면 파드는 생성되지 않는다. 따라서 파드의 개수를 늘리기 전에 클러스터의 가용 자원을 확인하여 노드의 증설을 검토할 필요가 있다.

08.3 롤아웃 기능

롤아웃이란 용어가 익숙하지 않은 사람도 있을 것이다. 원래는 새로운 항공기의 완성과 발표를 의미했지만 새로운 소프트웨어나 서비스를 개시하는 의미로도 사용된다. 그리고 쿠버네티스에서의 롤아웃은 컨테이너의 업데이트를 의미한다.

롤아웃을 하기 위해서는 사전에 새로운 이미지를 빌드하고, 리포지터리에 등록해 놓아야 한다. 그리고 새로운 이미지를 매니페스트의 image 항목에 기재하고 'kubectl apply -f'를 적용하면

롤아웃이 시작된다.

롤아웃을 하는 중에도 사용자로부터의 요청을 처리할 수 있도록 정해진 개수만큼 업데이트를 진행할 수 있다. 즉, 일정 개수만큼 정지하고 새로운 파드를 기동하는 것을 반복하는 것이다. 관련 내용은 뒤에서 실습하면서 자세히 알아볼 것이다.

하지만 새로운 버전과 이전 버전의 컨테이너가 동시에 돌아가는 것이 가능하려면 롤아웃 기능만으로는 충분치 않다. 애플리케이션의 설계, 테이블 설계, 캐시 이용 등을 함께 고려해야 한다. 애플리케이션을 잘 설계하여 쿠버네티스의 롤아웃 기능을 활용한다면 무척 편리하게 서비스를 운영할 수 있다.

롤아웃의 기능을 예제를 통해 살펴보자. 여기서는 디플로이먼트로 배포된 웹 서버 Nginx의 버전을 업그레이드해 볼 것이다.

실행 예 5에서는 deployment2.yml을 기반으로 deployment3.yml을 만들고 그 차이를 표시하고 있다. 이미지 이름은 둘 다 nginx로 동일하나, 태그가 1.17이 되도록 deployment3.yml을 수정했다. 이 태그는 Nginx의 버전을 의미한다. 서비스를 운영하면서 'nginx:1.16'의 컨테이너를 'nginx:1.17'로 바꿔보자.

실행 예 5 두 매니페스트 파일 비교(컨테이너의 버전이 다르다)

```
$ cp deployment2.yml deployment3.yml
$ vi deployment3.yml
$ diff deployment2.yml deployment3.yml
17c17
<         image: nginx:1.16
---
>         image: nginx:1.17
```

deployment2.yml을 적용한 상태에서 롤아웃의 기본 설정을 확인해 보자.

실행 예 6의 RollingUpdateStrategy에 주목하기 바란다. '25% max unavailable, 25% max surge'라고 표시되어 있다. 이것은 최대 25%의 파드를 정지할 수 있고, 최대 25%만큼 초과할 수 있음을 의미한다. 이번 예에서는 레플리카의 값이 10이다. 따라서 최소 파드 수는 '10-10×0.25=7.5'인데, 소수점에서 올려 8이 된다. 초과 파드 수는 '10+10×0.25=12.5'인데, 소수점에서 올려서 13이 된다. 정리하면 최소 8개의 파드를 유지하고 최대 13개의 파드가 되도록 롤아웃이 점진적으로 진행된다.

실행 예 6 디플로이먼트의 상세 정보

```
$ kubectl describe deployment web-deploy
Name:                    web-deploy
Namespace:               default
CreationTimestamp:       Thu, 28 Jun 2018 15:34:58 +0900
Labels:                  app=web

<중략>

Selector:                app=web
Replicas:                10 desired | 10 updated | 10 total | 10 available | 0 unavailable
StrategyType:            RollingUpdate
MinReadySeconds:         0
RollingUpdateStrategy:   25% max unavailable, 25% max surge <-- 주목
Pod Template:
Labels: app=web
Containers:
<이하 생략>
```

실행 예 7은 업데이트가 종료될 때까지 파드 목록을 반복해서 출력하고 있다. STATUS가
RUNNING인 파드의 개수가 8개 이하로 내려가지 않고, Terminating을 제외한 파드의 합계가
13을 초과하지 않는 것을 알 수 있다.

실행 예 7 롤아웃

```
$ kubectl apply -f deployment3.yml
deployment "web-deploy" configured

## (1) 매니페스트 적용 직후
$ kubectl get po
NAME                         READY    STATUS     RESTARTS    AGE
web-deploy-fc785c5f7-jmk9x   1/1      Running    0           56s
web-deploy-fc785c5f7-k2nlx   1/1      Running    0           52s
web-deploy-fc785c5f7-n4n69   1/1      Running    0           56s
web-deploy-fc785c5f7-n9q42   1/1      Running    0           46s
web-deploy-fc785c5f7-nkht5   1/1      Running    0           46s
web-deploy-fc785c5f7-t4r5t   1/1      Running    0           56s
web-deploy-fc785c5f7-trvjn   1/1      Running    0           56s
web-deploy-fc785c5f7-wbs75   1/1      Running    0           52s
web-deploy-fc785c5f7-x95hr   1/1      Running    0           47s
web-deploy-fc785c5f7-xkcv4   1/1      Running    0           56s

## (2) 5초 후 Running 상태 8개, ContainerCreating 상태 4개
```

```
$ kubectl get po
NAME                              READY   STATUS              RESTARTS   AGE
web-deploy-c95b4b44c-7z548        0/1     ContainerCreating   0          3s
web-deploy-c95b4b44c-9vnsl        0/1     ContainerCreating   0          3s
web-deploy-c95b4b44c-fbmt2        0/1     ContainerCreating   0          3s
web-deploy-c95b4b44c-pbpkc        0/1     Pending             0          0s
web-deploy-c95b4b44c-rzhgj        1/1     Running             0          3s
web-deploy-c95b4b44c-wfnds        0/1     ContainerCreating   0          3s
web-deploy-fc785c5f7-jmk9x        1/1     Running             0          1m
web-deploy-fc785c5f7-k2nlx        1/1     Running             0          58s
web-deploy-fc785c5f7-n4n69        1/1     Running             0          1m
web-deploy-fc785c5f7-n9q42        1/1     Terminating         0          52s
web-deploy-fc785c5f7-nkht5        1/1     Terminating         0          52s
web-deploy-fc785c5f7-t4r5t        1/1     Running             0          1m
web-deploy-fc785c5f7-trvjn        1/1     Running             0          1m
web-deploy-fc785c5f7-wbs75        1/1     Running             0          58s
web-deploy-fc785c5f7-x95hr        1/1     Terminating         0          53s
web-deploy-fc785c5f7-xkcv4        1/1     Running             0          1m

## (3) 10초 후 Running 상태 8개, ContainerCreating 상태 2개
$ kubectl get po
NAME                              READY   STATUS              RESTARTS   AGE
web-deploy-c95b4b44c-7z548        1/1     Running             0          9s
web-deploy-c95b4b44c-9j8qp        0/1     Pending             0          3s
web-deploy-c95b4b44c-9vnsl        0/1     ContainerCreating   0          9s
web-deploy-c95b4b44c-bjdp6        0/1     Pending             0          0s
web-deploy-c95b4b44c-fbmt2        1/1     Running             0          9s
web-deploy-c95b4b44c-pbpkc        0/1     ContainerCreating   0          6s
web-deploy-c95b4b44c-rzhgj        1/1     Running             0          9s
web-deploy-c95b4b44c-wfnds        1/1     Running             0          9s
web-deploy-c95b4b44c-zzfjq        0/1     Pending             0          3s
web-deploy-fc785c5f7-jmk9x        1/1     Running             0          1m
web-deploy-fc785c5f7-k2nlx        1/1     Terminating         0          1m
web-deploy-fc785c5f7-n4n69        1/1     Running             0          1m
web-deploy-fc785c5f7-t4r5t        1/1     Terminating         0          1m
web-deploy-fc785c5f7-trvjn        1/1     Running             0          1m
web-deploy-fc785c5f7-wbs75        1/1     Terminating         0          1m
web-deploy-fc785c5f7-x95hr        1/1     Terminating         0          59s
web-deploy-fc785c5f7-xkcv4        1/1     Running             0          1m

# (4) 15초 후 Running 상태 8개, ContainerCreating 상태 2개
$ kubectl get po
NAME                              READY   STATUS              RESTARTS   AGE
web-deploy-c95b4b44c-7z548        1/1     Running             0          15s
```

```
web-deploy-c95b4b44c-9j8qp     0/1   Pending            0   9s
web-deploy-c95b4b44c-9vnsl     1/1   Running            0   15s
web-deploy-c95b4b44c-bjdp6     0/1   ContainerCreating  0   6s
web-deploy-c95b4b44c-fbmt2     1/1   Running            0   15s
web-deploy-c95b4b44c-pbpkc     1/1   Running            0   12s
web-deploy-c95b4b44c-rzhgj     1/1   Running            0   15s
web-deploy-c95b4b44c-v6kf5     0/1   ContainerCreating  0   5s
web-deploy-c95b4b44c-wfnds     1/1   Running            0   15s
web-deploy-c95b4b44c-zzfjq     1/1   Running            0   9s
web-deploy-fc785c5f7-jmk9x     1/1   Running            0   1m
web-deploy-fc785c5f7-k2nlx     1/1   Terminating        0   1m
web-deploy-fc785c5f7-n4n69     1/1   Terminating        0   1m
web-deploy-fc785c5f7-trvjn     1/1   Terminating        0   1m
web-deploy-fc785c5f7-xkcv4     1/1   Terminating        0   1m

# (5) 20초 후 Running 상태 10개
$ kubectl get po
NAME                           READY  STATUS       RESTARTS.  AGE
web-deploy-c95b4b44c-7z548     1/1    Running      0          20s
web-deploy-c95b4b44c-9j8qp     1/1    Running      0          14s
web-deploy-c95b4b44c-9vnsl     1/1    Running      0          20s
web-deploy-c95b4b44c-bjdp6     1/1    Running      0          11s
web-deploy-c95b4b44c-fbmt2     1/1    Running      0          20s
web-deploy-c95b4b44c-pbpkc     1/1    Running      0          17s
web-deploy-c95b4b44c-rzhgj     1/1    Running      0          20s
web-deploy-c95b4b44c-v6kf5     1/1    Running      0          10s
web-deploy-c95b4b44c-wfnds     1/1    Running      0          20s
web-deploy-c95b4b44c-zzfjq     1/1    Running      0          14s
web-deploy-fc785c5f7-jmk9x     0/1    Terminating  0          1m
web-deploy-fc785c5f7-xkcv4     0/1    Terminating  0          1m

# (6) 25초 후 롤아웃 완료
$ kubectl get po
NAME                           READY  STATUS   RESTARTS  AGE
web-deploy-c95b4b44c-7z548     1/1    Running  0         25s
web-deploy-c95b4b44c-9j8qp     1/1    Running  0         19s
web-deploy-c95b4b44c-9vnsl     1/1    Running  0         25s
web-deploy-c95b4b44c-bjdp6     1/1    Running  0         16s
web-deploy-c95b4b44c-fbmt2     1/1    Running  0         25s
web-deploy-c95b4b44c-pbpkc     1/1    Running  0         22s
web-deploy-c95b4b44c-rzhgj     1/1    Running  0         25s
web-deploy-c95b4b44c-v6kf5     1/1    Running  0         15s
web-deploy-c95b4b44c-wfnds     1/1    Running  0         25s
web-deploy-c95b4b44c-zzfjq     1/1    Running  0         19s
```

롤아웃에 의해 종료되는 파드에는 종료 요청 시그널 SIGTERM이 전송된다. 만약에 컨테이너에서 애플리케이션이 이 시그널을 받아서 종료 처리를 하지 않으면 30초 후에 SIGKILL에 의해 강제 종료된다.

종료 요청 시그널을 받은 컨테이너는 더 이상 클라이언트로부터 새로운 요청을 전달받지 않게된다. 그리고 컨테이너는 시그널을 받고 종료 처리를 한 후 메인 프로세스를 종료시킨다.

컨테이너의 메모리나 파일에 보존된 데이터는 파드가 삭제되면서 잃어버리게 되므로 애플리케이션은 상태가 없어야 한다(stateless). 예를 들어, 웹 애플리케이션의 세션 정보는 외부 캐시에 보존해야 한다.

08.4 롤백 기능

롤백이란 용어는 SQL 데이터베이스에서 트랜잭션 처리 중 데이터의 변경이나 삭제를 취소하고 원래 상태로 되돌리는 것을 의미한다. 한편, 쿠버네티스에서는 롤아웃 전에 사용하던 예전 컨테이너로 되돌리는 것을 의미한다. 롤백을 할 때도 롤아웃과 마찬가지로 사용자의 요청을 처리하면서 파드를 점진적으로 교체한다.

이 기능을 사용하면 새로운 기능을 출시하고 얼마 지나지 않아 문제가 발견된 경우, 간단하게 출시 이전으로 되돌릴 수 있다. 하지만 데이터베이스 등에 적재된 데이터까지 롤백되는 것은 아니다. 따라서 데이터 리커버리는 별도로 구현해야 한다.

실행 예 8을 통해 롤백의 동작을 살펴보자. 다음 명령어를 통해 롤백을 수행하고 있다. 'kubectl rollout undo deployment web-deploy' 한 줄의 명령어로 롤아웃을 취소할 수 있어 편리하다.

실행 예 8 롤백 실행

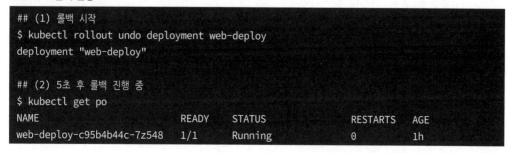

```
## (1) 롤백 시작
$ kubectl rollout undo deployment web-deploy
deployment "web-deploy"

## (2) 5초 후 롤백 진행 중
$ kubectl get po
NAME                          READY   STATUS     RESTARTS   AGE
web-deploy-c95b4b44c-7z548    1/1     Running    0          1h
```

```
web-deploy-c95b4b44c-9j8qp     1/1    Running             0    1h
web-deploy-c95b4b44c-9vnsl     1/1    Running             0    1h
web-deploy-c95b4b44c-fbmt2     1/1    Running             0    1h
web-deploy-c95b4b44c-pbpkc     1/1    Running             0    1h
web-deploy-c95b4b44c-rzhgj     1/1    Running             0    1h
web-deploy-c95b4b44c-v6kf5     0/1    Terminating         0    1h
web-deploy-c95b4b44c-wfnds     1/1    Running             0    1h
web-deploy-c95b4b44c-zzfjq     1/1    Running             0    1h
web-deploy-fc785c5f7-glgsw     0/1    ContainerCreating   0    4s
web-deploy-fc785c5f7-jx95g     0/1    ContainerCreating   0    4s
web-deploy-fc785c5f7-pmff8     0/1    ContainerCreating   0    4s
web-deploy-fc785c5f7-vgb24     0/1    ContainerCreating   0    4s
web-deploy-fc785c5f7-x4f74     0/1    ContainerCreating   0    4s

## (3) 20초 후 롤백 진행 중
$ kubectl get po
NAME                           READY  STATUS              RESTARTS  AGE
web-deploy-c95b4b44c-7z548     1/1    Terminating         0         1h
web-deploy-c95b4b44c-fbmt2     1/1    Terminating         0         1h
web-deploy-c95b4b44c-rzhgj     1/1    Terminating         0         1h
web-deploy-c95b4b44c-wfnds     1/1    Terminating         0         1h
web-deploy-fc785c5f7-b52sb     1/1    Running             0         11s
web-deploy-fc785c5f7-glgsw     1/1    Running             0         19s
web-deploy-fc785c5f7-jx95g     1/1    Running             0         19s
web-deploy-fc785c5f7-n97km     0/1    Pending             0         9s
web-deploy-fc785c5f7-pmff8     1/1    Running             0         19s
web-deploy-fc785c5f7-vgb24     1/1    Running             0         19s
web-deploy-fc785c5f7-vwjck     1/1    Running             0         12s
web-deploy-fc785c5f7-x4f74     1/1    Running             0         19s
web-deploy-fc785c5f7-xnt5z     0/1    ContainerCreating   0         10s
web-deploy-fc785c5f7-zf5r9     1/1    Running             0         14s

## (4) 45초 후 전부 교체된 상태
$ kubectl get po
NAME                           READY  STATUS     RESTARTS  AGE
web-deploy-fc785c5f7-b52sb     1/1    Running    0         37s
web-deploy-fc785c5f7-glgsw     1/1    Running    0         45s
web-deploy-fc785c5f7-jx95g     1/1    Running    0         45s
web-deploy-fc785c5f7-n97km     1/1    Running    0         35s
web-deploy-fc785c5f7-pmff8     1/1    Running    0         45s
web-deploy-fc785c5f7-vgb24     1/1    Running    0         45s
web-deploy-fc785c5f7-vwjck     1/1    Running    0         38s
web-deploy-fc785c5f7-x4f74     1/1    Running    0         45s
web-deploy-fc785c5f7-xnt5z     1/1    Running    0         36s
web-deploy-fc785c5f7-zf5r9     1/1    Running    0         40s
```

디플로이먼트의 롤아웃과 롤백 기능을 사용하면 서비스를 정지하지 않은 채 새로운 기능을 출시했다가 다시 원래의 버전으로 되돌릴 수 있다. 이를 위해서는 애플리케이션을 적절히 설계하고 구현해야 하지만, 잘만 활용한다면 CI/CD의 자동화를 효과적으로 실현할 수 있다.

08.5 파드의 IP 주소가 변경되는 경우와 아닌 경우

파드의 IP 주소는 특정 이벤트에 의해 변하는 경우가 있고 안 변하는 경우가 있다.

기본적으로 파드의 IP 주소는 기동 시에 할당되고 종료 시에 회수되어 다른 파드에 재할당된다. 즉, 롤아웃이나 롤백, 스케일에 의해 파드가 종료되고 새롭게 만들어질 때 새로운 IP 주소가 할당된다.

실행 예 9에서는 kubectl로 디플로이먼트 관리하의 파드를 하나 지우고 있다. 그러면 레플리카로 설정한 파드 수를 유지하기 위해 곧바로 새로운 파드가 기동한다. 이때 파드에는 새로운 IP 주소가 할당된다.

실행 예 9 파드의 IP 주소가 바뀌는 모습

```
$ kubectl get po -o wide
NAME                         READY   STATUS        RESTARTS   AGE   IP           NODE
web-deploy-fc785c5f7-glgsw   1/1     Running       0          11m   172.17.0.4   minikube
web-deploy-fc785c5f7-vgb24   1/1     Running       0          11m   172.17.0.8   minikube
web-deploy-fc785c5f7-x4f74   1/1     Running       0          11m   172.17.0.3   minikube


## (1) 파드 하나를 삭제함
$ kubectl delete po web-deploy-fc785c5f7-vgb24
pod "web-deploy-fc785c5f7-vgb24" deleted

## (2) 곧바로 대체 파드가 새로운 IP 주소로 기동함
$ kubectl get po -o wide
NAME                         READY   STATUS        RESTARTS   AGE   IP           NODE
web-deploy-fc785c5f7-b9jsx   1/1     Running       0          2s    172.17.0.6   minikube
web-deploy-fc785c5f7-glgsw   1/1     Running       0          12m   172.17.0.4   minikube
web-deploy-fc785c5f7-vgb24   0/1     Terminating   0          12m   172.17.0.8   minikube
web-deploy-fc785c5f7-x4f74   1/1     Running       0          12m   172.17.0.3   minikube

$ kubectl get po -o wide
```

```
NAME                         READY   STATUS    RESTARTS   AGE   IP          NODE
web-deploy-fc785c5f7-b9jsx   1/1     Running   0          19s   172.17.0.6  minikube
web-deploy-fc785c5f7-glgsw   1/1     Running   0          12m   172.17.0.4  minikube
web-deploy-fc785c5f7-x4f74   1/1     Running   0          12m   172.17.0.3  minikube
```

한편, 'kubectl get pod'를 실행했을 때 RESTARTS의 값은 파드의 재시작을 의미하는 게 아니라 파드 안에 있는 컨테이너의 재시작 횟수를 의미한다. 예를 들어, 컨테이너 내의 프로세스가 이상 종료한 경우 파드가 컨테이너를 재시작하여 RESTARTS 값이 증가한다. 이때 파드의 IP 주소는 바뀌지 않는다.

08.6 자동 복구

이어서 디플로이먼트의 자동 복구 기능에 대해 살펴보자. 여기서는 단독으로 기동한 파드와 디플로이먼트로 기동한 파드의 동작을 비교하여 디플로이먼트가 가지는 자동 복구 기능에 대해 확인해 볼 것이다.

파드 내의 컨테이너가 어떠한 이유로 종료한 경우, 기본 동작으로 파드가 컨테이너를 재시작한다. 즉, 파드는 컨테이너 수준의 장애에 대해 자동 복구를 시도한다.

이에 반해 디플로이먼트의 자동 복구 기능은 파드 단위로 복구한다. 이를 확인하기 위해 하드웨어 장애에 의해 노드가 정지된 경우를 가정하여 테스트를 해보자. 다음 1~5의 단계를 통해 확인해 볼 것이다.

1. 파드가 단독으로 기동하는 매니페스트를 작성한다.
2. 디플로이먼트의 매니페스트를 작성한다.
3. 학습 환경 2에 두 매니페스트를 배포한다.
4. 단독 파드가 배치된 노드를 정지시켜 자동 복구 동작을 관찰한다.
5. 다시 노드를 기동하여 파드의 상태를 확인한다.

파일 3은 파드를 단독으로 만드는 매니페스트다. 이 컨테이너의 셸은 한 시간이 지난 후 종료한다. 마지막 줄에 restartPolicy를 Always로 설정했기 때문에 컨테이너가 정지되면 늘 재기동한다.

```
 1    apiVersion: v1
 2    kind: Pod
 3    metadata:
 4        name: test1
 5    spec:
 6        containers:
 7        - name: busybox
 8          image: busybox:1
 9          command: ["sh", "-c", "sleep 3600; exit 0"]
10        restartPolicy: Always
```

이 매니페스트에서 command를 ["sh", "-c", "sleep 10; exit 1"]로 바꾸고 배포해 보면 파드가 10초 만에 종료한 컨테이너를 재기동한 것을 바로 확인할 수 있다. 재시작 시행 횟수는 'kubectl get po'로 출력되는 RESTARTS 열을 확인하면 알 수 있다.

이어서 파일 4는 디플로이먼트의 매니페스트다. 동일한 사양의 파드를 디플로이먼트를 통해 4개 기동한다.

파일 4 디플로이먼트의 매니페스트: deployment4.yml

```
 1    apiVersion: apps/v1
 2    kind: Deployment
 3    metadata:
 4        name: test2
 5    spec:
 6        replicas: 4
 7        selector:
 8            matchLabels:
 9                app: test2
10        template:
11          metadata:
12            labels:
13                app: test2
14          spec:
15            containers:
16            - name: busybox
17              image: busybox:1
18              command: ["sh", "-c", "sleep 3600; exit 0"]
```

학습 환경 2의 K8s 클러스터에 파일 3과 파일 4의 매니페스트를 각각 배포한다.

실행 예 10 학습 환경 2에 두 매니페스트를 배포

```
$ kubectl get node
NAME      STATUS   ROLES     AGE   VERSION
master    Ready    master    8m    v1.14.0
node1     Ready    <none>    6m    v1.14.0
node2     Ready    <none>    6m    v1.14.0

$ kubectl apply -f pod.yml
pod/test1 created
$ kubectl apply -f deployment4.yml
deployment.apps/test2 created
```

이어서 노드 하나를 정지시켜 디플로이먼트의 자동 복구 기능을 살펴보자. 단독으로 기동한 test1 파드가 node2에 배치되었으므로, 'vagrant halt node2'를 실행하여 해당 노드를 정지시킨다.

실행 예 11을 보면 node2가 정지하고 5분이 지난 시점에서도 여전히 node2에서 돌아가는 파드들의 상태가 Running이다. 그리고 다시 1분 후에 확인해 보면 STATUS가 Unknown으로 변해 있으며, 디플로이먼트가 대체 파드를 node1에 만들고 55초가 경과한 것을 알 수 있다. 한편, 단독으로 기동한 파드 test1은 Unknown 상태인 채로 node1로 옮겨지지 않았다.

실행 예 11 노드 정지로 인해 파드가 새로 기동되는 모습

```
# node2 정지 직후
2018년 10월27일 토요일 13시19분39초 KST
NAME                       READY   STATUS    RESTARTS   AGE   IP            NODE
test1                      1/1     Running   0          3m    10.244.1.9    node2
test2-58dc5c6448-7xdzr     1/1     Running   0          2m    10.244.2.12   node1
test2-58dc5c6448-js6mm     1/1     Running   0          2m    10.244.1.11   node2
test2-58dc5c6448-k98xh     1/1     Running   0          2m    10.244.1.10   node2
test2-58dc5c6448-tvnjn     1/1     Running   0          2m    10.244.2.11   node1

## node2 정지 약 5분 후
2018년 10월27일 토요일 13시23분40초 KST
NAME                       READY   STATUS    RESTARTS   AGE   IP            NODE
test1                      1/1     Running   0          7m    10.244.1.9    node2
test2-58dc5c6448-7xdzr     1/1     Running   0          7m    10.244.2.12   node1
test2-58dc5c6448-js6mm     1/1     Running   0          7m    10.244.1.11   node2
test2-58dc5c6448-k98xh     1/1     Running   0          7m    10.244.1.10   node2
```

```
test2-58dc5c6448-tvnjn    1/1    Running    0        7m    10.244.2.11    node1

## node2 정지 약 6분 후
2018년 10월27일 토요일 13시24분40초 KST
NAME                      READY  STATUS     RESTARTS AGE   IP             NODE
test1                     1/1    Unknown    0        8m    10.244.1.9     node2
test2-58dc5c6448-4qckm    1/1    Running    0        55s   10.244.2.13    node1
test2-58dc5c6448-7xdzr    1/1    Running    0        8m    10.244.2.12    node1
test2-58dc5c6448-f6wbf    1/1    Running    0        55s   10.244.2.14    node1
test2-58dc5c6448-js6mm    1/1    Unknown    0        8m    10.244.1.11    node2
test2-58dc5c6448-k98xh    1/1    Unknown    0        8m    10.244.1.10    node2
test2-58dc5c6448-tvnjn    1/1    Running    0        8m    10.244.2.11    node1
```

이어서 실행 예 12에서는 'vagrant up node2'를 실행하여 정지한 node2를 다시 기동하고 있다. 그러면 Unknown 상태였던 파드가 제거된다. 이것은 node2와의 통신이 회복되어 상태가 불분명했던 파드의 상태가 확인되어 삭제된 것이다. 한편, 단독으로 기동한 파드 test1은 이 단계에서 완전히 소멸해 버리고 만다.

실행 예 12 node2 기동 후 파드 목록

```
## node2 복귀 후
2018년 10월27일 토요일 13시27분41초 KST
NAME                      READY  STATUS    RESTARTS AGE   IP             NODE
test2-58dc5c6448-4qckm    1/1    Running   0        3m    10.244.2.13    node1
test2-58dc5c6448-7xdzr    1/1    Running   0        11m   10.244.2.12    node1
test2-58dc5c6448-f6wbf    1/1    Running   0        3m    10.244.2.14    node1
test2-58dc5c6448-tvnjn    1/1    Running   0        11m   10.244.2.11    node1
```

위에서 알아본 것처럼 디플로이먼트는 성급하게 복구를 시도하지 않는다. 오히려 천천히 진중하게 동작하도록 만들어졌다. 일시적인 장애로 자동 복구 기능이 발동됐을 때 오히려 더 불안정한 상태에 빠지는 것을 막기 위해서다.

08.7 디플로이먼트를 이용한 고가용성 구성

하나의 파드와 퍼시스턴트 볼륨을 사용하면 액티브 스탠바이 고가용성 구성(이하, HA 구성)을 만들 수 있다(그림 3). 앞 절에서 살펴본 것처럼 디플로이먼트는 안정적으로 동작하도록 설계되어서 자동 복구가 시작되기까지 5분이 소요되지만 여전히 유용한 기능이다.

그림 3의 구성에서 파드는 어떤 노드에 있더라도 퍼시스턴트 볼륨을 마운트할 수 있다. 따라서 하나의 파드에 대해 액티브 스탠바이 HA구성이 가능하다.

노드를 계획에 맞춰 정지해야 하는 상황에서는 사전에 파드를 다른 노드에 이동시켜 서비스를 지속한다. 한편, 하드웨어 고장으로 노드가 갑자기 정지하는 경우에는 디플로이먼트가 파드를 이동시켜 서비스를 재개한다.

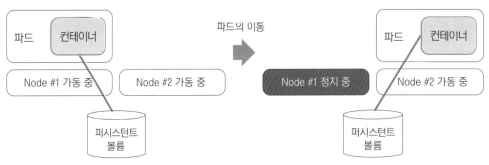

▲ 그림 3 디플로이먼트에 의한 고가용성 구성 이미지

먼저 계획에 맞춰 노드를 정지할 때 파드를 옮기는 방법을 살펴보자. 이를 위해 2개 이상의 노드와 퍼시스턴트 볼륨이 필요하므로 학습 환경 2의 '멀티 노드 K8s 클러스터'와 '부록 2.3 가상 GlusterRS 클러스터'를 함께 사용한다. 혹은 학습 환경 3 '부록 3.1 IBM Cloud Kubernetes Service'나 '부록 3.2 Google Kubernetes Engine'을 사용해도 된다. 참고로 클라우드 환경에서 그림 3의 HA 구성을 사용할 때는 모든 노드가 같은 존(데이터 센터)에 있어야 한다. 퍼시스턴트 볼륨이 하나의 존에 속해 있기 때문이다.

실행 예 13에서는 MySQL 서버의 매니페스트를 배포하고 있다. 이때 K8s 클러스터 외부의 퍼시스턴트 볼륨을 마운트하여 HA 구성을 만들고 있다. 그리고 클라이언트에서 접근할 수 있도록 서비스 오브젝트도 배포하고 있다. 매니페스트의 내용은 이번 스텝의 끝에 기재했다.

실행 예 13 파일 5의 매니페스트 배포

```
$ kubectl apply -f mysql-act-stby.yml
persistentvolumeclaim/gvol-1 created
deployment.apps/mysql created
service/mysql-dpl created
```

먼저 노드의 목록을 출력해 보자. 학습 환경 2에서 노드의 목록을 출력한 결과가 실행 예 14다. 참고로 퍼블릭 클라우드에서는 노드의 이름이 길어 외우기 어려우므로 미리 확인하여 메모장 등에 복사해 놓고 시작하는 것이 좋다.

실행 예 14 노드 목록 출력

```
imac:k3 maho$ kubectl get node
NAME     STATUS   ROLES    AGE   VERSION
master   Ready    master   14h   v1.14.0
node1    Ready    <none>   14h   v1.14.0
node2    Ready    <none>   14h   v1.14.0
```

실행 예 15 MySQL 파드가 배포된 노드를 확인

```
$ kubectl get pod -o wide
NAME                      READY   STATUS    RESTARTS   AGE   IP           NODE
mysql-5595f7cfb8-c77c5    1/1     Running   0          1m    10.244.2.7   node1
```

실행 예 16에서는 node1에 더 이상 새로운 파드가 스케줄되지 않도록 명령하고 있다. 이 명령어를 실행하는 것은 필수가 아니다. 왜냐하면 바로 뒤에서 'kubectl drain'을 실행하면 'cordon'도 같이 실행되기 때문이다.

실행 예 16 node1 스케줄 중지

```
$ kubectl cordon node1
node "node1" cordoned
```

앞서 설명했듯이 GKE나 IKS의 퍼블릭 클라우드 환경에서는 노드들이 같은 존에 있어야 한다. 노드가 여러 존에 분산되어 있는 경우에는 K8s 클러스터가 파드를 배치하는 데 실패한다.

실행 예 17 가동 중인 파드를 다른 노드에 이동

```
$ kubectl drain node1 --ignore-daemonsets
node "node1" already cordoned
WARNING: Ignoring DaemonSet-managed pods: kube-flannel-ds-k499t, kube-proxy-zqknz
pod "mysql-5595f7cfb8-c77c5" evicted
node "node1" drained
```

파드의 이동이 정상적으로 완료되었는지 확인해 본다.

실행 예 18 이동이 완료된 상태

```
$ kubectl get pod -o wide
NAME                       READY  STATUS   RESTARTS  AGE  IP            NODE
mysql-5595f7cfb8-z5hzb     1/1    Running  0         43s  10.244.1.131  node2
```

이제 node1이 정지할 수 있는 상태가 되었다. 보수 작업이 끝났으면 해당 노드에 다시 파드가 배치될 수 있도록 스케줄 금지를 해제한다.

실행 예 19 복귀한 노드의 스케줄 금지 해제

```
$ kubectl uncordon node1
node "node1" uncordoned
```

이처럼 특정 노드의 파드들을 전부 클러스터 내의 다른 노드로 옮기는 것이 가능하다. HA 구성을 위해 기존처럼 전용 미들웨어를 사용하는 대신, K8s의 디플로이먼트를 사용할 수 있음을 알 수 있다.

08.8 디플로이먼트의 자동 복구

이어서 노드 장애 상황에서의 디플로이먼트의 동작을 살펴보자. MySQL의 파드가 배포된 노드가 하드웨어 장애로 갑작스럽게 정지했을 때 다른 노드에서 파드가 재시작하는 것을 보게 될 것이다.

실행 예 20에서는 '부록 2.1 멀티 노드 K8s'와 '부록 2.3 가상 GlusterFS 클러스터'를 조합한 학습 환경 2에서, 임의의 노드 정지 상황 동작을 확인하고 있다. 셸의 while문을 통해 'kubectl get po…'와 'kubectl get deploy'를 10초 간격으로 실행하고 있다.

'(1) 초기 상태'에서는 MySQL의 파드가 node1에서 돌아가고 있다. 그리고 (2)를 보면 18시14분 0초에 'vagrant halt node1'을 실행하여 node1을 정지시켰다.

(3)을 보면 약 30초 후 'kubectl get deploy'의 결과 AVAILABLE이 0이 되어 있다. 이는 파드가 동작하지 않는 것을 감지했음을 의미한다. 그러나 'kubectl get pod'의 STATUS 열은 Running 으로 표시되어 있으며, 다른 노드로 이동하지 않고 있다. 여기서 node1이 일시적 장애에서 복

구되면, 파드는 다른 노드로 이동하지 않은 채 node1에서 서비스를 재개한다.

약 5분이 지나면 '(4) 테이크오버'가 시작되어 MySQL의 파드가 node2로 이동하여 서비스가 복구된다.

실행 예 20 장애 발생부터 서비스 복구까지

```
$ while true; do date;kubectl get po -o wide; kubectl get deploy; sleep 10;done

## (1) 초기 상태(MySQL 서버의 파드가 node1에서 가동 중)

18시13분45초 KST
NAME                       READY  STATUS   RESTARTS  AGE  IP          NODE
mysql-589b54f566-f8mpq     1/1    Running  0         25m  10.244.2.4  node1
NAME   DESIRED  CURRENT  UP-TO-DATE  AVAILABLE  AGE
mysql  1        1        1           1          25m

<중략>

## (2) node1 정지(vagrant halt node1을 실행 18시14분00초)

18시14분05초 KST
NAME                       READY  STATUS   RESTARTS  AGE  IP          NODE
mysql-589b54f566-f8mpq     1/1    Running  0         25m  10.244.2.4  node1
NAME   DESIRED  CURRENT  UP-TO-DATE  AVAILABLE  AGE
mysql  1        1        1           1          25m

18시14분16초 KST
NAME                       READY  STATUS   RESTARTS  AGE  IP          NODE
mysql-589b54f566-f8mpq     1/1    Running  0         25m  10.244.2.4  node1
NAME   DESIRED  CURRENT  UP-TO-DATE  AVAILABLE  AGE
mysql  1        1        1           1          25m

<중략>

## (3) 30초 후 파드 상실 판정(AVAILABLE 1 -> 0)

18시14분36초 KST
NAME                       READY  STATUS   RESTARTS  AGE  IP          NODE
mysql-589b54f566-f8mpq     1/1    Running  0         25m  10.244.2.4  node1
NAME   DESIRED  CURRENT  UP-TO-DATE  AVAILABLE  AGE
mysql  1        1        1           0          26m

<중략>
```

```
18시18분43초 KST
NAME                       READY   STATUS    RESTARTS   AGE    IP           NODE
mysql-589b54f566-f8mpq     1/1     Running   0          30m    10.244.2.4   node1
NAME    DESIRED   CURRENT   UP-TO-DATE   AVAILABLE   AGE
mysql   1         1         1            0           30m

## (4) 테이크오버 개시(node2에서 파드 시작)

18시18분54초 KST
NAME                       READY   STATUS             RESTARTS   AGE   IP           NODE
mysql-589b54f566-f8mpq     1/1     Unknown            0          30m   10.244.2.4   node1
mysql-589b54f566-p5kfn     0/1     ContainerCreating  0          5s    <none>       node2
NAME    DESIRED   CURRENT   UP-TO-DATE   AVAILABLE   AGE
mysql   1         1         1            0           30m

## (5) 파드 가동 개시(node2에서 서비스 복구, IP 주소에 주목)

18시19분04초 KST
NAME                       READY   STATUS    RESTARTS   AGE   IP             NODE
mysql-589b54f566-f8mpq     1/1     Unknown   0          30m   10.244.2.4     node1
mysql-589b54f566-p5kfn     1/1     Running   0          15s   10.244.1.121   node2
NAME    DESIRED   CURRENT   UP-TO-DATE   AVAILABLE   AGE
mysql   1         1         1            1           30m
```

'(5) 파드 가동 개시' 후에 할당받은 IP 주소를 보면 node1에서 돌아갈 때랑 다르다는 것을 알 수 있다. 이처럼 파드의 IP 주소는 변하기 때문에 반드시 서비스 오브젝트를 통해 접속해야 한다.

마지막으로 파일 5는 이번 실습에서 사용한 MySQL 디플로이먼트를 위한 매니페스트다. 이것은 IKS와 GKE에서도 동작함을 확인했다. 이 매니페스트에는 뒤에서 배울 서비스와 퍼시스턴트 볼륨의 내용이 포함되어 있다. 해당 내용을 공부하고 다시 한번 이 매니페스트를 확인하면 그 의미를 더 명확하게 알 수 있을 것이다.

파일 5 HA 구성의 MySQL 서버를 만드는 YAML

```
1    ## 퍼시스턴트 볼륨 요구, K8s 클러스터 외부의 스토리지 시스템에 볼륨을 요구
2    apiVersion: v1
3    kind: PersistentVolumeClaim
4    metadata:
5      name: gvol-1
6    spec:
```

```
 7    # storageClassName: gluster-heketi    ## GKE/IKS의 경우는 주석 처리
 8
 9    accessModes:
10     - ReadWriteOnce              ## 한 노드에서의 접근만 허가
11    resources:
12      requests:                   ## IKS의 경우는 최소 20GB를 요청
13        storage: 12Gi             ## 최소값보다 작으면 GlusterFS가 프로비저닝되지 않음
14    ---
15    ## MySQL 서버 디플로이먼트
16    apiVersion: apps/v1
17    kind: Deployment
18    metadata:
19      name: mysql
20      labels:
21        app: mysql
22    spec:
23      selector:
24        matchLabels:
25          app: mysql
26      replicas: 1                 ## 파드의 개수
27      template:
28        metadata:
29          labels:
30            app: mysql
31        spec:
32          containers:
33          - name: mysql
34            image: mysql:5.7
35            ports:
36            - containerPort: 3306
37            env:
38            - name: MYSQL_ROOT_PASSWORD
39              value: qwerty
40            volumeMounts:
41            - mountPath: /var/lib/mysql
42              name: pvc
43              subPath: mysql-data  ## GKE에서는 subPath를 지정해야 MySQL 초기화 가능
44            livenessProbe:
45              exec:
46                command: ["mysqladmin","ping"]
47              initialDelaySeconds: 120
48              timeoutSeconds: 10
49          volumes:
50          - name: pvc
```

```
51          persistentVolumeClaim:
52            claimName: gvol-1
53    ---
54    ## 서비스 오브젝트, 요청을 파드에게 전달
55    apiVersion: v1
56    kind: Service
57    metadata:
58      name: mysql-dpl
59      labels:
60        app: mysql
61    spec:
62      type: NodePort
63      ports:
64      - port: 3306
65        nodePort: 30306    ## NodePort로 접근 가능
66      selector:
67        app: mysql
```

GKE의 퍼시스턴트 볼륨은 파일 시스템의 루트에 'lost+found' 디렉터리가 존재하여 MySQL 컨테이너의 초기화 중 에러가 발생한다. 그래서 subPath를 설정하여 빈 디렉터리를 마운트하였다.

컴퓨터상의 K8s 클러스터를 사용하는 경우에는 주석 처리된 StorageClassName 부분을 주석 해제하기 바란다. GKE나 IKS를 사용하는 경우에는 주석을 하지 않으면 에러가 발생한다.

Step 08 마무리

이번 스텝에서 배운 내용을 정리하면 다음과 같다.

- 디플로이먼트는 서버 타입의 워크로드에 적합한 컨트롤러다.
- 디플로이먼트에는 스케일, 롤아웃, 롤백, 자동 복구라는 네 가지 기능이 있다.
- 스케일을 사용하면 파드의 개수를 늘리거나 줄일 수 있다.
- 롤아웃과 롤백은 서비스를 유지하면서 파드를 교체한다. 이를 위해서는 애플리케이션의 설계와 구현도 뒷받침되어야 한다.

- 자동 복구 기능은 노드 수준에서 장애가 발생했을 때 파드를 복구하는 기능이다.
- 디플로이먼트, 퍼시스턴트 볼륨, 서비스 컨트롤러 이 3개를 조합하면 HA 구성이 가능하다.

▼ 표 4 이번 스텝에서 새로 사용한 kubectl 커맨드

커맨드	동작
kubectl scale	레플리카 값을 변경
kubectl rollout	롤아웃의 상태 표시, 일시정지와 재개, 취소, 이력 표시
kubectl drain 〈노드명〉	가동 중인 파드를 다른 노드로 이동
kubectl cordon 〈노드명〉	노드에 새로운 파드의 스케줄 금지
kubectl uncordon 〈노드명〉	노드에 새로운 파드의 스케줄을 재개

Step 08 참고 자료

[1] **디플로이먼트 컨트롤러의 개념**, https://kubernetes.io/docs/concepts/workloads/controllers/deployment/

Column

파드의 트러블 슈팅

쿠버네티스를 사용하다 보면 매니페스트를 만들어 배포했지만, 파드가 재시작하기만 하는 상황을 맞이할 가능성이 높다. 예상치 못한 상황에 당황할 수도 있는데, 저자가 주로 사용하는 트러블 슈팅 노하우는 다음과 같다.

1. 파드의 상태가 ImagePullBackOff이면서 기동하지 않는 경우

현상 STATUS가 ContainerCreating → ErrImagePull → ImagePullBackOff를 반복

```
$ kubectl get po
NAME                            READY    STATUS             RESTARTS    AGE
web-apl1-56b9ccbfb5-cpgsz       0/1      ContainerCreating  0           6s

$ kubectl get po
NAME                            READY    STATUS             RESTARTS    AGE
web-apl1-56b9ccbfb5-cpgsz       0/1      ErrImagePull       0           8s

$ kubectl get po
NAME                            READY    STATUS             RESTARTS    AGE
web-apl1-56b9ccbfb5-cpgsz       0/1      ImagePullBackOff   0           22s
```

원인 조사 'kubectl get events | grep 파드명'을 수행. 원인은 밑줄 그은 부분

```
$ kubectl get events |grep web-apl1-56b9ccbfb5-cpgsz
<중략>
5m          6m          4          web-apl1-56b9ccbfb5-cpgsz.155dc6047efe793d     Pod
spec.containers{web-server-c}   Normal   Pulling  kubelet,  node2   pulling
image "maho/webapl3.1"
5m          6m          4          web-apl1-56b9ccbfb5-cpgsz.155dc60523cbdc10     Pod
spec.containers{web-server-c}   Warning  Failed  kubelet,  node2          Error:
ErrImagePull
5m          6m          4          web-apl1-56b9ccbfb5-cpgsz.155dc60523cb78fa     Pod
spec.containers{web-server-c}   Warning  Failed  kubelet,  node2  Failed to
pull image "maho/webapl3.1": rpc error: code = Unknown desc = Error response from
daemon: pull access denied for maho/webapl3.1, repository does not exist or may
require 'docker login'
4m          6m          6          web-apl1-56b9ccbfb5-cpgsz.155dc60560222aa3     Pod
```

```
spec.containers{web-server-c}   Normal   BackOff  kubelet, node2  Back-off
pulling image "maho/webapl3.1"
1m        6m        19          web-apl1-56b9ccbfb5-cpgsz.155dc60560225271    Pod
spec.containers{web-server-c}   Warning  Failed  kubelet, node2          Error:
ImagePullBackOff
```

2. 파드의 상태가 ContainerCreating에서 진행하지 않는 경우

현상 ContainerCreating에서 멈춰 있음

```
$ kubectl get po
NAME                           READY  STATUS            RESTARTS  AGE
web-apl3-67696f5769-89twp      0/1    ContainerCreating  0         5m
web-apl3-67696f5769-q4rkv      0/1    ContainerCreating  0         5m
web-apl3-67696f5769-sjzgv      0/1    ContainerCreating  0         5m

$ kubectl get po
NAME                           READY  STATUS            RESTARTS  AGE
web-apl3-67696f5769-89twp      0/1    ContainerCreating  0         1h
web-apl3-67696f5769-q4rkv      0/1    ContainerCreating  0         1h
web-apl3-67696f5769-sjzgv      0/1    ContainerCreating  0         1h
```

원인 조사 'kubectl get events | grep 파드명'으로 원인 조사. 원인은 밑줄 그은 부분

```
$ kubectl get events |grep web-apl3-67696f5769-sjzgv |grep cert
45m       2h        72          web-apl3-67696f5769-sjzgv.155dbe00d5120b1e    Pod
Warning   FailedMount     kubelet, node1          MountVolume.SetUp failed for volume
"tls-cert" : secrets "cert" not found
35m       2h        62          web-apl3-67696f5769-sjzgv.155dbe1d76bf2519    Pod
Warning   FailedMount     kubelet, node1     Unable to mount volumes for pod
"web-apl3-67696f5769-sjzgv_default(5299ed02-d05c-11e8-9047-02483e15b50c)": timeout
expired waiting for volumes to attach or mount for pod "default"/"web-apl3-
67696f5769-sjzgv". list of unmounted volumes=[nginx-conf tls-cert]. list of
unattached volumes=[nginx-conf tls-cert default-token-ssftg]
28m       28m       1           web-apl3-67696f5769-sjzgv.155dc6054bce46b8    Pod
Warning   FailedMount     kubelet, node1   Unable to mount volumes for pod "web-apl3-
67696f5769-sjzgv_default(5299ed02-d05c-11e8-9047-02483e15b50c)": timeout expired
waiting for volumes to attach or mount for pod "default"/"web-apl3-67696f5769-sjzgv".
list of unmounted volumes=[nginx-conf tls-cert default-token-ssftg].
list of unattached volumes=[nginx-conftls-cert default-token-ssftg]
```

3. 파드가 재시작을 반복

현상 STATUS가 ContainerCreating → Error → CrashLoopBackOff를 반복하며 RESTARTS의 값이 증가함

```
$ kubectl get po
NAME                     READY   STATUS             RESTARTS   AGE
chatbot-6c5b5c94-9sxtw   0/1     ContainerCreating  0          26s

$ kubectl get po
NAME                     READY   STATUS             RESTARTS   AGE
chatbot-6c5b5c94-9sxtw   0/1     Error              1          28s

$ kubectl get po
NAME                     READY   STATUS             RESTARTS   AGE
chatbot-6c5b5c94-9sxtw   0/1     CrashLoopBackOff   1          30s

$ kubectl get po
NAME                     READY   STATUS             RESTARTS   AGE
chatbot-6c5b5c94-9sxtw   0/1     Error              2          42s
```

원인 조사 #1 'kubectl describe po 파드명'을 실행하여 Exit 코드를 확인. 여기서는 컨테이너가 1로 종료한 것을 알 수 있음

```
$ kubectl describe po chatbot-6c5b5c94-9sxtw
Name:              chatbot-6c5b5c94-9sxtw
<중략>
Containers:
  chatbot:
    Container ID: docker://2418eeb77398ab56fa29c10685862c2b1f46c50367475cf0609b99
f3fed2703f
    Image: maho/chat:0.8
    Image ID: docker-pullable://maho/chat@sha256:c05af84c403b71f059beacbc0564bd73
c917a8084de52a30547dbb412e0e1fb7
    Port: <none>
    Host Port: <none>
    State: Terminated
      Reason: Error
      Exit Code: 1 <--- 마지막 종료에서는 컨테이너가 Exit 코드 1로 종료
      Started: Thu, 04 Oct 2018 10:41:31 +0900
      Finished: Thu, 04 Oct 2018 10:41:31 +0900
    Last State: Terminated
      Reason: Error
      Exit Code: 1 <--- 그 전에도 Exit 코드 1로 종료
      Started: Thu, 04 Oct 2018 10:40:47 +0900
      Finished: Thu, 04 Oct 2018 10:40:47 +0900
```

```
     Ready: False
     Restart Count: 4
     Environment: <none>
     Mounts:
       /chatman/config from config-dir (rw)
       /var/run/secrets/kubernetes.io/serviceaccount from default-token-b525h (ro)
<이하 생략>
```

이 경우는 컨테이너의 메인 프로세스 즉, Dockerfile의 CMD나 ENTRYPOINT로 지정한 프로세스가 Exit 코드 1로 종료한 것이 원인이다.

원인 조사 #2 컨테이너의 메인 프로세스가 Exit 코드 1로 종료한 원인을 찾기 위해 파드의 로그를 출력. 로그에 남은 에러 메시지 등을 바탕으로 원인을 파악함

```
$ kubectl get po
NAME                      READY    STATUS      RESTARTS    AGE
chatbot-6c5b5c94-9sxtw    0/1      Error       3           1m

$ kubectl logs -f chatbot-6c5b5c94-9sxtw
module.js:550
throw err;
^

Error: Cannot find module '/chatman/chatman.jsa'
    at Function.Module._resolveFilename (module.js:548:15)
    at Function.Module._load (module.js:475:25)
    at Function.Module.runMain (module.js:694:10)
    at startup (bootstrap_node.js:204:16)
    at bootstrap_node.js:625:3
```

4. 컨테이너 시작 실패

현상 STATUS가 RunContainerError → CrashLoopBackOff를 반복

```
$ kubectl get po
NAME                        READY    STATUS              RESTARTS    AGE
chatbot-749d49445-w9jmz     0/1      RunContainerError   0           9s

$ kubectl get po
NAME                        READY    STATUS              RESTARTS    AGE
chatbot-749d49445-w9jmz     0/1      CrashLoopBackOff    10          31m

$ kubectl get po
```

```
NAME                         READY    STATUS            RESTARTS    AGE
chatbot-749d49445-w9jmz      0/1      RunContainerError  11         31m
```

원인 조사 'kubectl describe po 파드명'으로 종료 이유 확인. 원인은 밑줄 그은 부분

```
$ kubectl describe po chatbot-749d49445-w9jmz

<중략>

Containers:
  chatbot:
    Container ID:    docker:///efae0c54b4272586e7f674bf921a23f60f44cc1d7d31522b
568fc6fb6960d8f
    Image:           maho/chat:0.9
    Image ID:        docker-pullable://maho/chat@sha256:8bde649b45bc6229e995b5f
03268f83699173d509bf376ca8c7a75127e610ef9
    Port:            <none>
    Host Port:       <none>
    State:           Waiting               <-- 재시도하기 전 대기 상태
      Reason:        CrashLoopBackOff
    Last State:      Terminated
      Reason:        ContainerCannotRun    <-- 문제의 원인, 아래 메시지 확인
      Message:       OCI runtime create failed: container_linux.go:348: starting
container process caused "exec: \"nodex\": executable file not found in $PATH":
unknown
      Exit Code:     127                   <-- 종료 코드
      Started:       Thu, 04 Oct 2018 10:47:58 +0900
      Finished:      Thu, 04 Oct 2018 10:47:58 +0900
    Ready:           False
    Restart Count:   2
    Environment:     <none>
```

Reason으로 ContainerCannotRun이 출력되었고 그 밑에 에러 메시지가 출력되었다. 여기서는 nodex라는 실행 파일을 환경 변수 PATH에서 찾을 수 없다고 나온다.

5. 애플리케이션 실행 중 이상 종료

잘 돌던 애플리케이션이 갑자기 정지했다면 'kubectl logs 파드명'을 사용해서 로그를 확인해 본다.

로그에서 원인을 찾지 못했다면 매니페스트에서 command를 오버라이드하여 애플리케이션이 실행되지 않도록 만들고, 파드에 접속하여 직접 애플리케이션을 실행하여 원인을 찾아본다.

컨테이너의 애플리케이션의 기동을 command로 오버라이드하기

```
1    spec:
2      containers:
3      - name: chatbot
4        image: maho/chat:0.2
5        volumeMounts:
6        - name: config-dir
7          mountPath: /chatman/config
8        command: ["tail", "-f", "/dev/null"]
```

다음과 같이 파드에 bash 셸로 접속하여 애플리케이션을 실행하면서 원인을 조사한다.

```
kubectl exec -it chatbot-b7f5c87f6-gpmhr bash
```

6. 일정한 빈도로 서비스 응답이 비정상인 경우

서비스에 대한 요청이 일정한 빈도로 이상한 응답을 반환하는 경우에는 잘못 설정된 라벨에 의해 의도치 않은 파드에 요청이 전송되고 있을 가능성이 있다.

원인 조사 #1 라벨과 함께 파드 목록을 출력

```
$ kubectl get po --show-labels=true
NAME                                         READY STATUS   RESTARTS  AGE  LABELS
open-liberty-ibm-open-li-6f44f764df-xt689    1/1   Running  0         22h  app=
openliberty-ibm-open-li,chart=ibm-open-liberty-1.6.0,heritage=Tiller,pod-template-
hash=2900932089,release=open-liberty
open-liberty-ibm-open-li-6f44f764df-zpdrt    1/1   Running  0         22h  app=
openliberty-ibm-open-li,chart=ibm-open-liberty-1.6.0,heritage=Tiller,pod-template-
hash=2900932089,release=open-liberty
web-deploy-84d778f979-p9bzl                  1/1   Running  0         1d
app=web,pod-template-hash=4083349535
web-deploy-84d778f979-ttzkb                  1/1   Running  0         1d
app=web,pod-template-hash=4083349535
web-deploy-84d778f979-vp75j                  1/1   Running  0         1d
app=web,pod-template-hash=4083349535
web1-bcdcc9b95-t67f5                          1/1   Running  0         14m
app=webx,pod-template-hash=678775651
web1-bcdcc9b95-vdq5x                          1/1   Running  0         14m
app=webx,pod-template-hash=678775651
web1-bcdcc9b95-x97k2                          1/1   Running  0         14m
app=webx,pod-template-hash=678665651
```

원인 조사 #2 라벨을 지정하여 파드 목록 출력

```
$ kubectl get po --selector='app=web'
NAME                        READY   STATUS    RESTARTS   AGE
web-57456d4c64-9zthl        1/1     Running   0          7s
web-57456d4c64-cf75f        1/1     Running   0          7s
web-57456d4c64-nnq5n        1/1     Running   0          7s
web-deploy-84d778f979-p9bzl 1/1     Running   0          1d
web-deploy-84d778f979-ttzkb 1/1     Running   0          1d
web-deploy-84d778f979-vp75j 1/1     Running   0          1d
```

다음과 같이 서비스의 매니페스트에 selector가 지정되어 있으면 'app=web'이라는 라벨을 가진 6개의 파드에 요청이 전송되어 50%의 확률로 의도치 않은 응답이 반환된다.

```
1    apiVersion: v1
2    kind: Service
3    metadata:
4      name: chatbot
5    spec:
6      selector:
7        app: web
8      ports:
9      - protocol: TCP
10       port: 9080
11     type: NodePort
```

Step 09 서비스

서비스의 네 종류와 용도 파악

파드는 일시적인 존재라 언제든지 할당된 IP 주소가 바뀔 수 있다. 클라이언트 입장에서는 늘 변하는 파드의 IP 주소를 알기 어렵기 때문에 쿠버네티스에는 서비스라는 오브젝트가 존재한다 [1]. 서비스의 개요는 '1장 3.8 서비스의 기본'에서 알아보았다. 여기서는 구체적으로 어떤 종류의 서비스가 있는지 확인하고, 서비스를 만드는 매니페스트를 작성하고 배포해 보면서 구체적인 동작을 살펴볼 것이다.

서비스에는 다음과 같이 여러 타입이 있다. 이를 매니페스트에 지정함으로써 접근이 가능한 클라이언트의 범위를 한정할 수 있다.

▼ 표 1 서비스 타입 개요

서비스 타입	접근 가능 범위
ClusterIP	타입을 지정하지 않으면 기본으로 설정되며, 클러스터 내부의 파드에서 서비스의 이름으로 접근할 수 있다.
NodePort	ClusterIP의 접근 범위뿐만 아니라 K8s 클러스터 외부에서도 노드의 IP 주소와 포트번호로 접근할 수 있다.
LoadBalancer	NodePort의 접근 범위뿐만 아니라 K8s 클러스터 외부에서 대표 IP 주소로 접근할 수 있다.
ExternalName	K8s 클러스터 내의 파드에서 외부 IP 주소에 서비스의 이름으로 접근할 수 있다.

각 서비스 타입의 특징에 대해 알아보자.

09.1 ClusterIP

서비스를 만들 때 서비스 타입을 지정하지 않으면 ClusterIP로 만들어진다. 물론, 명시적으로 지정해도 무방하다. 이 서비스 타입은 그림 1과 같이 클러스터 내부에서 내부 DNS에 등록한 이름으로 특정 파드 집합에 요청을 전송할 수 있게 해준다.

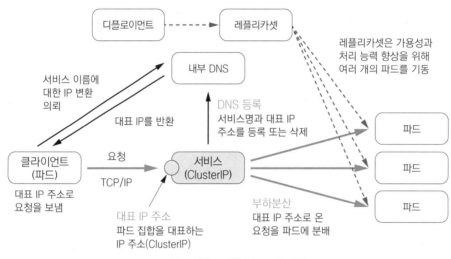

▲ 그림 1 서비스 타입 ClusterIP 개념

ClusterIP는 다음 용도로도 사용될 수 있다. 매니페스트에 'clusterIP: None'이라고 지정하면, 헤드리스 설정으로 서비스가 동작한다. 이 설정에서는 대표 IP 주소를 획득하지 않고, 부하분산도 이뤄지지 않는다. 그 대신에 파드들의 IP 주소를 내부 DNS에 등록하여, 파드의 IP 주소 변경에 대응하여 최신 상태를 유지한다. 이에 대해서는 '스텝 12 스테이트풀셋'에서 소개한다.

09.2 서비스 타입 NodePort

서비스 타입에 NodePort를 지정하면, 앞서 설명한 ClusterIP의 기능에 더해 노드의 IP 주소에 공개 포트가 열린다. 이를 통해 K8s 클러스터 외부에서 내부의 파드에 요청을 보낼 수 있게 된다(그림 2).

공개 포트번호의 범위는 기본적으로 30000부터 32767이다. 클라이언트가 노드의 IP와 포트로 전송한 요청은 최종적으로 파드에 전달된다.

NodePort 타입의 서비스를 만들면 클러스터의 모든 노드에 지정한 포트가 열리게 된다. 그리고 각 노드가 수령한 요청은 대상이 되는 파드들에게 부하분산되어 전송된다. 이때 요청을 받은 노드 내에 있는 파드로만 전송하도록 설정할 수도 있다. 노드들 앞에 로드밸런서가 있다면 매우 유용한 설정이다.

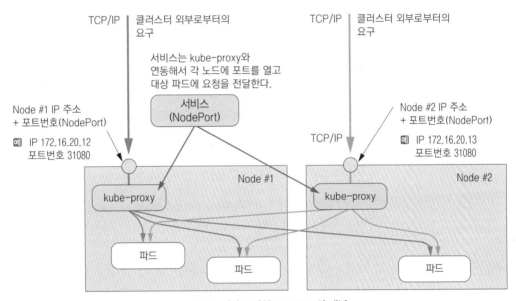

▲ 그림 2 서비스 타입 NodePort의 개념

여기서 한 가지 주의점이 있다. 사용자가 특정 노드를 지정해서 접속하고 있는데 해당 노드가 하드웨어 점검 등의 이유로 셧다운된다면 서비스를 이용할 수 없게 된다. 그리고 이미 사용 중인 포트를 설정하면 매니페스트 배포 과정에서 실패한다. 네임스페이스로 K8s 클러스터를 분할하여 운용할 때 이러한 문제가 발생할 수 있으므로 주의해야 한다.

NodePort는 쉽고 편리하게 설정할 수 있지만 정식 서비스에 사용하는 것은 추천하지 않는다.

kube-proxy 구현의 역사

쿠버네티스의 초기 버전에서의 kube-proxy는 유저 모드로 동작하는 프로세스로 구현되었다. 이후, 버전 1.2부터는 보다 빠르게 동작하는 iptables가 채용되었고, 이때부터 kube-proxy는 세션을 중계하는 프로세스가 아니라 리눅스의 iptables의 설정을 관리하는 존재가 되었다. 그리고 버전 1.9부터는 커널 모드로 동작하는 ipvs proxy가 추가되었다.

서비스 타입 LoadBalancer는 로드밸런서와 연동하여 파드의 애플리케이션을 외부에 공개한다. 또한, LoadBalancer는 NodePort를 사용하기 때문에 ClusterIP도 자동적으로 만들어진다.

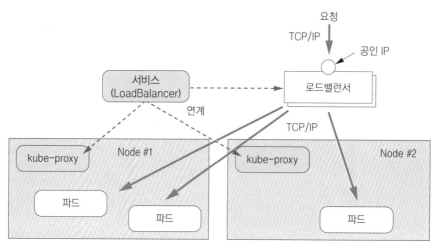

▲ 그림 3 서비스 타입 LoadBalancer 개념

퍼블릭 클라우드에서는 각 업체가 제공하는 로드밸런서가 연동된다. 이번 장에서 실습에 사용할 매니페스트는 Google Kubernetes Engine(GKE)과 IBM Cloud Kubernetes Service(IKS)에서 확인하였다. 이때 방화벽 설정 등은 각 클라우드 업체별로 별도 설정이 필요할 수 있으므로 해당 클라우드 업체의 공식 문서를 확인하기 바란다.

IKS의 로드밸런서

IKS의 경우 SoftLayer 시절의 가상 서버나 베어메탈 서버를 사용하여 K8s 클러스터를 구성하고 있다. 따라서, 노드에는 공인 IP가 할당되어 있다. 그리고 노드들이 연결된 퍼블릭 VLAN에는 로드밸런서를 위한 글로벌 IP의 서브넷이 추가되어 있다. 그래서 IKS는 외부 로드밸런서와 연동하는 것이 아니라, 노드 간 로드밸런서를 위한 대표 공인 IP를 공유한다. 그래서 그 대표 IP에 도달한 요청은 kube-proxy가 관리하는 iptables의 설정에 따라 각 파드에 전달된다. 이 방식은 시스템을 단순화하고 외부 로드밸런서에 대한 의존을 줄일 수 있어 신뢰성을 높일 수 있다(2018년 10월 현재 기준).

참고 자료

IBM Cloud Kubernetes Service의 로드밸런서 아키텍처, https://cloud.ibm.com/docs/containers?topic=containers-loadbalancer#loadbalancer

서비스 타입 ExternalName은 지금까지 살펴본 것들과 반대로, 파드에서 K8s 클러스터 외부의 엔드포인트에 접속하기 위한 이름을 해결해 준다. 예를 들어, 퍼블릭 클라우드의 데이터베이스나 인공지능 API 서비스 등을 접근할 때 사용될 수 있다.

ExternalName은 서비스의 이름과 외부 DNS 이름의 매핑을 내부 DNS에 설정한다. 이를 통해 파드는 서비스의 이름으로 외부 네트워크의 엔드포인트에 접근할 수 있다. 이때 포트번호까지는 지정할 수 없다.

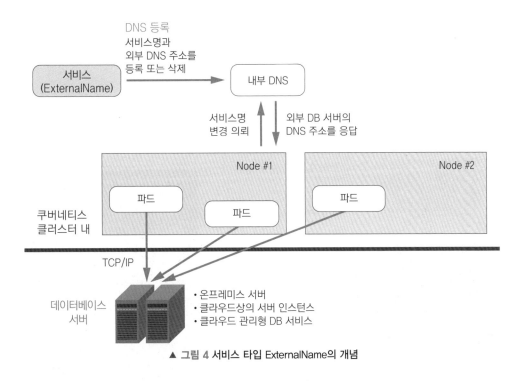

▲ 그림 4 서비스 타입 ExternalName의 개념

이 서비스 타입은 파드에서 K8s 클러스터 외부의 엔드포인트에 접속할 때 편리하다. 네임스페이스에서의 서비스 이름으로 IP 주소를 얻을 수 있기 때문이다. 또한, K8s 클러스터 내의 서비스로 교체하기도 쉽다.

다만, 외부 DNS명을 등록하는 항목 'spec.externalName'에는 IP 주소를 설정할 수 없다는 점

을 주의해야 한다. 서비스의 매니페스트에 IP 주소를 설정하고 싶은 경우에는 앞서 설명한 헤드
레스 서비스를 이용하기 바란다. 사용 예가 스텝 09의 샘플 코드에 있다.

09.5   서비스와 파드의 연결

'1장 3.8 서비스의 기본'에서, 서비스가 요청을 전송할 파드를 결정할 때는 실렉터의 라벨과 일
치하는 파드를 etcd로부터 선택한다고 설명했다. 여기서는 서비스의 매니페스트에 기술하는 실
렉터와 파드의 매니페스트에 기술하는 라벨을 구체적으로 비교해 보겠다.

그림 5의 좌측은 서비스의 매니페스트이고, 우측은 디플로이먼트의 매니페스트다. 둘 다 YAML
로 기술되어 있다. 서비스의 실렉터(selector)와 디플로이먼트 파드 템플릿의 'metadata.label'에
같은 라벨 'app:web'을 기술한다. 이러한 설정에 의해 서비스의 요청 전송 파드가 결정된다.

하나의 파드 템플릿으로 만들어지는 파드들은 같은 속성이 부여되므로 라벨도 같다. 따라서 디플
로이먼트에 의해 만들어지는 파드들은 같은 라벨을 가지게 되어 서비스의 요청을 전송받는다.

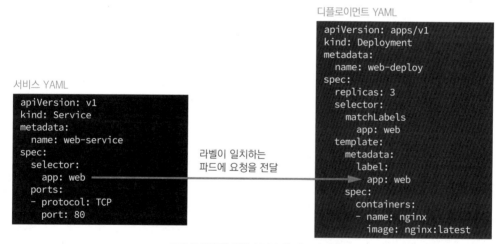

▲ 그림 5 라벨에 의한 서비스와 파드의 대응

이처럼 라벨에 의해 전송되는 파드를 결정하는 방식은 큰 유연성을 가져다 준다. 실렉터
(selector)의 값을 바꾸는 것만으로 서비스가 전송하는 파드의 그룹을 바꿀 수 있어 운영상의 유
연성을 가질 수 있다.

그러나 혹여 라벨이 중복되면 의도하지 않은 파드로 요청이 전송될 수 있다. 따라서 라벨이 중복되지 않도록 프로젝트 운영 규칙을 정하는 것이 중요하다.

● **샘플 코드 이용법** ●

이번 장에서 사용하는 코드는 깃헙(https://github.com/Jpub/15_DandK)에서 다운받을 수 있다.

깃헙에서 내려받기

```
$ git clone https://github.com/Jpub/15_DandK
$ cd codes_for_lessons/Step09
```

09.6 서비스의 매니페스트 작성법

파일 1과 파일 2는 그림 5에 나오는 2개의 YAML이다. 이 파일들을 통해 서비스의 매니페스트를 작성하는 방법을 알아보자.

파일 1 디플로이먼트의 매니페스트: deply.yml

```
1    ## 디플로이먼트
2    apiVersion: apps/v1
3    kind: Deployment
4    metadata:
5      name: web-deploy
6    spec:
7      replicas: 3
8      selector:              # 디플로이먼트와 파드를 매핑하는 설정
9        matchLabels:
10         app: web
11     template:              # 파드 템플릿
12       metadata:
13         labels:
14           app: web         # 파드에 부여할 라벨
15       spec:
16         containers:
17         - name: nginx
18           image: nginx:latest
```

파일 2 서비스의 매니페스트: svc.yml

```
1    ## 서비스
2    apiVersion: v1          ## 표 2 참조
3    kind: Service
4    metadata:
5      name: web-service
6    spec:                    ## 표 3 참조, type이 생략되어 ClusterIP가 사용됨
7      selector:             # 서비스와 파드를 매핑하는 설정
8        app: web
9      ports:                ## 표 4 참조, 포트 설정
10     - protocol: TCP
11       port: 80
```

파일 2의 내용을 항목별로 살펴보자. 서비스를 배포하는 매니페스트의 각 항목을 표 2~4에 정리했다.

▼ 표 2 서비스 API(Service v1 core)

항목	설명
kind	Service 설정
apiVersion	v1 설정
metadata	name에 네임스페이스 내 유일한 이름을 설정. 여기서 설정한 이름은 내부 DNS에 등록되며, IP 주소 해결에 사용. 또한, 이후 기동된 파드의 환경 변수에 설정
spec	서비스의 사양. 표 3 참고

※ API의 자세한 내용은 https://kubernetes.io/docs/reference/generated/kubernetes-api/v1.14/#service-v1-core 를 참고한다. v1.14의 14를 13이나 12로 변경하면, 다른 마이너 버전의 API를 참고할 수 있다.

▼ 표 3 서비스 사양(ServiceSpec v1 core)

항목	설명
type	서비스 공개 방법을 설정. 선택이 가능한 타입은 ClusterIP, NodePort, LoadBalancer, ExternalName 네 가지
ports	서비스에 의해 공개되는 포트번호. 자세한 내용은 표 4 참고
selector	여기서 설정한 라벨과 일치하는 파드에 요청을 전송. 서비스 타입이 ClusterIP, NodePort, LoadBalancer인 경우에 해당하며 ExternalName인 경우는 무시. 이 항목을 설정하지 않는 경우, 외부에서 관리하는 엔드포인트를 가진 것으로 간주
sessionAffinity	설정이 가능한 세션 어피니티는 ClientIP. 생략 시 None으로 설정됨
clusterIP	이 항목을 생략하면 대표 IP 주소가 자동으로 할당. 그리고 None을 설정하면 헤드리스로 동작

※ API의 자세한 내용은 https://kubernetes.io/docs/reference/generated/kubernetes-api/v1.14/#servicespec-v1-core를 참고한다.

항목	설명
port	필수 항목. 이 서비스에 의해 공개되는 포트번호
name	port가 하나인 경우는 생략할 수 있고 여러 개인 경우는 필수 설정 필요. 각 포트의 이름은 서비스 스펙 내에서 유일해야 함
protocol	생략 시에는 TCP가 설정됨. TCP 혹은 UDP 설정 가능
nodePort	생략 시에는 시스템이 자동으로 할당. type이 NodePort나 LoadBalancer인 경우 모든 노드에서 포트를 공개. 설정한 포트가 이미 사용 중인 경우에는 오브젝트 생성에 실패
targetPort	생략 시에는 port와 동일한 값이 사용됨. selector에 의해 대응되는 파드가 공개하는 포트번호 또는 포트 이름을 설정함

※ API의 자세한 내용은 https://kubernetes.io/docs/reference/generated/kubernetes-api/v1.14/#serviceport-v1-core를 참고한다.

09.7 서비스 생성과 기능 확인

앞서 살펴본 2개의 YAML 파일을 사용해서 오브젝트를 만들어 보자.

실행 예 1 매니페스트 배포

```
$ kubectl apply -f deploy.yml
deployment "web-deploy" created
$ kubectl apply -f svc.yml
service "web-service" created
```

만든 결과를 'kubectl get all'로 확인해 보면 다음과 같이 디플로이먼트와 서비스가 만들어진 것을 알 수 있다.

실행 예 2 디플로이먼트와 서비스 상태 출력

```
$ kubectl get all
NAME                     DESIRED   CURRENT   UP-TO-DATE   AVAILABLE   AGE
deploy/web-deploy        3         3         3            3           24s


NAME                          DESIRED   CURRENT   READY   AGE
rs/web-deploy-57b4848db4      3         3         3       24s


NAME                          READY   STATUS   RESTARTS   AGE
```

```
po/web-deploy-57b4848db4-7rwnx     1/1     Running     0     24s
po/web-deploy-57b4848db4-rx65n     1/1     Running     0     24s
po/web-deploy-57b4848db4-wqbmm     1/1     Running     0     24s


NAME                  TYPE          CLUSTER-IP         EXTERNAL-IP    PORT(S)    AGE
svc/web-service       ClusterIP     10.98.108.136      <none>        80/TCP     24s
```

서비스 타입은 매니페스트에서 특별히 지정하지 않았기 때문에 기본값인 ClusterIP가 사용된다. 그래서 ClusterIP는 '10.98.108.136'이고, 포트번호 80에 서비스가 연결되었다.

이어서 대화형으로 동작하는 파드를 만들어서 이 ClusterIP에 요청을 던져 보자. 실행 예 3처럼 서비스의 이름을 사용할 수 있다. 물론 서비스의 이름 대신 IP 주소(10.98.108.136)나 파드의 IP 주소로도 응답을 얻을 수 있다. 그러나 파드의 IP 주소는 변할 수 있기 때문에 서비스 이름을 사용하는 것이 좋다.

실행 예 3 대화형 컨테이너를 기동하여 서비스에 요청 전송

```
## 대화형 컨테이너 기동
$ kubectl run -it bustbox --restart=Never --rm --image=busybox sh
If you don't see a command prompt, try pressing enter.

## 서비스에 요청 전송
/ # wget -q -O - http://web-service
<!DOCTYPE html>
<html>
<head>
<title>Welcome to nginx!</title>
이하 생략
```

서비스를 만든 이후에 기동된 파드에는 서비스와 관련된 환경 변수가 설정되어 있다. 다음과 같이 서비스의 이름으로 시작하는 환경 변수를 프로그램에서 사용할 수 있다.

실행 예 4 서비스 관련 환경 변수

```
/ # env |grep WEB_SERVICE
WEB_SERVICE_PORT=tcp://10.98.108.136:80
WEB_SERVICE_SERVICE_PORT=80
WEB_SERVICE_PORT_80_TCP_ADDR=10.98.108.136
WEB_SERVICE_PORT_80_TCP_PORT=80
WEB_SERVICE_PORT_80_TCP_PROTO=tcp
WEB_SERVICE_PORT_80_TCP=tcp://10.98.108.136:80
WEB_SERVICE_SERVICE_HOST=10.98.108.136
```

그러면 서비스를 통한 각 파드의 응답을 살펴보자. 실행 예 5는 일괄적으로 각 파드의 index. html 파일에 호스트명을 기록하고 있다.

실행 예 5 각 파드의 index.html에 호스트명을 적는 셸

```
$ for pod in $(kubectl get pods |awk 'NR>1 {print $1}'|grep web-deploy); do kubectl
exec $pod -- /bin/sh -c "hostname>/usr/share/nginx/html/index.html"; done
```

실행 예 6에서는 대화형 파드에서 서비스 web-service에 반복해서 요청을 보내고 있다. 반환되는 호스트명을 통해 파드가 랜덤하게 선택되는 것을 알 수 있다.

실행 예 6 서비스 접속과 부하분산

```
## 대화형 셸 기동
$ kubectl run -it busybox --restart=Never --rm --image=busybox sh
If you don't see a command prompt, try pressing enter.

## 반복적으로 서비스에 요청을 보내서 3개의 파드에 요청이 분산되는 것을 확인
while true; do wget -q -O - http://web-service; sleep 1;done
web-deploy-57b4848db4-rx65n
web-deploy-57b4848db4-7rwnx
web-deploy-57b4848db4-rx65n
web-deploy-57b4848db4-7rwnx
web-deploy-57b4848db4-wqbmm
web-deploy-57b4848db4-rx65n
web-deploy-57b4848db4-rx65n
web-deploy-57b4848db4-7rwnx
web-deploy-57b4848db4-wqbmm
^C
```

다음 실습을 위해 스텝 09의 디렉터리에서 'kubectl delete -f .'을 실행하여 지금까지 만든 오브젝트들을 일괄해서 삭제하자.

09.8 세션 어피니티

경우에 따라서는 동일한 클라이언트에서 온 요청은 언제나 같은 파드에 전송하고 싶을 수 있다. 그런 경우에는 매니페스트의 세션 어피니티(sessionAffinity)를 ClientIP로 설정하면 된다.

파일 3 클라이언트 IP별로 전송 파드 고정: svc-sa.yml

```
1   apiVersion: v1
2   kind: Service
3   metadata:
4     name: web-service
5   spec:
6     selector:
7       app: web
8     ports:
9     - protocol: TCP
10      port: 80
11    sessionAffinity: ClientIP # 클라이언트 IP 주소에 따라 전송될 파드가 결정됨
```

세션 어피니티를 설정하고 실행하면 다음과 같이 된다.

실행 예 7 세션 어피니티 확인

```
## 서비스 설정 변경
$ kubectl apply -f svc-sa.yml
service/web-service configured

## 파드 목록 표시
$ kubectl get po
NAME                          READY   STATUS    RESTARTS   AGE
web-deploy-57b4848db4-7rwnx   1/1     Running   0          1h
web-deploy-57b4848db4-rx65n   1/1     Running   0          1h
web-deploy-57b4848db4-wqbmm   1/1     Running   0          1h

## 부하분산 테스트    모두 같은 호스트명을 반환하고 있다.
$ kubectl run -it busybox --restart=Never --rm --image=busybox sh
If you don't see a command prompt, try pressing enter.
/ # while true; do wget -q -O - http://web-service; sleep 1;done
web-deploy-57b4848db4-7rwnx
web-deploy-57b4848db4-7rwnx
web-deploy-57b4848db4-7rwnx
web-deploy-57b4848db4-7rwnx
web-deploy-57b4848db4-7rwnx
^C
```

다음 실습을 위해 스텝 09의 디렉터리에서 'kubectl delete -f .'을 실행하여 지금까지 만든 오브젝트들을 일괄 삭제 한다.

09.9 NodePort 사용

다음은 NodePort 타입의 서비스를 만드는 매니페스트다.

파일 4 NodePort 매니페스트: svc-np.yml

```
1    apiVersion: v1
2    kind: Service
3    metadata:
4      name: web-service-np
5    spec:
6      selector:
7        app: web
8      ports:
9      - protocol: TCP
10       port: 80
11     type: NodePort    ## 변경 부분
```

실행 예 8에서는 디플로이먼트에 이어 NodePort 타입의 서비스를 배포하고 있다. 가장 마지막에 나오는 web-service-np가 NodePort 타입의 서비스다. 여기서 PORTS(S)를 보면 80번 포트가 30947 포트에 매핑되어 있는 것을 알 수 있다.

실행 예 8 NodePort로 서비스 공개

```
$ kubectl apply -f deploy.yml
deployment "web-deploy" created

$ kubectl apply -f svc-np.yml
service "web-service-np" created

$ kubectl get svc
NAME             TYPE       CLUSTER-IP      EXTERNAL-IP   PORT(S)        AGE
web-service-np   NodePort   10.110.113.124  <none>        80:30974/TCP   12s
```

미니쿠베로 만들어진 가상 서버의 IP 주소는 'minikube ip'로 확인할 수 있다. 실행 예 9에서는 해당 IP 주소와 NodePort로 열린 포트로 서비스에 접근하고 있다.

```
## 가상 서버의 IP 주소 획득
$ minikube ip
192.168.99.100

## PC에서 NodePort로 액세스
$ curl http://192.168.99.100:30974/
<!DOCTYPE html>
<html>
<head>
<title>Welcome to nginx!</title>
이하 생략
```

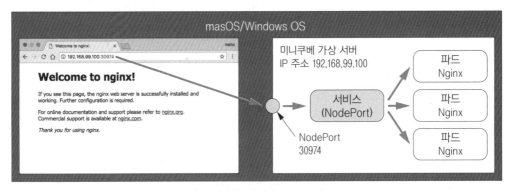

▲ 그림 6 미니쿠베에서 NodePort 테스트

멀티 노드로 구성된 학습 환경 2에서는 요청이 전 노드에 걸쳐 분산되는 것을 확인할 수 있다. 한편, 학습 환경 1은 싱글 노드로 구성되기 때문에 노드에 걸친 부하분산을 확인할 수 없다.

09.10 로드밸런서

퍼블릭 클라우드의 K8s 클러스터에서 로드밸런서 타입의 서비스를 사용하는 경우를 살펴보자.

클라우드의 계정을 만들고 K8s 클러스터를 생성하고 kubectl을 설정하는 방법 등은 부록의 학습 환경 3을 참고하기 바란다. 3.1이 IBM Cloud Kubernetes Service(IKS), 3.2가 Google Kubernetes Engine(GKE)으로, 프로바이더는 다르지만 동일한 매니페스트를 사용할 수 있다.

파일 5는 로드밸런서의 서비스를 만드는 매니페스트로서 클라우드상의 공인 IP를 통해 인터넷에 HTTP 포트를 오픈한다.

파일 5 공인 IP를 취득하는 로드밸런서 매니페스트: svc-lb.yml

```
1    apiVersion: v1
2    kind: Service
3    metadata:
4      name: web-service-lb
5    spec:
6      selector:
7        app: web
8      ports:
9      - name: webserver
10       protocol: TCP
11       port: 80
12     type: LoadBalancer    ## <-- 로드밸런서를 지정
```

실행 예 10에서는 IKS에서 디플로이먼트와 로드밸런서 타입의 서비스를 배포하고 있다. 서비스에 공인 IP가 할당되며, 이것이 파드에 연결된다.

실행 예 10 로드밸런서 설정

```
## 디플로이먼트 매니페스트 적용
$ kubectl apply -f deploy.yml
deployment "web-deploy" created


## 로드밸런서 작성
$ kubectl apply -f svc-lb.yml
service/web-service-lb created


## 서비스 목록 표시
$ kubectl get svc
NAME             TYPE          CLUSTER-IP       EXTERNAL-IP     PORT(S)        AGE
web-service-lb   LoadBalancer  172.21.219.177   169.**.*.**     80:30925/TCP   12m


## 로드밸런서 상세 표시
$ kubectl describe svc web-service-lb
Name:                    web-service-lb
Namespace:               default
Labels:                  <none>
Annotations:             kubectl.kubernetes.io/last-applied-configuration={
"apiVersion":"v1","kind":"Service","metadata":{"annotations":{},"name":
"web-service-lb","namespace":"default"},"spec":{"ports":[{"name":"webserver","p...
```

```
Selector:                app=web
Type:                    LoadBalancer
IP:                      172.21.219.177
LoadBalancer Ingress:    169.**.*.**                ## 공인 IP
Port:                    webserver 80/TCP          ## 포트명, 번호, 프로토콜
TargetPort:              80/TCP                     ## 파드의 포트
NodePort:                webserver 30925/TCP       ## NodePort도 동시에 공개됨
Endpoints:               172.30.72.129:80,172.30.72.130:80,172.30.72.131:80
Session Affinity:        None
External Traffic Policy: Cluster
Events:
  Type    Reason                Age    From               Message
  ----    ------                ----   ----               -------
  Normal  EnsuringLoadBalancer  12m    service-controller  Ensuring load balancer
  Normal  EnsuredLoadBalancer   12m    service-controller  Ensured load balancer
```

실행 예 11에서는 PC에서 IKS에 만들어진 서비스의 공인 IP에 반복해서 접근하고 있다. 정상적으로 값을 반환하는 것을 통해 애플리케이션이 정상적으로 인터넷에 공개된 것을 알 수 있다.

실행 예 11 로드밸런서 타입의 서비스 동작 확인

```
## 노드 목록
$ kubectl get no
NAME            STATUS   ROLES    AGE    VERSION
10.132.253.17   Ready    <none>   11h    v1.11.2+IKS
10.132.253.30   Ready    <none>   11h    v1.11.2+IKS

## 파드 목록, 배치된 노드와 파드의 IP 주소도 출력
$ kubectl get po -o wide
NAME                           READY   STATUS    AGE   IP               NODE
web-deploy-84d778f979-dkxnh    1/1     Running   8h    172.30.54.7      10.132.253.17
web-deploy-84d778f979-mf5z5    1/1     Running   8h    172.30.194.137   10.132.253.30
web-deploy-84d778f979-vb8nj    1/1     Running   8h    172.30.194.138   10.132.253.30

## 반복적으로 서비스에 접근
$ while true; do curl http://169.**.*.**; sleep 1;done
web-deploy-84d778f979-vb8nj
web-deploy-84d778f979-vb8nj
web-deploy-84d778f979-dkxnh
web-deploy-84d778f979-dkxnh
web-deploy-84d778f979-mf5z5
web-deploy-84d778f979-dkxnh
web-deploy-84d778f979-mf5z5
```

```
web-deploy-84d778f979-vb8nj
web-deploy-84d778f979-vb8nj
web-deploy-84d778f979-vb8nj
^C
```

정식 서비스에서는 보안을 위해 HTTPS를 고려해야 하는데 두 가지 방법이 있다. 하나는 각 파드에서 HTTPS 암호화 처리를 하는 방법이다. 다른 하나는 스텝 13에서 다룰 인그레스 컨트롤러를 이용하는 방법이다. 전자의 경우, 각 파드가 암호 처리의 부담을 분산하고, 후자는 인그레스 컨트롤러가 전부 부담한다. 인그레스의 다른 유용한 기능과 함께 시스템 요건을 고려하여 결정하는 것이 좋다.

09.11 ExternalName

ExternalName은 쿠버네티스상의 파드에서 외부의 애플리케이션에 접속하는 하이브리드 구성의 애플리케이션을 개발할 때 유용하다. 파드에서는 서비스의 이름으로 외부의 엔드포인트에 접근할 수 있다.

❗ CoreDNS에서는 externalName에 적은 IP 주소를 문자열로 다뤄 동작이 보증되지 않게 되었다. DNS 이름을 등록하든가, 헤드리스 타입의 사용을 검토해야 한다.

파일 6 ExternalName 매니페스트: svc-ext.yml

```
1   kind: Service
2   apiVersion: v1
3   metadata:
4     name: apl-on-baremetal
5   spec:
6     type: ExternalName
7     externalName: 10.132.253.7      ## 외부 IP 주소 또는 DNS 이름 설정
```

실행 예 12는 파일 5의 매니페스트를 배포하여 외부 IP 주소 '10.132.253.7'을 'apl-on-baremetal'이라는 서비스 이름으로 등록하고 있다. 그리고 K8s 클러스터 내의 파드에서 해당 이름으로 접속할 수 있음을 확인하고 있다. 이처럼 ExternalName을 사용하면 K8s 클러스터와 기존 시스템을 쉽게 조합할 수 있다.

```
## ExternalName 타입의 서비스 배포
$ kubectl apply -f svc-ext.yml
service/apl-on-baremetal created


## 서비스 목록, EXTERNAL-IP에 주목
$ kubectl get svc apl-on-baremetal
NAME              TYPE           CLUSTER-IP   EXTERNAL-IP    PORT(S)   AGE
apl-on-baremetal  ExternalName   <none>       10.132.253.7   <none>    15s


## 서비스 이름으로 연결 테스트
$ kubectl run -it bustbox --restart=Never  -rm --image=busybox sh
If you don't see a command prompt, try pressing enter.
/ # ping apl-on-baremetal
PING apl-on-baremetal (10.132.253.7): 56 data bytes
64 bytes from 10.132.253.7: seq=0 ttl=63 time=2.089 ms
64 bytes from 10.132.253.7: seq=1 ttl=63 time=0.592 ms
64 bytes from 10.132.253.7: seq=2 ttl=63 time=0.634 ms
64 bytes from 10.132.253.7: seq=3 ttl=63 time=0.491 ms
^C
--- apl-on-baremetal ping statistics ---
4 packets transmitted, 4 packets received, 0% packet loss
round-trip min/avg/max = 0.491/0.951/2.089 ms
```

Step 09 마무리

이번 스텝에서 배운 내용을 정리하면 다음과 같다.

- 서비스는 클라이언트의 요청을 파드에 전달하기 위한 오브젝트로서 부하분산 기능을 포함한다. 서비스 타입에 따라 공개 방법과 범위가 다르다.
- 서비스 타입 ClusterIP를 사용하면 K8s 클러스터 내부에서 접속할 수 있으며, NodePort를 사용하면 K8s 클러스터 외부에서 노드의 IP 주소와 포트번호로 접속할 수 있다. 그리고 LoadBalancer를 사용하면 K8s 클러스터 외부에서 대표 IP 주소로 접속할 수 있다.
- 서비스 타입 ExternalName은 K8s 클러스터 외부의 DNS 이름을 서비스 이름으로 등록한다. 서비스명과 IP 주소를 매핑하고 싶은 경우에는 헤드리스 서비스를 검토해야 한다.

- 서비스가 받은 요청을 전달할 파드는 라벨에 의해 결정된다.
- 서비스의 부하분산 알고리즘은 기본적으로 랜덤이며, 세션 어피니티에 의해 클라이언트의 IP 주소별로 전송될 파드를 고정할 수 있다. 서비스에는 HTTP 헤더의 쿠키에 의한 세션 어피니티 기능은 없다. 해당 기능이 필요한 경우에는 '스텝 13 인그레스' 사용을 검토한다.
- NodePort를 사용해도 외부에 애플리케이션을 공개할 수 있지만 가용성이 부족하여 정식 서비스에는 적합하지 않다. 반면, LoadBalancer는 가용성도 있고, HTTP와 HTTPS를 사용할 수 있어 정식 서비스에 적합하다.

▼ 표 5 이번 스텝에서 새로 사용한 kubectl 커맨드

커맨드	동작
kubectl get svc	서비스 목록 출력
kubectl describe svc	서비스의 자세한 내용을 표시

Step 09 참고 자료

[1] **서비스의 개념**, https://kubernetes.io/docs/concepts/services-networking/service/

Step 10 잡과 크론잡

실패 시 재실행하는 잡과 지정 시간에
기동하는 크론잡

잡 컨트롤러는 파드에 있는 모든 컨테이너가 정상적으로 종료할 때까지 재실행한다. 그리고 크론잡은 UNIX의 크론과 같은 포맷으로 실행 스케줄을 지정할 수 있는 컨트롤러다.

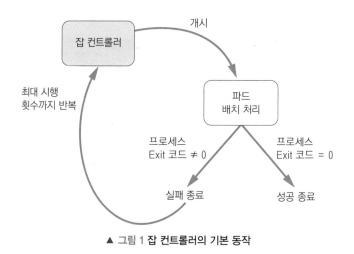

▲ 그림 1 **잡 컨트롤러의 기본 동작**

(1) 잡 컨트롤러의 동작과 사용 시 주의점

잡 컨트롤러(Job Controller)에서 잡(Job)이란 배치 처리라고 불리며, 한 묶음의 프로그램을 실행하는 기능을 말한다. 보통 잡 관리 시스템은 복수의 배치 처리에 대한 스케줄 관리, 전후 처리, 병행성 등을 관리하면서 배치 처리 전체에 대한 실행을 관리한다. 한편, 쿠버네티스의 잡 컨트롤러는 다음과 같은 특징을 가진다[1].

1. 지정한 실행 횟수와 병행 개수에 따라 한 개 이상의 파드를 실행한다.

2. 잡은 파드 내에 있는 모든 컨테이너가 정상 종료한 경우에 파드를 정상 종료한 것으로 취급한다. 여러 개의 컨테이너 중 하나라도 비정상으로 종료하면, 전부를 비정상 종료로 취급한다.

3. 잡에 기술한 파드의 실행 횟수를 전부 정상 종료하면, 잡은 종료한다. 그리고 파드의 비정상 종료에 따른 재실행 횟수의 상한에 도달해도 잡을 중단한다.

4. 노드 장애 등에 의해 잡의 파드가 제거된 경우, 다른 노드에서 파드를 재실행한다.

5. 잡에 의해 실행된 파드는 잡이 삭제될 때까지 유지된다. 그리고 잡을 삭제하면 모든 파드가 삭제된다.

잡 컨트롤러를 사용할 때는 다음 사항에 주의해야 한다.

1. 여러 프로그램의 실행 순서나 비정상 종료 시의 분기 등은 컨테이너 내 셸에서 제어해야 한다.

2. 파드 내에 여러 개의 컨테이너가 존재할 때 잡 컨트롤러는 파드 내의 모든 컨테이너가 정상 종료할 때까지 재실행을 반복한다.

3. 'kubectl get pod'로 체크했을 때 STATUS가 completed이어도 파드는 비정상 종료일 수 있다.

(2) 스케줄에 따라 파드를 제어하는 크론잡

이번에는 크론잡이라 불리는 컨트롤러에 대해 알아보자. 그림 2는 크론잡의 개념을 나타내고 있다. 크론잡은 지정한 시각에 잡을 만든다. 그렇게 생성된 파드의 개수가 정해진 수를 넘어서면, 가비지(Garbage) 수집 컨트롤러가 종료된 파드를 삭제한다.

크론잡은 정해진 시각에 잡을 실행한다. 따라서 크론잡을 이해하기 위해서는 먼저 잡에 대해 알아야 한다. 크론잡은 이번 스텝의 마지막 부분에서 다룰 것이다.

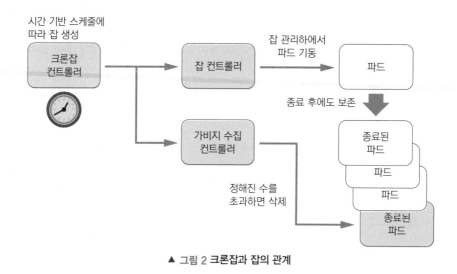

시간 기반 스케줄에
따라 잡 생성

크론잡
컨트롤러

잡 관리하에서
파드 기동

잡 컨트롤러

파드

종료 후에도 보존

가비지 수집
컨트롤러

정해진 수를
초과하면 삭제

종료된
파드

파드

파드

종료된
파드

▲ 그림 2 크론잡과 잡의 관계

10.1 잡 활용 예

아직은 잡 컨트롤러를 구체적으로 어떤 상황에서 사용해야 할지 감이 안 잡혔을 수도 있다. 그래서 잡 컨트롤러를 다른 컨트롤러와 함께 사용하는 예를 살펴보고자 한다.

(1) 동시 실행과 순차 실행

먼저 복수의 처리들 간에 순서가 없어 상호 독립적으로 실행할 수 있는 배치 처리를 생각해 볼 수 있다. 잡 컨트롤러는 복수의 노드 위에서 여러 개의 파드를 동시에 실행하여 배치 처리를 빠르게 완료할 수 있다.

대표적인 예로 대량 메일 발송, 이미지 · 동영상 · 음원 파일의 변환 처리, 대량 데이터를 포함하는 KVS형 데이터베이스 검색 등이 있다.

한편, 파드의 동시 실행수를 늘려도 리소스에 대한 경쟁이 심화되어 오히려 처리가 느려지는 경우도 있다. 그런 경우에는 동시 실행수를 작게 조절해 주는 것이 좋을 수 있다.

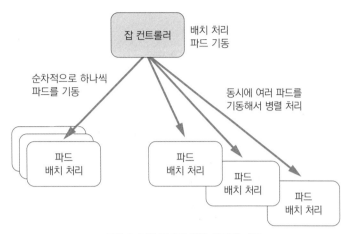

▲ 그림 3 순차 처리와 병렬 처리의 개념

(2) 파드를 실행할 노드 선택

이번에는 다양한 사양의 노드로 구성된 클러스터에서 배치 처리를 실행하는 경우를 생각해 보자. 매니페스트에 CPU 아키텍처, 코어 수, 메모리 요구량, 노드 실렉터 라벨 등이 기재된다. 마스터 노드의 스케줄러는 기재된 조건을 만족하는 적절한 노드를 선택해서 파드를 배치한다(그림 3).

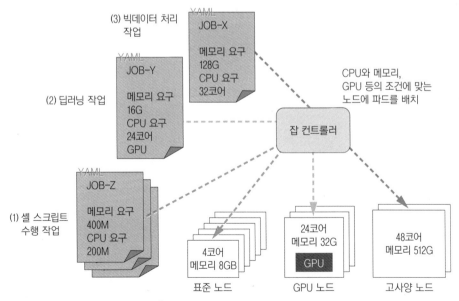

▲ 그림 4 파드의 요구 조건에 맞는 노드를 선택

(3) 온라인 배치 처리 요청

그림 5는 잡과 메시지 브로커를 조합한 예에 해당한다.

여기서는 웹을 통해 배치 처리를 요청할 수 있는 환경을 생각해 보자. 예를 들면, 기계 학습으로 기업 진단 리포트를 만드는 처리를 웹으로 요청할 수 있다.

그림의 좌측 상단을 보면 유저가 웹으로 요청 사항을 제출한다. 그러면 잡 리퀘스터가 요청을 받아 메시지 큐에 전달하고 응답 화면을 반환한다. 잡 컨트롤러의 파드는 큐에서 데이터를 꺼내 배치 처리를 수행하고, 완료 통지 메일을 유저에게 보낸다.

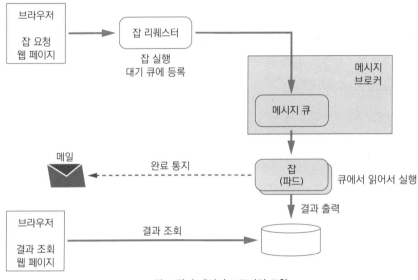

▲ 그림 5 잡과 메시지 브로커의 조합

(4) 정기 실행 배치 처리

크론잡은 설정한 시간에 정기적으로 잡을 실행한다. 따라서 데이터의 백업이나 매시간마다 실행되는 배치 처리 등에 사용할 수 있다.

10.2 잡의 실행수와 동시 실행수

잡 컨트롤러에 대한 기본 설정이라 할 수 있는 실행수(Completions)와 동시 실행수(Parallelism) 에 대해 알아보자.

파일 1은 간단한 잡을 생성하는 매니페스트다. 이를 통해 기동되는 파드는 5초간 슬립하고 정상 종료한다. 이는 실행 횟수(Completions)만큼 반복해서 실행된다.

파일 1 잡의 매니페스트: job-normal-end.yml

```
1   apiVersion: batch/v1       ## 표 1 배치잡 API
2   kind: Job
3   metadata:
4     name: normal-end
5   spec:                      ## 표 2 배치잡의 사양
6     template:
7       spec:
8         containers:
9         - name: busybox
10          image: busybox:latest
11          command: ["sh", "-c", "sleep 5; exit 0"]
12        restartPolicy: Never
13    completions: 6
14    # parallelism: 2
```

매니페스트에 나오는 항목을 표 1과 표 2에 정리했다.

▼ 표 1 배치잡 API(job v1 batch)

주요 항목	설명
apiVersion	batch/v1 설정
kind	Job 설정
metadata	name은 필수 항목으로 네임스페이스 내에서 중복 없이 설정
spec	잡 컨트롤러의 사양을 기술. 자세한 내용은 표 2 참고

※ 항목에 대한 자세한 내용은 https://kubernetes.io/docs/reference/generated/kubernetes-api/v1.14/#job-v1-batch를 참고한다. v1.14의 14를 13이나 12로 바꾸면 다른 마이너 버전의 API를 참고할 수 있다.

표 2는 잡 컨트롤러의 spec 부분에 기재하는 항목들이다. 동시 실행수(Parallelism), 실행수(Completions) 그리고 파드 템플릿을 설정한다.

▼ 표 2 잡 컨트롤러의 사양(jobSpec v1 batch)

주요 항목	설명
template	구동하는 파드에 대해 기술하는 파드 템플릿. 파드 템플릿에 대해서는 '스텝 07 매니페스트와 파드' 및 API 레퍼런스 PodSpec(https://kubernetes.io/docs/reference/generated/kubernetes-api/v1.14/#podspec-v1-core)을 참고
completion	총 실행 횟수. 0보다 큰 정수를 설정
parallelism	동시 실행을 하는 파드의 개수. completion보다 작은 값을 설정
activeDeadlineSeconds	잡의 최장 실행 시간을 초단위로 지정. 지정 시간이 지나면 강제 종료
backoffLimit	실패에 대한 최대 시행 횟수. 디폴트 값은 6. 지수 back off 지연이 적용되어 10초, 20초, 40초와 같이 점차적으로 늘어나며 최대 6분까지 연장

※ 항목에 대한 자세한 내용은 https://kubernetes.io/docs/reference/generated/kubernetes-api/v1.14/#jobspec-v1-batch를 참고한다.

실행 예 1에서는 잡 오브젝트를 만들어 파드를 실행하고 있다. 잡이 정상 종료하면 '(2) 잡의 완료 상태 확인' 부분의 SUCCESSFUL의 값이, 그 왼쪽의 DESIRED의 값과 같게 된다. SUCCESSFUL의 값이 작으면 잡이 아직 미완료 상태인 것이다.

그리고 '(3) 잡의 상세 정보' 부분에서 Events 섹션의 Age 열을 주목하기 바란다. 여기에 표시되는 값들은 이벤트가 발생하고 나서 지나간 시간을 의미한다. 이 열의 값들을 보면, 파드가 하나씩 순차적으로 실행되고 있는 것을 알 수 있다.

실행 예 1 실행 횟수 completions=6인 파드의 실행

```
## (1) 잡의 작성
$ kubectl apply -f job-normal-end.yml
job "normal-end" created

## (2) 잡의 완료 상태 확인
$ kubectl get jobs
NAME          DESIRED    SUCCESSFUL     AGE
normal-end    6          6              1m

## (3) 잡의 상세 정보
$ kubectl describe job
Name:          normal-end
Namespace:     default
<중략>


$ kubectl describe job normal-end
Name:          normal-end
<중략>


Parallelism:    1
Completions:    6
<중략>


Events:
  Type     Reason            Age     From              Message
  ----     ------            ----    ----              -------
  Normal   SuccessfulCreate  1m      job-controller    Created pod: normal-end-dkl9f
  Normal   SuccessfulCreate  56s     job-controller    Created pod: normal-end-855nm
  Normal   SuccessfulCreate  46s     job-controller    Created pod: normal-end-rpw4d
  Normal   SuccessfulCreate  37s     job-controller    Created pod: normal-end-chsbt
  Normal   SuccessfulCreate  27s     job-controller    Created pod: normal-end-qf9lm
  Normal   SuccessfulCreate  17s     job-controller    Created pod: normal-end-tvz8q
```

이번에는 파일 1의 마지막 줄에 주석으로 처리되어 있는 parallelism:2의 주석을 해제하고 실행해 보자. 먼저 같은 이름의 잡을 지우고 실행해야 한다.

실행 예 2 실행 횟수 completions=6 그리고 parallelism=2인 잡을 실행

```
## (1) 기존에 만든 잡을 삭제하고 생성
$ kubectl delete -f job-normal-end.yml
job.batch "normal-end" deleted
$ kubectl apply -f job-normal-end.yml
```

```
job.batch/normal-end created

## (2) 잡 완료 후 상세 정보 표시
$ kubectl describe job normal-end
Name:           normal-end
Namespace:      default
<중략>

Parallelism:    2
Completions:    6
<중략>

Events:
  Type    Reason           Age   From            Message
  ----    ------           ----  ----            -------
  Normal  SuccessfulCreate  27s  job-controller  Created pod: normal-end-cmfsx
  Normal  SuccessfulCreate  27s  job-controller  Created pod: normal-end-qks9d
  Normal  SuccessfulCreate  17s  job-controller  Created pod: normal-end-d4zfl
  Normal  SuccessfulCreate  14s  job-controller  Created pod: normal-end-rfcnv
  Normal  SuccessfulCreate   7s  job-controller  Created pod: normal-end-kbzqr
  Normal  SuccessfulCreate   4s  job-controller  Created pod: normal-end-ld8rr
```

실행 예 2는 completions을 6, 그리고 parallelism을 2로 설정하고 실행한 결과다. Events의 Age 열을 보면 파드가 2개씩 실행되고 있는 것을 알 수 있다.

10.3 하나의 컨테이너로 구성된 파드가 이상 종료되는 경우

여기서는 하나의 컨테이너로 구성된 파드가 이상 종료할 때 잡 컨트롤러가 어떻게 동작하는지 살펴보겠다. 파일 2의 매니페스트는 기동 후 5초 뒤에 Exit 코드 1로 종료하도록 설정했다. 그리고 'backoffLimit:3'으로 실행 횟수를 최대 3회로 제한했다. parallelism(동시 실행수)와 completions(총 실행수)에 대한 설정은 생략되어 있으므로 기본값인 1이 사용된다.

파일 2 이상 종료하는 잡의 매니페스트: job-abnormal-end.yml

```
1    apiVersion: batch/v1
2    kind: Job
3    metadata:
```

```
4       name: abnormal-end
5     spec:
6       backoffLimit: 3
7       template:
8         spec:
9           containers:
10          - name: busybox
11            image: busybox:latest
12            command: ["sh", "-c", "sleep 5; exit 1"]
13          restartPolicy: Never
```

이 매니페스트의 실행 결과를 살펴보자. 실행 예 3에서 'kubectl get job'의 결과를 보면 DESIRED는 1이고 SUCCESSFUL은 0이다. 즉, 한 개의 파드를 실행했는데 성공한 파드가 없다.

실행 예 3 이상 종료하는 잡 실행

```
$ kubectl apply -f job-abnormal-end.yml
job "abnormal-end" created

$ kubectl get jobs
NAME            DESIRED    SUCCESSFUL    AGE
abnormal-end    1          0             16s
```

파드가 이상 종료해서 재실행이 반복되는 것을 실행 예 4의 'kubectl describe job'의 결과로 확인할 수 있다. Events 섹션을 보면 처음으로 컨테이너가 기동된 이후 backoffLimit에 달할 때까지 3회, 총합 4회 기동이 실행된 것을 알 수 있다.

실행 예 4 잡의 상세 정보 출력

```
$ kubectl describe job abnormal-end
Name:            abnormal-end
Namespace:       default
Selector:        controller-uid=675821ae-7c2d-11e8-a70e-b827eb69f415
Labels:          controller-uid=675821ae-7c2d-11e8-a70e-b827eb69f415
                 job-name=abnormal-end
Annotations:     kubectl.kubernetes.io/last-applied-configuration={"apiVersion":"bat
ch/v1", "kind":"Job","metadata":{"annotations":{},"name":"abnormal-
end","namespace":"default"},"spec": {"backoffLimit":3,"template":{"s...
Parallelism:     1
Completions:     1
Start Time:      Sat, 30 Jun 2018 15:18:28 +0900
Pods Statuses:   0 Running / 0 Succeeded / 4 Failed
```

```
Pod Template:
  Labels: controller-uid=675821ae-7c2d-11e8-a70e-b827eb69f415
          job-name=abnormal-end
  Containers:
   busybox:
    Image: busybox:latest
    Port: <none>
    Command:
      sh
      -c
      sleep 5; exit 1
    Environment: <none>
    Mounts:        <none>
    Volumes:        <none>
Events:
  Type     Reason             Age   From          Message
  ----     ------             ----  ----          -------
  Normal   SuccessfulCreate    2m   job-controller   Created pod: abnormal-end-pxt4r
  Normal   SuccessfulCreate    1m   job-controller   Created pod: abnormal-end-x5pch
  Normal   SuccessfulCreate    1m   job-controller   Created pod: abnormal-end-tk4tf
  Normal   SuccessfulCreate    1m   job-controller   Created pod: abnormal-end-794n5
  Warning BackoffLimitExceeded 44s  job-controller   Job has reach the specified
backoff limit
```

참고로 저자가 미니쿠베 버전 0.28 그리고 K8s 버전 1.10에서 테스트했을 때 backoffLimit을 넘어가도 재실행이 계속되는 문제가 확인되었다. 한편, 클라우드 환경에서는 문제가 재현되지 않았다.

10.4 여러 컨테이너 중 일부가 이상 종료할 때의 동작

파드 내의 여러 컨테이너 중 하나가 이상 종료하는 경우에 잡 컨트롤러가 어떻게 동작하는지 확인하기 위해 파일 3의 매니페스트를 준비했다.

이 매니페스트를 보면 첫 번째 컨테이너는 Exit=0으로 정상 종료하고, 두 번째 컨테이너는 Exit=1로 이상 종료한다. 이 경우 파드의 종료 상태는 Completed가 되어 정상 종료한 것으로 처리된다. 반대의 경우 즉, 첫 번째 컨테이너가 이상 종료하고, 두 번째 컨테이너가 정상 종료하는 경우에는 파드의 종료 상태에 Error가 표시되어 파드가 이상 종료한 것으로 취급된다. 직접 확인해 보자.

파일 3 두 번째 컨테이너가 이상 종료하는 매니페스트: job-container-failed.yml

```
1   apiVersion: batch/v1
2   kind: Job
3   metadata:
4     name: two-containers
5   spec:
6     template:
7       spec:
8         containers:
9         - name: busybox1
10          image: busybox:1
11          command: ["sh", "-c", "sleep 5; exit 0"]
12        - name: busybox2
13          image: busybox:1
14          command: ["sh", "-c", "sleep 5; exit 1"]
15        restartPolicy: Never
16      backoffLimit: 2
```

실행 예 5에서 '(2) 파드의 종료 상태'에 주목하기 바란다. 파드의 STATUS를 보면 Completed 로 문제가 없어 보인다. 그러나, '(1) 잡의 상태'의 Events 섹션을 보면 재실행이 반복되어 backoffLimit에 도달한 것을 알 수 있다.

실행 예 5 두 번째 컨테이너가 이상 종료하는 경우의 동작

```
## (1) 잡의 상태
$ kubectl describe job
Name:           two-containers
Namespace:      default
<중략>

Events:
Type     Reason              Age   From           Message
----     ------              ----  ----           -------
Normal   SuccessfulCreate    39s   job-controller Created pod: three-containers-4hpk6
Normal   SuccessfulCreate    32s   job-controller Created pod: three-containers-gfjtn
Normal   SuccessfulCreate    22s   job-controller Created pod: three-containers-qs4rx
Warning  BackoffLimitExceeded 2s   job-controller Job has reached the specified
backoff limit
```

```
## (2) 파드의 종료 상태
$ kubectl get pod
NAME                   READY  STATUS      RESTARTS  AGE
two-containers---4hpk6  0/2    Completed   0         47s
three-containers-gfjtn  0/2    Completed   0         40s
three-containers-qs4rx  0/2    Completed   0         30s
```

즉, 잡 컨트롤러는 'kubectl get pod'에 나오는 STATUS의 값을 참조하지 않는다. 파드 내의 컨테이너가 모두 정상 종료하는 것을 기준으로 재실행을 반복한다.

10.5 소수 계산 컨테이너와 잡 컨트롤러

잡 컨트롤러의 기본 동작을 살펴봤으니, 배치 처리를 위한 컨테이너를 만들고 실행해 보자.

쿠버네티스의 잡 컨트롤러는 수치 계산 관련 처리에 자주 사용된다. 여기서는 수치 계산에서 자주 사용되는 파이썬의 패키지 NumPy[2]를 사용해 보자. 소수를 만들어 출력하는 프로그램을 NumPy로 만들어 볼 것이다. 먼저 이미지를 빌드하기 위한 디렉터리를 만든다.

실행 예 6 이미지 빌드를 위한 디렉터리와 파일 목록

```
$ tree job_prime_number/
job_prime_number/
├── Dockerfile          # 이미지 빌드 파일
├── pn_job.yml          # 잡 컨트롤러 매니페스트
├── prime_numpy.py      # 소수 계산 프로그램
└── requirements.txt    # 파이썬 모듈 버전 목록
```

먼저 prime_number.py에 대해 알아보자. 이 코드는 환경 변수로부터 시작값과 판정할 개수를 읽어서 범위에 속한 정수들을 전부 배열에 담는다. 그리고 소수를 판정하는 함수 isprime으로 소수 여부를 판정하여 소수인 숫자만을 표준 출력에 출력한다. 이는 환경 변수로부터 파라미터를 받아서 계산을 수행하는 전형적인 배치 프로그램의 구조를 따른다.

이러한 수치 계산 프로그램은 파라미터로 전달받은 숫자의 범위에 따라 필요한 메모리 용량이 바뀌며, 계산이 종료될 때까지 걸리는 시간도 바뀐다. 이러한 특성을 가진 채 파드가 노드에 스

케줄되면, 실행 중에 노드의 메모리가 부족하여 비정상 종료할 가능성이 있다.

만약에 계산 도중에 메모리 부족으로 비정상 종료하면, 잡 컨트롤러는 다시 비어 있는 노드에서 파드를 실행한다. 물론 사전에 매니페스트에 충분한 메모리 요구량을 기술해 놓으면 메모리 부족으로 정지할 가능성이 줄어들 것이다.

파일 4 소수 계산 프로그램: prime_number.py

```
1    #!/usr/bin/env python
2    # -*- coding: utf-8 -*-
3    # 소수 계산 프로그램
4    import os
5    import numpy as np
6    import math
7    np.set_printoptions(threshold='nan')
8
9    ## 소수 판정 함수
10   def is_prime(n):
11       if n % 2 == 0 and n > 2:
12           return False
13       return all(n % i for i in range(3, int(math.sqrt(n)) + 1, 2))
14
15   ## 환경 변수로부터 소수 계산 범위를 받음
16   ## 배열 가운데에서 개시 번호에서 종료 번호까지 순차적으로 숫자를 나열함
17   nstart = eval(os.environ.get("A_START_NUM"))
18   nsize  = eval(os.environ.get("A_SIZE_NUM"))
19   nend   = nstart + nsize
20   ay     = np.arange(nstart, nend)
21
22   ## 소수 판정 함수의 벡터화
23   pvec = np.vectorize(is_prime)
24
25   ## 배열에 적용
26   primes_tf = pvec(ay)
27
28   ## 소수만 추출해서 출력
29   primes = np.extract(primes_tf, ay)
30   print primes
```

NumPy는 무척 편리한 라이브러리다. 루프 없이 배열을 하나로 다룰 수 있어 코드의 가독성이 높아진다.

이어서 파일 5에는 설치할 파이썬의 라이브러리와 버전을 기재한다.

파일 5 pip로 설치할 패키지 목록: requirements.txt

```
1    numpy==1.14.1
```

다음으로 이미지 빌드 파일인 Dockerfile을 살펴보자. 여기서는 파이썬 공식 컨테이너를 사용했다. 앞서 살펴본 Requirements.txt와 prime_number.py를 컨테이너에 복사하고, pip로 패키지를 설치한 후 CMD로 파이썬 코드가 실행되도록 설정했다.

파일 6 소수 계산 프로그램을 포함한 이미지를 빌드하는 Dockerfile

```
1    FROM python:2
2    COPY ./requirements.txt /requirements.txt
3    COPY ./prime_numpy.py /prime_numpy.py
4    RUN pip install --no-cache-dir -r /requirements.txt
5    CMD [ "python", "/prime_numpy.py" ]
```

이어서 실행 예 7과 같이 이미지를 빌드한다.

실행 예 7 이미지 빌드

```
$ docker build -t pn_generator .
Sending build context to Docker daemon 5.632kB
Step 1/5 : FROM python:2
 ---> 0fcc7acd124b

<중략>

Successfully built d65e5a4d19b6
Successfully tagged pn_generator:latest
```

이어서 쿠버네티스 클러스터의 각 노드에서 다운로드할 수 있도록 원격 리포지터리에 이미지를 등록한다. 다음 실행 예에서 저자의 리포지터리 maho(https://hub.docker.com/r/maho/)는 독자 여러분의 리포지터리로 바꾸어 실행하도록 한다.

실행 예 8 도커 허브에 로그인하여 빌드한 이미지를 등록

```
## 도커 허브에 로그인
$ docker login
Login with your Docker ID to push and pull images from Docker Hub. If you don't have
a Docker ID, head over to https://hub.docker.com to create one.
```

```
Username: maho
Password: **********
Login Succeeded

## 원격 리포지터리의 태그 부여
$ docker tag pn_generator:latest maho/pn_generator:0.1

## 원격 리포지터리에 등록
$ docker push maho/pn_generator:0.1
The push refers to repository [docker.io/maho/pn_generator]
3a6a0d30154a: Pushed
<중략>
a2e66f6c6f5f: Mounted from library/python
0.1: digest: sha256:5f6fdab41889b70839bcf2eaf8fd694acf97be359188743eb90a3922b2a45653
size: 2848
```

이미지가 준비되었으면 매니페스트를 만들도록 하자. 소수 계산 프로그램에 넘겨줄 인자는 매니페스트에서 환경 변수로 지정한다.

파일 7 파이썬 컨테이너를 실행하는 잡 컨트롤러의 매니페스트: pn_job.yaml

```
1    apiVersion: batch/v1
2    kind: Job
3    metadata:
4      name: pn-gen
5    spec:
6      template:
7        spec:
8          containers:
9          - name: pn-generator
10           image: maho/pn_generator:0.1
11           env:
12           - name: A_START_NUM
13             value: "2"
14           - name: A_SIZE_NUM
15             value: "10**5"
16          restartPolicy: Never
17      backoffLimit: 4
```

이 매니페스트를 배포하여 잡 컨트롤러를 통해 파드를 기동시킨다. 처리는 수 초만에 끝나며 'kubectl get job'의 결과를 보면 SUCCESSFUL의 값이 증가한 것을 확인할 수 있다. 잡 컨트롤러의 오브젝트는 삭제될 때까지 남아 있으며, 삭제하면 파드도 함께 삭제된다.

```
$ kubectl apply -f pn_job.yml
job "prime-number" created

$ kubectl get job
NAME            DESIRED    SUCCESSFUL    AGE
prime-number    1          1             1h
```

잡의 실행 결과를 확인하기 위해서는 파드의 로그를 보면 된다. 실행 예 10처럼 파드 목록을 출력한 후, 파드의 로그를 출력하면 된다.

1. kubectl get pod .... 파드 목록 출력
2. kubectl logs 〈파드명〉 ...... 계산 결과 출력

실행 예 10 잡의 실행 결과 표시

```
## (1) 잡의 파드 표시
$ kubectl get pod
NAME                    READY    STATUS        RESTARTS    AGE
prime-number-9l7cm      0/1      Completed     0           1h

## (2) 파드의 실행 결과 표시
$ kubectl logs prime-number-9l7cm
[    2      3      5      7     11     13     17     19     23     29     31     37
     41     43     47     53     59     61     67     71     73     79     83     89
     97    101    103    107    109    113    127    131    137    139    149    151
    157    163    167    173    179    181    191    193    197    199    211    223
    227    229    233    239    241    251    257    263    269    271    277    281
```

실무에서는 보통 계산 결과를 다른 프로그램에서 읽을 수 있도록 NoSQL 데이터베이스나 오브젝트 스토리지에 저장하는 식으로 개발이 이루어진다.

10.6 메시지 브로커와의 조합

메시지 브로커와 잡 컨트롤러를 조합한 사용 예를 살펴보자. 둘을 조합하면 파드가 메시지 브로커로부터 인자를 받을 수 있게 되어 매니페스트에 인자를 기술할 필요가 없어진다.

앞서 우리가 실습한 소수 계산 프로그램이 만들 수 있는 소수의 수에는 제한이 있었다. 왜냐하면 컨테이너가 하나의 노드에서 사용할 수 있는 메모리 용량에 제한이 있기 때문이다. 이를 해결하려면 계산 범위를 분할해서 여러 파드에서 병렬적으로 계산을 수행하면 된다. 또한, 노드의 개수를 늘리면 더욱 계산 능력을 높일 수 있을 것이다.

그런데 분할된 범위마다 매니페스트를 준비한다고 하면 매니페스트를 편집하는 것만으로도 많은 시간이 소요될 것이다. 따라서 여기서는 메시지 브로커를 사용한다. 그래서 파드가 기동된 후, 컨테이너의 계산 범위를 메시지 브로커에서 전달받을 것이다. 그러면 계산 범위 파라미터를 메시지 브로커에 보내는 것만으로, 잡의 파드는 파라미터를 수령받아 각각의 담당 범위를 계산하게 된다.

다음 그림은 잡과 메시지 브로커를 이용한 병렬 처리를 표현한 것이다.

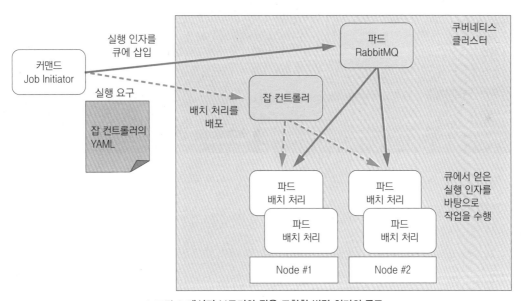

▲ 그림 6 메시지 브로커와 잡을 조합한 병렬 처리의 구조

그림 6에 대한 자세한 설명은 다음과 같다.

1. Job Initiator는 계산할 범위를 분할하여 큐에 전송하고 병렬 수와 반복 횟수를 지정하여 잡 컨트롤러의 오브젝트를 생성한다. 큐에 전송하는 기능은 RabbitMQ의 파이썬 라이브러리를 사용한다. 그리고 잡 컨트롤러의 오브젝트를 만드는 기능은 kubectl을 사용하는 대신 쿠버네티스의 파이썬 클라이언트 라이브러리를 사용한다.

2. RabbitMQ는 디플로이먼트로 쿠버네티스에 배포된다. 그리고 K8s 클러스터 외부에 있는 Job Initiator가 접근할 수 있도록 NodePort 타입의 서비스를 사용한다.

3. 잡 컨트롤러는 Job Initiator에 의해 만들어진다.

4. '파드 배치 처리'는 소수 계산 프로그램이 돌아가는 파드다. RabbitMQ의 큐에서 계산 구간의 시작과 끝을 인자로 입력받아 그 범위의 소수를 찾아서 표준 출력으로 출력한다.

다음이 이번 실습을 위한 파일과 디렉터리의 목록이다.

실행 예 11 파이썬 프로그램의 컨테이너 이미지를 만들기 위한 파일들

```
$ tree job_w_msg_broker/
job_w_msg_broker/
├── job-initiator
│   ├── Dockerfile
│   └── py
│       └── job-initiator.py
├── pn_generator-que
│   ├── Dockerfile
│   ├── prime_numpy.py
│   └── requirements.txt
└── taskQueue-deploy.yml

3 directories, 6 files
```

실행 예 11을 해석하면 다음과 같다.

job_w_msg_broker 디렉터리 밑에 2개의 디렉터리와 하나의 파일이 있다.

1. job-initiator의 디렉터리에는 Job Initiator의 이미지를 빌드하기 위한 파일들이 있다.

2. pn-generator-que 디렉터리에는 소수 계산 프로그램의 이미지를 만들기 위한 파일들이 있다.

3. taskQeueu-deploy.yml은 RabbitMQ의 매니페스트 파일이다.

이 중에서 pn-generator-que와 taskQueue-deploy.yml에 대해 살펴보자. job-initiator에 대해서는 다음 절에서 살펴볼 것이다.

(1) 디렉터리 pn-generator-que

소수 계산 프로그램 prime_numpy.py는 표준 입력으로 전달받은 계산 범위를 바탕으로 소수
생성 함수를 호출한다.

파일 8 표준 입력으로 범위를 전달받아서 소수 계산: prime_numpy.py

```
1    #!/usr/bin/env python
2    # -*- coding: utf-8 -*-
3
4    import sys
5    import os
6    import numpy as np
7    import math
8    np.set_printoptions(threshold='nan')
9
10   # 소수 판정 함수
11   def is_prime(n):
12       if n % 2 == 0 and n > 2:
13           return False
14       return all(n % i for i in range(3, int(math.sqrt(n)) + 1, 2))
15
16   # 소수 생성 함수
17   def prime_number_generater(nstart, nsize):
18       nend = nstart + nsize
19       ay = np.arange(nstart, nend)
20       # 소수 판정 함수를 벡터화
21       pvec = np.vectorize(is_prime)
22       # 배열 요소에 적용해서 판정표
23       primes_t = pvec(ay)
24       # 소수만을 추출해서 표시
25       primes = np.extract(primes_t, ay)
26       return primes
27
28   if __name__ == '__main__':
29       p = sys.stdin.read().split(",")
30       print p
31       print prime_number_generater(int(p[0]),int(p[1]))
```

파이썬 패키지 목록인 requirements.txt에는 변경 사항이 없다.

파일 9 설치할 파이썬 패키지 목록: requirements.txt

```
1    numpy==1.14.1
```

Dockerfile은 조금 특징이 있다. 마지막 줄의 CMD에 주목하기 바란다. 여기서는 RabbitMQ의 클라이언트가 큐에서 데이터를 읽어 파이썬 코드의 표준 입력으로 전달하고 있다. 덕분에 파이썬 코드는 거의 수정하지 않을 수 있었다.

파일 10 Dockerfile

```
1    FROM ubuntu:16.04
2    RUN apt-get update && \
3        apt-get install -y curl ca-certificates amqp-tools python python-pip
4
5    COPY ./requirements.txt requirements.txt
6    COPY ./prime_numpy.py /prime_numpy.py
7    RUN pip install --no-cache-dir -r /requirements.txt
8
9    CMD /usr/bin/amqp-consume --url=$BROKER_URL -q $QUEUE -c 1 /prime_numpy.py
```

(2) RabbitMQ를 기동하는 매니페스트

RabbitMQ(https://www.rabbitmq.com/)는 매우 유명한 메시지 브로커다. 여기서는 도커 허브에 공식 등록된 이미지(https://hub.docker.com/_/rabbitmq/)를 사용하여 디플로이먼트로 기동할 것이다.

파일 11인 taskQueue-deploy.yml은 RabbitMQ를 기동하는 매니페스트 파일이다. 서비스 타입으로 NodePort를 설정하고 있어, Job Initiator가 RabbitMQ에 파라미터를 전달한다.

파일 11 RabbitMQ를 배포하는 매니페스트: taskQueue-deploy.yml

```
1    ## RabbitMQ 디플로이먼트
2    apiVersion: apps/v1
3    kind: Deployment
4    metadata:
5      name: taskqueue
6    spec:
7      selector:
8        matchLabels:
9          app: taskQueue
10     replicas: 1
11     template:
12       metadata:
13         labels:
```

```
14            app: taskQueue
15      spec:
16        containers:
17        - image: rabbitmq    ## 공식 RabbitMQ 이미지
18          name: rabbitmq
19          ports:
20          - containerPort: 5672
21          resources:
22            limits:
23              cpu: 100m
24    ---
25    ## RabbitMQ NodePort 서비스
26    apiVersion: v1
27    kind: Service
28    metadata:
29      name: taskqueue
30    spec:
31      type: NodePort
32      ports:
33      - port: 5672
34        nodePort: 31672    # 이미 사용 중이라면 다른 번호를 사용한다.
35      selector:
36        app: taskQueue
```

10.7 쿠버네티스 API 라이브러리 사용

Job Initiator는 파이썬으로 작성된 프로그램으로, 매니페스트를 동적으로 만들어 잡 컨트롤러를 생성한다. 이를 위해 클라이언트 API 라이브러리[3]를 사용한다.

job-initiator 디렉터리의 py/job-initiator.py의 내용을 살펴보자. 다음 파이썬 코드는 크게 (a) 메시지 브로커에 접속하는 함수, (b) 잡 컨트롤러의 매니페스트 생성 함수, (c) 계산 범위를 큐에 넣고 매니페스트를 전송하는 메인 함수로 구성된다. 이 코드는 PC에 설치된 도커에서 실행할 것을 가정하였다.

```
1    #!/usr/bin/env python
2    # -*- coding:utf-8 -*-
3
4    from os import path
5    import yaml
6    import pika
7    from kubernetes import client, config
8
9    OBJECT_NAME = "pngen"
10   qname = 'taskqueue'
11
12   ## (a) 메시지 브로커에 접속하는 함수
13   def create_queue():
14       qmgr_cred= pika.PlainCredentials('guest', 'guest')  # (a1) 유저 ID, 비밀번호
15       qmgr_host='172.16.20.11'                            # (a2) 노드의 IP 주소
16       qmgr_port='31672'                                   # (a3) NodePort 번호
17       qmgr_pram = pika.ConnectionParameters(
18               host=qmgr_host,
19         port=qmgr_port,
20         credentials=qmgr_cred)
21       conn = pika.BlockingConnection(qmgr_pram)
22       chnl = conn.channel()
23       chnl.queue_declare(queue=qname)
24       return chnl
25
26   ## (b) 잡 컨트롤러의 매니페스트 생성 함수
27   def create_job_manifest(n_comp, n_para):
28       container = client.V1Container(
29           name="pn-generator",
30           image="maho/pn_generator:0.7", # (b1) 이미지의 리포지터리
31           # (b2) 컨테이너 환경 변수
32           env=[
33               client.V1EnvVar(name="BROKER_URL",value="amqp://guest:guest@
taskqueue:5672"),
34               client.V1EnvVar(name="QUEUE",value="taskqueue")
35           ]
36       )
37       template = client.V1PodTemplateSpec(
38           spec=client.V1PodSpec(containers=[container],
39                                 restart_policy="Never"
40           ))
41       spec = client.V1JobSpec(
```

```
42              backoff_limit=4,
43              template=template,
44              completions=n_comp,
45              parallelism=n_para)
46      job = client.V1Job(
47              api_version="batch/v1",
48              kind="Job",
49              metadata=client.V1ObjectMeta(name=OBJECT_NAME),
50              spec=spec)
51      return job
52
53  ## (c) 메인 함수
54  if __name__ == '__main__':
55
56      # (c1) 분할된 소수 계산 범위
57      job_parms = [[1,1000],[1001,2000],[2001,2000],[3001,4000]]
58      completions = len(job_parms)
59      parallelism = 2 # (c1a) 병렬 수
60
61      # (c2) 큐에 기록하기
62      queue = create_queue()
63      for param_n in job_parms:
64          param = str(param_n).replace('[','').replace(']','')
65          queue.basic_publish(exchange='',routing_key=qname,body=param)
66
67      # (c3) kubectl의 .kube를 읽어 K8s 마스터에 요청 송신
68      config.load_kube_config()
69      client.BatchV1Api().create_namespaced_job(
70          body=create_job_manifest(completions, parallelism), namespace="default")
```

'(a) 메시지 브로커에 접속하는 함수'에서는 K8s 클러스터에서 동작 중인 RabbitMQ에 접속한다. '(a1) 유저 ID와 패스워드'는 공식 이미지에 있는 것을 그대로 사용한다. '(a2) 노드의 IP 주소'는 K8s 클러스터를 구성하는 노드의 IP 주소다. K8s 클러스터상의 어떤 노드에 접근해도 목표로 하는 RabbitMQ의 파드에 전달된다. 미니쿠베 환경에서는 '(a2) 노드의 IP 주소'는 qmgr_host='192.168.99.100'이 된다. 그리고 Job Initiator는 K8s 클러스터 외부에서 돌아가기 때문에 K8s 클러스터 내부의 DNS는 이용할 수 없고 IP 주소를 반드시 지정해야 한다.

'(b) 잡 컨트롤러의 매니페스트 생성 함수'에서는 매니페스트를 동적으로 만들어 K8s 마스터 노드에 전송한다.

'(b1) 이미지의 리포지터리'에는 도커 허브에 등록한 여러분의 리포지터리를 설정하도록 한다.

'(b2) 컨테이너 환경 변수'에 기재된 환경 변수는 특별히 수정하지 않아도 된다. 이 코드를 통해 생성되는 잡 컨트롤러는 K8s 클러스터 내에 있기 때문에 BROKER_URL에 기재한 taskqueue 라는 서비스의 이름으로 브로커에 접속할 수 있다. 마찬가지 이유로 포트번호는 NodePort 타입 으로 외부에 공개한 31672이 아니라 내부 포트인 5672를 기재해야 한다.

'(c) 메인 함수'는 '(c1) 분할된 소수 계산 범위', '(c2) 큐에 기록', '(c3) kubectl의 .kube를 읽어 K8s 마스터에 요청 송신' 세 부분으로 구성된다. '(c1) 분할된 소수 계산 범위'에서는 소수 생성 시작값과 크기 4쌍을 배열로 선언했다. 이 정도 범위에 대한 계산은 문제 없이 금방 종료되지만, 값이 커지면 어떤 문제가 발생할지 쉽게 확인해 볼 수 있다. '(c1a) 병렬 수'는 노드의 개수나 CPU의 코어 수 등을 고려하여 기재한다. '(c2) 큐에 기록'은 소수 계산 범위를 문자열로 큐에 기록한다. '(c3) kubectl의 .kube를 읽어 K8s 마스터에 요청 송신'에서는 kubectl이 K8s 클러스터에 접속하는 정보를 바탕으로 K8s 클러스터에 접속한다. 그리고 동적으로 만든 매니페스트를 마스터에 송신한다.

이전에는 kubectl과 YAML 파일을 바탕으로 K8s 클러스터를 조작했는데, 이번에는 K8s 클라이언트 API 라이브러리(https://github.com/kubernetes−client)를 사용했다. 자바, 자바스크립트, 파이썬, C#, 루비, Go 등의 프로그래밍 언어를 사용해서 K8s 클러스터 조작을 자동화할 수 있다. 이번 절에서는 파이썬의 클라이언트 라이브러리(https://github.com/kubernetes−client/python/blob/master/kubernetes/README.md)를 사용했다.

부가적으로 K8s 클라이언트 API 라이브러리의 구성과 소스 코드를 살펴보는 것을 추천한다. 구글이 강조하는 Site Reliability Engineering(SRE)의 역량을 쌓는 데도 큰 도움이 될 것이다.

10.8 실행

이제 소수 계산 프로그램의 이미지를 빌드하고 리포지터리에 등록한 후 쿠버네티스에 배포하여 잡 컨트롤러를 만들어 보자. 먼저 'pn-generator-que' 디렉터리에서 이미지를 빌드하여 도커 허브에 등록한다. 여기서도 도커 허브의 리포지터리는 독자 여러분의 주소로 바꾸기 바란다.

```
## 이미지 빌드
$ docker build --tag pn_generator:0.2 .
Sending build context to Docker daemon 4.608kB
Step 1/6 : FROM ubuntu:16.04
---> 5e8b97a2a082
<중략>
---> Using cache
---> 4ccb7d0a4c3b
Successfully built 4ccb7d0a4c3b
Successfully tagged pn_generator:0.2

## 태그 붙이기
$ docker tag pn_generator:0.2 maho/pn_generator:0.2

## 원격 리포지터리에 푸시
$ docker push maho/pn_generator:0.2
The push refers to repository [docker.io/maho/pn_generator]
<중략>
0.2: digest: sha256:c5a9a2045556ffc84c53993b479a4704c598f7f6ef0229b5fce5d705c8967ceb
size: 2196
```

K8s 클러스터에 RabbitMQ를 배포한다. 그 결과 RabbitMQ의 NodePort가 열리게 된다.

실행 예 13 RabbitMQ 배포

```
$ kubectl get node
NAME        STATUS   ROLES    AGE   VERSION
minikube    Ready    master   6m    v1.14.0

$ kubectl apply -f taskQueue-deploy.yml
deployment "taskqueue" created
service "taskqueue" created

$ kubectl get pod,svc
NAME                            READY   STATUS    RESTARTS   AGE
po/taskqueue-7dd6789f9-klsgh    1/1     Running   0          23s

NAME             TYPE        CLUSTER-IP     EXTERNAL-IP   PORT(S)          AGE
svc/kubernetes   ClusterIP   10.96.0.1      <none>        443/TCP          7m
svc/taskqueue    NodePort    10.99.248.92   <none>        5672:31672/TCP   23s
```

job-initiator의 디렉터리에서 컨테이너의 이미지를 빌드한다.

실행 예 14 job-initiator 컨테이너 이미지 빌드

```
##
$ docker build --tag job-init:0.1 .
Sending build context to Docker daemon 5.632kB
Step 1/8 : FROM ubuntu:16.04
---> 5e8b97a2a082
<중략>
---> c860c2143fc0
Successfully built c860c2143fc0
Successfully tagged job-init:0.1
```

빌드가 끝나면 빌드가 끝난 디렉터리에서 컨테이너를 기동한다. 이때 '-v' 옵션을 사용하여 3개의 디렉터리를 컨테이너에 마운트한다.

- -v pwd/py:/py 파이썬 코드가 있는 디렉터리다.
- -v ~/.kube:/root/.kube kubectl이 사용하는 설정 파일의 위치다.
- -v ~/.minikube:/Users/maho/.minikube PC에서 미니쿠베를 사용할 때 필요한 옵션이다.
  '~/.minikube'는 미니쿠베가 K8s 클러스터에 접속할 때 필요한 증명서의 위치다.

이상으로 PC에서 돌아가는 컨테이너에서 kubectl 명령어를 사용할 수 있게 되었다. 실행 예 15에서는 앞서 빌드한 이미지를 기동하여 컨테이너에서 kubectl 명령어를 실행하고 있다.

실행 예 15 대화형 컨테이너를 기동하여 kubectl 실행

```
$ docker run -it --rm --name kube -v `pwd`/py:/py -v ~/.kube:/root/.kube -v
~/.minikube:/Users/maho/.minikube job-init:0.1 bash

root@053cac7dc629:/# kubectl get node
NAME       STATUS    ROLES     AGE    VERSION
minikube   Ready     master    19m    v1.14.0
```

컨테이너에서 '/py'로 이동하여 파이썬 코드를 실행한다. 미니쿠베에서는 실행 전에 파이썬 코드의 '(a2) 노드의 IP 주소'를 변경하는 것을 잊지 않도록 한다.

```
root@053cac7dc629:/py# pwd
/py
root@053cac7dc629:/py# python job-initiator.py
```

이 파이썬 코드를 실행하면 잡 컨트롤러의 오브젝트가 만들어져 그 관리하에 파드가 실행된다.
소수 출력 결과는 파드의 로그에서 확인할 수 있다.

실행 예 17 잡 컨트롤러 실행 상태 및 결과 출력

```
$ kubectl get jobs,pod -a
NAME          DESIRED    SUCCESSFUL    AGE
jobs/pngen    4          4             11m

NAME                         READY    STATUS       RESTARTS    AGE
po/pngen-48jqb               0/1      Completed    0           11m
po/pngen-dsthf               0/1      Completed    0           11m
po/pngen-fcdn7               0/1      Completed    0           11m
po/pngen-hfzsf               0/1      Completed    0           11m
po/taskqueue-7dd6789f9-klsgh 1/1      Running      0           27m

$ kubectl logs po/pngen-48jqb
['1001', ' 2000']
[1009 1013 1019 1021 1031 1033 1039 1049 1051 1061 1063 1069 1087 1091
 1093 1097 1103 1109 1117 1123 1129 1151 1153 1163 1171 1181 1187 1193
 1201 1213 1217 1223 1229 1231 1237 1249 1259 1277 1279 1283 1289 1291
 1297 1301 1303 1307 1319 1321 1327 1361 1367 1373 1381 1399 1409 1423
 1427 1429 1433 1439 1447 1451 1453 1459 1471 1481 1483 1487 1489 1493
```

재실행할 때는 앞서 만든 잡을 지우고 실행해야 한다.

실행 예 18 잡 컨트롤러 오브젝트 삭제

```
$ kubectl get job
NAME      DESIRED    SUCCESSFUL    AGE
pngen     4          4             19m

$ kubectl delete job pngen
job "pngen" deleted
```

10.9 크론잡

크론잡은 cron 형식으로 기술된 스케줄에 맞춰서 잡을 실행하는 컨트롤러다[4, 5]. 크론(cron)은 UNIX 계열의 운영체제에 구현된 타임 기반의 스케줄러다. 오래된 매뉴얼에는 'cron is clock daemon'이라는 설명이 있다. 다른 한편으로는 시간의 신인 크로노스(Cronos)에서 이름이 유래했다는 문서도 있다[6].

크론잡을 사용하면 이를테면 '매일 0시에 데이터베이스 백업 실시', '9시부터 17시까지의 업무 시간 중 한 시간에 한 번 배치 처리 수행'처럼 정해진 시간에 잡 컨트롤러하의 파드를 실행할 수 있다.

파일 13을 통해 크론잡의 매니페스트 작성법을 살펴보자. 특징적인 부분은 schedule로, 여기에 crontab 형식으로 스케줄을 기재한다. 그리고 jobTemplate에 파드 템플릿을 기록한다.

파일 13 크론잡을 실행하는 매니페스트 cron-job.yml

```
1   apiVersion: batch/v1beta1      ## 표 3 크론잡 API
2   kind: CronJob
3   metadata:
4     name: hello
5   spec:                          ## 표 4 크론잡 사양
6     schedule: "*/1 * * * *"
7     jobTemplate:
8       spec:
9         template:
10          spec:
11            containers:
12            - name: hello
13              image: busybox
14              args:
15              - /bin/sh
16              - -c
17              - date; echo Hello from the Kubernetes cluster
18            restartPolicy: OnFailure
```

▼ 표 3 크론잡 API(Cronjob v1beta1 batch)

주요 항목	설명
apiVersion	batch/v1beta1 설정
kind	Cronjob 설정
metadata	name은 필수 항목으로 네임스페이스 내 중복이 없도록 유일한 이름을 설정
spec	잡 사양. 자세한 내용은 표 2 참고

※ API의 자세한 내용은 https://kubernetes.io/docs/reference/generated/kubernetes-api/v1.14/#cronjob-v1beta1-batch를 참고한다.

▼ 표 4 크론잡 사양(CronjobSpec v1beta1 batch)

주요 항목	설명
schedule	cron 형식으로 스케줄을 기술(자세한 내용은 뒤에 서술). 시간은 UTC 기준을 따름
jobTemplate	잡의 템플릿. 주 내용은 파드 템플릿
startingDeadlineSeconds	잡이 시작되고 대기할 시간을 초단위로 지정. 지정한 시간 내에 시작을 못하면 취소됨
concurrencyPolicy	다음 정책 중 하나를 선택 • Allow: 동시 실행 허가(디폴트) • Forbid: 이전 잡이 미완료인 경우에는 스킵 • Replace: 이전 미완료 잡을 중단하고 새로 실행
suspend	디폴트는 False. True로 하면 다음 스케줄이 정지됨
successfulJobsHistoryLimit	디폴트는 3. 지정 횟수만큼의 성공한 잡이 보존됨
failedJobsHistoryLimit	디폴트는 1. 지정 횟수만큼의 실패한 잡이 보존됨

※ API의 자세한 내용은 https://kubernetes.io/docs/reference/generated/kubernetes-api/v1.14/#cronjobspec-v1beta1-batch를 참고한다.

파일 14 cron 형식의 스케줄 작성 방법과 필드 설명

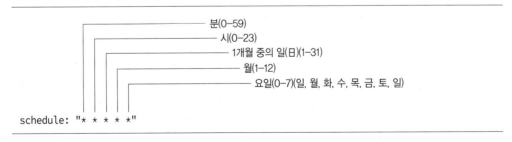

분(0-59)
시(0-23)
1개월 중의 일(日)(1-31)
월(1-12)
요일(0-7)(일, 월, 화, 수, 목, 금, 토, 일)

schedule: "* * * * *"

지정 방법	예	설명
리스트	0,10,45	분 단위에서는 0분, 10분, 45분에 실행
범위	6-9	월 단위에서는 6월~9월에 실행
공존	1,6-9	월 단위에서는 1월, 6월~9월에 실행
간격	*/5	분 단위에서 5분 간격으로 실행

실행 예 19는 파일 13의 매니페스트로 크론잡을 실행한 결과다. 잡의 이름에 UNIX 시간이 쓰여 있다. 그리고 파드의 이름에는 병행 실행된 경우를 위해 잡의 이름 뒤에 해시 문자열이 추가로 쓰여 있다.

실행 예 19 크론잡 실행 결과

```
## (1) 크론잡 실행 개시
$ kubectl apply -f cron-job.yml
cronjob "hello" created


## (2) 약 4분 후에 실행 상태를 확인
$ kubectl get cronjobs
NAME    SCHEDULE       SUSPEND    ACTIVE    LAST SCHEDULE AGE
hello   */1 * * * *    False      1         7s            4m


## (3) 잡의 목록 표시
$ kubectl get jobs
NAME               DESIRED    SUCCESSFUL    AGE
hello-1533904380   1          1             2m
hello-1533904440   1          1             1m
hello-1533904500   1          1             12s


## (4) 종료된 파드의 목록, 잡은 파드로 실행되어 3개까지 보존
$ kubectl get pods
NAME READY STATUS RESTARTS AGE
hello-1533904380-jjnm5 0/1 Completed 0 2m
hello-1533904440-kqzw6 0/1 Completed 0 1m
hello-1533904500-h76f4 0/1 Completed 0 17s


## (5) 잡의 실행 결과 표시
$ kubectl logs hello-1533904380-jjnm5
Fri Aug 10 12:33:08 UTC 2018
Hello from the Kubernetes cluster
```

```
$ kubectl logs hello-1533904440-kqzw6
Fri Aug 10 12:34:07 UTC 2018
Hello from the Kubernetes cluster

$ kubectl logs hello-1533904500-h76f4
Fri Aug 10 12:35:07 UTC 2018
Hello from the Kubernetes cluster
```

Step 10 마무리

이번 스텝에서 배운 내용을 정리하면 다음과 같다.

- 잡 컨트롤러는 일괄 처리 타입의 워크로드에 적합하다.
- 잡 컨트롤러 관리하의 파드 위에서 돌아가는 컨테이너가 비정상 종료하면 재실행 횟수의 상한치에 도달하거나, 정상 종료할 때까지 반복해서 파드가 실행된다.
- 잡 컨트롤러와 메시지 브로커를 조합하면 기동 후 컨테이너 파라미터를 전달하는 것이 가능하다.
- K8s 클라이언트 API 라이브러리를 사용하면 매니페스트를 프로그래밍적으로 생성하여 쿠버네티스에 대한 조작을 자동화할 수 있다.
- 크론잡은 시간에 맞춰 정기적으로 잡을 실행하는 컨트롤러다.

▼ 표 6 이번 스텝에서 새로 사용한 kubectl 커맨드

커맨드	동작
kubectl get jobs	잡의 목록 출력
kubectl describe jobs	잡의 상세 내용 출력
kubectl delete jobs	잡 삭제
kubectl get cronjobs	크론잡의 목록 출력
kubectl describe cronjobs	크론잡의 상세 내용 출력
kubectl delete cronjobs	크론잡 삭제

Step 10 참고 자료

[1] 잡 컨트롤러의 개념, https://kubernetes.io/docs/concepts/workloads/controllers/jobs-run-to-completion/

[2] NumPy 과학 계산 패키지, http://www.numpy.org/

[3] K8s 클라이언트 API 라이브러리, https://github.com/kubernetes-client

[4] 크론잡의 개념, https://kubernetes.io/docs/concepts/workloads/controllers/cron-jobs/

[5] 크론잡 설정 방법, https://kubernetes.io/docs/tasks/job/automated-tasks-with-cron-jobs/

[6] 크론이란 이름의 유래, https://unix.stackexchange.com/questions/29986/origin-of-the-word-cron

Step 11 스토리지

추상화된 스토리지를
컨테이너에 마운트

K8s에 배포한 애플리케이션이 데이터를 보존하기 위해서는 내부 혹은 외부의 스토리지 시스템과 연결하여 퍼시스턴트 볼륨(Persistent Volume)을 이용해야 한다.

여기서 말하는 데이터의 보존이란 데이터의 분실, 파손, 잘못된 변경 등을 막는 것을 말한다. 데이터 분실은 조작 실수, 해킹, 디스크 고장, 프로그램의 예외나 에러, 비정상 종료, 데드락 등에 의해 발생한다.

외부 스토리지 시스템을 사용하면 여러 개의 물리적인 장비를 묶어 단일 장애점을 극복하고 가용성을 높여 데이터 자산의 분실을 방지할 수 있다. 외부 스토리지 시스템을 사용하는 방법으로는 전용 스토리지 장비를 사용하는 경우와 소프트웨어로 일반적인 서버를 클러스터화하여 저장 장치로 사용하는 SDS(Software Defined Storage), 그리고 이 둘을 조합한 방법이 있다.

'퍼시스턴트 볼륨'에서 '퍼시스턴트'란 컨테이너나 파드가 종료되어도 데이터는 분실하지 않는 것을 의미한다. 그리고 '볼륨'은 외부 스토리지의 논리적인 볼륨을 컨테이너에 마운트하는 것을 의미한다.

쿠버네티스는 다양한 환경에서 일관된 인터페이스로 운영할 수 있도록 디자인되었기 때문에 퍼시스턴트 볼륨도 외부 스토리지 시스템의 종류와 차이가 은폐되는 구조로 구현되어 있다. 그래서 스텝 11에서는 스토리지 추상화의 필요성과 구조를 살펴보고, 다이내믹 프로비저닝, 매뉴얼 설정, 클라우드 환경에서의 퍼시스턴트 볼륨 사용법, 그리고 온프레미스 환경에서의 SDS 연동에 대해 살펴볼 것이다.

스토리지의 종류와 클러스터 구성

쿠버네티스와 외부 스토리지 시스템을 연동하면 데이터를 보다 안정적으로 보존하는 것이 가능하다. 한편, 클러스터 내부에서 빠르게 읽고 쓸 수 있는 볼륨을 사용하는 것도 가능하다. 이번 스텝은 먼저 내부적으로 사용할 수 있는 볼륨의 종류와 그 한계를 살펴보는 것으로 시작하고자 한다.

노드 내부에서 간단하게 사용할 수 있는 볼륨으로는 emptyDir과 hostPath가 있다. 외부 스토리지 시스템의 퍼시스턴트 볼륨과의 차이를 그림 1에 표시하였다.

그림 1의 왼쪽에 있는 싱글 노드 클러스터를 보기 바란다. 이 구성은 미니쿠베, Docker CE에 포함된 쿠버네티스 등에 해당한다.

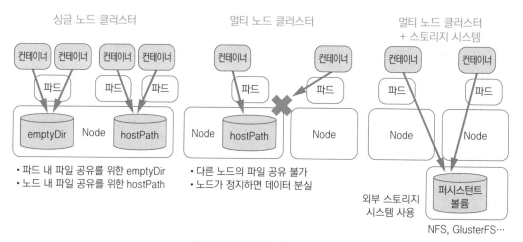

▲ 그림 1 볼륨의 종류와 액세스 가능 범위

emptyDir은 노드의 디스크를 파드가 일시적으로 사용하는 방법인데, 같은 파드의 컨테이너 간에는 볼륨을 공유할 수 있으나 다른 파드에서는 접근할 수 없다. 그리고 파드가 종료하면 emptyDir은 삭제된다. 이러한 특성에 의해 emptyDir은 데이터를 일시적으로 기록하는 용도로 사용된다.

한편, hostPath는 동일하게 노드의 디스크를 사용하지만, 같은 노드에 배포된 서로 다른 파드에서 볼륨을 공유할 수 있다. hostPath는 파드와 함께 지워지지 않으나 각 노드의 디스크를 사용하기 때문에 다른 노드에 배포된 파드 간에 데이터를 공유할 수 없다. 그리고 노드가 정지하면 데이터에 접근할 수 없게 되므로 hostPath는 외부 스토리지가 아직 준비 중인 상황에서 간단하게 사용하는 용도 수준으로 바라봐야 한다.

그림 1의 오른쪽은 외부 스토리지 시스템과 연동한 경우다. 이 경우 모든 노드에서 외부 스토리지 시스템에 접근할 수 있어야 한다. 그러면 노드가 정지되어도 파드가 다른 노드에 이동하여 애플리케이션을 문제 없이 수행할 수 있다.

한 가지 주의할 것은 외부 스토리지 시스템을 사용한다고 해서 반드시 여러 노드에서 볼륨을 공유할 수 있는 건 아니라는 점이다. 이는 스토리지 시스템의 동작 방식에 따라 다르다. 즉, 서버와 스토리지를 연결하는 프로토콜(NFS나 iSCSI 등), 소프트웨어, 그리고 클라우드의 스토리지 서비스에 따라 다르다. 예를 들어, NFS처럼 파일 시스템을 공유하는 시스템의 경우, 여러 노드에서 볼륨을 공유할 수 있으나 iSCSI처럼 블록 스토리지를 기반으로 하는 경우에는 한 개의 노드에서만 접근할 수 있다.

11.2 스토리지 시스템의 방식

앞절에서 알아본 것처럼 스토리지 시스템의 특징에 따라 퍼시스턴트 볼륨의 기능에 차이가 발생한다. 여기서는 쿠버네티스의 API로 지정할 수 있는 대표적인 퍼시스턴트 볼륨을 살펴보고자 한다. 표 1에 쿠버네티스의 공식 문서[1]에 기재된 퍼시스턴트 볼륨 일부와 클라우드에서 사용 가능한 퍼시스턴트 볼륨을 정리했다.

표 1의 분류 열은 조금 모호할 수 있으나 기본적으로 퍼시스턴트 볼륨을 제공하는 주체를 의미한다. OSS(오픈 소스 소프트웨어)는 별도로 시스템을 구성해야 하는데, 온프레미스 환경과 클라우드 환경 모두에서 사용할 수 있다. 또한, ReadWrite 열의 Once는 ReadWrite 모드로 마운트할 수 있는 노드의 수가 하나임을 의미한다. 한편, Many의 경우는 여러 노드상의 컨테이너에서 마운트하여 쓸 수 있음을 의미한다.

▼ 표 1 쿠버네티스와 연계 가능한 대표적인 스토리지 시스템 방식

스토리지 종류명	분류	액세스 범위	ReadWrite	개요
hostPath	K8s 노드	노드	Once	파드가 배포된 노드의 파일 시스템상 디렉터리를 마운트
local	K8s 노드	노드	Once	노드의 디스크를 마운트
iSCSI	OSS	클러스터	Once	iSCSI 디스크를 마운트
NFS	OSS	클러스터	Many	NFS의 파일 시스템을 마운트
GlusterFS	OSS	클러스터	Many	SDS 중 하나인 GlusterFS의 논리 볼륨을 마운트
awsElasticBlockStore	클라우드 서비스	클러스터	Once	컨테이너에서 EBS를 마운트
azureDisk	클라우드 서비스	클러스터	Once	Azure DISK를 마운트
azureFile	클라우드 서비스	클러스터	Many	Azure의 SMB 파일 시스템을 마운트
gcePersistentDisk	클라우드 서비스	클러스터	Once	GCE(Google Compute Engine) 디스크를 마운트
IBM Cloud Storage-File Storage	클라우드 서비스	클러스터	Many	IBM Cloud의 파일 스토리지(NFS)를 마운트
IBM Cloud Storage-Block Storage	클라우드 서비스	클러스터	Once	IBM Cloud의 블록 스토리지(iSCSI)를 마운트. 파일 시스템의 작성은 프로비저닝 시에 자동적으로 실시됨

※ K8s 스토리지 목록(https://kubernetes.io/docs/concepts/storage/volumes/), IBM Cloud 스토리지(https://cloud.ibm.com/docs/containers/cs_storage.html)

클라우드의 퍼시스턴트 볼륨의 경우는 구현과 스펙에 따라 동작에 차이가 있을 수 있다. 그 결과, 같은 노드의 파드 간 공유가 불가능하거나 매니페스트를 배포할 때 에러가 발생하기도 하므로 미리 확인해 보는 것이 좋다.

쿠버네티스는 인프라의 복잡성을 감추고, 통일된 인터페이스로 이용할 수 있도록 설계되었다. 다음 항목에서는 쿠버네티스가 스토리지 시스템의 차이를 어떻게 다루는지 살펴볼 것이다.

스토리지의 추상화와 자동화

파드상의 컨테이너는 공통된 정의 방법에 따라 퍼시스턴트 볼륨을 마운트할 수 있다. 이번 절에서는 이를 위한 추상화 레이어의 오브젝트에 대해 알아볼 것이다. 이들 오브젝트 덕분에 표 1에서 살펴본 다양한 스토리지 시스템의 상세한 파라미터를 설정하지 않고도 매니페스트의 파드 템플릿에 간단히 기술하여 퍼시스턴트 볼륨을 사용할 수 있다. 그림 2는 이러한 추상화를 위한 오브젝트의 개념을 나타낸다.

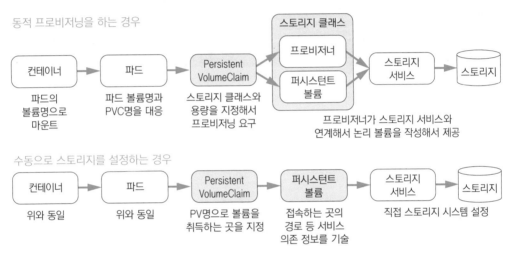

▲ 그림 2 퍼시스턴트 볼륨을 설정하는 두 가지 방법

그림은 위, 아래로 2개가 있는데 어느 쪽이든 '추상화를 위한 K8s 오브젝트'는 퍼시스턴트 볼륨 요구(Persistent Volume Claim, 이하 PVC)와 퍼시스턴트 볼륨(Persistent Volume, 이하 PV)이 중심이 된다.

미리 PVC를 작성해 놓고 파드의 매니페스트에 PVC의 이름을 기술하면 컨테이너가 퍼시스턴트 볼륨을 마운트한다. 그림 2의 상단은 쿠버네티스가 외부 스토리지 시스템의 API를 사용하여 볼륨을 자동으로 준비해 주는 방법에 해당한다. 한편, 하단은 외부 스토리지 시스템의 설정을 직접 진행하는 방법에 해당한다.

실행 예 1은 IKS의 스토리지 클래스를 출력한 것으로, NAME 열이 스토리지 클래스를 식별하는 키워드다. PROVISIONER 열은 스토리지 시스템과 연동되는 소프트웨어의 이름이다.

실행 예 1 스토리지 클래스의 목록(IKS의 경우)

```
$ kubectl get storageclass
NAME                        PROVISIONER         AGE
default                     ibm.io/ibmc-file    14d
ibmc-file-bronze            ibm.io/ibmc-file    14d
ibmc-file-custom            ibm.io/ibmc-file    14d
ibmc-file-gold              ibm.io/ibmc-file    14d
ibmc-file-retain-bronze     ibm.io/ibmc-file    14d
ibmc-file-retain-custom     ibm.io/ibmc-file    14d
ibmc-file-retain-gold       ibm.io/ibmc-file    14d
ibmc-file-retain-silver     ibm.io/ibmc-file    14d
ibmc-file-silver            ibm.io/ibmc-file    14d
```

학습 환경 1의 미니쿠베에도 스토리지 클래스가 사전에 준비되어 있다. 그래서 퍼블릭 클라우드와 같은 방식으로 매니페스트에 스토리지 클래스를 기술하여 적용하면, 퍼시스턴트 볼륨이 다이내믹하게 프로비저닝된다. 그리고 이번 스텝의 후반에서 소개할 GlusterFS를 사용하면 학습 환경 2에 다이내믹 프로비저닝 기능을 추가할 수 있다.

한편, 그림 2의 하단 '직접 스토리지를 설정하는 경우'에서는 프로비저너나 스토리지 클래스가 없어서, PVC의 매니페스트에 직접 PV명을 지정하고 있다. 그리고 PV 작성과 스토리지 설정을 직접 한다. 예를 들어, 기존에 사용해 오던 NFS 서버를 K8s 클러스터에서 사용하는 경우를 생각해 보자. 그러기 위해서는 PV 작성 매니페스트에 NFS 서버의 IP 주소나 export path 등 NFS에 접속하기 위한 설정을 기술해야 한다. 그리고 NFS 서버에는 K8s 클러스터 노드에서 접속할 수 있도록 설정해야 한다.

'동적 프로비저닝'과 '직접 스토리지 설정' 두 가지 방법은 각각의 장단점이 있어, 프로젝트별 요구 사항에 맞춰서 선택해야 한다. 이번 스텝에서는 두 방법을 모두 살펴볼 것이다.

11.4 퍼시스턴트 볼륨 이용

이번 절에서는 학습 환경 1인 미니쿠베에서 'step11/minikube-pvc'를 실습해 보면서 퍼시스턴트 볼륨에 대해 알아볼 것이다.

그림 3은 왼쪽 끝에 있는 컨테이너가 퍼시스턴트 볼륨을 사용할 때의 개념도로서, 오브젝트들의 논리적인 연결을 표현한 그림이다. 이 연결을 매니페스트에 기술하는 키워드로 추적해 보자. 'PVC를 사용하는 파드의 YAML'에는 volumeMounts를 기술하여 pvc1을 컨테이너의 파일 시스템 /mnt에 마운트한다. 그리고 pvc1은 persistentVolumeClaim의 PVC 이름 data1을 지정하고 있다.

그리고 '퍼시스턴트 볼륨을 요구하는 PersistemVolumeClaim의 YAML'에는 data1의 스토리지 클래스를 standard로 지정하고 있다. 그리고 그 밑에는 스토리지 용량으로 2GiB(기비바이트)를 요구하고 있다.

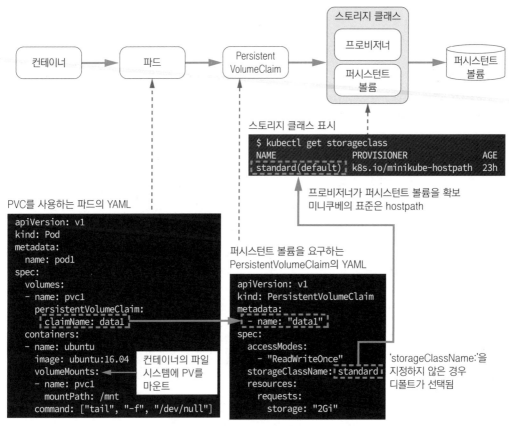

스토리지 클래스

프로비저너

퍼시스턴트 볼륨

컨테이너 → 파드 → Persistent VolumeClaim → 퍼시스턴트 볼륨

스토리지 클래스 표시

```
$ kubectl get storageclass
NAME                PROVISIONER                AGE
standard(default)   k8s.io/minikube-hostpath   23h
```

프로비저너가 퍼시스턴트 볼륨을 확보
미니쿠베의 표준은 hostpath

PVC를 사용하는 파드의 YAML

```
apiVersion: v1
kind: Pod
metadata:
  name: pod1
spec:
  volumes:
  - name: pvc1
    persistentVolumeClaim:
      claimName: data1
  containers:
  - name: ubuntu
    image: ubuntu:16.04
    volumeMounts:
    - name: pvc1
      mountPath: /mnt
    command: ["tail", "-f", "/dev/null"]
```

컨테이너의 파일
시스템에 PV를
마운트

퍼시스턴트 볼륨을 요구하는
PersistentVolumeClaim의 YAML

```
apiVersion: v1
kind: PersistentVolumeClaim
metadata:
  - name: "data1"
spec:
  accessModes:
    - "ReadWriteOnce"
  storageClassName: standard
  resources:
    requests:
      storage: "2Gi"
```

'storageClassName:'을
지정하지 않은 경우
디폴트가 선택됨

▲ 그림 3 논리 볼륨을 동적 프로비저닝 하는 경우

오른쪽으로 이동하여 스토리지 클래스의 내용을 살펴보자. 'kubectl get storageclass'를 실행했을 때 standard(default)의 프로비저너는 'k8s.io/minikube-hostpath'로 되어 있다. 즉, 미니쿠베에서 테스트할 수 있는 퍼시스턴트 볼륨은 외부 스토리지 시스템이 아니라 노드의 디스크를 사용하는 hostPath다.

다음 파일 1은 그림 3의 중앙에 있는 '퍼시스턴트 볼륨을 요구하는 YAML'이다. 실행 예 2에서 이 매니페스트를 적용하고 있다. 이 실행 예에서 알 수 있듯이, PVC를 작성하면 PV가 자동으로 프로비저닝된다.

파일 1 PVC 작성 매니페스트: pvc.yml

```
1    apiVersion: v1                      ## 표 2 참고
2    kind: PersistentVolumeClaim
3    metadata:                           ## 표 3 참고
```

```
4       name: data1
5     spec:                                ## 표 4 참고
6       accessModes:
7       - ReadWriteOnce
8       storageClassName: standard
9       resources:                         ## 표 5 참고
10        requests:
11          storage: 2Gi
```

실행 예 2 퍼시스턴트 볼륨 요구 적용 및 퍼시스턴트 볼륨 확인

```
$ kubectl apply -f pvc.yml
persistentvolumeclaim "data1" created

$ kubectl get pvc,pv
NAME          STATUS   VOLUME        CAPACITY   ACCESS MODES   STORAGECLASS   AGE
pvc/data1     Bound    pvc-9e536c22  2Gi        RWO            standard       15s

NAME            CAPACITY   ACCESS   MODES   RECLAIM   POLICY   STATUS CLAIM
STORAGECLASS   AGE
pv/pvc-9e536c22  2Gi        RWO              Delete             Bound   default/data1
standard        12s
```

실행 예 2에 출력된 STORAGECLASS의 standard는 다음과 같이 프로비저너의 이름을 확인할 수 있다.

실행 예 3 스토리지 클래스의 정보 출력

```
$ kubectl get storageclass
NAME                PROVISIONER                AGE
standard (default)  k8s.io/minikube-hostpath   2h
```

프로비저너의 이름에 hostpath가 포함된 것으로 보아, 가상 서버의 디스크에서 퍼시스턴트 볼륨을 만든 것으로 보인다. 그래서 파일 1의 마지막 줄 storage: 2Gi에 어떤 값을 설정해도 미니쿠베가 동작하는 가상 서버의 스토리지 용량이 표시된다(실행 예 4 참고).

PVC 작성 YAML에서 사용된 항목을 표 2~5에 정리하였다. 상세한 내용은 K8s API 레퍼런스를 참고하기 바란다. 본격적으로 서비스에 활용할 예정이라면 각 표의 하단에 기재한 URL을 직접 확인해 보는 것이 좋다.

▼ 표 2 퍼시스턴트 볼륨 요구 API(PersistentVolumeClaim v1 core)

주요 항목	설명
apiVersion	v1 설정
kind	PersistentVolumeClaim 설정
metadata	이름, 레이블, 주석 등의 정보를 기술. 자세한 내용은 표 3 참고
spec	스토리지 요구 사양을 기술. 자세한 내용은 표 4 참고

※ API의 자세한 내용은 https://kubernetes.io/docs/reference/generated/kubernetes-api/v1.14/#persistent volumeclaim-v1-core를 참고한다. v1.14에서 14를 13이나 12로 변경하면 다른 마이너 버전의 API를 참고할 수 있다.

▼ 표 3 ObjectMeta v1 meta

주요 항목	설명
annotations	스토리지 시스템에 넘겨 주는 파라미터나 스토리지 클래스를 기술하기도 함
labels	IKS에서는 월 단위나 시간 단위의 과금을 클라우드의 스토리지 시스템에 부여하기 위해 사용됨
name	name(이름)은 오브젝트를 특정하기 위한 필수 항목으로 네임스페이스 내에서 유일한 이름이어야 함

※ API의 자세한 내용은 https://kubernetes.io/docs/reference/generated/kubernetes-api/v1.14/#objectmeta-v1-meta를 참고한다.

▼ 표 4 퍼시스턴트 볼륨 요구 사양(PersistentVolumeClaimSpec v1 core)

주요 항목	설명
accessModes	스토리지를 복수 노드에서 마운트할 수 있는지, 또는 단일 노드에서만 마운트할 수 있는지 아래의 키워드로 선택해서 기술. 단, 구현에 따라 제약이 있으므로 '스텝 11.6 클라우드에서의 동적 프로비저닝'을 참고 • ReadWriteOnce: 단일 노드에서만 read 액세스와 write 액세스 허용 • ReadOnlyMany: 복수 노드의 read 액세스 허용 • ReadWriteMany: 복수 노드의 read 액세스와 write 액세스 허용
storageClassName	생략하면, 디폴트 스토리지 클래스가 선택됨. 선택 가능한 스토리지 클래스의 목록은 kubectl get storageclass로 확인 가능
resources	스토리지 용량 설정. 표 5 참고

※ API의 자세한 내용은 https://kubernetes.io/docs/reference/generated/kubernetes-api/v1.14/#persistent volumeclaimspec-v1-core를 참고한다.

▼ 표 5 자원 요구 사항(ResourceRequirements v1 core)

주요 항목	설명
requests	퍼시스턴트 볼륨의 용량을 지정. 사용하는 스토리지 클래스의 사양에 따라 설정 가능한 용량이 정해져 있는 경우가 있어 확인이 필요

※ API의 자세한 내용은 https://kubernetes.io/docs/reference/generated/kubernetes-api/v1.14/#resource requirements-v1-core를 참고한다.

이어서 파일 2는 파드를 만들기 위한 매니페스트로, 앞서 만든 PVC를 마운트한 컨테이너가 기동한다.

파일 2 PVC를 마운트한 파드를 기동하는 YAML: pod.yml

```
1    apiVersion: v1
2    kind: Pod
3    metadata:
4      name: pod1
5    spec:
6      volumes:              ## 표 6 참고
7      - name: pvc1
8        persistentVolumeClaim:
9          claimName: data1  ## <-- PVC의 이름을 설정
10     containers:
11     - name: ubuntu
12       image: ubuntu:16.04
13       volumeMounts:         ## 표 7 참고
14       - name: pvc1
15         mountPath: /mnt     ## <-- 컨테이너상의 마운트 경로
16       command: ["/bin/bin/tail", "-f", "/dev/null"]
```

▼ 표 6 볼륨 설정(Volume v1 core)

주요 항목	설명
name	볼륨명
persistentVolumeClaim	PVC 이름

※ API의 자세한 내용은 https://kubernetes.io/docs/reference/generated/kubernetes-api/v1.14/#volume-v1-core 를 참고한다.

▼ 표 7 컨테이너 내의 마운트 경로 지정(VolumeMount v1 core)

주요 항목	설명
name	파드 스펙에 기재한 볼륨 이름을 기술
mountPath	PV의 컨테이너 내 마운트 경로
subPath	PV의 특정 디렉터리에 마운트하고 싶은 경우에 이 옵션을 지정. 생략하면 PV의 루트에 마운트 설정. 클라우드에서 PV 수를 절약하고 싶을 때 사용
readOnly	읽기 전용으로 하고 싶은 경우는 true로 설정

※ API의 자세한 내용은 https://kubernetes.io/docs/reference/generated/kubernetes-api/v1.14/#volumemount-v1-core를 참고한다.

이어서 실행 예 4를 보자. 기동한 파드에서 df -h 명령어를 실행한 결과 중 /dev/sda1이 출력되는 부분에 주목하기 바란다. 앞서 파일 1에서는 2GB로 용량을 지정했는데 여기서는 17GB로 나온다. 이것은 미니쿠베의 가상 머신에 남은 용량이 출력된 것이다. 미니쿠베의 프로비저너는 스토리지 장치와 연동하는 것이 아니라 hostPath로부터 볼륨을 만들기 때문이다.

실행 예 4 파드에서 퍼시스턴트 볼륨을 마운트

```
## PVC(퍼시스턴트 볼륨 요구) 생성
$ kubectl apply -f pvc.yml
persistentvolumeclaim "data1" created

## 파드 생성
$ kubectl apply -f pod.yml
pod "pod1" created

## PVC(퍼시스턴트 볼륨 요구), PV(퍼시스턴트 볼륨), 파드 목록 표시
$ kubectl get pvc,pv,po
NAME        STATUS  VOLUME        CAPACITY  ACCESS MODES  STORAGECLASS  AGE
pvc/data1  Bound   pvc-e7f227b8  2Gi       RWX           standard      24s

NAME            CAPACITY  ACCESS MODES  RECLAIM POLICY  STATUS CLAIM
STORAGECLASS  AGE
pv/pvc-e7f227b8  2Gi      RWX           Delete          Bound  default/data1
standard       24s

NAME       READY   STATUS    RESTARTS  AGE
po/pod1    1/1     Running   0         17s

## 파드에 대화형 셸을 실행해서, 마운트 상태를 확인한 결과.  /mnt의 용량에 주목
```

```
$ kubectl exec -it pod1 --sh
# df -h
Filesystem      Size  Used  Avail Use%  Mounted on
overlay          17G  1.7G    14G  11%  /
tmpfs            64M     0    64M   0%  /dev
tmpfs           996M     0   996M   0%  /sys/fs/cgroup
/dev/sda1        17G  1.7G    14G  11%  /mnt
shm              64M     0    64M   0%  /dev/shm
tmpfs           996M   12K   996M   1%  /run/secrets/kubernetes.io/serviceaccount
tmpfs           996M     0   996M   0%  /proc/scsi
tmpfs           996M     0   996M   0%  /sys/firmware
```

11.5 NFS 서버 사용

NFS 서버는 간단한 설정으로 쉽게 쿠버네티스에서 활용할 수 있다. NFS 서버에서 파드에 공개할 영역을 설정한 후, PV를 작성하면 된다. 단, 이 설정은 직접 해야 한다.

▲ 그림 4 NFS 서버를 사용하는 경우의 구성

그림 4의 내용을 실습하기 위해서는 그림 5의 환경을 구축해야 한다. 즉, 학습 환경 1 '1.3 Vagrant의 리눅스 위에서 미니쿠베 사용하기'와 학습 환경 2 '2.2 가상 NFS 서버'를 조합해야 한다. 그리고 PV와 PVC를 작성해야 한다. 이 파드의 컨테이너에서 NFS 볼륨을 마운트할 수 있는 이유는 미니쿠베의 가상 서버의 리눅스에 NFS 관련 패키지가 설치되어 있기 때문이다.

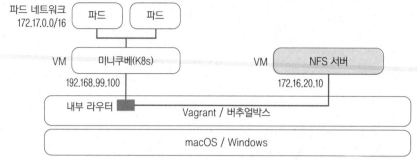

▲ 그림 5 미니쿠베와 NFS의 구성

(1) 퍼시스턴트 볼륨(PV)의 매니페스트 작성

그럼 먼저 K8s 클러스터에 PV를 만들어 보자. 파일 3은 NFS 서버에 접속하기 위한 PV를 만드는 매니페스트 파일이다. 여기에는 NFS 서버의 IP 주소와 공개한 디렉터리 등 NFS 고유의 정보가 기재되어 있다.

파일 3 nfs-pv.yml(NFS 서버에 접속하기 위한 PV 생성 YAML)

```
1   apiVersion: v1              ## 표 8 참고
2   kind: PersistentVolume
3   metadata:                   ## 표 9 참고
4     name: nfs-1
5     labels:
6       name: pv-nfs-1
7   spec:                       ## 표 10 참고
8     capacity:
9       storage: 100Mi
10    accessModes:
11      - ReadWriteMany
12    nfs:                      ## 표 11 참고
13      server: 172.16.20.10    ## Vagrant상의 NFS 서버의 IP 주소
14      path: /export           ## NFS 서버가 공개하는 경로
```

▼ 표 8 퍼시스턴트 볼륨API(PersistentVolume v1 core)

주요 항목	설명
apiVersion	v1 설정
kind	PersistentVolume 설정
metadata	자세한 내용은 표 9 참고
spec	퍼시스턴트 볼륨 사양을 기술. 항목은 표 10 참고

※ API의 자세한 내용은 https://kubernetes.io/docs/reference/generated/kubernetes-api/v1.14/#persistentvolume
-v1-core를 참고한다.

▼ 표 9 메타데이터(ObjectMeta v1 meta)

주요 항목	설명
labels	PVC와 PV를 대응시키기 위하여 사용
name	필수 항목, 네임스페이스 내에서 유일한 이름을 지정

※ API의 자세한 내용은 https://kubernetes.io/docs/reference/generated/kubernetes-api/v1.14/#objectmeta-v1-
meta를 참고한다.

▼ 표 10 퍼시스턴트 볼륨 사양(PersistentVolumeSpec v1 core)

주요 항목	설명
capacity	볼륨의 용량. 설정할 수 있는 크기는 연관된 스토리지 시스템의 사양에 따름. NFS나 hostPath에서는 값을 설정해야 하지만 의미는 없음
accessModes	표 4의 설명 참고
NFS	NFS를 사용하는 경우에는 파라미터를 설정. 표 11 참고
GlusterFS	스토리지 시스템별 파라미터를 기술. 기술 내용에 대해서는 하단의 링크를 참고
hostPath	
local	

※ API의 자세한 내용은 https://kubernetes.io/docs/reference/generated/kubernetes-api/v1.14/#persistent
volumespec-v1-core를 참고한다.

▼ 표 11 NFS 서버의 주소와 공개 경로(NFSVolumeSource v1 core)

주요 항목	설명
path	NFS 서버가 export하는 경로
server	NFS 서버의 DNS명 또는 IP 주소

※ API의 자세한 내용은 https://kubernetes.io/docs/reference/generated/kubernetes-api/v1.14/#persistent
volumespec-v1-core를 참고한다.

(2) 퍼시스턴트 볼륨 요구(PVC) 매니페스트 작성

다음으로, nfs-pv.yml에 대응하는 PVC를 만드는 매니페스트를 살펴보자. 주요 항목을 표 12 에 정리했으니 함께 참고하기 바란다.

파일 4 PV를 사용하는 PVC를 만드는 매니페스트: nfs-pvc.yml

```
1   apiVersion: v1
2   kind: PersistentVolumeClaim
3   metadata:
4     name: nfs-1
5   spec:
6     accessModes:
7     - ReadWriteMany
8     storageClassName: ""        ## 표 12 참고
9     resources:
10      requests:
11        storage: "100Mi"
12    selector:                    ## 대응하는 PV의 라벨을 설정
13      matchLabels:
14        name: pv-nfs-1
```

▼ **표 12** PersistentVolumeClaimSpec v1 core

주요 항목	설명
storageClassName	스토리지 클래스가 없는 퍼시스턴트 볼륨을 사용하므로 문자열 ""을 설정. 이 항목을 생략하면 디폴트의 스토리지 클래스가 사용되기 때문에 반드시 "" 설정이 필요
selector	접속할 PV의 metadata.labels와 일치해야 함

※ API의 자세한 내용은 https://kubernetes.io/docs/reference/generated/kubernetes-api/v1.14/#persistent volumeclaimspec-v1-core를 참고한다.

(3) 동작 검증

이제 실제로 파드에서 NFS 서버를 마운트해 보자.

제일 먼저 미니쿠베에서의 파드와 가상 NFS 서버 간의 통신을 확인해 보자. 이러한 확인에는 BusyBox 컨테이너가 유용하다. 실행 예 5는 busybox로 대화형 셸을 기동하여 가상 NFS 서버 의 IP 주소 '172.16.20.10'에 ping을 실행하여 응답을 확인하고 있다.

실행 예 5 미니쿠베와 NFS 서버의 통신 확인

```
$ kubectl run -it bb --image=busybox sh
If you don't see a command prompt, try pressing enter.
/ # ping 172.16.20.10
PING 172.16.20.10 (172.16.20.10): 56 data bytes
64 bytes from 172.16.20.10: seq=0 ttl=61 time=61.284 ms
64 bytes from 172.16.20.10: seq=1 ttl=61 time=0.925 ms
64 bytes from 172.16.20.10: seq=2 ttl=61 time=0.774 ms
64 bytes from 172.16.20.10: seq=3 ttl=61 time=0.902 ms
^C
--- 172.16.20.10 ping statistics ---
4 packets transmitted, 4 packets received, 0% packet loss
round-trip min/avg/max = 0.774/15.971/61.284 ms
```

실행 예 6에서는 PV와 PVC를 만든다. 수 초 뒤 결과를 확인할 수 있다.

실행 예 6 PV와 PVC 작성

```
$ kubectl apply -f nfs-pv.yml
persistentvolume/nfs-1 created

$ kubectl apply -f nfs-pvc.yml
persistentvolumeclaim/nfs-1 created


$ kubectl get pv,pvc
NAME                    CAPACITY  ACCESS  RECLAIM  STATUS  CLAIM
STORAGECLASS REASON  AGE
persistentvolume/nfs-1  100Mi     RWX     Retain   Bound   default/nfs-1
                 5s


NAME                          STATUS  VOLUME  CAPACITY  ACCESS MODES  STORAGECLASS  AGE
persistentvolumeclaim/nfs-1   Bound   nfs-1   100Mi     RWX                         2s
```

이 퍼시스턴트 볼륨을 마운트하는 파드를 기동하여 동작을 확인해 보자. 다음 매니페스트는 2개의 파드를 기동하여 퍼시스턴트 볼륨을 확인하고 있다.

파일 5 PVC의 볼륨을 마운트하는 디플로이먼트: mfs-client.yml

```
1    apiVersion: apps/v1
2    kind: Deployment
3    metadata:
```

```
  4      name: nfs-client
  5    spec:
  6      replicas: 2                      ## 볼륨 공유를 확인하기 위해 2개의 파드를 기동
  7      selector:
  8        matchLabels:
  9          app: ubuntu
 10      template:
 11        metadata:
 12          labels:
 13            app: ubuntu
 14        spec:
 15          containers:
 16          - name: ubuntu
 17            image: ubuntu:16.04
 18            volumeMounts:               ## 컨테이너에 마운트하는 디렉터리 지정
 19            - name: nfs
 20              mountPath: /mnt
 21            command: ["/usr/bin/tail", "-f", "/dev/null"] ## 컨테이너 종료 방지를 위한 명령어
 22          volumes:
 23          - name: nfs
 24            persistentVolumeClaim:
 25              claimName: nfs-1       ## PVC명 설정
```

다음 실행 예 7에서는 파일 5 nfs-client.yml을 적용하여 디플로이먼트로 파드를 2개 기동하고
있다.

실행 예 7 NFS 클라이언트 파드 기동

```
$ kubectl apply -f nfs-client.yml
deployment.extensions/nfs-client created

$ kubectl get po
NAME                            READY   STATUS    RESTARTS   AGE
nfs-client-75cfc578b7-p46wg     1/1     Running   0          6s
nfs-client-75cfc578b7-pr255     1/1     Running   0          7s
```

실행 예 8에서는 파드 중 하나에 대화형 셸로 접속하여 마운트 결과를 확인하고 있다. 명령어 'df
-h'를 실행한 결과에서 '172.16'으로 시작하는 줄은 NFS 서버의 IP 주소로, NFS 서버를 마운트
한 경로에 해당한다.

이어서 명령어 'ls –lR 〉 /mnt/test.dat'를 실행하여 NFS상에 파일을 만들고 md5sum으로 해시를 계산하고 있다. 이 해시값이 다른 하나의 파드에서 실행한 해시값과 일치하면 파일이 제대로 공유되었다고 볼 수 있다.

실행 예 8 NFS를 사용하여 파드 간 파일 공유 테스트(쓰기)

```
$ kubectl exec -it nfs-client-75cfc578b7-p46wg bash
root@nfs-client-75cfc578b7-p46wg:/# df -h
Filesystem            Size  Used Avail Use% Mounted on
overlay                17G  1.4G   14G   9% /
tmpfs                  64M     0   64M   0% /dev
tmpfs                 996M     0  996M   0% /sys/fs/cgroup
172.16.20.10:/export  9.7G  1.2G  8.5G  12% /mnt
/dev/sda1              17G  1.4G   14G   9% /etc/hosts
shm                    64M     0   64M   0% /dev/shm
tmpfs                 996M   12K  996M   1% /run/secrets/kubernetes.io/serviceaccount
tmpfs                 996M     0  996M   0% /proc/scsi
tmpfs                 996M     0  996M   0% /sys/firmware
root@nfs-client-75cfc578b7-p46wg:/# ls -lR > /mnt/test.dat
root@nfs-client-75cfc578b7-p46wg:/# md5sum /mnt/test.dat
2a99f870f506119f9a58673ae268350b /mnt/test.dat
root@nfs-client-75cfc578b7-p46wg:/# exit
```

실행 예 9에서는 다른 파드(마지막이 pr255로 끝나는)에 대화형 셸로 접속하여 실행 예 8에서 기록한 파일의 해시값을 계산하고 있다. 같은 값이 나온 것을 보아 2개의 파드가 NFS를 통해 파일을 공유하고 있는 것을 알 수 있다.

실행 예 9 NFS를 이용한 파드 간 파일 공유 테스트(읽기)

```
$ kubectl exec -it nfs-client-75cfc578b7-pr255 bash
root@nfs-client-75cfc578b7-pr255:/# df -h
Filesystem            Size  Used Avail Use% Mounted on
overlay                17G  1.4G   14G   9% /
tmpfs                  64M     0   64M   0% /dev
tmpfs                 996M     0  996M   0% /sys/fs/cgroup
172.16.20.10:/export  9.7G  1.2G  8.5G  12% /mnt
/dev/sda1              17G  1.4G   14G   9% /etc/hosts
shm                    64M     0   64M   0% /dev/shm
tmpfs                 996M   12K  996M   1% /run/secrets/kubernetes.io/serviceaccount
tmpfs                 996M     0  996M   0% /proc/scsi
tmpfs                 996M     0  996M   0% /sys/firmware
root@nfs-client-75cfc578b7-pr255:/# md5sum /mnt/test.dat
2a99f870f506119f9a58673ae268350b /mnt/test.dat
```

11.6 클라우드에서의 동적 프로비저닝

퍼블릭 클라우드에서 퍼시스턴트 볼륨 요구(PVC)를 만들고 컨테이너에서 마운트하는 과정을 살펴보자. 블록 스토리지의 사용법은 학습 환경 3의 '3.1 IBM Cloud Kubernetes Service'(이하, IKS)[2]와 '3.2 Google Kubernetes Engine'(이하, GKE)에서 살펴볼 것이다. 그리고 파일 스토리지의 사용법은 IKS에 대해서만 알아볼 것이다[3].

(1) IKS 그리고 GKE의 블록 스토리지

IKS나 GKE의 블록 스토리지는 iSCSI를 사용한다. 기초가 되는 SCSI를 간단히 설명하고 넘어가겠다. SCSI는 한 대의 컴퓨터에 여러 개의 하드디스크 드라이브를 연결하기 위한 기술이다. SCSI 케이블로 호스트 어댑터에 하드디스크 드라이브를 연결한다. 한편, iSCSI는 물리적인 케이블 대신에 IP 프로토콜을 사용한다.

이 방식은 NFS랑 비교했을 때 고속으로 동작한다는 특징을 가져, 블록 단위로 스토리지를 읽고 쓰는 관계형 데이터베이스 관리 시스템(RDBMS)의 성능을 높일 수 있다. 그러나 SCSI는 복수의 호스트 어댑터에서 하드디스크 드라이브를 공유할 수 없다. 그래서 iSCSI를 이용한 블록 스토리지도 복수의 노드에서 읽고 쓸 수 있는 모드 ReadWriteMany로 마운트할 수 없다. 파일 6a 그리고 파일 6b의 엑세스 모드(accessModes) 설정이 ReadWriteOnce인 것은 이러한 SCSI 기술의 제약에서 유래한다. IKS에서 블록 스토리지를 사용하기 위해서는 사전에 블록 스토리지의 스토리지 클래스를 설치해야 한다. 그 방법에 대해서는 'Helm chart to install IBM Cloud Block Storage plug-in'(https://cloud.ibm.com/kubernetes/helm/iks-charts/ibmcloud-block-storage-plugin)을 참고하기 바란다.

파일 6a IKS 블록 스토리지 퍼시스턴트 볼륨 요구: iks-pvc-block.yml

```
1    apiVersion: v1
2    kind: PersistentVolumeClaim
3    metadata:
4      name: bronze-blk
5      annotations:
6        volume.beta.kubernetes.io/storage-class: "ibmc-block-bronze"
7      labels:
```

```
 8        billingType: "hourly"
 9    spec:
10      accessModes:
11      - ReadWriteOnce      ## 다중 액세스는 불가
12      resources:
13        requests:
14          storage: 20Gi   ## 프로비저닝 요구 용량(GB)
```

파일 6b GKE 블록 스토리지 퍼시스턴트 볼륨 요구: gke-pvc-block.yml

```
 1    apiVersion: v1
 2    kind: PersistentVolumeClaim
 3    metadata:
 4      name: bronze-blk
 5    spec:
 6      accessModes:
 7      - ReadWriteOnce      ## 다중 액세스는 불가
 8      resources:
 9        requests:
10          storage: 20Gi   ## 프로비저닝 요구 용량(GB)
```

다음 실행 예 10a와 실행 예 10b에서는 파일 6a와 파일 6b의 PVC 매니페스트를 적용하고 있다. 이를 통해 자동적으로 PV가 프로비저닝되는 것을 실행 예 11a와 실행 예 11b에서 확인할 수 있다.

실행 예 10a IKS PVC 작성과 결과 확인

```
$ kubectl get node
NAME            STATUS   ROLES    AGE     VERSION
10.193.10.14    Ready    <none>   2d18h   v1.13.8+IKS
10.193.10.58    Ready    <none>   2d18h   v1.13.8+IKS

$ kubectl apply -f iks-pvc-block.yml
persistentvolumeclaim/bronze-blk created

$ kubectl get pvc
NAME          STATUS   VOLUME       CAPACITY   ACCESS MODES   STORAGECLASS        AGE
bronze-blk    Bound    pvc-290ad8   20Gi       RWO            ibmc-block-bronze   3m57s
```

실행 예 10b GKE PVC 작성과 결과 확인

```
$ kubectl get node
NAME    STATUS  ROLES   AGE    VERSION
gke-gke-1-default-pool-4b8e4604-mlwr  Ready   <none>  21h   v1.12.8-gke.10
gke-gke-1-default-pool-4b8e4604-t0lq  Ready   <none>  21h   v1.12.8-gke.10

$ kubectl apply -f gke-pvc-block.yml
persistentvolumeclaim/bronze-blk created

$ kubectl get pvc
NAME       STATUS  VOLUME        CAPACITY  ACCESS MODES  STORAGECLASS  AGE
bronze-blk  Bound   pvc-4aa4ee42  20Gi      RWO           standard      5s
```

실행 예 11a IKS PV 프로비저닝 결과

```
$ kubectl get pv
NAME       CAPACITY  ACCESS MODES  RECLAIM POLICY  STATUS  CLAIM
pvc-290ad8  20Gi      RWO           Delete          Bound   default/bronze-blk
```

실행 예 11b GKE PV 프로비저닝 결과

```
$ kubectl get pv
NAME        CAPACITY  ACCESS MODES  RECLAIM POLICY  STATUS  CLAIM
pvc-4aa4ee42  20Gi      RWO           Delete          Bound   default/bronze-blk
```

파일 7의 매니페스트와 파드의 동작은 IKS와 GKE에서 동일하다. 그래서 IKS에서만 확인하도록 하겠다.

다음 파일 7은 파드상의 컨테이너가 PV를 마운트하는 매니페스트다. 리눅스에서 하드디스크를 추가해 본 적이 있는 독자라면 이것만으로 디스크를 마운트할 수 있는 것이 신기할 수도 있다. mkfs로 포맷하지 않은 디스크를 리눅스에서 마운트할 수 없기 때문이다. 이것이 가능한 이유는 프로비저너가 퍼시스턴트 볼륨의 포맷까지 수행해 주기 때문이다.

파일 7 PVC를 마운트하는 파드를 만드는 매니페스트: deploy-1pod.yml

```
1   apiVersion: apps/v1
2   kind: Deployment
3   metadata:
4     name: dep1pod-blk
5     labels:
6       app: dep1pod-blk
```

```
 7     spec:
 8      selector:
 9        matchLabels:
10          app: dep1pod-blk
11      template:
12        metadata:
13          labels:
14            app: dep1pod-blk
15        spec:
16          containers:
17          - image: ubuntu
18            name: ubuntu
19            volumeMounts:
20            - name: blk
21              mountPath: /mnt
22            command: ["/usr/bin/tail", "-f", "/dev/null"]
23          volumes:                    ## 파드의 퍼시스턴트 볼륨 지정
24          - name: blk
25            persistentVolumeClaim:
26              claimName: bronze-blk
```

실행 예 12에서는 파일 7을 적용하여 파드를 만들고 파드의 PV 마운트 상태를 확인하고 있다.
명령어 'df –h' 실행 결과 중에서 '/dev/mapper'로 시작하는 줄이 PV 마운트 관련 부분이다. 이
mapper는 디바이스 매퍼라고 불리는 논리 디바이스를 통해 블록 디바이스의 I/O를 수행한다.
이를 통해 '/mnt'가 블록 스토리지로 마운트된 것을 알 수 있다.

실행 예 12 블록 디바이스를 마운트한 파드

```
$ kubectl apply -f deploy-1pod.yml
deployment.apps/dep1pod-blk created

$ kubectl get deploy,po
NAME                                    DESIRED  CURRENT  UP-TO-DATE  AVAILABLE  AGE
deployment.extensions/dep1pod-blk       1        1        1           1          2m


NAME                                    READY    STATUS   RESTARTS    AGE
pod/dep1pod-blk-6989fcb9bf-8z8rz        1/1      Running  0           2m


## 파드에 대화형 셸을 기동해서 PV의 마운트 상황 확인
$ kubectl exec -it dep1pod-blk-6989fcb9bf-8z8rz bash
root@dep1pod-blk-6989fcb9bf-8z8rz:/# df -h
Filesystem                              Size Used Avail Use% Mounted on
```

```
overlay                                     1.8T 1.3G 1.7T    1% /
tmpfs                                        64M    0   64M   0% /dev
tmpfs                                        16G    0   16G   0% /sys/fs/cgroup
/dev/mapper/docker_data                      1.8T 1.3G 1.7T    1% /etc/hosts
shm                                          64M    0   64M   0% /dev/shm
/dev/mapper/3600a09803830446d445d4c3066664758  20G  44M  20G   1% /mnt
<이하 생략>
```

앞서 IKS와 GKE의 블록 스토리지는 accessModes를 ReadWriteOnce로 설정해야 하며, 단일 노드에서만 읽고 쓰기가 가능하다고 했다. 그러나 실제로는 다음과 같은 제약이 더 있다. IKS의 블록 스토리지는 2019년 7월 현재, 다음 ①에 해당하는 상황이며 GKE는 그렇지 않다. 한편, IKS도 GKE도 ②에 해당한다.

① 동일 노드상의 복수의 파드로부터 같은 블록 스토리지를 마운트할 수 없다.
② 동일 파드상의 컨테이너는 블록 스토리지를 각각 마운트하여 사용할 수 있다.

①은 클라우드의 스토리지에서 유래한 제약이다. 실행 예 13은 2개 이상의 파드로부터 마운트를 시도한 결과다. 이 YAML은 파일 7(deploy-1pod.yml)에 레플리카셋=3(spec.replicas:3)을 추가했다. 따라서 동일한 파드가 3개 기동한다. 3개의 파드 중에서 맨 처음 PV를 마운트한 파드 이외의 파드는 ContainerCreating 상태에서 멈춘다. 두 번째 이후의 파드는 마운트에서 에러가 발생하기 때문이다.

실행 예 13 여러 파드에서 하나의 블록 스토리지에 마운트를 시도

```
$ kubectl apply -f deploy-3pod.yml
deployment.apps/dep3pod-blk created

$ kubectl get pod -o wide
NAME               READY   STATUS              AGE    IP             NODE
dep3pod-blk-97828  0/1     ContainerCreating   3m3s   <none>         10.193.10.14
dep3pod-blk-q52rq  0/1     ContainerCreating   3m3s   <none>         10.193.10.58
dep3pod-blk-x8rqj  1/1     Running             3m3s   172.30.94.135  10.193.10.14
```

파드의 기동이 멈춰 있는 상황에서 원인을 찾으려면 실행 예 14와 같이 명령어를 실행하면 된다. 여기서는 Events 필드 밑에 에러 메시지가 표시되고 있다. '... is already mounted on mounthpath'와 같은 메시지를 보면 이미 사용 중인 것을 알 수 있다.

실행 예 14 상태가 ContainerCreating에서 멈춘 원인 조사

```
$ kubectl describe po dep3pod-blk-97828
Name:                 dep3pod-blk-7867d697dc-97828
Namespace:            default
<중략>
Events:
  Type      Reason        Age               From                    Message
  ----      ------        ----              ----                    -------
<중략>
  Warning FailedMount 64s (x9 over 3m14s) kubelet, 10.193.10.14 MountVolume.SetUp
failed for volume "pvc-290ad8fc-b127-11e9-94e5-0a38ae6121b9" : mount command failed,
status: Failure,
reason: Error while mounting the volume &errors.errorString{s:"RWO check has failed.
DevicePath/var/data/kubelet/plugins/kubernetes.io/flexvolume/ibm/ibmc-block/mounts/
pvc-290ad8fc-b127-11e9-94e5-0a38ae6121b9 is already mounted on mountpath /var/data/
kubelet/pods/f7b606ce-b14f-11e9-8295-e641deacb5f3/volumes/ibm~ibmc-block/pvc-
290ad8fc-b127-11e9-94e5-0a38ae6121b9 " }
```

이번에는 '동일 파드 위의 컨테이너는 블록 스토리지를 각각 마운트하여 사용할 수 있다'는 점을 알아보자. 파일 8은 하나의 파드 위에 2개의 컨테이너를 기동하는 소위 사이드카 구성을 만드는 매니페스트다. 마지막 부분을 보면 PVC를 지정하고 있으며 해당 볼륨을 2개의 컨테이너가 각각 마운트하고 있다. 파드 내의 컨테이너의 프로세스 공간은 상호 분리되어 있지만 I/O는 파드 레벨에서 공통화되어 있다. 이로 인해 파일 시스템의 마운트 포인트는 컨테이너별로 자유롭게 선택할 수 있다.

파일 8 2개의 컨테이너를 가지는 파드 YAML: deploy-1pod-2cnt.yml

```
1   apiVersion: apps/v1
2   kind: Deployment
3   metadata:
4     name: dep1pod2c-blk
5     labels:
6       app: dep1pod2c-blk
7   spec:
8     selector:
9       matchLabels:
10        app: dep1pod2c-blk
11    template:
12      metadata:
13        labels:
```

```
14              app: dep1pod2c-blk
15        spec:
16          containers:        ## 2개의 컨테이너를 정의
17          - name: c1         ## 컨테이너 #1
18            image: ubuntu
19            volumeMounts:
20            - name: blk
21              mountPath: /mnt
22            command: ["/usr/bin/tail", "-f", "/dev/null"]
23          - name: c2         ## 컨테이너 #2
24            image: ubuntu
25            volumeMounts:
26            - name: blk
27              mountPath: /mnt
28            command: ["/usr/bin/tail", "-f", "/dev/null"]
29          volumes:           ## 파드의 볼륨 정의
30          - name: blk
31            persistentVolumeClaim:
32              claimName: bronze-blk
```

이 기능을 잘 사용하면 매우 유용하다. 이를테면, 컨테이너 #1에서 RDBMS를 돌리고 컨테이너 #2에서 오브젝트 스토리지에 백업하는 프로세스를 실행하는 것이 가능하다.

(2) IKS 파일 스토리지

이 파일 스토리지의 특징은 여러 개의 파드에서 동시에 마운트해서 사용할 수 있다는 점이다. 이는 기반이 되는 프로토콜이 NFS이기 때문에 그렇다. 그리고 NFS에서 수동으로 작업했던 것과 달리, 클라우드에서는 PVC에 의해 자동으로 PV를 프로비저닝해 주기 때문에 운영 면에서도 부담이 적다.

파일 9는 파일 스토리지를 작성하는 PVC다. 블록 스토리지와의 차이점은 annotation에 기재한 스토리지 클래스값 'ibmc-file-bronze'와 accessModes의 값 'ReadWriteMany'다.

파일 9 파일 스토리지 PVC를 만드는 YAML: iks-pvc-file.yml

```
1    apiVersion: v1
2    kind: PersistentVolumeClaim
3    metadata:
4      name: bronze-file
5      annotations:
```

```
6        volume.beta.kubernetes.io/storage-class: "ibmc-file-bronze"
7      labels:
8        billingType: "hourly"
9    spec:
10     accessModes:
11     - ReadWriteMany    ## NFS 기반이라 복수의 클라이언트에서 마운트 가능
12     resources:
13       requests:
14         storage: 20Gi   ## 프로비저닝 요구 용량(GB)
```

파일 10은 파일 스토리지의 PV를 마운트하는 파드의 매니페스트다.

파일 10 파일 스토리지의 PV를 마운트하는 파드의 매니페스트: deploy-2pod.yml

```
1    apiVersion: apps/v1
2    kind: Deployment
3    metadata:
4      name: dep2pod-file
5      labels:
6        app: dep2pod-file
7    spec:
8      replicas: 2                      ## 파드 2개 기동
9      selector:
10       matchLabels:
11         app: dep2pod-file
12     template:
13       metadata:
14         labels:
15           app: dep2pod-file
16       spec:
17         containers:
18         - image: ubuntu
19           name: ubuntu
20           volumeMounts:
21           - name: fs
22             mountPath: /mnt
23           command: ["/usr/bin/tail", "-f", "/dev/null"]
24         volumes:
25         - name: fs
26           persistentVolumeClaim:
27             claimName: bronze-file   ## 파일 스토리지의 PVC명을 설정
```

실행 예 15에서는 파일 9를 적용하여 PVC를 만들고 있다. 'kubectl get pvc'를 실행한 결과를 보면 NAME 열의 bronze-blk가 블록 스토리지이고, bronze-file이 파일 스토리지다. ACCESS MODES는 각각 RWO(ReadWriteOnce), RWX(ReadWriteMany)다.

실행 예 15 파일 스토리지의 PVC 작성

```
$ cd ../iks-file/
$ kubectl apply -f iks-pvc-file.yml
persistentvolumeclaim/bronze-file created

$ kubectl get pvc
NAME          STATUS   VOLUME      CAPACITY   ACCESS MODES   STORAGECLASS         AGE
bronze-blk    Bound    pvc-290ad8  20Gi       RWO            ibmc-block-bronze    21m
bronze-file   Bound    pvc-df9032  20Gi       RWX            ibmc-file-bronze     97s
```

다음 실행 예 16을 보면 PVC를 통해 PV의 프로비저닝이 완료된 것을 알 수 있다. 파일 스토리지의 PV는 두 번째 줄에 해당한다.

실행 예 16 PVC에 의해 PV가 만들어진 상태

```
$ kubectl get pv
NAME         CAPACITY   ACCESS MODES   RECLAIM POLICY   STATUS   CLAIM
pvc-290ad8   20Gi       RWO            Delete           Bound    default/bronze-blk
pvc-df9032   20Gi       RWX            Delete           Bound    default/bronze-file
```

파일 10을 적용한 파드를 2개 기동한다. 이번에는 블록 스토리지 때와 달리 2개 다 기동에 성공한다. 그중 하나의 파드에 대화형 셸로 접속해서 마운트 상태를 확인해 본다. 그 결과를 보면 Mount on 열에 '/mnt'인 것이 PV다. NFS 서버의 도메인 이름이 표시되는 것으로 보아 이 컨테이너가 NFS 서버에 마운트했다는 것을 알 수 있다.

실행 예 17 파일 스토리지에 마운트한 파드

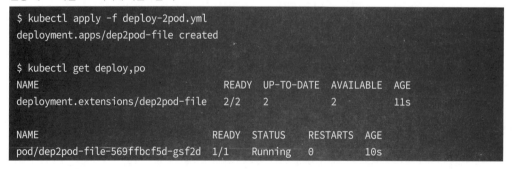

```
$ kubectl apply -f deploy-2pod.yml
deployment.apps/dep2pod-file created

$ kubectl get deploy,po
NAME                                        READY   UP-TO-DATE   AVAILABLE   AGE
deployment.extensions/dep2pod-file          2/2     2            2           11s

NAME                                  READY   STATUS    RESTARTS   AGE
pod/dep2pod-file-569ffbcf5d-gsf2d     1/1     Running   0          10s
```

```
pod/dep2pod-file-569ffbcf5d-w9fgx  1/1    Running   0         10s

$ kubectl exec -it dep2pod-file-569ffbcf5d-gsf2d sh
# df -h
Filesystem                         Size  Used  Avail Use%  Mounted on
overlay                            98G   2.3G   91G   3%   /
tmpfs                              64M     0    64M   0%   /dev
tmpfs                              2.0G    0   2.0G   0%   /sys/fs/cgroup
svc.softlayer.com:/IBM02S/data01   20G     0    20G   0%   /mnt
/dev/mapper/docker_data            98G   2.3G   91G   3%   /etc/hosts
<이하 생략>
```

11.7 SDS 연동에 의한 동적 프로비저닝

퍼블릭 클라우드에서는 PVC(퍼시스턴트 볼륨 요구)를 만들면 자동으로 PV(퍼시스턴트 볼륨)가 만들어져 컨테이너로부터 이용할 수 있다. 한편, 자사 데이터 센터 내에 K8s 클러스터를 구축한 경우, 일일이 수작업으로 NFS 서버와 연동하는 것은 큰 부담이 된다. 가능하면 온프레미스 환경에서도 퍼블릭 클라우드에서처럼, 볼륨의 프로비저닝을 자동화하는 것이 좋을 것이다.

이 문제는 쿠버네티스와 SDS(Software Defined Storage)를 연동하면 해결된다. PV의 다이내믹 프로비저닝을 실현할 수 있는 것이다.

이번 실습에서는 SDS로 자주 사용되는 GlusterFS를 사용할 것이다. GlusterFS는 레드햇이 관리하는 오픈 소스로 상용 제품으로도 제공되고 있다. 또한, 쿠버네티스와의 연동을 위해 REST로 GlusterFS를 조작하는 Heketi라는 오픈 소스를 깃헙으로 공개하고 있다.

우리는 학습 환경 2 '2.1 멀티 노드 K8s'와 '2.3 가상 GlusterFS 클러스터'를 사용해서 SDS 연동을 실습해 볼 것이다. PC의 가상 서버 위에 미니어처 수준의 GlusterFS 클러스터를 만들어 보는 것이다. 독자 여러분은 이번 실습을 위해 앞에서 말한 2개의 학습 환경을 구축해야 한다. 부록에 기재된 방법에 따르면 어렵지 않게 구축할 수 있을 것이다.

GlusterFS란?

GlusterFS는 오픈 소스로 공개된 확장 가능한 분산 파일 시스템으로 수 페타바이트로 확장 가능하고 수천 개의 클라이언트에 대응 가능한 성능을 가진다. 심지어 고사양의 스토리지 장비를 사용하는 대신 일반적인 하드웨어를 사용하여 구축하는 Software Defined Storage(SDS)다. GlusterFS는 다양한 분야에서 사용되고 있다.

참고 자료

GlusterFS 공식 문서, https://docs.gluster.org/en/latest/Administrator%20Guide/GlusterFS%20Introduction/

GlusterFS와 K8s를 연결하는 Heketi

Heketi는 GlusterFS 볼륨의 라이프 사이클을 관리하는 RESTful 서비스를 제공한다. 이 소프트웨어의 목표는 GlusterFS의 볼륨 작성, 목록 제공, 삭제를 위한 간단한 방법을 제공하는 것이다. 이를 통해 GlusterFS의 볼륨을 작성/조회/삭제할 수 있다.

참고 자료

Heketi의 깃헙 주소, https://github.com/heketi/heketi

학습용 시스템은 그림 6의 구성을 따른다. 한 대의 PC 위에 K8s 클러스터 가상 서버 3대와 GlusterFS 클러스터의 가상 서버 4대를 기동하여 전용 프라이빗 네트워크로 연결한다.

이 환경을 실행하기 위해 필요한 PC의 메모리 요건은 각각 부록에 명시하였다. 간단히 설명하자면 K8s 클러스터의 가상 머신 메모리는 한 대당 1GB, 3대 총합 3GB다. GlusterFS 클러스터의 경우는 한 대당 512MB, 4대로 2GB다. 즉, 총 5GB의 메모리가 필요하다.

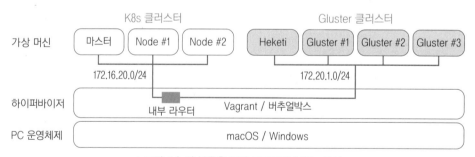

▲ 그림 6 논리 볼륨을 동적 프로비저닝 하는 구성

여기서부터는 학습 환경을 그림 6과 같이 구축된 상태로 가정하고 진행하겠다. 먼저 2대의 클러스터 간 통신을 확인해 보자. K8s 마스터 노드에 'vagrant ssh'로 로그인하여 ping을 해본 결과,

라운드 트립 타임(rtt)이 다음과 비슷하게 출력된다면 통신이 가능한 상태라고 볼 수 있다.

실행 예 18 마스터 노드와 Heketi 서버 간의 통신 확인

```
$ ping 172.20.1.20
PING 172.20.1.20 (172.20.1.20) 56(84) bytes of data.
64 bytes from 172.20.1.20: icmp_seq=1 ttl=63 time=1.11 ms
64 bytes from 172.20.1.20: icmp_seq=2 ttl=63 time=0.547 ms
64 bytes from 172.20.1.20: icmp_seq=3 ttl=63 time=0.648 ms
64 bytes from 172.20.1.20: icmp_seq=4 ttl=63 time=0.574 ms
64 bytes from 172.20.1.20: icmp_seq=5 ttl=63 time=0.624 ms
^C
--- 172.20.1.20 ping statistics ---
5 packets transmitted, 5 received, 0% packet loss, time 3999ms
rtt min/avg/max/mdev = 0.547/0.702/1.119/0.212 ms
```

통신을 확인했으면, 이어서 스토리지 클래스를 만들어 보자. 이것으로 GlusterFS의 프로비저너가 Heketi를 통해 GlusterFS에 명령을 내려 PV를 자동으로 만들게 된다.

파일 11 스토리지 클래스를 설정하는 매니페스트: gfs-sc.yml

```
1    apiVersion: storage.k8s.io/v1
2    kind: StorageClass
3    metadata:
4      name: "gluster-heketi"
5    provisioner: kubernetes.io/GlusterFS
6    parameters:                                    ## 프로비저너의 파라미터
7      resturl: "http://172.20.1.20:8080"    ## Heketi의 IP 주소와 포트
8      restuser: "admin"                          ## REST 유저 ID와 패스워드
9      restuserkey: "admin"
```

다음 실행 예 19에서는 스토리지 클래스를 만들고 확인하고 있다.

실행 예 19 GlusterFS 스토리지 클래스 작성과 확인

```
$ kubectl apply -f gfs-sc.yml
storageclass.storage.k8s.io/gluster-heketi created

$ kubectl get sc
NAME              PROVISIONER               AGE
gluster-heketi    kubernetes.io/GlusterFS   6s
```

파일 12는 용량을 지정해서 PV를 작성하는 PVC의 매니페스트다. 볼륨 사이즈는 GlusterFS의 최소 단위인 8GB 이상을 지정해야 에러가 발생하지 않는다.

파일 12 퍼시스턴트 볼륨 요구 YAML: gfs-pvc.yml

```
1    apiVersion: v1
2    kind: PersistentVolumeClaim
3    metadata:
4      name: gvol-1
5    spec:
6      storageClassName: gluster-heketi
7      accessModes:
8        - ReadWriteMany
9      resources:
10       requests:
11         storage: 10Gi
```

다음 실행 예 20과 같이 실행한 후 약 30초 정도 기다리면 PVC가 만들어져 목록을 확인할 수 있다.

실행 예 20 PVC에 의해 PV가 만들어지는 것을 확인

```
$ kubectl apply -f gfs-pvc.yml
persistentvolumeclaim/gvol-1 created

$ kubectl get pvc
NAME     STATUS    VOLUME    CAPACITY    ACCESS MODES    STORAGECLASS    AGE
gvol-1   Pending                                         gluster-heketi  7s
$ kubectl get pvc
NAME     STATUS    VOLUME    CAPACITY    ACCESS MODES    STORAGECLASS    AGE
gvol-1   Pending                                         gluster-heketi  15s

$ kubectl get pvc
NAME     STATUS    VOLUME         CAPACITY    ACCESS MODES    STORAGECLASS    AGE
gvol-1   Bound     pvc-c0e<생략>   10Gi        RWX             gluster-heketi  24s

$ kubectl get pv
NAME           CAPACITY ACCESS RECLAIM POLICY STATUS CLAIM         STORAGECLASS   AGE
pvc-c0e<생략> 10Gi     RWX    Delete          Bound  default/gvol-1 gluster-heketi 12s
```

이어서 파일 13(gfs-client.yml)은 GlusterFS의 PV를 마운트하는 파드를 2개 만드는 디플로이먼트의 매니페스트다. 이들 파드가 이용하는 퍼시스턴트 볼륨은 이 파일의 마지막 부분인

persistentVolumeClaim에서 지정하고 있다. 즉, 이 부분을 다른 PVC 이름으로 바꾸면 다른 스토리지 시스템의 퍼시스턴트 볼륨을 이용하게 된다.

파일 13 GlusterFS를 사용하는 디플로이먼트의 YAML: gfs-client.yml

```
1   apiVersion: apps/v1
2   kind: Deployment
3   metadata:
4     name: gfs-client
5   spec:
6     replicas: 2
7     selector:
8       matchLabels:
9         app: ubuntu
10    template:
11      metadata:
12        labels:
13          app: ubuntu
14      spec:
15        containers:
16        - name: ubuntu
17          image: ubuntu:16.04
18          volumeMounts:            ## PV를 컨테이너의 /mnt에 마운트
19          - name: gfs
20            mountPath: /mnt
21          command: ["/usr/bin/tail", "-f", "/dev/null"]
22        volumes:
23        - name: gfs
24          persistentVolumeClaim:   ## PVC명을 지정
25            claimName: gvol-1       ## GlusterFS의 PVC명을 지정
```

이 디플로이먼트를 적용하여 PV의 마운트 상태를 확인해 보자.

실행 예 21 GlusterFS를 적용한 파드를 기동

```
$ kubectl apply -f gfs-client.yml
deployment.extensions/gfs-client created

$ kubectl get po
NAME                          READY   STATUS    RESTARTS   AGE
gfs-client-649b9995fc-6gvk7   1/1     Running   0          7m
gfs-client-649b9995fc-qkv9n   1/1     Running   0          7m
```

파드가 기동했으면 출력된 목록 중에서 첫 번째 파드에 대화형 셸을 기동한다. 그리고 마운트한 파일 시스템에 데이터를 기록하여 두 번째 파드에서 확인해 본다.

'df -h'를 통해 출력된 파일 시스템 목록에서 172.20으로 시작하는 줄에 주목하기 바란다. 지금까지 hostPath나 수동으로 설정한 NFS의 경우와 달리, PVC의 매니페스트에서 요구한 볼륨의 크기가 표시되는 것을 알 수 있다.

실행 예 22는 첫 번째 파드에서 GlusterFS의 '/mnt/test.data'에 데이터를 쓰고, MD5 암호 해시를 계산하고 있다. 그리고 실행 예 23에서는 두 번째 파드에서 동일한 파일의 MD5 해시값을 계산하여 두 값이 일치함을 확인하고 있다. 결과를 보면 알 수 있듯이 2개의 파드에서 동일한 파일에 접근했음을 알 수 있다.

실행 예 22 첫 번째 파드에서 GlusterFS에 파일 작성

```
$ kubectl exec -it gfs-client-649b9995fc-6gvk7 sh
# df -h
Filesystem              Size  Used Avail Use% Mounted on
overlay                 9.7G  2.1G  7.6G  22% /
tmpfs                    64M     0   64M   0% /dev
tmpfs                   497M     0  497M   0% /sys/fs/cgroup
172.20.1.21:vol_6f17e8df 10G   68M   10G   1% /mnt
/dev/sda1               9.7G  2.1G  7.6G  22% /etc/hosts
shm                      64M     0   64M   0% /dev/shm
tmpfs                   497M   12K  497M   1% /run/secrets/kubernetes.io/
serviceaccount
tmpfs                   497M     0  497M   0% /proc/scsi
tmpfs                   497M     0  497M   0% /sys/firmware
# ls -lR / > /mnt/test.dat
# md5sum /mnt/test.dat
f5440a60b0d59ad69146aab81b2654cd  /mnt/test.dat
```

실행 예 23 두 번째 파드에서 GlusterFS의 파일을 읽어 해시 계산

```
$ kubectl exec -it gfs-client-649b9995fc-qkv9n sh
# df -h
Filesystem              Size  Used Avail Use% Mounted on
overlay                 9.7G  2.1G  7.6G  22% /
tmpfs                    64M     0   64M   0% /dev
tmpfs                   497M     0  497M   0% /sys/fs/cgroup
172.20.1.21:vol_6f17e8df 10G   68M   10G   1% /mnt
/dev/sda1               9.7G  2.1G  7.6G  22% /etc/hosts
```

```
shm                         64M      0    64M    0% /dev/shm
tmpfs                      497M    12K   497M    1% /run/secrets/kubernetes.io/
serviceaccount
tmpfs                      497M      0   497M    0% /proc/scsi
tmpfs                      497M      0   497M    0% /sys/firmware
# md5sum /mnt/test.dat
f5440a60b0d59ad69146aab81b2654cd /mnt/test.dat
```

Step 11 마무리

이번 스텝에서 배운 내용을 정리하면 다음과 같다.

- 파드가 사용할 수 있는 스토리지로는 노드의 스토리지를 이용하는 것과 K8s 클러스터 외부에 있는 스토리지 시스템을 이용하는 경우가 있다. 데이터의 보존성과 가용성을 위해서는 외부 스토리지를 이용하는 게 좋다.
- 파드와 퍼시스턴트 볼륨을 프로비저닝하는 기능은 분리되어 있어, 각각 설정이 필요하다.
- 연동 가능한 외부 스토리지 시스템의 종류는 다양하다. K8s 오브젝트인 PVC(퍼시스턴트 볼륨 요구), PV(퍼시스턴트 볼륨), 스토리지 클래스는 이들 외부 스토리지 시스템을 추상화하여 공통된 방식으로 사용할 수 있게 해준다.
- PV는 PVC를 만들면 자동으로 프로비저닝하는 방식과 수동으로 설정해 줘야 하는 방식이 있다.
- 동적 프로비저닝에서는 PVC를 만들면 프로비저너가 외부 스토리지 시스템에 PV를 만들어 준다.
- 클라우드의 퍼시스턴트 볼륨의 동작은 클라우드의 스토리지 서비스별로 서로 다른 제약이 있기 때문에 사전에 확인해 둘 필요가 있다.

▼ 표 13 이번 스텝에서 새로 사용한 kubectl 커맨드

주요 항목	동작
kubectl get pvc	퍼시스턴트 볼륨 요구의 목록 표시
kubectl describe pvc	퍼시스턴트 볼륨 요구의 상세 내용 표시
kubectl get pv	퍼시스턴트 볼륨의 목록 표시
kubectl describe pv	퍼시스턴트 볼륨의 상세 내용 표시
kubectl get sc	스토리지 클래스 목록 표시

Step 11 참고 자료

[1] 스토리지 개념과 개요, https://kubernetes.io/docs/concepts/storage/volumes/

[2] IBM Cloud Kubernetes Service 블록 스토리지, https://cloud.ibm.com/docs/containers?topic=containers-block_storage#block_storage

[3] IBM Cloud Kubernetes Service 파일 스토리지, https://cloud.ibm.com/docs/containers/cs_storage_file.html#file_storage

Step **12** 스테이트풀셋

데이터를 관리하는 파드에
적합한 컨트롤러

쿠버네티스의 스테이트풀셋(StatefulSet)은 퍼시스턴트 볼륨과 파드를 함께 조합하여 제어하기에 적합한 컨트롤러다[1].

일반적으로 스테이트풀(stateful)이라고 하면 내부에 상태를 가져서 상태에 따라 처리 내용이 달라지는 것을 의미한다. 자판기를 예로 생각해 보면, '동전 투입 대기 상태'와 '주문 대기 상태'를 생각해 볼 수 있다. '동전 투입 대기 상태'에서는 주문 버튼을 눌러도 반응하지 않는다. 동전이 충분히 투입되면 '주문 대기 상태'로 전이되고, 주문 버튼에 반응하여 상품을 제공한다. 그리고 자판기는 다시 '동전 투입 대기 상태'로 전이되어 다음 주문을 기다린다. 이렇게 자판기를 제어하는 프로그램은 2개의 상태를 가지는 스테이트풀한 프로그램이라고 할 수 있다.

컨테이너에서 실행되는 고도의 프로그램은 더욱 많은 상태를 관리한다. 예를 들어, 쇼핑몰 사이트의 경우 상품 재고 상태나 고객별 주문 상태, 상품 배달 상태 등의 상태를 관리하며, 이를 위해 데이터베이스를 사용한다.

그런데 컨테이너나 파드는 태생적으로 데이터를 보관하는 것이 어렵기 때문에 파드와 퍼시스턴트 볼륨을 조합하여 실행해야 한다. 이러한 요구 사항을 위해 쿠버네티스에서는 스테이트풀셋이라는 컨트롤러를 제공한다. 이 컨트롤러는 파드와 퍼시스턴트 볼륨의 대응 관계를 더욱 엄격하게 관리하여, 퍼시스턴트 볼륨의 데이터 보관을 우선시하여 동작한다.

스텝 12에서는 '스테이트풀셋'과 스텝 08에서 배운 '디플로이먼트'를 비교하며 동작의 차이를 확인한다. 그리고 스테이트풀셋으로 MySQL 서버를 기동하여 계획적으로 정지할 때와 장애에 의해 정지할 때의 동작을 살펴볼 것이다.

그리고 스테이트풀셋을 사용할 때 노드 장애 상황에서 자동으로 회복하도록 만드는 컨테이너를 개발할 것이다. 이 컨테이너는 노드 장애 상황에서 해당 노드를 K8s 클러스터에서 제외한다. 이를 통해 다른 노드에서 파드가 기동하게 된다.

이 컨테이너는 kubectl 대신 K8s API 파이썬 라이브러리를 사용한다. 그리고 파드에 K8s 클러스터 조작 권한을 부여하기 위해 서비스 계정과 RBAC를 활용한다. 그리고 데몬셋 컨트롤러를 사용해 파드를 기동할 것이다.

이번 스텝에서 쿠버네티스 API를 사용하여 시스템 운영을 자동화하는 코드 개발을 실습해 본다면, SRE(Site Reliability Engineering) 역량 향상에 도움을 얻을 것이다.

12.1 디플로이먼트와의 차이

스테이트풀셋의 특징을 디플로이먼트와 비교하면 다음 그림 1과 같다.

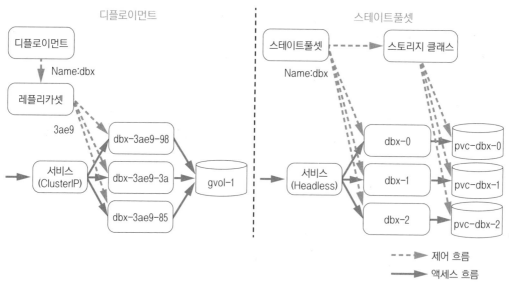

▲ 그림 1 디플로이먼트와 스테이트풀셋의 차이(1)

(1) 파드의 이름과 퍼시스턴트 볼륨의 이름

스테이트풀셋도 지정한 레플리카 수에 해당하는 파드를 파드 템플릿에 기술한 내용에 따라 기동한다. 스테이트풀셋에 의해 만들어지는 파드의 이름은 스테이트풀셋의 이름 뒤에 순서대로 번호가 부여된다. 디플로이먼트의 경우는 해시가 붙었다(그림 1). 스테이트풀셋에서는 파드와 퍼시스턴트 볼륨을 하나의 단위로 취급하여 동일한 번호가 이름에 부여된다.

(2) 서비스와의 연결 및 이름 해결

스테이트풀셋 관리하의 파드에 요청을 전송하기 위한 서비스는 대표 IP를 가지지 않는 ClusterIP의 헤드리스 모드를 사용해야 한다. 클라이언트가 서비스의 이름으로 IP 주소를 해결하면 스테이트풀셋 관리하의 파드의 IP 주소가 랜덤하게 반환된다.

절대 도메인명	서비스명, 네임스페이스명, 클러스터 도메인명
상대 도메인명	서비스명

스테이트풀셋의 매니페스트에 spec.serviceName에 연동할 서비스 이름을 설정하면, 각 파드의 이름으로 파드의 IP 주소를 얻을 수 있다. 데이터베이스를 샤딩해서 사용할 때처럼 각각의 서버를 직접 지정해서 접속해야 할 때 유용하다.

절대 도메인명	파드명, 서비스명, 네임스페이스명, 클러스터 도메인명
상대 도메인명	파드명, 서비스명

(3) 파드 분실 시 동작

스테이트풀셋 관리하의 파드가 노드 장애 등으로 없어진 경우에는 동일한 이름으로 새롭게 파드가 기동된다. 그리고 기존 파드가 사용했던 퍼시스턴트 볼륨을 이어서 사용한다(그림 2).

여기서 주의할 점은, 파드의 이름이 같아도 파드의 IP 주소는 변했다는 점이다. 그래서 스테이트풀셋 관리하의 파드에 접속하는 경우, 반드시 내부 DNS를 사용해서 이름을 해결해야 한다.

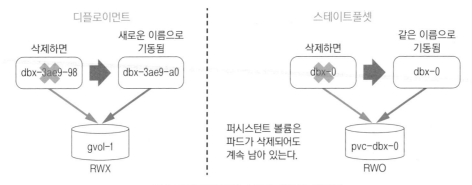

▲ 그림 2 디플로이먼트와 스테이트풀셋의 차이(2)

(4) 노드 정지 시의 동작

스테이트풀셋은 데이터를 분실하지 않도록 설계되었다. 하지만 하드웨어 장애나 네트워크 장애로 특정 노드가 마스터와의 연결이 끊어졌을 때, 스테이트풀셋은 새로운 파드를 기동하지 않는다. 가령, 노드의 상태를 관리하는 kubelet과 마스터와의 통신이 일시적으로 끊겼지만 파드는 계속해서 돌아가고 있는 경우를 생각해 보자. 실제로 일어날 수 있는 이런 상황에서 마스터가 대체 파드를 기동하여 퍼시스턴트 볼륨을 마운트하게 되면 오히려 데이터가 파손될 수 있다.

파드가 퍼시스턴트 볼륨을 마운트할 때는 엑세스 모드로 여러 노드에서 읽고 쓰기가 가능한 ReadWriteMany(RWX)와 하나의 노드에서만 읽고 쓸 수 있는 ReadWriteOnce(RWO)를 사용할 수 있다. 이들은 외부 스토리지 시스템에 종속된 파라미터라, NFS와 같이 공유 가능한 퍼시스턴트 볼륨에 RWO를 설정한다고 해도 새로운 파드가 기동되는 것을 억제할 수는 없다.

다음 중 한 가지 경우에 해당할 때만 스테이트풀셋이 분실된 파드를 다른 노드에서 다시 기동한다.

- 장애 노드를 K8s 클러스터의 멤버에서 제외한다.
- 문제가 있는 파드를 강제 종료한다.
- 장애로 인해 정지한 노드를 재기동한다.

이러한 상황에서만 파드를 대체하는 이유를 다시 자세히 설명하겠다.

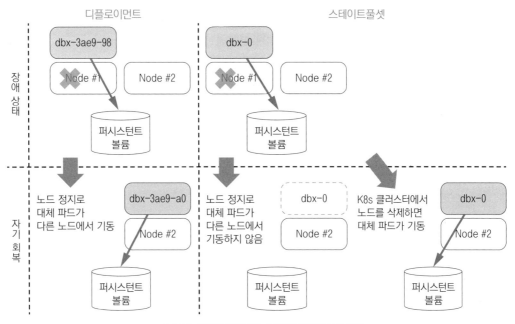

▲ **그림 3 디플로이먼트와 스테이트풀셋의 차이(3)**

스테이트풀셋이 노드의 장애를 검지했을 때 대체 노드에 파드를 기동하는 것은 위험하다. 만약에 장애라고 판단한 노드에서 파드가 계속해서 실행 중이라면 동일한 파드가 중복해서 기동하게 되어, 퍼시스턴트 볼륨상의 데이터가 파손될 수 있다. 이러한 위험을 피하기 위해서는 어떻게 해야 할까? 장애 노드를 K8s 클러스터에서 제외하면 된다. 그러면 그 노드에서 동작 중인 파드가 전부 종료되어 안전하게 대체 파드로 교체할 수 있다. 혹은 노드를 재기동해서 통신이 회복되면 파드에 대한 제어도 회복된다.

그런데, 스테이트풀셋의 역할은 파드를 컨트롤하는 것으로, 노드를 재기동하거나 제외하는 것은 책임 범위 밖이다. 그래서 외부에서의 동작이 필요하다. 장애가 발생한 노드를 K8s 클러스터에서 제거하는 명령어 'kubectl delete node 〈장애_발생_노드〉'를 실행하여 다른 노드에서 파드가 개시되게 하는 것이다. 그리고 장애 노드를 재기동하여 다시 노드가 정상적인 상태가 되어도 파드를 중복으로 실행하는 상황은 피할 수 있다.

그러나 마스터와 장애 노드의 kubelet이 통신되지 않는 상황에서는 위 명령어 'kubectl delete node 〈장애_발생_노드〉'가 실패하여 대체 파드를 기동할 수 없다. 따라서 장애 레벨을 파악하여 적절한 대처 방법을 선택해야 한다.

참고로 자동으로 컨테이너의 장애를 검지하여 대처하는 방법으로 활성 프로브(Liveness Probe)가 있는데 이것은 노드상의 kubelet이 파드상의 컨테이너를 감시하기 때문에 노드가 정지한 경우에는 동작하지 않는다.

(5) 파드 순번 제어

스테이트풀셋의 파드 이름에 붙는 번호는 파드의 기동과 정지뿐만 아니라, 롤링 업데이트의 순서에도 사용된다. 한편, 디플로이먼트에서의 파드명은 디플로이먼트의 이름 뒤에 해시 문자열이 붙으며 파드의 기동 순서는 랜덤하게 적용된다.

- 레플리카 숫자에 도달할 때까지 파드와 퍼시스턴트 볼륨이 짝을 지어서 차례대로 기동한다. 정지할 때는 파드의 이름 뒤에 붙은 번호가 큰 순서로 정지한다.
- 레플리카 값을 늘리면 파드 이름 뒤에 붙는 숫자가 늘어나면서 파드가 기동된다. 반대로 레플리카 값을 줄이면 파드 이름 뒤에 붙는 숫자가 큰 것부터 삭제된다.
- 롤링 업데이트할 때도 파드의 이름에 붙는 번호에 따라 갱신된다.

● 샘플 코드 이용법 ●

이번 스텝에서 사용되는 코드는 깃헙(https://github.com/Jpub/15_DandK)에서 다운받을 수 있다.

깃헙에서 내려받기

```
$ git clone https://github.com/Jpub/15_DandK
$ cd codes_for_lessons/step12
```

위 폴더로 이동하면 다음과 같은 파일들이 존재한다.

```
$ tree step12
step12
├── gfs-sc.yml                     # 스토리지 클래스 작성
├── liberator
│   ├── container                  # 노드 감시 컨테이너 개발
│   │   ├── Dockerfile
│   │   └── main.py
│   ├── daemonset.yml              # 데몬셋 기동
│   └── k8s-rbac                   # RBAC 설정
│       ├── namespace.yml
│       ├── role-base-access-ctl.yml
│       └── service-account.yml
└── mysql-sts.yml                  # 스테이트풀셋으로 MySQL 기동
```

12.2 매니페스트 작성법

MySQL을 예제로 스테이트풀셋의 매니페스트를 작성하는 방법을 살펴보자. 먼저 스테이트풀셋의 매니페스트의 특징 네 가지는 다음과 같다.

> ① 'clusterIP:None' 헤드리스 서비스 설정
> ② 'serviceName: 서비스명' 연동할 서비스의 이름을 지정
> ③ 'template:' 볼륨 요구 템플릿의 이름으로 마운트 포인트 지정
> ④ 'volumeClaimTemplates:' 레플리카 수만큼 볼륨 요구를 작성

이어서 파일 1 mysql-sts.yml의 매니페스트를 살펴보자. 이 파일은 서비스와 스테이트풀셋 2 개의 매니페스트를 문자열 '---'으로 붙여 놓았다.

서비스 매니페스트에 있는 'clusterIP:None'은 대표 IP 주소를 사용하지 않는 헤드리스 서비스 [2]를 설정하는 것으로 이것이 스테이트풀셋의 사양으로 정해져 있다[3].

'spec.serviceName:'에 연동할 서비스의 이름을 설정하면, 파드의 이름으로 IP 주소를 얻는 것이 가능해진다.

'volumeMounts:'에는 컨테이너상의 파일 시스템에 퍼시스턴트 볼륨을 마운트할 위치를 지정한다. 퍼시스턴트 볼륨은 spec.volumeClaimTemplate 밑의 배열 중 metadata.name으로 지정한다.

파드 템플릿 spec.template과 볼륨 요구 템플릿 spec.volumeClaimTemplates로 지정한 사양을 바탕으로 spec.replicas로 지정한 수만큼 파드와 볼륨이 만들어진다. 이 예에서는 MySQL 서버를 하나만 기동하고 있는데, spec.replicas를 2 이상으로 설정하면, 복수의 MySQL 서버로 샤딩하여 부하를 분산하는 것이 가능하다. 또한, 이때 파드의 이름으로 IP 주소를 얻을 수 있으므로, 클라이언트로부터 파드 이름을 지정하여 접근할 수 있다.

파일 1 스테이트풀셋의 MySQL 서버 매니페스트: mysql-sts.yml

```
1    apiVersion: v1
2    kind: Service
3    metadata:
4      name: mysql          ## 이 이름이 K8s 안의 DNS명으로 등록됨
```

```
 5      labels:
 6        app: mysql-sts
 7    spec:
 8      ports:
 9      - port: 3306
10        name: mysql
11      clusterIP: None      ## 특징 ① 헤드리스 서비스 설정
12      selector:
13        app: mysql-sts    ## 스테이트풀셋과 연결하는 라벨
14    ---
15    ## MySQL 스테이트풀셋
16    #
17    apiVersion: apps/v1          ## 표 1 참고
18    kind: StatefulSet
19    metadata:
20      name: mysql
21    spec:                        ## 표 2 참고
22      serviceName: mysql         ## 특징 ② 연계하는 서비스명 설정
23      replicas: 1                ## 파드 가동 개수
24      selector:
25        matchLabels:
26          app: mysql-sts
27      template:                  ## 표 3 참고
28        metadata:
29          labels:
30            app: mysql-sts
31        spec:
32          containers:
33          - name: mysql
34            image: mysql:5.7     ## 도커 허브 MySQL 리포지터리 지정
35            env:
36            - name: MYSQL_ROOT_PASSWORD
37              value: qwerty
38            ports:
39            - containerPort: 3306
40              name: mysql
41            volumeMounts:        ## 특징 ③ 컨테이너의 마운트 경로 설정
42            - name: pvc
43              mountPath: /var/lib/mysql
44              subPath: data      ## 초기화 시에 빈 디렉터리가 필요
45            livenessProbe:       ## MySQL 가동 체크
46              exec:
47                command: ["mysqladmin","-p$MYSQL_ROOT_PASSWORD","ping"]
48              initialDelaySeconds: 60
49              timeoutSeconds: 10
50      volumeClaimTemplates:      ## 특징 ④ 볼륨 요구 템플릿
```

```
51      - metadata:
52          name: pvc
53        spec:                        ## 표 4 참고
54          accessModes: [ "ReadWriteOnce" ]
55          ## 환경에 따라 설정
56          #storageClassName: ibmc-file-bronze      # 용량 20Gi IKS
57          #storageClassName: gluster-heketi         # 용량 12Gi GlusterFS
58          storageClassName: standard                # 용량 2Gi Minikube/GKE
59          resources:
60            requests:
61              storage: 2Gi
```

스테이트풀셋 매니페스트의 각 항목에 대해 표 1~4에 정리했다. 상세한 내용은 하단에 첨부한 URL을 참고하기 바란다. 또한, MySQL의 컨테이너 기동 시 설정해야 하는 환경 변수는 도커 허브의 MySQL 공식 이미지 홈페이지[4]를 참고하기 바란다.

▼ 표 1 스테이트풀셋 API(StatefulSet v1 apps)

주요 항목	설명
apiVersion	apps/v1 설정
kind	StatefulSet 설정
metadata	name에 이름 설정
spec	스테이트풀셋의 사양. 표 2 참고

※ API의 자세한 내용은 https://kubernetes.io/docs/reference/generated/kubernetes-api/v1.14/#statefulset-v1-apps를 참고한다.

▼ 표 2 스테이트풀셋의 사양(StatefulSetSpec v1 apps)

주요 항목	설명
serviceName	헤드리스 서비스의 이름
replicas	파드 템플릿을 사용해서 기동하는 파드 수를 지정. 이 수가 유지하도록 동작. 예를 들어, 보수 작업을 위해 노드를 정지시키는 경우 남은 노드에서 정지한 파드를 기동해서 replicas로 지정한 값과 일치하도록 동작
selector.matchLabels	본 컨트롤러 제어하의 파드를 관리하기 위해 matchLabels의 라벨을 사용. 이 라벨이 파드 템플릿의 라벨과 일치하지 않으면 kubectl create/apply 시에 에러 발생
template	본 컨트롤러가 기동하는 파드 템플릿을 기술. 표 3 참고
volumeClainTemplates	파드가 마운트하는 볼륨의 템플릿을 기술. 표 4 참고

※ API의 자세한 내용은 https://kubernetes.io/docs/reference/generated/kubernetes-api/v1.14/#statefulsetspec-v1-apps를 참고한다. v1.14에서 14를 13이나 12로 변경하면 다른 마이너 버전의 API를 참고할 수 있다.

▼ 표 3 파드 템플릿(PodTemplateSpec v1 core)

주요 항목	설명
metadata.labels	이 라벨은 표 2의 실렉터와 같은 라벨 설정 필요
containers	파드의 컨테이너에 대해 기술

※ API의 자세한 내용은 https://kubernetes.io/docs/reference/generated/kubernetes-api/v1.14/#podtemplatespec
-v1-core를 참고한다.

▼ 표 4 퍼시스턴트 볼륨 요구(PersistentVolumeClaim v1 core)

주요 항목	설명
metadata.name	파드 수에 맞는 PVC가 작성되며 이 이름은 PVC명의 접두어가 됨
spec	볼륨의 사양을 기술

※ API의 자세한 내용은 https://kubernetes.io/docs/reference/generated/kubernetes-api/v1.14/#persistent
volumeclaim-v1-core를 참고한다.

이 매니페스트 중에서 storageClassName에 지정해야 할 문자열은 실행 환경에 따라 다르다.
K8s 클러스터 환경에서 이용할 수 있는 스토리지 클래스는 'kubectl get sc'를 통해 확인할 수
있다. 학습 환경별로 설정해야 할 값은 다음과 같다.

- **학습 환경 1** 미니쿠베에서는 standard로 지정하여 호스트의 디스크를 사용한다.
- **학습 환경 2** Vagrant K8s + GlusterFS에서는 gluster-heketi라고 설정하고 최소 8GB를 할
  당한다.
- **학습 환경 3** IKS는 ibmc-file-bronze를 지정, 최소 20GB를 할당한다(유료).
- **학습 환경 3** GKE는 standard를 지정하여, 블록 스토리지를 할당한다(유료).

다음 실행 예 1은 학습 환경 1의 미니쿠베에서 실행한 모습이다. 스테이트풀셋의 컨트롤러에 따
라 파드, 퍼시스턴트 볼륨 요구(PVC)와 퍼시스턴트 볼륨(PV)이 만들어진다.

실행 예 1 스테이트풀셋으로 MySQL 서버를 배포

```
## MySQL 서버 배포
$ kubectl apply -f mysql-sts.yml
service/mysql created
statefulset.apps/mysql created

## 배포 결과 확인, 퍼시스턴트 볼륨도 함께 생성됨
$ kubectl get svc,sts,po
```

```
NAME                   TYPE        CLUSTER-IP    EXTERNAL-IP   PORT(S)    AGE
service/kubernetes     ClusterIP   10.96.0.1     <none>        443/TCP    16m
service/mysql          ClusterIP   None          <none>        3306/TCP   74s


NAME                     READY    AGE
statefulset.apps/mysql   1/1      74s


NAME          READY    STATUS    RESTARTS   AGE
pod/mysql-0   1/1      Running   0          74s

$ kubectl get pvc
NAME          STATUS   VOLUME        CAPACITY   ACCESS MODES   STORAGECLASS   AGE
pvc-mysql-0   Bound    pvc-62f30fe9  2Gi        RWO            standard       84s

$ kubectl get pv
NAME           CAPACITY   ACCESS MODES   RECLAIM POLICY   STATUS   CLAIM
pvc-62f30fe9   2Gi        RWO            Delete           Bound    default/pvc-mysql-0
```

이어서 퍼시스턴트 볼륨이 계속 사용되는 것을 확인하기 위해 MySQL에 로그인하여 create database로 임의의 데이터베이스를 만든다(실행 예 2).

실행 예 2 MySQL 컨테이너에서 create database 실행

```
## MySQL 컨테이너에 대화형 셸 기동
$ kubectl exec -it mysql-0 -- bash

## MySQL 클라이언트 기동
root@mysql-0:/# mysql -u root -pqwerty

<중략>

## 데이터베이스 hello 작성
mysql> create database hello;
Query OK, 1 row affected (0.00 sec)

## 작성 결과 확인
mysql> show databases;
+--------------------+
| Database           |
+--------------------+
| information_schema |
| hello              |     <- hello가 존재
| mysql              |
```

```
| performance_schema |
| sys                |
+--------------------+
5 rows in set (0.00 sec)
```

이와 같이 퍼시스턴트 볼륨에 데이터를 기록했으면, 스테이트풀셋을 지우고 퍼시스턴트 볼륨이 계속 있는지 확인해 보자.

실행 예 3에서 스테이트풀셋과 파드는 지워졌지만 PVC와 PV는 남아 있다. 데이터를 잘 보관해야 하는 데이터베이스 같은 경우에는 스테이트풀셋을 사용하는 것이 좋다.

실행 예 3 스테이트풀셋 삭제 후 볼륨 확인

```
## 스테이트풀셋 삭제
$ kubectl delete -f mysql-sts.yml
service "mysql" deleted
statefulset.apps "mysql" deleted

## 퍼시스턴트 볼륨이 삭제되지 않은 것을 확인
$ kubectl get svc,sts,po
NAME                  TYPE        CLUSTER-IP    EXTERNAL-IP   PORT(S)   AGE
service/kubernetes    ClusterIP   10.96.0.1     <none>        443/TCP   21m

$ kubectl get pvc
NAME          STATUS VOLUME        CAPACITY  ACCESS MODES  STORAGECLASS  AGE
pvc-mysql-0   Bound  pvc-62f30fe9  2Gi       RWO           standard      6m34s

$ kubectl get pv
NAME           CAPACITY  ACCESS MODES  RECLAIM POLICY  STATUS  CLAIM
pvc-62f30fe9   2Gi       RWO           Delete          Bound   default/pvc-mysql-0
```

다시 스테이트풀셋을 만들어 파드와 퍼시스턴트 볼륨의 관계가 회복됐는지, 또 데이터가 무사히 남아 있는지 확인해 보자(실행 예 4).

실행 예 4에서는 스테이트풀셋을 지우기 전에 만든 데이터베이스가 여전히 남아 있어, 다시 접근이 가능한 것을 확인하고 있다.

실행 예 4 스테이트풀셋을 다시 배포하고 퍼시스턴트 볼륨 확인

```
## MySQL 서버의 재배포
$ kubectl apply -f mysql-sts.yml
service "mysql-sts" created
```

```
statefulset.apps "mysql" created

## 데이터베이스 hello가 존재하는 것을 확인
$ kubectl exec -it mysql-0 -- bash
root@mysql-0:/# mysql -u root -pqwerty

<중략>

mysql> show databases;
+--------------------+
| Database           |
+--------------------+
| information_schema |
| hello              |          <- 남아 있다.
| mysql              |
| performance_schema |
| sys                |
+--------------------+
5 rows in set (0.00 sec)
```

12.3 수동 테이크 오버 방법

하드웨어 보수 작업으로 노드를 일시적으로 정지해야 하는 경우의 조작 방법을 알아보자.

다음 예를 실습하기 위해서는 2개 이상의 노드가 필요하기 때문에 학습 환경 2를 사용한다. 실행 예 5에서는 node2를 계획적으로 정지하기 위해 새로운 파드가 배치되지 않게 하고, node2에서 도는 파드를 다른 노드로 강제로 이동시키고 있다. 그러면 node1에서 MySQL 파드가 기동하게 된다.

실행 예 5 유지 보수를 위해 노드를 정지시키기(스케줄 금지 및 파드 이동)

```
## MySQL의 파드가 node2에서 작동하고 있는 것을 확인
$ kubectl get po mysql-0 -o wide
NAME      READY    STATUS     RESTARTS    AGE    IP           NODE
mysql-0   1/1      Running    0           36m    10.244.6.4   node2

## node2에 새로운 파드의 스케줄 금지
$ kubectl cordon node2
```

```
node "node2" cordoned

## 가동 중인 파드를 node2에서 node1으로 이동
$ kubectl drain node2 --ignore-daemonsets
node "node2" already cordoned
WARNING: Ignoring DaemonSet-managed pods: node-deleter-kkn7k, kube-flannel-ds-zf8cg,
kube-proxyvnsbg
pod "mysql-0" evicted
node "node2" drained

## 이동 완료 후 상태
$ kubectl gel po mysql-0 -o wide
NAME      READY   STATUS     RESTARTS    AGE    IP           NODE
mysql-0   1/1     Running    0           17s    10.244.7.3   node1
```

유지 보수가 끝난 후 'kubectl uncordon node2'를 실행하면 node2에 파드가 다시 스케줄될 수 있다.

실행 예 6 유지 보수 완료 후 노드 복귀(node2에 스케줄 재개)

```
$ kubectl get po mysql-0 -o wide
NAME      READY   STATUS     RESTARTS    AGE    IP           NODE
mysql-0   1/1     Running    0           17s    10.244.7.3   node1

$ kubectl uncordon node2
node "node2" uncordoned
```

여기서 주의할 점이 있다. 파드의 이동은 라이브 마이그레이션이 아니기 때문에 MySQL 서비스를 일단 정지하고 이동해야 한다. 그러면 실행 중인 트랜잭션은 취소되어 롤백된다. 이러한 노드 교체 작업은 계획적으로 실시하는 것이 좋다.

12.4 노드 장애 시의 동작

이번에는 노드가 갑작스러운 장애로 정지했을 경우의 동작에 대해 살펴보자. 실행 예 7에서는 'vagrant halt node1'을 실행하여 노드를 멈춘 후 1분 간격으로 노드의 파드 목록을 출력하고 있다. 그 결과, node1이 정지되고 1분 이내에 STATUS는 NotReady로 바뀌며, 노드의 상태를 얻을 수 없다고 표시된다. 그러나 2시간이 지나도 파드 mysql-0은 node2로 옮겨지지 않는다.

그리고 마지막에 'kubectl delete node node1'을 실행하여 node1을 명시적으로 지워주면 그
때서야 node2에서 파드가 실행을 재개한다.

실행 예 7 node1 정지 시 스테이트풀셋의 동작

```
$ while true; do date;kubectl get no;echo;kubectl get po -o wide;echo; sleep 60;done
14시58분34초 KST 정지 후 1분 경과
NAME      STATUS      ROLES      AGE      VERSION
master    Ready       master     1d       v1.14.0
node1     NotReady    <none>     22m      v1.14.0
node2     Ready       <none>     16h      v1.14.0


NAME      READY     STATUS     RESTARTS     AGE      IP            NODE
mysql-0   1/1       Running    0            3m       10.244.5.4    node1

<중략>


15시02분35초 KST, 정지 후 5분 경과
NAME      STATUS      ROLES      AGE      VERSION
master    Ready       master     1d       v1.14.0
node1     NotReady    <none>     26m      v1.14.0
node2     Ready       <none>     16h      v1.14.0


NAME      READY     STATUS     RESTARTS     AGE      IP            NODE
mysql-0   1/1       Running    0            7m       10.244.5.4    node1


15시03분35초 KST, 정지 후 6분 경과
NAME      STATUS      ROLES      AGE      VERSION
master    Ready       master     1d       v1.14.0
node1     NotReady    <none>     27m      v1.14.0
node2     Ready       <none>     16h      v1.14.0


NAME      READY     STATUS     RESTARTS     AGE      IP            NODE
mysql-0   1/1       Unknown    0            8m       10.244.5.4    node1

<중략>


17시31분19초 KST, 정지 후 2시간 반 경과
NAME      STATUS      ROLES      AGE      VERSION
master    Ready       master     1d       v1.14.0
node1     NotReady    <none>     2h       v1.14.0
node2     Ready       <none>     18h      v1.14.0
```

```
NAME       READY      STATUS      RESTARTS    AGE    IP           NODE
mysql-0    1/1        Unknown     0           2h     10.244.5.4   node1
^C

## node1을 삭제하여 서비스 재개
$ kubectl delete node node1
node "node1" deleted
$ kubectl get po -o wide
NAME       READY      STATUS      RESTARTS    AGE    IP           NODE
mysql-0    1/1        Running     0           29s    10.244.4.11  node2
```

실행 예 7의 결과를 통해 스테이트풀셋의 두 가지 특징을 파악할 수 있다. 먼저 퍼시스턴트 볼륨의 보호를 우선시하기 때문에 장애 노드 위에서 돌던 파드를 함부로 다른 노드에 옮기지 않는다는 점이다. 또 다른 한 가지는 스테이트풀셋은 파드의 컨트롤러라는 역할을 넘어서서 노드를 삭제하지 않는다는 점이다. 이 동작은 스테이트풀셋의 고가용성 구성에 대한 과제라고 볼 수 있다.

하지만 퍼블릭 클라우드의 스테이트풀셋은 노드 장애 시 동작이 다를 수 있다. GKE에서는 노드의 가상 서버가 지워지면, 노드 수를 유지할 수 있도록 곧 자동으로 노드를 만들어서 기동한다. 그리고 파드는 해당 노드에서 다시 기동되어 애플리케이션이 재개된다. 한편, IKS에서는 실행 예 7과 같이 동작한다.

다음 절에서는 상태를 획득할 수 없게 된 노드를 K8s API를 사용하여 자동으로 삭제하는 방법을 알아볼 것이다.

12.5 테이크 오버를 자동화하는 코드 개발

앞 절에서는 스테이트풀셋의 고가용성에 대한 과제를 알아봤다. GKE에서는 정지한 노드를 대신해 다른 노드를 기동시켜 자기 회복을 한다. 온프레미스에서 구성한 경우에도 노드가 장애로 정지했을 때 파드를 빠르게 다른 노드로 옮겨서 서비스를 재개하고 싶을 것이다.

그래서 학습 환경 2에 적합한 솔루션을 개발해 보고자 한다. 정지한 노드를 K8s 클러스터에서 자동으로 제외해 해당 노드에서 돌던 파드를 빠르게 다른 노드로 옮겨 서비스가 원활히 재개될 수 있도록 할 것이다(그림 4).

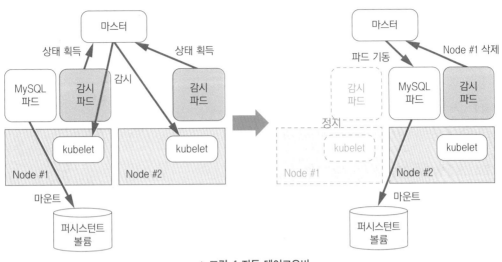

▲ 그림 4 자동 테이크오버

이 기능을 구현할 때는 다음 네 가지 포인트를 고려하면서 진행하고자 한다.

(1) **K8s API 라이브러리를 사용하여 프로그램 개발**: kubectl을 사용하지 않는다. 파드상의 컨테이너에서 돌아가는 프로그램에서 K8s API를 직접 호출하여 K8s 클러스터의 상태 변화에 대한 처리를 자동화한다.

(2) **K8s 클러스터에 대한 조작 권한을 파드에 부여**: kubectl이 마스터에 접속하기 위해서는 인증 정보(KUBECONFIG)가 필요하다. 마찬가지로 파드상의 컨테이너가 K8s 클러스터를 조작하기 위해서는 권한 부여가 필요하다.

(3) **네임스페이스 분리**: 애플리케이션용 파드와 시스템을 위한 파드는 담당자나 책임 부서가 다르기 마련이다. 쿠버네티스의 네임스페이스는 관리 범위를 명확하게 분리하는 수단으로 적합하다. 여기서 개발하는 파드는 전용 네임스페이스에 배포할 것이다.

(4) **K8s 클러스터의 구성 변동에 자동 대응**: 이 자동화 컨테이너는 노드의 정지/추가/변동에 대응해야 한다. 여기서는 쿠버네티스의 데몬셋 컨트롤러를 사용하여 파드를 기동할 것이다.

이상의 내용을 바탕으로 상세 구현을 살펴보자.

(1) K8s API를 사용하는 프로그램 개발

파이썬으로 K8s 클러스터를 조작하는 프로그램을 만들기 위해 클라이언트 라이브러리[5, 6]를
사용한다. 파일 2 main.py를 살펴보자.

파일 2 상태 불명 노드를 K8s 클러스터에서 제거하는 파이썬 프로그램: main.py

```
1   # coding: UTF-8
2   #
3   # 상태 불명 노드를 클러스터에서 삭제
4   #
5   import signal, os, sys
6   from kubernetes import client, config
7   from kubernetes.client.rest import ApiException
8   from time import sleep
9
10  uk_node = {} # KEY는 상태 불명이 된 노드명, 값은 카운트 수
11
12  ## 정지 요청 시그널 처리
13  def handler(signum, frame):
14      sys.exit(0)
15
16  ## 노드 삭제 함수
17  def node_delete(v1,name):
18      body = client.V1DeleteOptions()
19      try:
20          resp = v1.delete_node(name, body)
21          print("delete node %s done" % name)
22      except ApiException as e:
23          print("Exception when calling CoreV1Api->delete_node: %s\n" % e)
24
25  ## 노드 감시 함수
26  def node_monitor(v1):
27      try:
28          ret = v1.list_node(watch=False)
29          for i in ret.items:
30              n_name = i.metadata.name
31              #print("%s" % (i.metadata.name))    #디버그용
32              for j in i.status.conditions:
33                  #print("\t%s\t%s" % (j.type, j.status))    #디버그용
34                  if (j.type == "Ready" and j.status != "True"):
35                      if n_name in uk_node:
36                          uk_node[n_name] += 1
```

```
37              else:
38                  uk_node[n_name] = 0
39              print("unknown %s count=%d" % (n_name,uk_node[n_name]))
40              # 카운터가 3을 넘으면 노드 삭제
41              if uk_node[n_name] > 3:
42                  del uk_node[n_name]
43                  node_delete(v1,i.metadata.name)
44          # 1회라도 상태가 돌아오면 카운터 리셋
45          if (j.type == "Ready" and j.status == "True"):
46              if n_name in uk_node:
47                  del uk_node[n_name]
48      except ApiException as e:
49          print("Exception when calling CoreV1Api->list_node: %s\n" % e)
50
51  ## 메인
52  if __name__ == '__main__':
53      signal.signal(signal.SIGTERM, handler) # 시그널 핸들러 등록
54      config.load_incluster_config()         # 인증 정보 취득
55      v1 = client.CoreV1Api()                # 인스턴스화
56      # 감시 루프
57      while True:
58          node_monitor(v1)
59          sleep(5) # 감시 간격
```

마지막 부분에 있는 메인에서는 인증 정보 취득을 위해 'config.load_incluster_config()'를 호출하고 있다. 이를 통해 서비스 어카운트의 인증 정보를 획득한다[7]. 이 파드가 실행될 때는 서비스 어카운트의 권한 내에서 실행된다. 서비스 어카운트를 지정하지 않으면 default라는 서비스 어카운트를 사용하게 된다. 이 default 서비스 어카운트는 K8s 클러스터를 조작할 권한이 없다.

이 프로그램이 실행될 파드는 '노드 상태 확인과 제거'를 위해 k8s 클러스터의 구성을 변경하는 권한이 필요하다. 그래서 뒤에서 살펴볼 (2) 파트에서는 서비스 어카운트 high-availability를 만들어서 권한을 부여한다. 'config.load_incluster_config()'는 파드가 기동될 때 할당되는 서비스 어카운트의 인증 정보를 로드하여 마스터에게 API 호출을 할 수 있도록 한다.

이 인증 정보를 담은 디렉터리가 컨테이너의 파일 시스템에 마운트된다. 실행 예 8을 보면 마운트된 파일 시스템 '/run/secrets/kubernetes.io/serviceaccount' 안에 클라이언트 인증서(ca.crt), 네임스페이스, 토큰(token)이 있는 것을 알 수 있다.

```
$ kubectl get po -n tkr-system
NAME              READY    STATUS     RESTARTS     AGE
liberator-7jr68   1/1      Running    0            13h

$ kubectl exec -it liberator-7jr68 -n tkr-system bash

root@liberator-7jr68:/# df -h
Filesystem     Size    Used    Avail    Use%    Mounted on
overlay        9.7G    2.5G    7.2G     26%     /
tmpfs          64M     0       64M      0%      /dev
tmpfs          497M    0       497M     0%      /sys/fs/cgroup
/dev/sda1      9.7G    2.5G    7.2G     26%     /etc/hosts
shm            64M     0       64M      0%      /dev/shm
tmpfs          497M    12K     497M     1%      /run/secrets/kubernetes.io/serviceaccount
tmpfs          497M    0       497M     0%      /proc/scsi
tmpfs          497M    0       497M     0%      /sys/firmware

root@liberator-7jr68:/# ls /run/secrets/kubernetes.io/serviceaccount/
ca.crt    namespace    token
```

다시 파일 2의 메인에 주목하기 바란다. 감시 루프에서 sleep 함수를 사용하여 5초 간격으로 노드의 상태를 확인하고 있다.

다음으로 노드 감시 함수 'node_monitor(v1)'의 'v1.list_node(watch=False)'[8]는 노드의 목록을 취득한다. 이 함수를 통해 얻은 결과는 다음 kubectl 명령어의 결과와 동일하다.

실행 예 9 kubectl로 노드의 상태를 확인하는 예

```
$ kubectl get no -o=custom-columns=NAME:.metadata.name,STATUS:.status.conditions[4].type
NAME       STATUS
master     Ready
node1      Ready
node2      Ready
```

K8s API로부터 얻은 상태 불명 노드를 제거하는 함수 'node_delete(v1, name)'는 'kubectl delete node 〈노드명〉'에 해당하는 처리를 수행한다[9].

이제 파이썬 코드를 이미지로 빌드하여 리포지터리에 등록하자. 실행 예 10과 같이 이미지를 빌드하기 위해 필요한 파일을 디렉터리에 모은다.

```
$ ls
Dockerfile main.py
```

Dockerfile에서는 파이썬을 설치하고, K8s API 라이브러리를 pip로 설치한다. 그리고 main. py를 컨테이너의 파일 시스템에 복사하고 컨테이너 기동 시 실행하도록 설정한다.

파일 3 Dockerfile

```
1    FROM ubuntu:18.04
2    RUN apt-get update && apt-get install -y curl apt-transport-https gnupg2
3    # python
4    RUN apt-get install -y python python-pip
5    RUN pip install kubernetes
6    COPY main.py /main.py
7    WORKDIR /
8    CMD python /main.py
```

이제 이미지를 빌드하여 도커 허브에 등록하자. 다음 실행 예에서 'maho/liberator:0.1'의 maho를 독자 여러분의 리포지터리 이름으로 바꿔서 실행하기 바란다.

실행 예 11 이미지 빌드

```
$ docker build --tag maho/liberator:0.1 .
Sending build context to Docker daemon 4.608kB
Step 1/7 : FROM ubuntu:16.04
16.04: Pulling from library/ubuntu
3b37166ec614: Pull complete
<중략>
Digest: sha256:45ddfa61744947b0b8f7f20b8de70cbcdd441a6a0532f791fd4c09f5e491a8eb
Status: Downloaded newer image for ubuntu:16.04
---> b9e15a5d1e1a
Step 2/7 : RUN apt-get update # && apt-get install -y curl apt-transport-https
---> Running in bccaadf95531
<중략>
Removing intermediate container bccaadf95531
---> ae6a36c53874
Step 3/7 : RUN apt-get install -y python python-pip
---> Running in 387121940d63
<중략>
Removing intermediate container 387121940d63
---> 9fd4c21644f7
```

```
Step 4/7 : RUN pip install kubernetes
---> Running in cd09e5aba416
<중략>
Removing intermediate container cd09e5aba416
---> 51a054524207
Step 5/7 : COPY main.py /main.py
---> eca0363f2c75
Step 6/7 : WORKDIR /
---> Running in 7760b349e03e
Removing intermediate container 7760b349e03e
---> 99a4bc50d595
Step 7/7 : CMD python /main.py
---> Running in e8494ff47865
Removing intermediate container e8494ff47865
---> 03e0cd89d054
Successfully built 03e0cd89d054
Successfully tagged maho/liberator:0.1
```

실행 예 11을 수행하면 PC의 로컬 리포지터리에 이미지가 만들어진다. 실행 예 12에서는 베이스 이미지인 'ubuntu:16.04'와 이를 바탕으로 빌드한 'maho/liberator:0.1'이 로컬 리포지터리에 등록된 것을 알 수 있다.

실행 예 12 이미지 빌드가 끝난 상태

```
$ docker images
REPOSITORY       TAG      IMAGE ID        CREATED         SIZE
maho/liberator   0.1      03e0cd89d054    11 minutes ago  469MB
ubuntu           16.04    b9e15a5d1e1a    2 weeks ago     115MB
```

도커 허브에 등록하기 위해 로그인하고 푸시(push)한다. 클라우드의 레지스트리 서비스나 프라이빗 레지스트리를 사용하는 경우에도 동일한 방법으로 진행한다.

실행 예 13 도커 허브에 로그인하고 이미지 등록

```
$ docker login
Authenticating with existing credentials...
Login Succeeded

$ docker push maho/liberator:0.1
The push refers to repository [docker.io/maho/liberator]
7f9a639a0489: Pushed
a6174d6893a6: Pushed
```

```
f1580dfab68f: Pushed
d4e2df5151d8: Pushed
75b79e19929c: Mounted from maho/c-cloner
4775b2f378bb: Mounted from maho/c-cloner
883eafdbe580: Mounted from maho/c-cloner
19d043c86cbc: Mounted from maho/c-cloner
8823818c4748: Mounted from library/ubuntu
0.1: digest: sha256:099ae4c7c57d9dae10e1a6bdce6c73d8dd988d5475e7b6ff91b8c6241706a932
size: 2201
```

이로써 컨테이너 이미지에 대한 준비가 완료되었다. 이제 서비스 어카운트의 권한 부여 관련 작업을 진행해 보자.

(2) RBAC 권한 부여 매니페스트 작성

RBAC란 'Role-Based Access Control'의 약자로 번역하면 '역할 기준의 접근 제어'다. K8s 클러스터 내에 역할(Role)을 설정하고, 그 역할에 접근 가능한 권한을 정의하는 접근 제어 방식이다. 이 방식은 ABAC(Attribute-based Access Control, 속성 기준 접근 제어)보다 관리가 편해, 쿠버네티스의 접근 제어 방식으로 채택되었다[10, 11].

쿠버네티스에서 RBAC로 정의한 역할은 서비스 어카운트와 매핑된다. 유저 어카운트는 개인을 식별하는 계정이다. 한편, 서비스 어카운트는 개인을 식별하는 것이 아니라 파드로 동작하는 컨테이너를 식별하며 네임스페이스별로 유일하다.

서비스 어카운트를 사용하여 필요한 최소한의 권한을 컨테이너에 부여한다[12]. 쿠버네티스는 서비스 어카운트의 개념을 도입하여 유저가 소속된 조직 데이터베이스와의 동기화, 복잡한 워크플로, 조직 변경에 대한 대응 등의 문제를 피하고 있다. 하지만 클라우드 서비스나 소프트웨어 제품에서는 개인별 유저 관리가 필수이기 때문에 유저 어카운트와 서비스 어카운트가 대응될 수 있도록 구현하고 있다.

여기서는 서비스 어카운트 high-availability를 만들고 접근 권한을 부여하는 방법을 살펴볼 것이다. 파일 4 service-account.yml을 적용하면 지정한 네임스페이스에 서비스 어카운트를 만든다. 네임스페이스에 대해서는 곧이어 설명한다.

```
1    # 노드 감시용 서비스 어카운트(SA) 작성
2    apiVersion: v1
3    kind: ServiceAccount
4    metadata:
5      namespace: tkr-system     # 소속 네임스페이스
6      name: high-availability   # 서비스 어카운트명
```

서비스 어카운트 매니페스트의 각 항목에 대해 표 5에 정리했다.

▼ **표 5** ServiceAccount v1 core와 ObjectMeta v1 meta의 합성표

주요 항목		설명
apiVersion		v1 설정
kind		ServiceAccount 설정
metadata	name	서비스 어카운트의 이름. 네임스페이스 내에서 유일하게 지정
	namespace	서비스 어카운트가 배치될 네임스페이스

※ API의 자세한 내용은 https://kubernetes.io/docs/reference/generated/kubernetes-api/v1.14/#serviceaccount-v1-core 또는 https://kubernetes.io/docs/reference/generated/kubernetes-api/v1.14/#objectmeta-v1-meta를 참고한다.

이어서 파일 5 role-based-access-ctl.yml을 사용해서 앞의 서비스 어카운트에 대한 역할과 접근 권한을 부여한다.

```
1    # 클러스터 내 역할
2    kind: ClusterRole   ## 표 6 참고
3    apiVersion: rbac.authorization.k8s.io/v1
4    metadata:
5      name: nodes
6    rules:              ## 표 7 참고
7    - apiGroups: [""]
8      resources: ["nodes"]
9      verbs: ["list","delete"]
10   ---
11   # 클러스터 내 역할과 서비스 어카운트의 바인딩
12   kind: ClusterRoleBinding   ## 표 8 참고
13   apiVersion: rbac.authorization.k8s.io/v1
14   metadata:
15     name: nodes
```

```
16    subjects:                       ## 표 9 참고
17    - kind: ServiceAccount
18      name: high-availability   # 서비스 어카운트 이름
19      namespace: tkr-system     # 네임스페이스 지정
20    roleRef:                        ## 표 10 참고
21      kind: ClusterRole
22      name: nodes
23      apiGroup: rbac.authorization.k8s.io
```

파일 5의 클러스터 롤(K8s 클러스터 내의 역할)에 대해서는 표 6~7에 정리하였다. 그리고 후반의 롤바인딩(서비스 어카운트와의 매핑)은 표 8~10에 정리했다.

▼ 표 6 클러스터 롤(ClusterRole v1 rbac.authorization.k8s.io)

주요 항목		설명
apiVersion		rbac.authorization.k8s.io/v1
kind		ClusterRole
metadata	name	클러스터 롤의 이름. K8s 클러스터 내에서 유일하게 지정
rules		복수의 규칙 기술 가능. 표 7을 참고

※ API의 자세한 내용은 https://kubernetes.io/docs/reference/generated/kubernetes-api/v1.14/#clusterrole-v1-rbac-authorization-k8s-io에 있다.

▼ 표 7 대상 자원과 허가 행위 규칙(PolicyRule v1 rbac.authorization.k8s.io)

주요 항목	설명
apiGroups	리소스를 포함한 APIGroup 이름의 배열. [""]의 경우는 core 그룹을 가리킴. core 외의 예를 들면, deployment는 ["apps"]이 됨. K8s API 레퍼런스의 https://kubernetes.io/docs/reference/generated/kubernetes-api/v1.14/#deployment-v1-apps에 나오는 Group의 값을 기재
resources	룰을 적용하는 리소스 목록. 설정 가능한 리소스 목록은 실행 예 14 참고
verbs	허가할 동사의 목록. 설정 가능한 Resources(자원)와 Verb(동사)의 관계는 실행 예 14에 나오는 방법으로 확인 가능

※ API의 자세한 내용은 https://kubernetes.io/docs/reference/generated/kubernetes-api/v1.14/#policyrule-v1-rbac-authorization-k8s-io를 참고한다

실행 예 14 Resource와 Verbs 목록

```
$ kubectl describe clusterrole admin -n kube-system
Name:       admin
Labels:     kubernetes.io/bootstrapping=rbac-defaults
```

```
Annotations:   rbac.authorization.kubernetes.io/autoupdate=true
PolicyRule:
  Resources                      Verbs
  ---------                      -----
  serviceaccounts                [create delete deletecollection get list patch
update watch impersonate]
  configmaps                     [create delete deletecollection get list patch
update watch]
  endpoints                      [create delete deletecollection get list patch
update watch]
  persistentvolumeclaims         [create delete deletecollection get list patch
update watch]
  pods/attach                    [create delete deletecollection get list patch
update watch]
  pods/exec                      [create delete deletecollection get list patch
update watch]
  pods/portforward               [create delete deletecollection get list patch
update watch]
  pods/proxy                     [create delete deletecollection get list patch
update watch]
  pods                           [create delete deletecollection get list patch
update watch]
  secrets                        [create delete deletecollection get list patch
update watch]
  services/proxy                 [create delete deletecollection get list patch
update watch]
  services                       [create delete deletecollection get list patch
update watch]
  daemonsets.apps                [create delete deletecollection get list patch
update watch]
  deployments.apps/rollback      [create delete deletecollection get list patch
update watch]
  deployments.apps/scale         [create delete deletecollection get list patch
update watch]
  deployments.apps               [create delete deletecollection get list patch
update watch]
  replicasets.apps/scale         [create delete deletecollection get list patch
update watch]
  replicasets.apps               [create delete deletecollection get list patch
update watch]
  statefulsets.apps/scale        [create delete deletecollection get list patch
update watch]
  statefulsets.apps              [create delete deletecollection get list patch
update watch]
```

```
    cronjobs.batch              [create delete deletecollection get list patch
update watch]
    jobs.batch                  [create delete deletecollection get list patch
update watch]
    daemonsets.extensions       [create delete deletecollection get list patch
update watch]
    deployments.extensions/rollback [create delete deletecollection get list patch
update watch]
    deployments.extensions/scale  [create delete deletecollection get list patch
update watch]
    deployments.extensions      [create delete deletecollection get list patch
update watch]
    ingresses.extensions        [create delete deletecollection get list patch
update watch]
    networkpolicies.extensions  [create delete deletecollection get list patch
update watch]
    replicasets.extensions/scale  [create delete deletecollection get list patch
update watch]
    replicasets.extensions      [create delete deletecollection get list patch
update watch]
    poddisruptionbudgets.policy [create delete deletecollection get list patch
update watch]
    bindings                    [get list watch]
    events                      [get list watch]
    limitranges                 [get list watch]
    namespaces/status           [get list watch]
    namespaces                  [get list watch]
    pods/log                    [get list watch]
    pods/status                 [get list watch]
    replicationcontrollers/status [get list watch]
    resourcequotas/status       [get list watch]
    resourcequotas              [get list watch]
```

▼ 표 8 서비스 어카운트와 클러스터 롤의 대응(ClusterRole v1 rbac.authorization.k8s.io)

주요 항목		설명
apiVersion		rbac.authorization.k8s.io/v1 설정
kind		ClusterRoleBinding 설정
metadata	name	클러스터 롤 바인딩의 이름. K8s 클러스터 내에서 유일한 이름으로 지정
subjects		서비스 어카운트의 이름과 소속된 네임스페이스를 기재. 표 9 참고
roleRef		subject에서 지정한 서비스 어카운트가 참조할 클러스터 롤을 설정. 표 10 참고

※ API의 자세한 내용은 https://kubernetes.io/docs/reference/generated/kubernetes-api/v1.14/#clusterrole-v1-rbac-authorization-k8s-io를 참고한다.

▼ 표 9 연결 대상의 서비스 어카운트 등의 지정(Subject v1 rbac.authorization.k8s.io)

주요 항목	설명
kind	ServiceAccount 설정
name	서비스 어카운트의 이름
namespace	서비스 어카운트가 속하는 네임스페이스 설정

※ API의 자세한 내용은 https://kubernetes.io/docs/reference/generated/kubernetes-api/v1.14/#subject-v1-rbac-authorization-k8s-io를 참고한다.

▼ 표 10 연결 롤(RoleRef v1 rbac.authorization.k8s.io)

주요 항목	설명
kind	ClusterRole 설정
name	참조하는 롤의 이름
apiGroup	rbac.authorization.k8s.io 설정

※ API의 자세한 내용은 https://kubernetes.io/docs/reference/generated/kubernetes-api/v1.14/#roleref-v1-rbac-authorization-k8s-io를 참고한다.

(3) 네임스페이스 작성을 위한 매니페스트

K8s 클러스터에 네임스페이스 'tkr-system'을 추가하여 서비스 어카운트, 클러스터 롤, 클러스터 롤 바인딩을 설정한다. 이 네임스페이스는 노드 감시 기능을 수행하기 위한 파드들이 배포될 전용 공간이라고 볼 수 있다.

여기서 tkr은 저자의 이름 takara를 의미하며, 특별히 의미가 있는 것은 아니니 다른 이름으로 바꿔도 무방하다.

파일 6 namespace.yml

```
1    apiVersion: v1
2    kind: Namespace
3    metadata:
4      name: tkr-system    # 전용 네임스페이스
```

이를 적용하여 네임스페이스를 만들면 실행 예 15처럼 kubectl 명령어의 옵션으로 작성한 네임스페이스를 지정할 수 있다.

실행 예 15 네임스페이스를 지정한 경우와 그렇지 않은 경우의 파드 목록 표시

```
# 네임스페이스를 지정하지 않고 파드 목록을 표시한 경우
$ kubectl get pods
NAME        READY   STATUS    RESTARTS   AGE
mysql-0     1/1     Running   0          1d

# 이름 구간으로 tkr-system을 지정해서 파드 목록을 표시한 경우
$ kubectl get pods -n tkr-system
NAME              READY   STATUS    RESTARTS   AGE
liberator-dvs9r   1/1     Running   0          1h
liberator-jfckt   1/1     Running   0          1h
```

네임스페이스에 대해서는 '스텝 15 클러스터 가상화'에서 자세히 살펴볼 것이다.

(4) 매니페스트를 K8s 클러스터에 적용

지금까지 작성한 매니페스트를 한꺼번에 적용하기 위해 'kubectl apply -f 디렉터리명'을 실행한다. 실행 예 16은 네임스페이스, 서비스 어카운트, 클러스터 롤, 롤 바인딩을 한꺼번에 만들고있다.

실행 예 16 네임스페이스, 서비스 어카운트, RBAC 설정 실행

```
$ tree k8s-rbac/
k8s-rbac/
├── namespace.yml
├── role-base-access-ctl.yml
└── service-account.yml

0 directories, 3 files

$ kubectl apply -f k8s-rbac/
namespace/tkr-system created
clusterrole.rbac.authorization.k8s.io/nodes created
clusterrolebinding.rbac.authorization.k8s.io/nodes created
serviceaccount/high-availability created
```

GKE로 실행 예 16을 실행하는 경우, 다음 명령어를 통해 롤 작성 권한을 GCP(Google Cloud Platform)의 유저에게 부여해야 한다[13].

'kubectl create clusterrolebinding cluster-admin-binding --clusterrole cluster-admin --user USER_ACCOUNT'

여기서 USER_ACCOUNT에는 유저의 메일 주소를 입력한다.

(5) 클러스터 구성 변경 자동 대응

데몬셋은 쿠버네티스를 구성하는 모든 노드에서 파드를 실행하기 위해 존재하는 컨트롤러다. 데몬은 수호신이나 반신반인을 의미하는 그리스어인데, 유닉스 계열의 운영체제에서는 로그 수집, 원격 터미널 접속, 프린터 출력 등의 일들을 백그라운드에서 처리해 주는 프로세스다. 비슷하게 쿠버네티스의 데몬셋은 K8s 클러스터의 뒤에서 다양한 일들을 처리해 주는 파드의 컨트롤러다[14].

데몬셋 관리하의 파드는 K8s 클러스터의 모든 노드에서 실행된다. K8s 클러스터에서 노드가 하나 삭제되면, 데몬셋 관리하의 파드도 그 노드에서 제거된다. 그리고 데몬셋 컨트롤러가 삭제되면, 그 관리하의 파드는 모든 노드에서 삭제된다. 한편, 데몬셋을 사용하여 전체 노드가 아닌 일부 노드에만 파드를 배치하고 싶은 경우에는 노드 실렉터를 설정하면 된다.

파일 7인 daemonset.yml은 (1)에서 개발한 이미지를 데몬셋을 통해 K8s 클러스터의 모든 노드에서 돌리기 위한 매니페스트다. 이를 위해 (2)에서 만든 서비스 어카운트의 권한을 (3)에서 작성한 네임스페이스에 설정하고 있다.

파일 7 데몬셋의 매니페스트: daemonset.yml

```
1    apiVersion: apps/v1        ## 표 11 참고
2    kind: DaemonSet
3    metadata:
4      name: liberator
5      namespace: tkr-system    ## 시스템용 네임스페이스
6    spec:                      ## 표 12 참고
7      selector:
8        matchLabels:
9          name: liberator
10     template:                ## 표 13 참고
11       metadata:
12         labels:
13           name: liberator
14       spec:                  ## 표 14 참고
```

```
15          serviceAccountName: high-availability # 권한이 부여된 서비스 어카운트
16          containers:           ## 표 15 참고
17          - name: liberator
18            image: maho/liberator:0.1    ## 주의! 독자의 리포지터리로 변경
19            resources:
20              limits:
21                memory: 200Mi
22              requests:
23                cpu: 100m
24                memory: 200Mi
```

▼ 표 11 데몬셋 API(DaemonSet v1 apps)

주요 항목		설명
apiVersion		apps/v1 설정
kind		DaemonSet 설정
metadata	name	데몬셋의 이름. 네임스페이스에서 유일한 이름으로 지정
	namespace	네임스페이스의 이름
spec		데몬셋의 사양. 표 12 참고

※ API의 자세한 내용은 https://kubernetes.io/docs/reference/generated/kubernetes-api/v1.14/#daemonset-v1-apps를 참고한다.

▼ 표 12 데몬셋 사양(DaemonSetSpec v1 apps)

주요 항목	설명
selector	템플릿으로 작성되는 파드와의 대응을 위해 필수적으로 설정
template	파드를 만들기 위한 사양. 표 13 참고

※ API의 자세한 내용은 https://kubernetes.io/docs/reference/generated/kubernetes-api/v1.14/#daemonsetspec-v1-apps를 참고한다.

▼ 표 13 파드 템플릿 사양(PodTemplateSpec v1 core)

주요 항목	설명
metadata	표 8의 selector와 대응하는 라벨을 설정
spec	파드의 사양. 표 14 참고

※ API의 자세한 내용은 https://kubernetes.io/docs/reference/generated/kubernetes-api/v1.14/#podtemplatespec-v1-core를 참고한다.

▼ 표 14 파드 사양(PodSpec v1 core)

주요 항목	설명
serviceAccountName	액세스 권한을 부여하기 위한 서비스 어카운트명 설정
containers	컨테이너 사양을 기술. 표 15 참고
nodeSelector	라벨과 일치하는 노드에 파드를 스케줄

※ API의 자세한 내용은 https://kubernetes.io/docs/reference/generated/kubernetes-api/v1.14/#podspec-v1-core를 참고한다.

▼ 표 15 컨테이너의 각종 설정과 기동 조건(Container v1 core)

주요 항목	설명
name	액세스 권한을 부여하기 위해 서비스 어카운트명을 설정
image	컨테이너 사양을 기술. 표 11 참고
resources	컨테이너의 CPU 시간과 메모리의 요구량(requests)과 상한(limits)을 설정. 자세한 내용은 '스텝 15 클러스터 가상화' 참고

※ API의 자세한 내용은 https://kubernetes.io/docs/reference/generated/kubernetes-api/v1.14/#container-v1-core를 참고한다.

실행 예 17에서는 데몬셋의 매니페스트를 적용하고 있다. '## 기동 완료 상태'를 보면 각 노드에서 파드가 기동된 것을 알 수 있다.

실행 예 17 데몬셋 매니페스트 적용과 확인

```
## 데몬셋 매니페스트 적용
$ kubectl apply -f daemonset.yml
daemonset.apps/liberator created

## 네임스페이스의 지정 없이 데몬셋을 목록화한 경우
$ kubectl get ds
No resources found.

## 네임스페이스 tkr-system을 지정해서 데몬셋을 목록화한 경우
$ kubectl get ds -n tkr-system
NAME       DESIRED   CURRENT   READY   UP-TO-DATE   AVAILABLE   NODE SELECTOR   AGE
liberator  2         2         0       2            0           <none>          45s

## 데몬셋 관리하의 파드 기동 상태
$ kubectl get po -n tkr-system
NAME             READY     STATUS           RESTARTS   AGE
```

```
liberator-7jr68   0/1          ContainerCreating   0          53s
liberator-x5tvq   0/1          ContainerCreating   0          53s

## 기동 완료 상태
$ kubectl get po -n tkr-system -o wide
NAME             READY  STATUS    RESTARTS  AGE  IP          NODE   NOMINATED NODE
liberator-7jr68  1/1    Running   0         2m   10.244.4.2  node2  <none>
liberator-x5tvq  1/1    Running   0         2m   10.244.2.4  node1  <none>

## 데몬셋 상태
$ kubectl get ds -n tkr-system
NAME       DESIRED  CURRENT  READY  UP-TO-DATE  AVAILABLE  NODE SELECTOR  AGE
liberator  2        2        2      2           2          <none>         3m
```

이로써 스테이트풀셋의 노드 장애 대책을 위한 컨테이너를 적절한 권한과 함께 K8s 클러스터에
배포했다. 이제 노드 장애 발생 시 스테이트풀셋이 회복하는 모습을 확인해 보자.

12.6 장애 회복 테스트

이번 절에서는 장애 회복 테스트를 수행한다. 스테이트풀셋으로 배포된 MySQL의 파드가 돌아
가는 노드를 제거하여 남은 노드에서 서비스를 재개하는 것을 확인할 것이다.

실행 예 18에서는 파일 1 mysql-sts.yml의 매니페스트를 적용하여 MySQL의 스테이트풀셋을
배포하고 있다. 파드가 node1에 배포된 것을 확인하고 퍼시스턴트 볼륨의 확인을 위해 데이터
베이스를 만들고 있다.

실행 예 18 MySQL 스테이트풀셋 배포 및 데이터베이스 작성

```
$ kubectl get node              ## 노드의 목록
NAME    STATUS  ROLES    AGE   VERSION
master  Ready   master   1d    v1.14.0
node1   Ready   <none>   1d    v1.14.0
node2   Ready   <none>   10h   v1.14.0

$ kubectl get sts               ## 스테이트풀셋 목록
NAME    DESIRED  CURRENT  AGE
mysql   1        1        1d
```

```
$ kubectl get po mysql-0 -o wide    ## MySQL의 파드는 node1에서 작동 중이다.
NAME       READY    STATUS    RESTARTS   AGE    IP          NODE
mysql-0   1/1       Running   0          1d     10.244.2.3  node1

$ kubectl exec -it mysql-0 bash    ## MySQL의 파드에서 데이터베이스를 만든다.
root@mysql-0:/# mysql -u root -p
Enter password: qwerty
Welcome to the MySQL monitor. Commands end with ; or \g.
Your MySQL connection id is 5267
Server version: 5.7.23 MySQL Community Server (GPL)
<중략>

mysql> create database test123;
Query OK, 1 row affected (0.13 sec)

mysql> show databases;
+--------------------+
| Database           |
+--------------------+
| information_schema |
| mysql              |
| performance_schema |
| sys                |
| test123            |        <-- 확인용 데이터베이스
+--------------------+
5 rows in set (0.08 sec)
```

이어서 명령어 'vagrant halt node1'을 실행하여 node1을 정지시킨다. 실행 예 19는 node1이 종료되고 나서 서비스가 재개될 때까지 15초 간격으로 파드의 상태를 출력하고 있다.

실행 예 19 임의로 장애를 발생시킨 후 서비스가 복구될 때까지

```
$ while true; do date;kubectl get po -o wide;echo; sleep 15;done
09시21분56초 KST    # node1 셧다운 완료
NAME       READY    STATUS    RESTARTS   AGE    IP          NODE
mysql-0   1/1       Running   0          1d     10.244.2.3  node1

09시22분12초 KST    # node1 정지 상태 15초 경과
NAME       READY    STATUS    RESTARTS   AGE    IP          NODE
mysql-0   1/1       Running   0          1d     10.244.2.3  node1

09시22분27초 KST    # node1 정지 상태 30초 경과
NAME       READY    STATUS    RESTARTS   AGE    IP          NODE
mysql-0   1/1       Running   0          1d     10.244.2.3  node1
```

```
09시22분42초 KST    # node1 정지 상태 45초 경과
NAME      READY    STATUS     RESTARTS    AGE    IP            NODE
mysql-0   1/1      Running    0           1d     10.244.2.3    node1

09시22분57초 KST    # node2에서 스테이트풀셋 파드가 복구
NAME      READY    STATUS     RESTARTS    AGE    IP            NODE
mysql-0   1/1      Running    0           3s     10.244.4.3    node2

09시23분12초 KST    # node2 MySQL 서비스 제공 중
NAME      READY    STATUS     RESTARTS    AGE    IP            NODE
mysql-0   1/1      Running    0           18s    10.244.4.3    node2
```

node1이 정지하고 약 1분 후에 MySQL 서버가 복구된 것을 알 수 있다. 이 결과는 디플로이먼트를 사용했을 때보다 훨씬 빠르다.

다시 기동한 파드 위에서 데이터베이스 목록을 출력해 이전에 만든 데이터베이스가 남아 있음을 확인한다. 실행 예 20을 보면 데이터베이스 'test123'이 출력되어 퍼시스턴트 볼륨이 이어서 사용된 것을 알 수 있다.

실행 예 20 복구한 파드에서 퍼시스턴트 볼륨 확인

```
$ kubectl get po mysql-0 -o wide
NAME      READY    STATUS     RESTARTS    AGE    IP            NODE
mysql-0   1/1      Running    0           16m    10.244.4.3    node2

$ kubectl exec -it mysql-0 bash
root@mysql-0:/# mysql -u root -p
Enter password: qwerty
Welcome to the MySQL monitor. Commands end with ; or \g.
Your MySQL connection id is 97
Server version: 5.7.23 MySQL Community Server (GPL)
<중략>
mysql> show databases;
+--------------------+
| Database           |
+--------------------+
| information_schema |
| mysql              |
| performance_schema |
| sys                |
| test123            |    <-- 확인용 데이터베이스 존재
+--------------------+
```

마지막으로 실행 예 21에서는 복구 전과 후의 IP 주소를 확인하고 있다. 초기 상태에서는 MySQL의 파드가 node1에 있었고, IP 주소는 '10.244.5.3'이었다. node1이 정지되고, MySQL 의 파드가 node2로 이동하고 나서는 IP 주소가 '10.244.6.4'로 바뀌었다.

지금까지 살펴본 고가용성 구성에서는 대표 IP 주소는 변하지 않고 활성 중인 서버에 대표 IP가 부여되는 방식이었던 반면, 스테이트풀셋의 경우는 엔드포인트의 IP 주소가 변경된다.

실행 예 21 파드 복구 전과 후의 IP 주소 확인

```
$ vagrant status      #<-- 초기 상태 확인
Current machine states:

master                  running (virtualbox)
node1                   running (virtualbox)
node2                   running (virtualbox)
<중략>

$ kubectl get po mysql-0 -o wide
NAME      READY   STATUS     RESTARTS   AGE    IP           NODE
mysql-0   1/1     Running    0          3m     10.244.5.3   node1

$ kubectl get ep mysql
NAME      ENDPOINTS         AGE
mysql     10.244.5.3:3306   1d


$ vagrant halt node1 #<- node1 정지
==> node1: Removing cache buckets symlinks...
==> node1: Attempting graceful shutdown of VM...

<1분 후>

$ kubectl get po mysql-0 -o wide
NAME      READY   STATUS     RESTARTS   AGE    IP           NODE
mysql-0   1/1     Running    0          35s    10.244.6.4   node2


$ kubectl get ep mysql
NAME      ENDPOINTS         AGE
mysql     10.244.6.4:3306   1d
```

실행 예 22는 장애 전과 후의 이름 해결을 확인한 결과다. DNS명은 변하지 않지만, 스테이트풀셋은 대표 IP가 없기 때문에 DNS 서버로부터 반환되는 주소가 변한 것을 알 수 있다.

실행 예 22 장애 전후의 이름 해결 차이

```
## 확인용 컨테이너 기동
$ kubectl run -i --tty --image ubuntu dns-test --restart=Never --rm /bin/sh
If you don't see a command prompt, try pressing enter.

$ apt-get update && apt-get install dnsutils
<중략>

## 초기 상태 IP 주소 확인
$ nslookup mysql
Server:        10.244.0.10
Address:       10.244.0.10#53

Name:          mysql.default.svc.cluster.local
Address:       10.244.5.3          #<- 정지 전

## 가상 서버 정지 1분 후, 헤드리스 서비스의 IP 주소 확인
$ nslookup mysql
Server:        10.244.0.10
Address:       10.244.0.10#53

Name:          mysql.default.svc.cluster.local
Address:       10.244.6.4          #<- 복구 후
```

K8s 클러스터에서 제외된 노드가 재기동하면 자동으로 다시 클러스터의 멤버가 되기 때문에 kubeadm join을 재실행할 필요는 없다.

Step 12 마무리

이번 스텝에서 배운 내용을 정리하면 다음과 같다.

- 스테이트풀셋은 데이터를 보관해야 하는 애플리케이션에 적합한 컨트롤러다.
- 스테이트풀셋을 만들 때 퍼시스턴트 볼륨도 함께 만들어진다. 반면, 스테이트풀셋이 지워질 때 퍼시스턴트 볼륨은 지워지지 않는다.

- 스테이트풀셋이 관리하는 파드에 접근하는 서비스는 헤드리스 모드를 사용한다.
- 스테이트풀셋이 관리하는 파드의 이름에는 순차적으로 번호가 부여된다. 숫자가 작은 것부터 차례대로 기동하며, 종료 시에는 숫자가 큰 것부터 정지된다.
- 스테이트풀셋은 데이터를 보호하는 것을 우선시하기 때문에 장애가 발생한 노드의 파드를 함부로 다른 노드에 옮기지 않는다. 또한, 파드의 컨트롤러로서의 역할을 넘어서 노드를 지우는 일도 하지 않는다. 그래서 노드 장애 상황에서 애플리케이션를 복구하기 위해서는 정지한 노드를 재기동하거나 멤버에서 제외할 필요가 있다.
- 데몬셋은 모든 노드에서 파드를 돌리기 위해 사용하는 컨트롤러다.
- K8s API 클라이언트 라이브러리를 사용하면 스테이트풀셋이 가지는 한계를 보완해 주는 운영 자동화 솔루션을 개발할 수 있다.
- 서비스 어카운트는 파드에게 접근 권한을 부여하기 위해 사용된다.
- 서비스 어카운트의 인증 정보는 볼륨으로 컨테이너에 마운트된다.
- RBAC는 역할 중심으로 접근 권한이 설정되어 최종적으로 서비스 어카운트와 매핑된다.

▼ 표 16 이번 스텝에서 새로 사용한 kubectl 커맨드

커맨드	동작
kubectl cordon 〈node명〉	해당 노드에 새로운 파드가 스케줄되지 않게 설정
kubectl uncordon 〈node명〉	해당 노드에 새로운 파드가 스케줄되도록 설정
kubectl drain 〈node명〉	노드 내의 파드를 다른 노드로 이동
kubectl get sts	스테이트풀셋의 목록
kubectl get ds	데몬셋의 목록
kubectl get ns	네임스페이스의 목록
kubectl get sa	서비스 어카운트의 목록
kubectl get no	노드의 목록
kubectl get clusterroles	클러스터 롤의 목록
kubectl get clusterrolebindings	클러스터 롤 바인딩의 목록

※ get 대신에 describe를 사용하면 상세 내용이 표시된다.

Step 12 참고 자료

[1] 스테이트풀셋, https://kubernetes.io/docs/concepts/workloads/controllers/statefulset/

[2] 헤드리스 서비스, https://kubernetes.io/docs/concepts/services-networking/service/#headless-services

[3] 스테이트풀셋은 헤드리스를 사용, https://kubernetes.io/docs/concepts/workloads/controllers/statefulset/#limitations

[4] 도커 허브 MySQL 공식 이미지, https://hub.docker.com/_/mysql/

[5] K8s API 클라이언트 라이브러리, https://github.com/kubernetes-client

[6] K8s API 파이썬 클라이언트 라이브러리, https://github.com/kubernetes-client/python/blob/master/kubernetes/README.md

[7] API 함수 load_incluster_config(), https://kubernetes.readthedocs.io/en/latest/kubernetes.config.html#module-kubernetes. config.incluster_config

[8] API 함수 list_node(), https://github.com/kubernetes-client/python/blob/master/kubernetes/docs/CoreV1Api.md#listnode

[9] API 함수 delete_node(), https://github.com/kubernetes-client/python/blob/master/kubernetes/docs/CoreV1Api.md#delete node

[10] RBAC, https://kubernetes.io/docs/reference/access-authn-authz/rbac/

[11] ABAC, https://kubernetes.io/docs/reference/access-authn-authz/abac/

[12] 서비스 어카운트, https://kubernetes.io/docs/reference/access-authn-authz/service-accounts-admin/

[13] 롤 베이스 액세스 제어를 사용하기 위한 전제 조건, https://cloud.google.com/kubernetes-engine/docs/how-to/role-based-access-control?hl=ko#iam-rolebinding-bootstrap

[14] 데몬셋, https://kubernetes.io/docs/concepts/workloads/controllers/daemonset/

Step 13 인그레스

서비스와 연결하여
애플리케이션을 공개

인그레스(Ingress)는 K8s 클러스터 외부에서의 요청을 K8s 클러스터 내부의 애플리케이션에 연결하기 위한 API 오브젝트다. 그림 1과 같이 디플로이먼트 관리하의 애플리케이션을 외부 공개용 URL과 매핑하여 인터넷에 공개하는 데 사용된다. 인그레스는 SSL/TSL 암호화나 세션 어피니티 등의 기능을 갖추고 있어, 기존 웹 애플리케이션을 쿠버네티스화하는 데 유용한 오브젝트다.

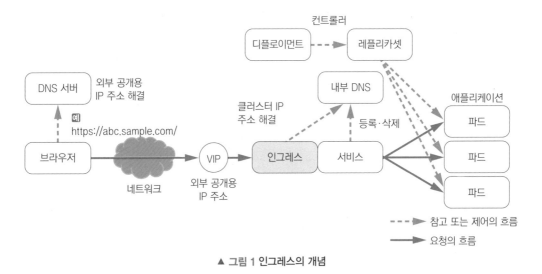

▲ 그림 1 인그레스의 개념

이번 스텝에서는 인그레스의 기능 개요를 알아보고, 학습 환경 1 미니쿠베에서의 인그레스 설정법, URL 매핑, SSI/TLS 암호화 설정, 세션 어피니티에 대해 알아본다. 그리고 학습 환경 2를 사용하여 온프레미스 환경에서의 HA 구성에 대해 살펴본다. 마지막으로 인그레스라는 API 오브젝트 설정을 실행하는 인그레스 컨트롤러에 대해 알아본다.

13.1 인그레스의 기능과 개요

인그레스의 대표적인 기능으로는 다음과 같은 것들이 있다. 이들 기능은 기존 웹 애플리케이션을 컨테이너화할 때 유용하다.

- 공개 URL과 애플리케이션 매핑
- 복수의 도메인 이름을 가지는 가상 호스트 기능
- 클라이언트의 요청을 여러 파드에 분산
- SSL/TLS 암호화 통신 HTTPS
- 세션 어피니티

인그레스를 이용하면 기존의 로드밸런서나 리버스 프록시를 대체할 수 있다. 공개용 URL의 경로에 애플리케이션을 매핑하여 로드밸런싱, HTTPS 통신 그리고 세션 어피니티를 사용할 수 있기 때문이다.

인그레스 컨트롤러는 다른 컨트롤러와 달리 마스터상의 kube-controller-manager의 일부로 실행되지 않는다. 다양한 인그레스 컨트롤러가 있는데[1] 그중에서도 NGINX 인그레스 컨트롤러[2]가 대표적이다. 또한, 로드밸런서로 유명한 F5 BIG-IP의 컨트롤러[3]도 있다. NGINX 인그레스 컨트롤러는 오픈 소스이며, 위에 열거한 기능 이외에도 다양한 기능을 갖추고 있다. 자세한 내용은 홈페이지[2]를 참고하기 바란다.

인그레스를 사용하기 위해서는, K8s 클러스터에 인그레스 컨트롤러가 설정되어 있어야 한다. 퍼블릭 클라우드에서는 처음부터 인그레스 컨트롤러가 포함되어 있다. 하지만 학습 환경 1이나 학습 환경 2에서는 별도로 설정해야 한다.

인그레스를 사용할 때 주의점이 있다. 인그레스 컨트롤러의 구현에 따라 인터넷에 공인 IP를 취득하는 기능이 포함되지 않을 수도 있다. 그래서 퍼블릭 클라우드의 K8s 관리 서비스는 클라우드의 기능과 인그레스를 연동하여 공인 IP 주소를 연결한다.

한편, 온프레미스에서 K8s 클러스터를 구축하는 경우에는 공인 IP 주소(이하, VIP)를 노드 간에 공유하는 기능을 추가해야 한다. 이 기능을 위해 kube-keepalived-vip가 깃헙에 공개되어 있다[4]. kube-keepalived-vip는 쿠버네티스의 소스 코드에는 포함되지 않지만 CNCF 쿠버네티스 프로젝트의 깃헙에 등록되어 있다.

13.2 인그레스 학습 환경 준비

학습 환경 1에서 인그레스를 사용하기 위해서는 먼저 실행 예 1과 같이 애드온을 활성화한다.

실행 예 1 학습 환경 1 미니쿠베에서 인그레스 컨트롤러 활성화

```
$ minikube addons enable ingress
ingress was successfully enabled
```

활성화된 것을 확인하기 위해 다음 명령어를 입력한다. 'ingress: enabled'라고 출력되면 준비가 된 것이다.

실행 예 2 미니쿠베 애드온 목록 출력

```
$ minikube addons list
- addon-manager: enabled
- coredns: disabled
- dashboard: enabled
- default-storageclass: enabled
- efk: disabled
- freshpod: disabled
- heapster: enabled
- ingress: enabled          # <-- 여기
```

```
- kube-dns: enabled
- metrics-server: enabled
- registry: disabled
- registry-creds: disabled
- storage-provisioner: enabled
```

이제 미니쿠베의 가상 서버의 IP 주소로 인그레스를 사용할 수 있게 되었다. IP 주소를 확인하기 위해서는 'minikube ip'를 입력한다.

13.3 공개 URL과 애플리케이션의 매핑

인그레스를 사용하면 공개 URL의 경로 부분에 복수의 애플리케이션를 매핑할 수 있다. 예를 들어, http://abc.sample.com이란 URL의 reservation과 order라는 경로에 각각의 전용 애플리케이션을 매핑할 수 있다. 그러면 사용자 입장에서는 하나의 URL이지만 내부적으로 애플리케이션이 적절히 분리되어 있어 느슨하게 결합된 애플리케이션의 집합체로 구현할 수 있다.

- http://abc.sample.com/reservation → 예약 애플리케이션 파드에 전송
- http://abc.sample.com/order → 주문 애플리케이션 파드에 전송

그러면 마이크로 서비스처럼 애플리케이션을 분할하고 느슨하게 연결함으로써 각 모듈의 변경에 의한 영향을 최소화할 수 있고 개발 생산성에도 유리하다.

한 걸음 더 나아가 보자. 그림 2의 인그레스와 서비스의 연동 부분에 주목하기 바란다. 인그레스는 공개 URL의 경로에 대한 요청을 파드를 대표하는 서비스에 전달한다. 예를 들면, 도메인명 abc.sample.com/에서 루트 '/'에 대한 요청은 서비스 apl-svc#1에 연결된 파드 apl#1에 전달한다. 그리고 '/apl2', 즉 http://abc.sample.com/apl2에 대한 요청은 서비스 apl-svc#2와 연결된 apl#2에 전달한다.

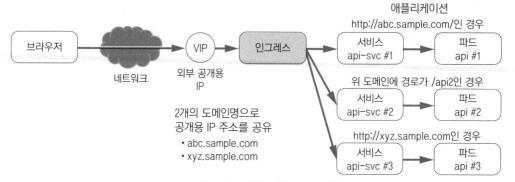

▲ 그림 2 인그레스에 의한 가상 호스트 작성 예

그리고 인그레스에는 가상 호스트라는 기능이 있다. 이는 하나의 공인 IP 주소를 공유하여 도메인 이름별로 전송되는 곳을 설정할 수 있다. 브라우저에서 http://xyz.sample.com으로 접속하는 경우, DNS 서버에서 반환되는 IP 주소는 동일하지만, 서비스 apl-svc#3에 의해 파드 apl#3에 전송된다. 이 기능은 판매 캠페인을 위해 일시적으로 도메인명을 취득하여 특설 사이트를 만드는 경우 등에 사용될 수 있다.

가상 호스트와 서비스를 매핑하는 매니페스트 기술

지금부터 그림 2에 해당하는 인그레스의 매니페스트(파일 1)에 대해 자세히 살펴보겠다. 인그레스의 매니페스트에서는 메타데이터(metadata)와 어노테이션(annotation)이 중요한 역할을 수행한다. 어노테이션에 키와 값을 기재하여, 인그레스 컨트롤러에 명령을 전달한다고 볼 수 있다.

파일 1에는 다음 두 가지 어노테이션이 사용되었다.

- kubernetes.io/ingress.class: 'nginx' 여러 인그레스 컨트롤러가 K8s 클러스터에서 동작 중인 경우에는 이 어노테이션을 명시적으로 지정할 필요가 있다.
- nginx.ingress.kubernetes.io/rewrite-target: / URL 경로를 바꾸도록 하는 어노테이션이다. 이 설정이 없으면 클라이언트로부터의 요청 경로를 파드에게 그대로 전송하여 File NotFound 에러로 연결될 수 있다.

NGINX 인그레스 컨트롤러의 어노테이션과 관련한 자세한 정보는 유저 가이드[5]에 있다. 본격적으로 실무에 활용하고자 한다면 참고하기 바란다. 해당 가이드에는 컨피그맵[6]을 사용한 설정 방법도 기재되어 있다.

> **컨피그맵**
>
> 컨피그맵(ConfigMap)이란 설정 파일을 네임스페이스에 저장하는 오브젝트다. 파드는 컨피그맵을 디스크처럼 마운트할 수 있다. 예를 들면, 미들웨어의 설정 파일을 컨피그맵으로 저장하면 파드가 네임스페이스에서 읽어 들일 수 있다.
>
> **참고 자료**
>
> https://kubernetes.io/docs/tasks/configure-pod-container/configure-pod-configmap/

파일 1은 인그레스의 매니페스트이며, 각 항목의 의미를 표 1~6에 정리했다. 상세한 정보는 표 하단에 있는 URL을 참고하기 바란다. 또한, 표 7은 '13.5 인그레스 SSL/TLS 암호화'에 있는 목록을 참고했다.

파일 1 가상 호스트와 서비스의 매핑: ingress.yml

```
1   apiVersion: extensions/v1beta1    ## 표 1 참고
2   kind: Ingress
3   metadata:
4     name: hello-ingress
5     annotations:                      ## 인그레스 컨트롤러 설정
6       kubernetes.io/ingress.class: 'nginx'
7       nginx.ingress.kubernetes.io/rewrite-target: /
8   spec:                               ## 표 2 참고
9     rules:                            ## 표 3 참고
10    - host: abc.sample.com            # 도메인 1
11      http:
12        paths:                        ## 표 4 참고
13        - path: /                     ## 표 5 참고
14          backend:                    ## 표 6 참고
15            serviceName: helloworld-svc
16            servicePort: 8080
17        - path: /apl2                 # URL 패스 2
18          backend:                    # 대응하는 서비스명과 포트번호
19            serviceName: nginx-svc
20            servicePort: 9080
21    - host: xyz.sample.com            # 도메인 2
22      http:
23        paths:
24        - path: /                     # 도메인 2의 패스
25          backend:
26            serviceName: java-svc     # 도메인 2 패스에 대응하는 서비스
27            servicePort: 9080
```

▼ 표 1 인그레스 API(Ingress v1beta1 extensions)

주요 항목	설명
apiVersion	extensions/v1beta1 설정
kind	Ingress 설정
metadata.name	인그레스 오브젝트의 이름
metadata.annotations	인그레스 컨트롤러 설정에 사용. 자세한 항목과 값은 https://kubernetes.github.io/ingress-nginx/user-guide/nginx-configuration/annotations/ 참고
spec	표 2 참고

※ API의 자세한 내용은 https://kubernetes.io/docs/reference/generated/kubernetes-api/v1.14/#ingress-v1beta1-extensions를 참고한다.

※ 어노테이션은 인그레스 컨트롤러의 구현에 따라 다르므로 주의가 필요하다. v1.14에서 14를 130이나 12로 변경하면 다른 마이너 버전의 API를 참고할 수 있다.

▼ 표 2 인그레스의 사양(IngressSpec v1beta1 extensions)

주요 항목	설명
rules	DNS명과 백엔드 서비스를 대응시키는 규칙 목록. 자세한 내용은 표 3 참고. 이 규칙에 맞지 않는 요청은 디폴트 백엔드라는 파드에 전송됨
tls	표 7 참고

※ API의 자세한 내용은 https://kubernetes.io/docs/reference/generated/kubernetes-api/v1.14/#ingressspec-v1beta1-extensions를 참고한다.

▼ 표 3 인그레스 규칙(IngressRule v1beta1 extensions)

주요 항목	설명
host	FQDN(Fully Qualified Domain Name) 설정
http	자세한 내용은 표 4 참고

※ API의 자세한 내용은 https://kubernetes.io/docs/reference/generated/kubernetes-api/v1.14/#ingressrule-v1beta1-extensions를 참고한다.

▼ 표 4 URL 경로와 백엔드 서비스의 대응 배열(HTTPIngressRuleValue v1beta1 extensions)

주요 항목	설명
paths	URL의 경로와 백엔드 서비스를 대응시키는 목록을 기술. 표 5 참고

※ API의 자세한 내용은 https://kubernetes.io/docs/reference/generated/kubernetes-api/v1.14/#httpingressrulevalue-v1beta1-extensions를 참고한다.

주요 항목	설명
path	URL 주소의 경로 부분을 기재
backend	요청이 전달될 서비스와 포트번호 기재. 표 6 참고

※ API의 자세한 내용은 https://kubernetes.io/docs/reference/generated/kubernetes-api/v1.14/#httpingresspath-v1beta1-extensions를 참고한다.

주요 항목	설명
serviceName	서비스 이름
servicePort	서비스의 포트번호

※ API의 자세한 내용은 https://kubernetes.io/docs/reference/generated/kubernetes-api/v1.14/#ingressbackend-v1beta1-extensions를 참고한다.

주요 항목	설명
hosts	도메인명 목록
secretName	서버 인증서 시크릿의 이름. 시크릿은 네임스페이스 내에 보안이 필요한 데이터를 보존하는 오브젝트로 컨테이너에서 볼륨으로 마운트 가능

※ API의 자세한 내용은 https://kubernetes.io/docs/reference/generated/kubernetes-api/v1.14/#ingresstls-v1beta1-extensions를 참고한다.
※ 이 표에 대한 매니페스트는 '13.5 인그레스 SSL/TLS 암호화'에서 다룬다.

13.4 인그레스 적용

이제 인그레스의 동작을 확인해 보자. 실행 예 3에 나오는 명령어를 차례대로 실행한다. 여기서 (1)~(3)은 애플리케이션을 배포하는 과정이다. 그리고 (4)에서 인그레스를 설정하고 있으며, (5)와 (6)에서 상태를 확인하고 있다. (5)의 'kubectl get svc, deploy'는 svc(서비스)와 deploy(디플로이먼트)의 목록을 차례대로 표시한다. (1)~(3)에서 배포한 서비스와 디플로이먼트의 이름이 출력되고, 디플로이먼트의 희망수(DESIRED)와 현재수(AVAILABLE)가 같은 것을 보아 무사히 배포된 것을 알 수 있다. 그리고 (6)을 보면 호스트(HOSTS) 열에 있는 도메인 이름 'abc.sample.com, xyz.sample.com'과 PORTS 열에 있는 80번 포트로 요청을 대기하고 있는 것을 알 수 있다.

실행 예 3 애플리케이션 배포 및 인그레스 설정

```
## (1) 애플리케이션 1 배포
$ cd step13/url-mapping/
$ kubectl apply -f application1.yml
deployment "helloworld-deployment" created
service "helloworld-svc" created

## (2) 애플리케이션 2 배포
$ kubectl apply -f application2.yml
deployment "nginx-deployment" created
service "nginx-svc" created

## (3) 애플리케이션 3 배포
$ kubectl apply -f application3.yml
deployment "java-deployment" created
service "java-svc" created

## (4) 인그레스 설정
$ kubectl apply -f ingress.yml
ingress "hello-ingress" created

## (5) 서비스와 디플로이먼트 확인
$ kubectl get svc,deploy
NAME                TYPE        CLUSTER-IP       EXTERNAL-IP    PORT(S)          AGE
svc/helloworld-svc  NodePort    10.107.175.75    <none>         8080:31445/TCP   28s
svc/java-svc        ClusterIP   10.110.185.229   <none>         9080/TCP         21s
svc/kubernetes      ClusterIP   10.96.0.1        <none>         443/TCP          2d
svc/nginx-svc       ClusterIP   10.103.229.70    <none>         9080/TCP         24s


NAME                             DESIRED   CURRENT   UP-TO-DATE   AVAILABLE   AGE
deploy/helloworld-deployment     1         1         1            1           28s
deploy/java-deployment           1         1         1            1           21s
deploy/nginx-deployment          3         3         3            3           24s

## (6) 인그레스 확인
$ kubectl get ing
NAME            HOSTS                              ADDRESS   PORTS   AGE
hello-ingress   abc.sample.com,xyz.sample.com                80      23s
```

브라우저에서 인그레스를 테스트할 때는 도메인 이름을 사용해야 하는데, 정식으로 도메인 이
름을 취득하는 과정은 번거로운 편이다. 이를 위한 간단한 해결 방법이 있다. PC의 hosts 파일
에 도메인명과 IP 주소를 등록하는 것이다. 그러면 브라우저에서 도메인 이름으로 접근할 수 있

다. Windows와 macOS에서는 각각 hosts 파일의 경로가 다르다. Windows10에서는 'C:\Windows\System32\drivers\etc\hosts'이고 macOS에서는 '/etc/hosts'다. 학습 환경에 따라 가상 서버의 IP 주소가 다르기 때문에 직접 확인하고 값을 기재하도록 한다. 미니쿠베에서는 minikube ip를 통해 확인한 주소를 사용한다.

파일 2a 학습 환경 1(부록 1.1과 1.2)에서 hosts에 추가할 내용

```
1    192.168.99.100    abc.sample.com xyz.sample.com
```

파일 2b 학습 환경 1(부록 1.3)에서 hosts에 추가할 내용

```
1    172.16.10.10    abc.sample.com xyz.sample.com
```

다음 그림 1~3의 URL 주소에 주목하기 바란다.

▲ 그림 3 애플리케이션 #1 http://abc.sample.com/의 응답

▲ 그림 4 애플리케이션 #2 http://abc.sample.com/apl2의 응답

▲ 그림 5 애플리케이션 #3 http://xyz.sample.com/의 응답

세 가지 애플리케이션의 매니페스트를 살펴보도록 하자. 그림 3은 도커 허브(https://hub. docker.com/r/strm/helloworld-http/)에 있는데 컨테이너의 호스트 이름을 표시해 준다.

파일 3 application1.yml(애플리케이션 #1의 매니페스트)

```
 1   apiVersion: apps/v1
 2   kind: Deployment
 3   metadata:
 4     name: helloworld-deployment
 5   spec:
 6     replicas: 1
 7     template:
 8       metadata:
 9         labels:
10           app: hello-world
11       spec:
12         containers:
13         - image: "strm/helloworld-http"
14           name: hello-world-container
15           ports:
16             - containerPort: 80
```

```
17      selector:
18        matchLabels:
19          app: hello-world
20    ---
21    apiVersion: v1
22    kind: Service
23    metadata:
24      name: helloworld-svc
25    spec:
26      type: NodePort
27      ports:
28        - port: 8080
29          protocol: TCP
30          targetPort: 80
31          nodePort: 31445
32      selector:
33        app: hello-world
```

파일 4는 웹 서버 Nginx의 공식 이미지로, 도커 허브(https://hub.docker.com/_/nginx/)에 등록
되어 있다.

파일 4 application2.yml(애플리케이션 #2 매니페스트)

```
1     apiVersion: apps/v1
2     kind: Deployment
3     metadata:
4       name: nginx-deployment
5     spec:
6       replicas: 3
7       template:
8         metadata:
9           labels:
10            app: nginx
11        spec:
12          containers:
13            - image: nginx
14              name: nginx
15              ports:
16                - containerPort: 80
17      selector:
18        matchLabels:
19          app: nginx
20    ---
21    apiVersion: v1
22    kind: Service
```

```
23    metadata:
24      name: nginx-svc
25    spec:
26      selector:
27        app: nginx
28      ports:
29        - port: 9080
30          targetPort: 80
```

파일 5는 자바 애플리케이션 서버 Open Liberty(https://openliberty.io/)의 공식 이미지다.

파일 5 application3.yml(애플리케이션 #3 매니페스트)

```
1   apiVersion: apps/v1
2   kind: Deployment
3   metadata:
4     name: java-deployment
5   spec:
6     replicas: 1
7     template:
8       metadata:
9         labels:
10          app: liberty
11      spec:
12        containers:
13        - image: openliberty/open-liberty:javaee8-ubi-min-amd64
14          name: open-liberty
15          ports:
16            - containerPort: 9080
17              name: httpport
18      selector:
19        matchLabels:
20          app: liberty
21    ---
22   apiVersion: v1
23   kind: Service
24   metadata:
25     name: java-svc
26   spec:
27     selector:
28       app: liberty
29     ports:
30       - port: 9080
31         targetPort: 9080
```

지금까지 인그레스를 사용하여 복수의 도메인명과 경로에 대해 서비스와 애플리케이션을 연결하고 외부에 공개하는 방법을 알아봤다.

13.5 인그레스 SSL/TLS 암호화

인그레스에 SSL/TSL 암호화를 설정하면 브라우저로부터 HTTPS를 사용하여 접속할 수 있다. 그러면 파드에는 SSL/TLS 암호 설정을 하지 않아도 된다. 그러나 이 방법은 인그레스 컨트롤러에 부하가 집중되기 때문에, 정식 운영 서비스에 적용할 때는 성능의 병목 현상이 발생하지 않도록 주의해야 한다.

다음 파일 6은 보안이 설정된 인그레스의 매니페스트다. (1)~(4)에 주석을 달았다. (1)은 HTTP로 접속한 경우에 HTTPS로 리다이렉트하는 설정이다. (2)는 암호 설정 섹션으로, 그 대상이 되는 (3) 도메인과 해당 도메인의 (4) 서버 인증서가 보관된 시크릿을 지정하고 있다.

파일 6 TLS 암호화를 포함한 인그레스의 매니페스트: ingress-tls.yml

```
1    apiVersion: networking.k8s.io/v1beta1
2    kind: Ingress
3    metadata:
4      name: hello-ingress
5      annotations:
6        kubernetes.io/ingress.class: 'nginx'
7        nginx.ingress.kubernetes.io/rewrite-target: /
8        nginx.ingress.kubernetes.io/force-ssl-redirect: 'true'  ## (1) 리다이렉트
9
10   spec:
11     tls:                        ## (2) 암호화 설정 섹션, 표 7 참고
12     - hosts:
13       - abc.sample.com          ## (3) 도메인명
14       secretName: tls-certificate  ## (4) 서버 인증서
15     rules:
16     - host: abc.sample.com
17       http:
18         paths:
19         - path: /
20           backend:
21             serviceName: helloworld-svc
```

```
 22              servicePort: 8080
 23          - path: /apl2
 24            backend:
 25              serviceName: nginx-svc
 26              servicePort: 9080
 27       - host: xyz.sample.com
 28         http:
 29           paths:
 30           - path: /
 31             backend:
 32               serviceName: java-svc
 33               servicePort: 9080
```

이어서 이 매니페스트에서 설정한 SSL/TLS 암호화를 위한 인증서를 만들어 보자. 공식 인증서를 만들려면 비용이 들기 때문에 실행 예 4에서는 간편하게 자체 서명 인증서(Self-Signed Certificate)를 만든다. 실행 예 4와 같이 명령어를 실행하면 인증서 작성에 필요한 항목을 입력하게 되는데 필수항목은 '(1) 대상 도메인'이다.

실행 예 4 자체 서명 인증서 생성

```
$ openssl req -x509 -nodes -days 365 -newkey rsa:2048 -keyout nginx-selfsigned.key
-out nginx-selfsigned.crt
Generating a 2048 bit RSA private key
..........+++
.......................................................................
..+++
writing new private key to 'nginx-selfsigned.key'
-----
You are about to be asked to enter information that will be incorporated
into your certificate request.
What you are about to enter is what is called a Distinguished Name or a DN.
There are quite a few fields but you can leave some blank
For some fields there will be a default value,
If you enter '.', the field will be left blank.
-----
Country Name (2 letter code) []:JP
State or Province Name (full name) []:Tokyo
Locality Name (eg, city) []:
Organization Name (eg, company) []:
Organizational Unit Name (eg, section) []:
Common Name (eg, fully qualified host name) []:abc.sample.com ##(1) 대상 도메인
Email Address []:
```

만들어진 인증서와 키 파일은 시크릿(secret)으로 등록한다. 시크릿은 쿠버네티스에서 보안이 필요한 데이터를 네임스페이스에 저장하는 기능이다. 시크릿에는 TLS를 위한 옵션 'tls'가 있다.

다음 실행 예 5는 옵션 'tls'를 사용하고 '--key'와 '--cert'로 각각 키와 인증서를 지정하여 시크릿을 만들고 있다.

실행 예 5 자체 서명 인증서를 시크릿에 보관

```
$ kubectl create secret tls tls-certificate --key nginx-selfsigned.key --cert nginx-
selfsigned.crt
secret "tls-certificate" created

$ kubectl get secret
NAME                    TYPE                                   DATA    AGE
default-token-4pfpj     kubernetes.io/service-account-token    3       3h
tls-certificate         kubernetes.io/tls                      2       18s
```

이상으로 SSL/TLS 암호화 통신을 위한 준비가 완료되었다. 이제 실행 예 6의 ingress-tls.yml을 적용해 보자. 적용하고 'kubectl describe ing'를 실행해 보면, abc.sample.com의 도메인과 대응하는 시크릿의 이름이 출력되어 정상적으로 매니페스트가 적용된 것을 알 수 있다.

실행 예 6 보안 프로토콜을 적용한 인그레스 생성과 확인

```
$ kubectl apply -f ingress-tls.yml
ingress "hello-ingress" created

$ kubectl describe ing
Name:               hello-ingress
Namespace:          default
Address:
Default backend: default-http-backend:80 (172.17.0.7:8080)
TLS:
  tls-certificate terminates abc.sample.com    ## <-- 이 부분에 주목
Rules:
  Host            Path  Backends
  ----            ----  --------
  abc.sample.com
                  /         helloworld-svc:8080 (<none>)
                  /apl2     nginx-svc:9080 (<none>)
  xyz.sample.com
                  /     java-svc:9080 (<none>)
Annotations:
```

```
Events:
  Type    Reason  Age   From                        Message
  ----    ------  ----  ----                        -------
  Normal  CREATE  4s    nginx-ingress-controller    Ingress default/hello-ingress

$ kubectl get ing
NAME           HOSTS                            ADDRESS      PORTS      AGE
hello-ingress  abc.sample.com,xyz.sample.com    10.0.2.15    80, 443    48s
```

이제 브라우저에서 HTTPS 접속을 확인할 수 있다. 공인된 기관에서 발생한 인증서를 사용하지 않았기 때문에 브라우저가 보안상 위험이 있다고 경고히는데 예외로 추가하면 된다.

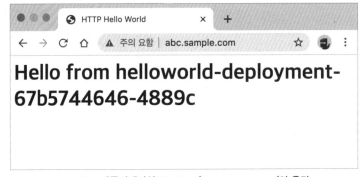

▲ 그림 6 애플리케이션 #1 https:/abc.sample.com/의 응답

▲ 그림 7 애플리케이션 #2 https://abc.sample.com/apl2의 응답

여기서 http://abc.sample.com/에 접속하면 리다이렉트되어 https://abc.sample.com/으로 변환된다.

13.6 모더니제이션 과제

기존의 웹 애플리케이션에서는 로드밸런서의 세션 어피니티(Session Affinity)를 사용하는 것이 일반적이었다. 여기서 세션이란 사용자가 브라우저에서 행한 활동들을 기억하고 관리하는 매커니즘이다. 예를 들어, 쇼핑 사이트에서는 상품을 선택하면 장바구니에 보관된다. 사용자의 로그인 정보도 마찬가지로 기억하고 관리해야 한다.

한편, 브라우저에서 사용하는 HTTP는 무상태 프로토콜(Stateless Protocol)이어서 서버와 클라이언트 간의 통신을 유지할 수 없다. 그래서 브라우저가 URL에 접속하고 화면이 표시되면 TCP/IP 통신이 종료된다.

기본적으로는 브라우저가 URL로 접근할 때마다 TCP/IP의 가상 회선이 열리며, 애플리케이션은 가상 회선의 ID를 기준으로 브라우저를 특정할 수 없다. 그래서 애플리케이션은 브라우저를 식별하기 위한 쿠키(Cookie)를 HTTP 프로토콜의 헤더에 포함시켜서 전송한다. 브라우저는 쿠키를 보관해 뒀다가 같은 URL에 접근할 때는 기억해 둔 쿠키를 HTTP 헤더에 기재하여 전송한다. 그래서 애플리케이션은 쿠키를 기반으로 세션 정보를 얻어 요청에 대한 처리를 수행한다.

그런데 여전히 문제가 있다. 웹 애플리케이션의 서버가 한 대만 있으면 괜찮지만 여러 대의 서버를 두고 그 앞에 로드밸런서를 두는 경우에는 또 다른 문제가 발생한다. 로드밸런서가 세션 정보를 가지고 있지 않은 서버에 요청을 전달해 버리면, 올바른 처리를 수행할 수 없게 되기 때문이다. 그러면 로그인을 했는데 다시 로그인 화면이 뜨는 일이 벌어질 것이다. 그리고 장바구니의 상품이 있다가 없어지는 일도 발생할 것이다.

이 문제를 해결하기 위한 기능으로 로드밸런서에는 세션 어피니티가 있다. 이 기능은 같은 브라우저에서의 요청을 언제나 동일한 서버의 프로세스에 전달한다. 즉, 세션 정보를 가지고 있는 애플리케이션 프로세스에 전송해 주는 것이다. 로드밸런서의 이 기능을 사용하면 서버 개발자들은 여러 머신에서의 세션 정보 공유에 대한 고민 없이 애플리케이션 로직 개발에 전념할 수 있다.

한편, 클라우드 네이티브 애플리케이션 개발의 바이블이라 할 수 있는 The Twelve Factor Apps[7]에서는 세션 정보를 외부 캐시에 보관하는 것을 추천한다. 이에 따라 쿠버네티스도 세션 정보를 파드 외부의 캐시에 보관하는 것을 가정하고 있다. 그래서 서비스 컨트롤러의 부하분산 기능은 요청을 파드들에게 랜덤하게 전송할 뿐이다.

하지만 다행히도 인그레스에 세션 어피니티 기능이 있다. 이를 사용하면 기존 웹 애플리케이션의 코드 수정을 최소화하면서 쿠버네티스를 사용할 수 있다. 그림 8은 두 가지 방법을 비교해서 보여준다. 외부 캐시를 두는 것도 좋지만 인그레스를 사용하면 애플리케이션을 거의 바꾸지 않고 쿠버네티스를 사용할 수 있다.

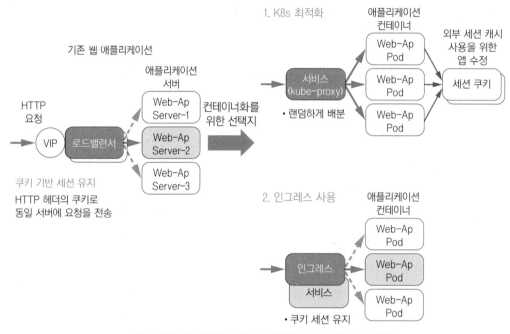

▲ 그림 8 기존 웹 애플리케이션을 쿠버네티스에 올릴 때의 선택지

서비스의 부하분산 기능

서비스의 로드밸런싱 기능은 레이어 3에 해당하며 클라이언트의 IP 주소에 따라 전송할 파드를 고정할 수 있다. 하지만 쿠키를 기반으로 세션 정보를 가지고 있는 파드에 전송하는 레이어 7의 기능은 없다.

쿠버네티스를 도입할 때 기존 애플리케이션을 수정하거나 테스트하는 데 발생하는 비용을 억제하기 위해서는 인그레스가 크게 도움이 될 것이다.

K8s 최적화를 선택하면 세션 정보를 외부 캐시에 보관할 수 있게 코드와 애플리케이션 구조를 수정해야 한다. 외부 캐시는 K8s 클러스터 내에 구성할 수도 있고, 퍼블릭 클라우드의 서비스를

이용할 수도 있다. 코드를 수정하고 테스트해야 하며 캐시 서버를 운영하는 비용이 추가로 발생한다.

인그레스의 세션 어피니티 기능을 사용하면 최소한의 변경으로 웹 애플리케이션을 K8s 클러스터에 배포할 수 있다. 다만 이 선택지에는 애플리케이션 가동 중에 롤아웃이 불가능하다는 단점이 있다.

13.7 세션 어피니티 기능 사용

인그레스의 세션 어피니티를 설정하고 그 동작을 살펴보자. 파일 7의 (1)과 같이 어노테이션을 추가해 주면 된다.

파일 7 ingress-session.yml(세션 어피니티를 설정하는 매니페스트)

```
1    apiVersion: networking.k8s.io/v1beta1
2    kind: Ingress
3    metadata:
4      name: hello-ingress
5      annotations:
6        kubernetes.io/ingress.class: 'nginx'
7        nginx.ingress.kubernetes.io/affinity: 'cookie'    # (1) 세션 어피니티 활성화
8    spec:
9      rules:
10     - host: abc.sample.com
11       http:
12         paths:
13         - path: /
14           backend:
15             serviceName: session-svc
16             servicePort: 9080
```

실행 예 7은 세션 어피니티 기능을 사용하지 않았을 때의 결과이며, 실행 예 8은 사용했을 때의 결과다. 두 결과를 비교해 보자. 이 애플리케이션은 쿠키로 클라이언트를 판별하여 카운터의 값을 더한다. 실행 예 7에서는 매번 요청이 전달되는 파드가 달라져서 카운터 값이 증가하지 않는다.

```
$ curl -c cookie.dat http://abc.sample.com
Hostname: session-deployment-68f45d44df-pnhv5<br>
1th time access.

$ curl -b cookie.dat http://abc.sample.com    ## 옵션을 -c에서 -b로 변경
Hostname: session-deployment-68f45d44df-sjmvk<br>
1th time access.

$ curl -b cookie.dat http://abc.sample.com
Hostname: session-deployment-68f45d44df-d8g62<br>
1th time access.

$ curl -b cookie.dat http://abc.sample.com
Hostname: session-deployment-68f45d44df-jpjd5<br>
1th time access.

$ curl -b cookie.dat http://abc.sample.com
Hostname: session-deployment-68f45d44df-l86f8<br>
```

세션 어피니티를 사용한 실행 예 8에서는 쿠키 값에 따라 파드가 결정되어 카운터 값이 증가한 것을 알 수 있다.

실행 예 8 세션 어피니티를 사용한 경우

```
$ curl -c cookie.dat http://abc.sample.com
Hostname: session-deployment-68f45d44df-jpjd5<br>
1th time access.

$ curl -b cookie.dat http://abc.sample.com    ## 옵션을 -c에서 -b 로 변경
Hostname: session-deployment-68f45d44df-jpjd5<br>
2th time access.

$ curl -b cookie.dat http://abc.sample.com
Hostname: session-deployment-68f45d44df-jpjd5<br>
3th time access.

$ curl -b cookie.dat http://abc.sample.com
Hostname: session-deployment-68f45d44df-jpjd5<br>
4th time access.

$ curl -b cookie.dat http://abc.sample.com
Hostname: session-deployment-68f45d44df-jpjd5<br>
5th time access.
```

이처럼 인그레스에 어노테이션을 설정하는 것만으로 세션 어피니티를 사용할 수 있다.

이번 실험을 위해 사용한 코드들을 살펴보자. 실행 예 9와 같이 'step13/session_affinity'에 매니페스트와 관련 파일들이 있다.

실행 예 9 파일 리스트

```
$ tree step13
step13
├── session_affinity
│   ├── ingress-session.yml   # 세션 어피니티 인그레스 매니페스트
│   ├── session-test          # 이미지 빌드용 디렉터리
│   │   ├── Dockerfile
│   │   └── php
│   │       └── index.php     # 카운터 애플리케이션
│   └── session-test.yml      # 디플로이먼트 매니페스트
```

'session_affinity/session-test'로 이동하여 실행 예 10과 같이 이미지를 빌드하고 레지스트리에 등록한다. 저자의 도커 허브 계정인 maho를 독자 여러분의 계정으로 변경하고 진행한다.

실행 예 10 컨테이너 이미지 빌드 및 레지스트리 등록

```
$ cd step13/session_affinity/session-test
$ docker build --tag maho/session-test .
$ docker login
$ docker push maho/session-test
```

파일 8은 이미지를 빌드하기 위한 Dockerfile이다. 그리고 파일 9의 php 코드는 세션에 카운터 값을 보존하며 요청이 올 때마다 1씩 더해 주도록 구현되어 있다.

파일 8 Dockerfile

```
1   FROM php:7.0-apache
2   COPY php/ /var/www/html/
3   RUN chmod a+rx /var/www/html/*.php
```

파일 9 index.php

```
1   <?php
2   session_start();
3   if (!isset($_SESSION['count'])) {
4       $_SESSION['count'] = 1;
```

```
5    } else {
6        $_SESSION['count']++;
7    }
8    echo "Hostname: ".gethostname()."<br>\n";
9    echo $_SESSION['count']."th time access.\n";
10   ?>
```

이어서 파일 10은 앞의 웹 애플리케이션을 배포하기 위한 매니페스트 파일이다. 요청이 분산되는 결과를 확실히 알 수 있도록 레플리카셋은 10으로 설정했다.

파일 10 session-test.yml(세션을 테스트할 애플리케이션의 매니페스트)

```
1    apiVersion: apps/v1
2    kind: Deployment
3    metadata:
4      name: session-deployment
5    spec:
6      replicas: 10    #<-- 파드 수
7      selector:
8        matchLabels:
9          app: session
10     template:
11       metadata:
12         labels:
13           app: session
14       spec:
15         containers:
16           - image: 'maho/session-test:latest'
17             name: session
18             ports:
19               - containerPort: 80
20   ---
21   apiVersion: v1
22   kind: Service
23   metadata:
24     name: session-svc
25   spec:
26     selector:
27       app: session
28     ports:
29       - port: 9080
30         targetPort: 80
```

그럼 다음과 같이 애플리케이션과 인그레스를 배포해 보자.

실행 예 11 K8s 클러스터에 배포

```
$ kubectl apply -f session-test.yml
$ kubectl apply -f ingress-session.yml
```

세션 어피니티를 사용하지 않는 환경을 테스트할 때는 ingress-session.yml의 (1) 부분을 주석으로 처리하고 매니페스트를 적용하면 된다.

13.8 kube-keepalived-vip에 의한 VIP 획득과 HA 구성

NGINX 인그레스 컨트롤러는 Virtual IP(이하 VIP)를 노드 간 공유하는 기능을 가지고 있지 않다. 그래서 복수의 노드로 구성된 학습 환경 2인 멀티 노드 K8s에서는 keepalived를 사용해야 한다. 퍼블릭 클라우드에서는 인그레스와 VIP를 연결하는 기능이 있어 그대로 사용하면 된다. 하지만 온프레미스 환경에서는 인그레스에 VIP를 더하기 위한 작업이 필요하다.

여기서는 학습 환경 2에서 기존의 keepalived를 K8s에 맞게 수정한 kube-keepalived-vip를 사용하여 VIP를 노드 간에 공유하고 HA 구성을 만들어 볼 것이다. 우리가 실습할 내용은 그림 9의 구성이다. 그림에서는 2개의 노드로 그려졌으나 2대 이상에 대해서도 유효하다. 인그레스 컨트롤러의 동작은 지금까지와 동일하다.

kube-keepalived-vip 파드는 VRRP(Virtual Router Redundancy Protocol)에 따라 멤버의 존재를 확인하고 멤버 중 한 노드에게 VIP를 부여한다. 이 VIP를 받은 노드가 요청을 받아서 인그레스 컨트롤러에 전달한다.

그림 9에서와 같이 인그레스 컨트롤러가 동작하는 노드와 VIP를 가지는 노드가 같을 필요는 없다. 노드가 달라도 파드 네트워크를 통해 요청은 전달된다. 만약에 VIP를 가지는 노드가 오프라인이 되면 남은 노드가 VIP를 이어받는다.

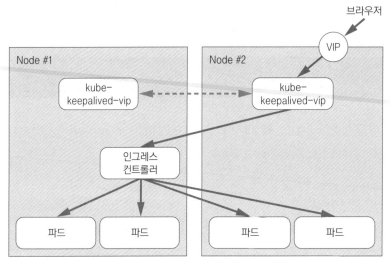

▲ 그림 9 인그레스와 kube-keepalived-vip의 구성 예

실습을 위해서는 2대 이상의 노드가 필요하므로 학습 환경 2를 사용할 것이다. 이번 실습에서
구성할 K8s 오브젝트들의 역할 분담을 그림으로 표현하면 그림 10과 같다.

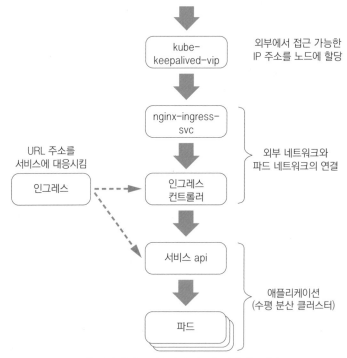

▲ 그림 10 요청이 VIP를 통해 파드에 전달되는 개념도

그림 10의 상단에서부터 애플리케이션의 파드에 도달할 때까지의 과정은 다음과 같다.

(1) kube-keepalived-vip는 외부에서 접근 가능한 IP 주소를 노드에 할당한다.

(2) nginx-ingress-svc와 인그레스 컨트롤러가 외부 네트워크와 파드 네트워크를 중개한다. 인그레스 컨트롤러는 파드이기 때문에 서비스 nginx-ingress-svc를 통해 요청을 받는다.

(3) 그림 좌측의 인그레스는 URL과 애플리케이션을 매핑한다.

(4) 이러한 동작에 의해 애플리케이션은 K8s 클러스터 외부로부터 요청을 전달받는다.

이상의 흐름을 숙지해 두고, 테스트 환경을 구축해 보자.

(1) 고가용성 인그레스 환경 구축

그림 9의 구축 과정은 다음과 같다.

1. 전용 네임스페이스 작성(a-namespace.yml)

2. 인그레스 컨피그맵 작성(ing-configmap.yml)

3. 인그레스의 서비스 어카운트 작성과 RBAC 설정(ing-controller-with-rbac.yml)

4. 인그레스의 디폴트 백엔드 배포(ing-default-backend.yml)

5. 인그레스의 컨트롤러 배포(ing-rbac.yml)

6. kube-keepalived-vip의 컨피그맵 작성(vip-configmap.yml)

7. kube-keepalived-vip의 서비스 어카운트 작성과 RBAC 설정(vip-rbac.yml)

8. kube-keepalived-vip의 데몬셋 배포(vip-daemonset.yml)

실행 예 12 인그레스 컨트롤러와 kube-keepalived-vip 구축을 위한 매니페스트 목록

```
$ tree ingress-keepalived/
ingress-keepalived/
├── a-namespace.yml
├── ing-configmap.yml
├── ing-controller-with-rbac.yml
├── ing-default-backend.yml
├── ing-rbac.yml
├── vip-configmap.yml
├── vip-daemonset.yml
└── vip-rbac.yml
```

이 매니페스트들은 한 번의 명령어로 전부 배포할 수 있다. 실행 예 13에서처럼 'kubectl apply -f 디렉터리명'을 실행하면 디렉터리 내의 모든 YAML 파일을 한꺼번에 적용할 수 있다. 이때 적용되는 매니페스트 파일의 순서는 알파벳순이다. 네임스페이스를 제일 먼저 만들기 위해 접두어로 'a-'를 부여했다.

실행 예 13 고가용성 인그레스 구축 작업

```
$ kubectl apply -f ingress-keepalived/
namespace/tkr-system created
configmap/nginx-configuration created
configmap/tcp-services created
configmap/udp-services created
deployment.extensions/nginx-ingress-controller created
service/nginx-ingress-svc created
deployment.extensions/default-http-backend created
service/default-http-backend created
serviceaccount/nginx-ingress-serviceaccount created
clusterrolebinding.rbac.authorization.k8s.io/nginx-ingress-clusterrole-nisa-binding
created
configmap/vip-configmap created
daemonset.extensions/kube-keepalived-vip created
serviceaccount/kube-keepalived-vip created
clusterrole.rbac.authorization.k8s.io/kube-keepalived-vip created
clusterrolebinding.rbac.authorization.k8s.io/kube-keepalived-vip created
```

이들 매니페스트는 K8s 클러스터의 기능을 확장하는 것이기 때문에 네임스페이스 'tkr-system' 에 생성한다. 그리고 실행 예 14에서는 옵션 '-n tkr-system'으로 네임스페이스를 지정하여 데몬셋, 서비스, 파드의 목록을 출력하고 있다.

실행 예 14 실행 결과 확인

```
$ kubectl get ds,svc,po -n tkr-system
NAME                                         DESIRED CURRENT READY UP-TO-DATE AVAILABLE
AGE
daemonset.extensions/kube-keepalived-vip 2       2        2       2          2
1m

NAME                        TYPE       CLUSTER-IP      EXTERNAL-IP     PORT(S)
AGE
service/default-http-backend ClusterIP   10.244.124.91   <none>          80/TCP
1m
```

```
service/nginx-ingress-svc LoadBalancer 10.244.139.171 172.16.20.99 80:30438/
TCP,443:30570/TCP
1m

NAME                                              READY   STATUS    RESTARTS   AGE
pod/default-http-backend-c7d668c9d-2g9hl          1/1     Running   0          1m
pod/kube-keepalived-vip-2tzmc                     1/1     Running   0          1m
pod/kube-keepalived-vip-wwrsj                     1/1     Running   0          1m
pod/nginx-ingress-controller-58bc7847bf-44266     1/1     Running   0          1m
```

'kubectl get ds,svc,po'의 응답은 ds(데몬셋), svc(서비스), po(파드) 순으로 각 목록을 출력한다. ds(데몬셋)의 목록을 보면 요구수(DESIRED) 2, 현재수(AVAILABLE) 2로 요구한 만큼 파드가 만 들어진 것을 알 수 있다. 여기서의 요구수(DESIRED) 2는 클러스터 내 노드의 개수와 일치한다. 만약 node1과 node2 외에 node3이 있었다면 3이 된다.

이어서 svc(서비스)의 목록 중 서비스명 'default-http-backend'는 인그레스에 설정한 URL의 규칙에 맞지 않는 요청에 대해 에러 페이지를 반환하는 서비스다. 그리고 서비스명 'nginx-ingress-svc'는 nginx 인그레스 컨트롤러에 요청을 전송하는 로드밸런서의 역할을 수행한다. 여기서는 VIP(공인 IP 주소)로 '172.16.20.99'가 표시되고 있다. 이것은 kube-keepalivedvip가 노드에 부여한 IP 주소에 해당한다.

한편, 'pod/'로 시작하는 목록은 컨트롤러로부터 기동한 파드들이다.

(2) 애플리케이션의 배포와 테스트

실행 예 15에서는 2개의 매니페스트를 적용하고 있다. 하나는 인그레스의 매니페스트로, 도메 인 이름 'abc.sample.com'과 공인 IP 주소 '172.16.20.99'로 오는 요청을 애플리케이션에 전달 한다. 한편, 다른 하나는 애플리케이션의 매니페스트로 요청이 오면 파드의 이름을 반환한다.

이 두 매니페스트는 tkr-system이 아니라 default 네임스페이스에 배포한다. 네임스페이스 tkr-system에는 시스템 관련 파드만을 배포하고, 일반적인 애플리케이션은 default를 사용하는 것과 같이 용도별로 네임스페이스를 분리하는 게 좋다.

실행 예 15 애플리케이션 배포

```
$ tree test-apl/
test-apl/
├── hello-world.yml
└── ingress.yml

0 directories, 2 files

$ kubectl apply -f test-apl/
deployment.apps/hello-world-deployment created
service/hello-world-svc created
ingress.extensions/hello-world-ingress created
```

실행 예 16에서는 배포된 결과를 확인하고 있다. 디플로이먼트, 파드, 서비스, 인그레스 오브젝트가 만들어졌다. 여기서처럼 네임스페이스를 지정하는 옵션 '-n'을 생략하면 default 네임스페이스의 오브젝트가 출력된다.

실행 예 16 애플리케이션의 배포 결과 확인

```
$ kubectl get deploy,po,svc,ing
NAME                                         DESIRED CURRENT UP-TO-DATE AVAILABLE
AGE
deployment.extensions/hello-world-deployment 5       5       5          5
15s


NAME                                        READY   STATUS    RESTARTS   AGE
pod/hello-world-deployment-76f77bf4dc-5bgqf 1/1     Running   0          15s
pod/hello-world-deployment-76f77bf4dc-654k7 1/1     Running   0          15s
pod/hello-world-deployment-76f77bf4dc-d4g4q 1/1     Running   0          15s
pod/hello-world-deployment-76f77bf4dc-qzcrt 1/1     Running   0          15s
pod/hello-world-deployment-76f77bf4dc-z4trm 1/1     Running   0          15s


NAME                    TYPE        CLUSTER-IP      EXTERNAL-IP   PORT(S)          AGE
service/hello-world-svc NodePort    10.244.169.188  <none>        8080:31445/TCP   15s
service/kubernetes      ClusterIP   10.244.0.1      <none>        443/TCP          3h

NAME                                        HOSTS            ADDRESS   PORTS   AGE
ingress.extensions/hello-world-ingress      abc.sample.com             80      15s
```

PC의 브라우저에서 도메인 이름으로 접근할 수 있도록, hosts 파일에 IP 주소와 도메인명을 등록한다.

실행 예 17 /etc/hosts에 도메인과 IP 주소 등록

```
172.16.20.99      abc.sample.com
```

PC의 브라우저나 curl 명령어를 통해 도메인명 http://abc.sample.com에 접근했을 때, 다음과 같이 응답이 반환되면 성공한 것이다. 여기서는 5개의 파드가 있어서 5개의 파드 중 하나의 이름이 랜덤하게 반환된다.

실행 예 18 애플리케이션에 요청 테스트

```
$ curl http://abc.sample.com
<html><head><title>HTTP Hello World</title></head><body><h1>Hello from hello-world-
deployment-76f77bf4dc-z4trm</h1></body></html>

$ curl http://abc.sample.com
<html><head><title>HTTP Hello World</title></head><body><h1>Hello from hello-world-
deployment-76f77bf4dc-qzcrt</h1></body></html>

$ curl http://abc.sample.com
<html><head><title>HTTP Hello World</title></head><body><h1>Hello from hello-world-
deployment-76f77bf4dc-654k7</h1></body></html>
```

여기까지 노드가 공유하는 IP 주소와 인그레스를 통해 애플리케이션의 응답을 확인했다.

(3) 장애 회복 테스트

이어서 장애 회복을 확인해 보자. 장애 회복은 그림 11에 표현된 것과 같이 진행할 것이다. VIP를 획득한 노드를 정지시키면 kubekeepalived-vip에 의해 VIP가 다른 노드로 옮겨 가는데, 그때 접근을 회복하기까지의 시간을 측정할 것이다.

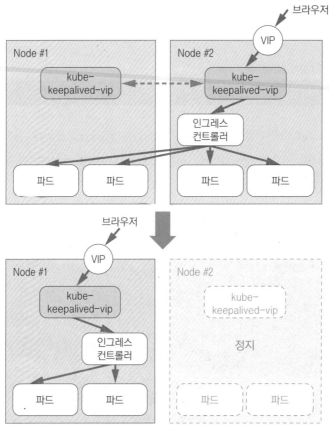

▲ 그림 11 장애 회복 테스트

다음 실행 예 19에서는 15초 간격으로 요청을 전송하고 있다. 그리고 두 번째 응답이 온 시점에서 Node #2를 종료시키기 위해 'vagrant halt node2'를 실행하고 응답이 회복할 때까지의 시간을 살펴보고 있다. curl 명령어의 연결 타임아웃을 3초로 설정했기 때문에 응답이 없는 경우의 실행 간격은 '15초+3초'로 총 18초가 된다. 다음 결과에서는 6번 타임아웃이 발생하였으므로, '6×18=108초' 정도 응답이 없었다고 볼 수 있다.

실행 예 19 장애 회복 테스트

```
$ while true; do curl --connect-timeout 3 http://abc.sample.com; sleep 15; done
<html><head><title>HTTP Hello World</title></head><body><h1>Hello from hello-world-
deploymentb58876bbd-gk985</h1></body></html>
<html><head><title>HTTP Hello World</title></head><body><h1>Hello from hello-world-
deploymentb58876bbd-56lmq</h1></body></html>
curl: (28) Connection timed out after 3004 milliseconds
```

```
curl: (28) Connection timed out after 3001 milliseconds
curl: (28) Connection timed out after 3002 milliseconds
curl: (28) Connection timed out after 3002 milliseconds
curl: (28) Connection timed out after 3004 milliseconds
curl: (28) Connection timed out after 3003 milliseconds
<html><head><title>HTTP Hello World</title></head><body><h1>Hello from hello-world-
deploymentb58876bbd-xkzkl</h1></body></html>
<html><head><title>HTTP Hello World</title></head><body><h1>Hello from hello-world-
deploymentb58876bbd-7m7xk</h1></body></html>
<html><head><title>HTTP Hello World</title></head><body><h1>Hello from hello-world-
deploymentb58876bbd-q9rjf</h1></body></html>
```

회복될 때까지 108초라는 짧지 않은 시간이 걸렸다. 이처럼 인그레스 컨트롤러가 돌아가는 노드나 VIP를 가지는 노드가 정지하는 경우에는 다소 긴 회복 시간이 소요된다. 그래도 K8s 클러스터의 전단에 로드밸런서를 배치하는 경우에 비해 간단하게 구축할 수 있다는 장점을 가진다. 프로젝트의 예산과 서비스의 품질 요구 사항에 맞게 선택할 필요가 있다.

(4) 클린업

인그레스 컨트롤러를 지우기 위해서는 네임스페이스 'tkr-system'을 지우면 된다. 그러면 네임스페이스에 있는 모든 오브젝트들이 함께 지워진다.

실행 예 20 NGINX 인그레스 컨트롤러와 kube-keepalived-vip 삭제

```
$ kubectl delete ns tkr-system
```

배포한 애플리케이션을 지우기 위해서는 'kubectl delete -f 디렉터리명'을 실행하면 된다. 그러면 해당 디렉터리에 있는 매니페스트의 오브젝트가 전부 지워진다.

실행 예 21 애플리케이션 삭제

```
$ kubectl delete -f test-apl
```

(5) 매니페스트 파일

각 YAML 파일의 개요를 표 8에 정리했다. 여기서 분류는 해당 매니페스트 파일이 시스템과 관련되었는지 애플리케이션에 관련되었는지를 의미한다.

인그레스 컨트롤러나 kubekeepalived-vip는 K8s 클러스터의 기능을 확장하기 때문에 시스템으로 분류했고, 그 외는 애플리케이션으로 분류했다. 이처럼 매니페스트 파일도 역할과 특성별로 분류하여 관리하는 것이 좋다.

▼ 표 8 매니페스트 파일 개요

No	YAML 파일명	분류	개요
1	a-namespace.yml	기반	실습을 위한 네임스페이스
2	ing-configmap.yml	기반	인그레스 컨트롤러의 설정값
3	ing-default-backend.yml	기반	잘못된 URL로 접근했을 때 에러 페이지를 반환하는 백엔드
4	ing-rbac.yml	기반	인그레스 컨트롤러의 서비스 어카운트와 RBAC 설정
5	ing-controller-with-rbac.yml	기반	인그레스 컨트롤러 배포
6	vip-configmap.yml	기반	kube-keepalived-vip의 설정값
7	vip-rbac.yml	기반	kube-keepalived-vip의 서비스 어카운트와 RBAC 설정
8	vip-daemonset.yml	기반	kube-keepalived-vip 배포
9	hello-world.yml	앱	애플리케이션 배포
10	ingress.yml	앱	인그레스 설정

1. 시스템 전용 네임스페이스

K8s 클러스터를 보다 잘 관리하기 위해 애플리케이션용 네임스페이스와 시스템 관리를 위한 네임스페이스를 분리했다. 여기서 네임스페이스의 이름 tkr-system에서 tkr은 저자의 이름 takara의 약어이므로 특별한 의미는 없다.

파일 11 a-namespace.yml(시스템용 네임스페이스 작성 매니페스트)

```
1    apiVersion: v1
2    kind: Namespace
3    metadata:
4      name: tkr-system
```

2. 인그레스용 컨피그맵

여기서는 기본값을 사용하고 있어 빈 컨피그맵을 만들고 있다. 여기에 설정 가능한 항목들은 파일 12의 하단에 기재된 링크에서 확인할 수 있다.

```
1    kind: ConfigMap
2    apiVersion: v1
3    metadata:
4      name: nginx-configuration
5      namespace: tkr-system
6      labels:
7        app: ingress-nginx
8    ---
9    kind: ConfigMap
10   apiVersion: v1
11   metadata:
12     name: tcp-services
13     namespace: tkr-system
14   ---
15   kind: ConfigMap
16   apiVersion: v1
17   metadata:
18     name: udp-services
19     namespace: tkr-system
```

※ 인그레스의 설정 항목: https://kubernetes.github.io/ingress-nginx/user-guide/nginx-configuration/configmap/

3. 디폴트 백엔드

파일 13은 인그레스의 규칙에 맞지 않는 URL로 요청되었을 때 에러를 표시해 주는 백엔드를 배포하는 매니페스트다.

파일 13 ing-default-backend.yaml(에러 표시용 백엔드의 매니페스트)

```
1    apiVersion: apps/v1
2    kind: Deployment
3    metadata:
4      name: default-http-backend
5      namespace: tkr-system
6      labels:
7        app: default-http-backend
8    spec:
9      replicas: 1
10     selector:
11       matchLabels:
12         app: default-http-backend
13     template:
```

```
14      metadata:
15        labels:
16          app: default-http-backend
17      spec:
18        terminationGracePeriodSeconds: 60
19        containers:
20        - name: default-http-backend
21          image: gcr.io/google_containers/defaultbackend:1.4
22          ports:
23          - containerPort: 8080
24  ---
25  apiVersion: v1
26  kind: Service
27  metadata:
28    name: default-http-backend
29    namespace: tkr-system
30    labels:
31      app: default-http-backend
32  spec:
33    ports:
34    - port: 80
35      targetPort: 8080
36    selector:
37      app: default-http-backend
```

4. 서비스 어카운트 작성과 RBAC 설정

파일 14는 서비스 어카운트 및 RBAC를 설정하는 매니페스트인데, 인그레스 컨트롤러의 소스 코드를 참고하여 작성했으며 admin의 권한을 부여하고 있다. 최소한의 권한만을 부여하고 싶은 경우에는 원본 소스를 참고하기 바란다.

파일 14 ing-rbac.yaml(서비스 어카운트 작성과 권한 설정)

```
1   apiVersion: v1
2   kind: ServiceAccount
3   metadata:
4     name: nginx-ingress-serviceaccount
5     namespace: tkr-system
6   ---
7   apiVersion: rbac.authorization.k8s.io/v1beta1
8   kind: ClusterRoleBinding
9   metadata:
```

```
10      name: nginx-ingress-clusterrole-nisa-binding
11  roleRef:
12    apiGroup: rbac.authorization.k8s.io
13    kind: ClusterRole
14    name: admin
15  subjects:
16    - kind: ServiceAccount
17      name: nginx-ingress-serviceaccount
18      namespace: tkr-system
```

※ 출처: https://github.com/nginxinc/kubernetes-ingress/blob/master/deployments/rbac/rbac.yaml

5. 인그레스 컨트롤러 배포용 YAML

파일 15의 매니페스트는 NGINX 인그레스 컨트롤러의 소스 코드에 포함된 매니페스트를 이 책의 학습 환경에 맞게 두 군데 변경했다.

  (1) **수정**: '- --publish-service=$(POD_NAMESPACE)/nginx-ingress-svc'는 로드밸런서 —nginx-ingress-svc의 EXTERNAL IP 주소를 설정한다.

  (2) **추가**: 이 책의 학습 환경에서 'type LoadBalancer'의 서비스는 K8s 클러스터 외부의 로드밸런서와 연동하지 않는다. 대신에 외부용 IP(ExternalIP)로 온 요청을 NGINX 인그레스 컨트롤러에 전송한다.

파일 15 ing-controller-with-rbac.yml(인그레스 컨트롤러용 매니페스트)

```
1   apiVersion: apps/v1
2   kind: Deployment
3   metadata:
4     name: nginx-ingress-controller
5     namespace: tkr-system
6   spec:
7     replicas: 1
8     selector:
9       matchLabels:
10        app: ingress-nginx
11    template:
12      metadata:
13        labels:
14          app: ingress-nginx
15      spec:
```

```
16          serviceAccountName: nginx-ingress-serviceaccount
17          containers:
18            - name: nginx-ingress-controller
19              image: quay.io/kubernetes-ingress-controller/nginx-ingress-controller:0.13.0
20              args:
21                - /nginx-ingress-controller
22                - --default-backend-service=$(POD_NAMESPACE)/default-http-backen4d
23                - --configmap=$(POD_NAMESPACE)/nginx-configuration
24                - --tcp-services-configmap=$(POD_NAMESPACE)/tcp-services
25                - --udp-services-configmap=$(POD_NAMESPACE)/udp-services
26                - --annotations-prefix=nginx.ingress.kubernetes.io
27                - --publish-service=$(POD_NAMESPACE)/nginx-ingress-svc    # (1) 수정
28              env:
29                - name: POD_NAME
30                  valueFrom:
31                    fieldRef:
32                      fieldPath: metadata.name
33                - name: POD_NAMESPACE
34                  valueFrom:
35                    fieldRef:
36                      fieldPath: metadata.namespace
37              ports:
38              - name: http
39                containerPort: 80
40              - name: https
41                containerPort: 443
42      ---
43      apiVersion: v1
44      kind: Service
45      metadata:
46        name: nginx-ingress-svc
47        namespace: tkr-system
48        labels:
49          app: nginx-ingress-svc
50      spec:
51        type: LoadBalancer    # (2) 추가
52        ports:
53        - name: http
54          port: 80
55          targetPort: http
56        - name: https
57          port: 443
58          targetPort: https
59        selector:
```

```
60        app: ingress-nginx
61      externalIPs:
62        - 172.16.20.99    # kube-keepalived-vip의 VIP와 일치하는 것
```

※ 출처: https://github.com/kubernetes/ingress-nginx/blob/nginx-0.24.0/deploy/with-rbac.yaml

6. kube-keepalived-vip의 컨피그맵

파일 16은 공인 IP 주소를 인그레스 컨트롤러의 서비스에 전송하는 설정이다. 공인 IP 주소는
외부에서 접근할 수 있어야 한다.

파일 16 vip-configmap.yml(kube-keepalived-vip의 컨피그맵)

```
1    apiVersion: v1
2    kind: ConfigMap
3    metadata:
4      name: vip-configmap
5      namespace: tkr-system
6    data:
7      172.16.20.99: tkr-system/nginx-ingress-svc
```

7. kube-keepalived-vip의 서비스 어카운트와 RBAC 설정

파일 17은 kube-keepalived-vip의 서비스 어카운트와 클러스터 롤을 작성하여 매핑하는 매니
페스트다.

파일 17 vip-rbac.yml

```
1    apiVersion: v1
2    kind: ServiceAccount
3    metadata:
4      name: kube-keepalived-vip
5      namespace: tkr-system
6    ---
7    apiVersion: rbac.authorization.k8s.io/v1beta1
8    kind: ClusterRole
9    metadata:
10     name: kube-keepalived-vip
11   rules:
12   - apiGroups: [""]
13     resources:
14     - pods
```

```
15      - nodes
16      - endpoints
17      - services
18      - configmaps
19      verbs: ["get", "list", "watch"]
20    ---
21    apiVersion: rbac.authorization.k8s.io/v1beta1
22    kind: ClusterRoleBinding
23    metadata:
24      name: kube-keepalived-vip
25    roleRef:
26      apiGroup: rbac.authorization.k8s.io
27      kind: ClusterRole
28      name: kube-keepalived-vip
29    subjects:
30    - kind: ServiceAccount
31      name: kube-keepalived-vip
32      namespace: tkr-system
```

※ 출처: https://github.com/kubernetes/contrib/tree/master/keepalived-vip#optional-install-the-rbac-policies

8. kube-keepalived-vip를 배포하는 매니페스트

파일 18은 kube-keepalived-vip의 파드를 각 노드에 배포하기 위한 매니페스트에 수정을 가한 것이다. 변경한 부분은 다음과 같다.

(1) **유니캐스트 사용**: vagrant가 버추얼박스의 가상 네트워크를 사용하고 있기 때문에 유니캐스트 옵션을 사용한다.

(2) **노드 실렉터 무효화**: 학습 환경에서는 마스터 노드에 스케줄되지 않도록 설정했기 때문에 불필요하다. 만약에 외부 네트워크와 연결된 전용 노드에 배포해야 하는 경우에는 노드에 설정한 라벨을 노드 실렉터에 설정해야 한다.

파일 18 vip-daemonset.yml

```
1    apiVersion: extensions/v1beta1
2    kind: DaemonSet
3    metadata:
4      name: kube-keepalived-vip
5      namespace: tkr-system
6    spec:
```

```
 7    template:
 8      metadata:
 9        labels:
10          name: kube-keepalived-vip
11    spec:
12      hostNetwork: true
13      serviceAccount: kube-keepalived-vip
14      containers:
15        - image: k8s.gcr.io/kube-keepalived-vip:0.11
16          name: kube-keepalived-vip
17          imagePullPolicy: Always
18          securityContext:
19            privileged: true
20          volumeMounts:
21            - mountPath: /lib/modules
22              name: modules
23              readOnly: true
24            - mountPath: /dev
25              name: dev
26          env:
27            - name: POD_NAME
28              valueFrom:
29                fieldRef:
30                  fieldPath: metadata.name
31            - name: POD_NAMESPACE
32              valueFrom:
33                fieldRef:
34                  fieldPath: metadata.namespace
35          # to use unicast
36          args:
37          - --services-configmap=tkr-system/vip-configmap
38          - --use-unicast=true    # 변경한 곳 (1)
39          #- --vrrp-version=3
40      volumes:
41        - name: modules
42          hostPath:
43            path: /lib/modules
44        - name: dev
45          hostPath:
46            path: /dev
47      #nodeSelector:    # 변경한 곳 (2)
48      # type: worker
```

※ 출처: https://github.com/kubernetes/contrib/blob/master/keepalived-vip/vip-daemonset.yaml

9. 애플리케이션

파일 19는 도커 허브에 등록된 로드밸런서 테스트용 컨테이너(https://hub.docker.com/r/strm/helloworld-http/)를 배포하는 매니페스트다. 이 컨테이너는 호스트의 이름을 반환해 주어 부하 분산 상태를 확인하기 좋다.

파일 19 hello-world.yml

```
1   apiVersion: apps/v1
2   kind: Deployment
3   metadata:
4     name: hello-world-deployment
5   spec:
6     replicas: 5
7     template:
8       metadata:
9         labels:
10          app: hello-world
11      spec:
12        containers:
13          - image: "strm/helloworld-http"
14            imagePullPolicy: Always
15            name: hello-world-container
16            ports:
17              - containerPort: 80
18      selector:
19        matchLabels:
20          app: hello-world
21   ---
22   apiVersion: v1
23   kind: Service
24   metadata:
25     name: hello-world-svc
26     labels:
27       app: hello-world-svc
28   spec:
29     type: NodePort
30     ports:
31       - port: 8080
32         protocol: TCP
33         targetPort: 80
34         nodePort: 31445
35     selector:
36       app: hello-world
```

10. 인그레스 작성 매니페스트

파일 20은 인그레스의 매니페스트다. 이해하기 쉬운 간단한 구조다. 중요한 설정은 주석으로 표시한 다섯 군데다.

파일 20 ingress.yml

```
1    apiVersion: extensions/v1beta1
2    kind: Ingress
3    metadata:
4      name: hello-world-ingress
5      annotations:
6        kubernetes.io/ingress.class: 'nginx'   # (1) nginx 인그레스 컨트롤러 설정
7
8    spec:
9      rules:
10     - host: abc.sample.com    # (2) URL의 도메인명 부분
11       http:
12         paths:
13         - path: /    # (3) URL의 경로 부분
14           backend:
15             serviceName: hello-world-svc     # (4) 애플리케이션 서비스명
16             servicePort: 8080                # (5) 포트번호
```

13.9 퍼블릭 클라우드에서 인그레스 사용

IKS의 인그레스 컨트롤러[8, 9]는 IBM이 독자적으로 구현했다. 그래서 어노테이션 설정이 NGINX 인그레스 컨트롤러와 다르다. 어떻게 바꿔야 하는지 파일 6(ingress-tls.yml, TLS 암호화를 포함한 매니페스트)을 통해 확인해 보자.

파일 21 ingress-iks.yml(파일 6을 IKS용으로 바꾼 예)

```
1    apiVersion: extensions/v1beta1
2    kind: Ingress
3    metadata:
4      name: hello-ingress
5      annotations:
6        # kubernetes.io/ingress.class: 'nginx'
```

```
 7              # nginx.ingress.kubernetes.io/rewrite-target: /
 8              # nginx.ingress.kubernetes.io/force-ssl-redirect: 'true'  ## (1) 리다이렉트
 9              ingress.bluemix.net/rewrite-path: "serviceName=nginx-svc
rewrite=/;serviceName=java-svc rewrite=/"
10              ingress.bluemix.net/redirect-to-https: "True"                    ## (1) 리다이렉트
11   spec:
12     tls:                          ## (2) tls 설정, 표 7 참고
13     - hosts:                      ## (3) 도메인명
14       - iks2.jp-tok.containers.appdomain.cloud
15       secretName: iks2  ## (4) 인증서를 담은 시크릿
16     rules:
17     - host: iks2.jp-tok.containers.appdomain.cloud
18       http:
19         paths:
20         - path: /
21           backend:
22             serviceName: helloworld-svc
23             servicePort: 8080
24         - path: /apl2
25           backend:
26             serviceName: nginx-svc
27             servicePort: 9080
28     - host: xyz.sample.com
29       http:
30         paths:
31         - path: /
32           backend:
33             serviceName: java-svc
34             servicePort: 9080
```

'nginx.ingress.kubernetes.io/rewrite-target'은 'ingress.bluemix.net/rewrite-path'로 바뀌었고 값도 바뀌었다. 이는 'nginx.ingress.kubernetes.io/force-ssl-redirect'도 마찬가지다. 코드상에서 비교할 수 있도록 주석을 남겨 두었다. 그 외의 IKS 인그레스의 어노테이션 기술법은 참고 자료 [10]을 확인하기 바란다.

IKS에서는 인그레스의 도메인 이름이 인스턴스 구성 시 취득되어 서버 증명서도 만들어진다. 그래서 별도로 도메인 이름을 취득하지 않아도 SSL/TLS 통신을 사용할 수 있다. 주석 (3)과 (4)에 기재할 값은 CLI 명령어 'ibmcloud ks cluster-get 〈클러스터명〉'을 통해 확인할 수 있다.

GKE도 자체적인 인그레스 컨트롤러를 구현했다[11, 12]. 마찬가지로 어노테이션에 차이가 있다.

Step 13 마무리

이번 스텝에서 배운 내용을 정리하면 다음과 같다.

- 인그레스를 사용하기 위해서는 K8s 클러스터상에 인그레스 컨트롤러가 동작하고 있어야 한다.
- 인그레스는 URL의 경로와 애플리케이션을 매핑해 주는 리버시 프록시다.
- 하나의 IP 주소에 여러 개의 도메인 이름을 등록하여, 도메인 이름에 대응하는 애플리케이션을 정의할 수 있다.
- 서버 인증서를 등록하면 SSL/TLS 암호화, 즉 HTTPS를 통한 접속이 가능해진다.
- 인그레스의 세션 어피니티 기능은 로드밸런서에 의존하는 레거시 웹 애플리케이션을 쿠버네티스에서 돌릴 때 유용하게 사용될 수 있다.
- NGINX 인그레스 컨트롤러와 kube-keepalived-vip를 사용하면 VIP를 공유하는 노드로 HA 구성이 가능하다.

▼ 표 9 이번 스텝에서 새로 사용한 kubectl 커맨드

커맨드	동작
kubectl get ing	인그레스의 목록 표시. get 대신에 describe를 넣으면 상세 내용이 출력
kubectl get ds,svc,po -n 〈네임스페이스명〉	지정한 네임스페이스에 있는 데몬셋, 서비스, 파드를 출력
kubectl delete ns 〈네임스페이스명〉	지정한 네임스페이스에 있는 모든 오브젝트를 삭제

이 책에서는 다루지 않았지만, 쿠버네티스의 패키지 매니저인 Helm에 NGINX 인그레스 컨트롤러[13]가 등록되어 있다.

Step 13 참고 자료

[1] **인그레스 컨트롤러 종류**, https://kubernetes.io/docs/concepts/services-networking/ingress/#ingress-controllers

[2] NGINX Ingress Controller 홈페이지, https://kubernetes.github.io/ingress-nginx/

[3] BIG-IP 인그레스 컨트롤러, https://clouddocs.f5.com/products/connectors/k8s-bigip-ctlr/v1.6/

[4] kube-keepalived-vip, https://github.com/kubernetes/contrib/tree/master/keepalived-vip

[5] NGINX 인그레스 컨트롤러 유저 가이드, 어노테이션, https://kubernetes.github.io/ingress-nginx/user-guide/nginx-configuration/annotations/

[6] NGINX 인그레스 컨트롤러 유저 가이드, 컨피그맵, https://kubernetes.github.io/ingress-nginx/user-guide/nginx-configuration/configmap/

[7] THE TWELVE FACTOR APP, https://12factor.net/

[8] IKS 네트워크 계획, https://cloud.ibm.com/docs/containers/cs_network_planning.html#planning

[9] IKS 인그레스 계획, https://cloud.ibm.com/docs/containers/cs_ingress.html#planning

[10] IKS 인그레스 어노테이션, https://cloud.ibm.com/docs/containers/cs_annotations.html#ingress_annotation

[11] GKE 인그레스, https://cloud.google.com/kubernetes-engine/docs/concepts/ingress

[12] GCE 인그레스 컨트롤러, https://github.com/kubernetes/ingress-gce

[13] Helm 인그레스 컨트롤러, https://github.com/kubernetes/charts/tree/master/stable/nginx-ingress

Step 14 오토스케일

부하에 반응하여 자동으로
처리 능력 조절

오토스케일은 CPU와 메모리 사용률에 따라 파드나 노드의 수를 자동으로 늘리고 줄이는 기능을 말한다. 특히 퍼블릭 클라우드에서는 노드의 개수, 이용 시간에 따라 비용이 달라지기 때문에 비용 최적화와도 연결된다.

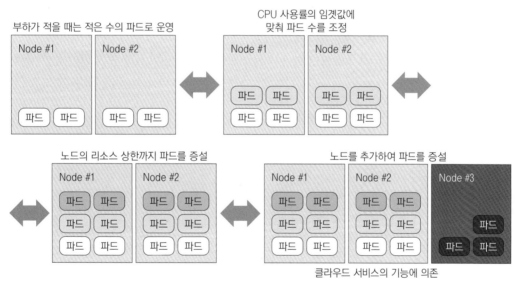

▲ 그림 1 **오토스케일링의 개념**

한편, 온프레미스에서는 제한된 서버의 자원을 최대한 활용하는 것이 좋다. 예를 들면, 그림 2와 같이 업무 시간대에는 사용자의 요청을 처리하는 파드의 비중을 높이고, 심야 시간대에는 배치 처리를 수행하는 파드의 비중을 높이는 식의 활용을 생각해 볼 수 있다.

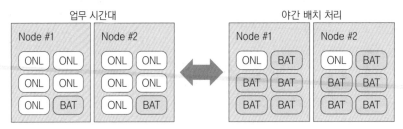

▲ 그림 2 온프레미스에서의 오토스케일 활용안

쿠버네티스의 오토스케일을 개발하는 여러 서브 프로젝트[1, 2]가 있다. 그중에서도 특히 주목할 만한 것이 다음 두 프로젝트다.

- 수평 파드 오토스케일러(Horizontal Pod Autoscaler, HPA)
- 클러스터 오토스케일러(Cluster Autoscaler, CA)

HPA는 파드의 CPU 사용률을 감시하면서 파드의 레플리카 수를 늘리거나 줄인다[2]. 한편, CA는 필요할 때 노드를 자동으로 추가한다[3].

HPA는 파드의 개수를 조절하지만 새로운 노드를 추가하지는 않는다[4, 5]. 클라우드에서는 부하에 반응하여 노드의 개수를 조절하는 것이 비용 절감을 위해 좋지만 HPA는 이러한 요구 사항을 충족시키진 못한다.

한편, CA를 사용하면 클라우드의 API와 연동하여 노드를 늘리거나 줄여 비용을 절약할 수도 있다.

이번 스텝에서는 HPA에 대해 알아볼 것이다.

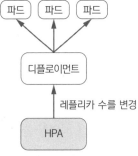

▲ 그림 3 오토스케일 아키텍처

오토스케일을 사용하기 위해서는 컨테이너가 갑작스러운 종료 요청에 대응할 수 있어야 한다. 즉, 종료 요청 시그널 SIGTERM을 받으면 종료 처리를 수행하고 컨테이너를 종료하도록 구현해야 한다.

14.1 오토스케일링 작업

HPA는 루프를 돌면서 대상이 되는 파드의 CPU 사용률을 정기적으로 수집한다. 그리고 파드의 CPU 사용률의 평균을 목표값이 되도록 레플리카 수를 조절한다. 이때 조절 범위는 'MinReplicas 〈= Replicas 〈= MaxReplicas'가 된다. 그림 4의 그래프는 CPU 사용률 50%라는 목표값을 HPA에 부여한 후 부하를 늘려본 결과다.

레플리카 수의 초기값은 1이고 최대값은 10으로 설정되어 있다. 시작하고 2분 뒤부터 요청 부하를 늘렸다. 셸에서 루프를 돌면서 일정 간격으로 wget을 실행하여 부하를 만들었다.

그러자 곧바로 레플리카 수가 3이 되었고, 대략 3분 뒤에는 6, 다시 3분 후에는 8이 되었다. 이에 따라 CPU 사용률이 목표한 50% 미만이 되도록 조절된 것을 알 수 있다.

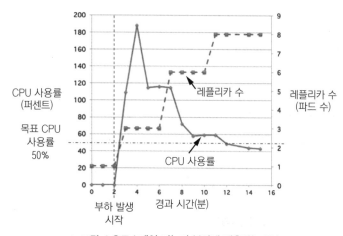

▲ 그림 4 오토스케일 기능이 부하에 대응하는 모습

여기서 3분 간격으로 스케일이 된 이유는 일시적인 CPU 사용률의 변화에 HPA가 휘둘리지 않도록 하기 위해서다. 파드의 수를 정하는 계산식은 다음과 같다.

파드 수 = 소수점 값을 올려 정수(파드들의 CPU 사용률 총합 / 목표 CPU 사용률)

실행 예 1은 요청 개시 후 1분간 파드의 CPU 사용 시간(밀리초)을 보여준다.

실행 예 1 kubectl top pod

```
NAME                          CPU(cores)    MEMORY(bytes)
web-php-db58745d7-7fmd2       218m          22Mi
```

여기서 CPU 사용률을 구할 때는 파드의 실 CPU 사용 시간을 배포 시 CPU 요구 시간으로 나눈다. 다음 파일 1에서 'cpu: 200m'은 파드의 CPU 요구 시간(밀리초)을 설정하고 있는 부분이다.

파일 1 컨테이너별로 설정하는 CPU 요구 시간

```
1    spec:
2      containers:
3      - image: maho/web-php:0.2
4        name: web-php
5        resources:
6          requests:
7            cpu: 200m      ## 이 컨테이너의 CPU 요구 시간
```

처음에는 파드가 한 개이므로

파드 CPU 사용률: 실 사용 시간 218밀리초 / 요구 시간 200밀리초 = 109%

파드 필요 개수: CPU 사용률 109% / 목표 50% = 2.18

소수점을 올리면 2.18 → 레플리카 수= 3

이렇게 계산된 레플리카 수로 스케일이 실행된다. HPA가 파드의 레플리카 수를 설정하는 간격은 기본적으로 30초이며, kubecontroller-manager[6]의 기동 옵션 '--horizontal-pod-autoscaler-sync-period'로 설정되어 있어 퍼블릭 클라우드에서는 일반 유저가 변경할 수 없다.

매니페스트를 보면 파드 템플릿의 스펙에 CPU 요구 시간이 200밀리초로 되어 있는데, 이것은 초당 CPU 요구 시간이다. 즉, 'CPU 요구 시간 200밀리초 / 1,000밀리초'이기 때문에 CPU 사용률은 20%가 된다. HPA의 목표가 50%이므로, 각 파드의 CPU 사용 시간이 100밀리초가 되도록 파드의 개수가 조절된다.

CPU 요구 시간에 따라 각 노드에 배치 가능한 파드 수가 결정된다. 예를 들어, vcpu가 하나인 노드에는 CPU 요구 시간이 200m(밀리초)인 파드를 5개까지 배포할 수 있다.

실행 예 2를 보면 node1에 web-php의 파드 4개가 배포되어 총 800m(80%)의 CPU 요구 시간을 차지하고 있고, kube-flannel-ds-vw5sf라는 파드가 100m를 점유하여 총 900밀리초(90%)의 CPU 요구 시간이 할당된 것을 알 수 있다.

실행 예 2 노드상의 파드별 리소스 요구 상태

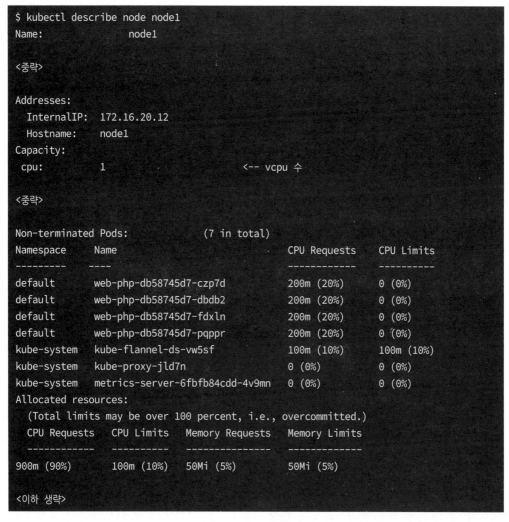

```
$ kubectl describe node node1
Name:                   node1

<중략>

Addresses:
  InternalIP:  172.16.20.12
  Hostname:    node1
Capacity:
 cpu:                   1                        <-- vcpu 수

<중략>

Non-terminated Pods:             (7 in total)
Namespace       Name                             CPU Requests    CPU Limits
---------       ----                             ------------    ----------
default         web-php-db58745d7-czp7d          200m (20%)      0 (0%)
default         web-php-db58745d7-dbdb2          200m (20%)      0 (0%)
default         web-php-db58745d7-fdxln          200m (20%)      0 (0%)
default         web-php-db58745d7-pqppr          200m (20%)      0 (0%)
kube-system     kube-flannel-ds-vw5sf            100m (10%)      100m (10%)
kube-system     kube-proxy-jld7n                 0 (0%)          0 (0%)
kube-system     metrics-server-6fbfb84cdd-4v9mn  0 (0%)          0 (0%)
Allocated resources:
  (Total limits may be over 100 percent, i.e., overcommitted.)
  CPU Requests    CPU Limits    Memory Requests    Memory Limits
  ------------    ----------    ---------------    -------------
900m (90%)        100m (10%)    50Mi (5%)          50Mi (5%)

<이하 생략>
```

따라서 디플로이먼트의 레플리카를 크게 설정한다 해도, 수용할 수 있는 CPU 요구 시간이나 메모리 요구량을 넘어서서 파드를 기동할 수는 없다. 이는 HPA의 동작에서도 마찬가지다.

오토스케일 기능을 사용할 때는 각 노드의 가용 자원 현황을 파악하여 최대 스케줄 가능한 파드 수를 미리 검토해 두는 것이 좋다.

이제 부하가 감소하는 경우를 살펴보자. 그림 5에서는 16분과 22분에 각각 요청 횟수를 낮추고 있다. 스케일 다운은 이전 스케일로부터 5분이 지난 후 이뤄진다. 그리고 CPU 사용률은 과거 1분의 평균이 사용된다. 그래서 그래프에서도 요청을 감소시키고 약 1분 후에 변화를 보인다. 18분 이후의 그래프를 보면 CPU 사용률의 목표값인 50%를 따라가는 것을 알 수 있다.

22분에는 요청을 완전히 정지했다. 그러자 2분 뒤에 파드 수가 1까지 줄어들었다.

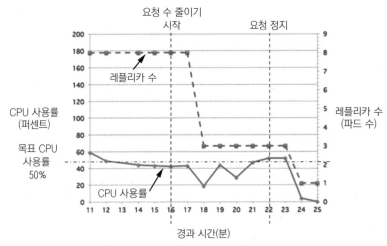

▲ 그림 5 오토스케일이 부하 감소에 대응하는 모습

14.2 학습 환경 3에서의 오토스케일 체험

HPA를 작동시키려면 CPU 사용률 등을 수집하는 metrics-server[7]가 있어야 한다. 그런데 저자가 테스트했을 때 학습 환경 1과 학습 환경 2에서는 안정적으로 동작하지 않는 것을 확인할 수 있었다. 따라서 여기서는 퍼블릭 클라우드(학습 환경 3)에서의 HPA의 동작을 확인해 보겠다.

14.3 부하 테스트용 컨테이너 준비

오토스케일의 기능을 실습 시 HTTP GET 요청을 받으면 CPU 연산을 수행하는 컨테이너를 만들도록 하자. 그래서 해당 컨테이너에 계속해서 요청을 주어 CPU 사용률이 올라갔을 때 HPA가 작동하여 파드 수가 늘어나는 모습을 확인할 것이다.

먼저 실행 예 3과 같이 파일들과 디렉터리를 만든다.

실행 예 3 부하 테스트용 컨테이너 빌드

```
$ tree .
.
├── Dockerfile
├── autoscale.yml
└── src
    └── index.php
1 directory, 3 files
```

여기서 사용된 'php:7.0-apache'는 도커 허브에 등록된 공식 PHP 컨테이너이며, Apache 웹 서버를 포함하고 있다.

```
1    FROM php:7.0-apache
2    COPY src/ /var/www/html/
3    RUN chmod a+rx /var/www/html/*.php
```

파일 3은 CPU 사용률을 높이기 위한 PHP 코드다. 제곱근의 계산을 반복함으로써 CPU 사용률을 높여 HPA를 동작시킨다.

파일 3 index.php(CPU 사용률을 올리기 위한 PHP)

```
1    <?php
2      $x = 0.0001;
3      for ($i = 0; $i <= 200000; $i++) {
4        $x += sqrt($x);
5      }
6      echo "OK!";
7    ?>
```

컨테이너를 빌드하여 리포지터리에 등록한다.

실행 예 4 부하 테스트용 컨테이너 빌드 및 리포지터리에 등록

```
## (1) 컨테이너 빌드, maho는 독자의 리포지터리명으로 변경
$ docker build --tag maho/web-php:0.2 .
Sending build context to Docker daemon 5.12kB
Step 1/3 : FROM php:7.0-apache
---> e18e9bf71cab
Step 2/3 : COPY src/ /var/www/html/
---> 936c14901021
Step 3/3 : RUN chmod a+rx /var/www/html/*.php
---> Running in 50a65fef3daa
Removing intermediate container 50a65fef3daa
---> 0d1538e4c751
Successfully built 0d1538e4c751
Successfully tagged maho/web-php:0.2

## (2) 레지스트리에 로그인
$ docker login
Login with your Docker ID to push and pull images from Docker Hub. If you don't
have a Docker ID,
head over to https://hub.docker.com to create one.
Username (maho):
```

```
Password:
Login Succeeded

## (3) 리포지터리 등록
$ docker push maho/web-php:0.2
The push refers to repository [docker.io/maho/web-php]
dd2e4a4cea92: Pushed
999a998cc304: Pushed
5a1b09e279b7: Layer already exists
<중략>
d626a8ad97a1: Layer already exists
0.2: digest: sha256:b4a83813f79ba744d23ab47755d054e6d2d9fe7f5f40d93ac2dbea2c74dbe155
size: 3657
```

파일 4는 부하 테스트용 컨테이너를 배포하는 매니페스트다. (1)에 표시한 것처럼, 독자들의 리포지터리로 바꾸고 진행하기 바란다.

파일 4 autoscale.yml(CPU 사용률을 높이는 컨테이너를 디플로이하는 매니페스트)

```
1    apiVersion: apps/v1
2    kind: Deployment
3    metadata:
4      name: web-php
5    spec:
6      replicas: 1
7      selector:
8        matchLabels:
9          run: web-php
10     template:
11       metadata:
12         labels:
13           run: web-php
14       spec:
15         containers:
16         - image: maho/web-php:0.2      # (1) 독자의 리포지터리명 사용
17           name: web-php
18           resources:
19             requests:
20               cpu: 200m        # (2) HPA가 평가하는 CPU 사용률에 영향을 준다.
21   ---
22   apiVersion: v1
23   kind: Service
24   metadata:
```

```
25       name: web-php
26     spec:
27       type: NodePort
28       selector:
29         run: web-php
30       ports:
31       - port: 80
32         protocol: TCP
33         nodePort: 31446
```

학습 환경 3에서 실행 예 5처럼 배포하도록 한다.

실행 예 5 오토스케일 검증용 디플로이먼트와 서비스 배포

```
$ kubectl apply -f autoscale.yml
deployment "web-php" created
service "web-php" created
```

14.4 HPA 설정과 부하 테스트

디플로이먼트 web-php에 대해 HPA를 적용해 보자. 그러면 CPU 사용률에 따라 레플리카 수가 조정된다. HPA는 kubectl 명령어로 제공된다.

```
kubectl autoscale (-f <파일명> | <컨트롤러> <오브젝트명> | <컨트롤러>/<오브젝트명>) [--min=<최소_
파드_수>] --max=<최대_파드_수> [--cpu-percent=<목표_CPU_사용률>] [옵션]
```

이 명령어에서 파일명에 지정해야 하는 것은 디플로이먼트의 매니페스트 파일이다. 실행 예 6에서는 CPU 사용률이 50%를 유지하도록 레플리카 수를 1에서 10까지의 범위에서 조정하고 있다.

실행 예 6 디플로이먼트 web-php에 대한 HPA 설정

```
$ kubectl autoscale deployment web-php --cpu-percent=50 --min=1 --max=10
deployment "web-php" autoscaled
```

실행 예 7의 중앙에 있는 hpa의 상태를 보면 TARGETS의 값이 처음에는 unknown으로 나타나지만 몇 분 지나면 데이터가 수집되어 수치가 나타난다.

실행 예 7 HPA 설정 후의 상태

```
$ kubectl get deploy,rs,hpa,po,svc
NAME                    DESIRED    CURRENT   UP-TO-DATE    AVAILABLE    AGE
deploy/web-php          1          1         1             0            7s


NAME                        DESIRED      CURRENT   READY     AGE
rs/web-php-db58745d7        1            1         0         7s


NAME             REFERENCE              TARGETS           MINPODS   MAXPODS   REPLICAS   AGE
hpa/web-php       Deployment/web-php    <unknown> / 50%   1         10        10         58s


NAME                            READY     STATUS              RESTARTS    AGE
po/web-php-db58745d7-6mzwr       0/1       ContainerCreating   0           7s


NAME             TYPE        CLUSTER-IP        EXTERNAL-IP      PORT(S)        AGE
svc/web-php       NodePort    10.244.114.16    <none>           80:31446/TCP   7s
```

이제 부하를 주기 위해 터미널을 새롭게 열고 BusyBox 파드를 기동하여 web-php를 대상으로 wget 명령어를 반복해서 실행할 것이다.

실행 예 8 대화형 파드를 기동해서 무한 루프 셸을 실행

```
$ kubectl run -it bustbox --restart=Never --rm --image=busybox sh
<중략>
/ # while true; do wget -q -O - http://web-php>/dev/null; done
```

실행 예 9는 터미널을 한 개 더 열어 60초 간격으로 'kubectl get hpa'를 실행한 결과다. 오토스케일을 설정하고 3분 뒤에 TARGETS 값이 표시되기 시작했으며, 4분 뒤에 해당 방법으로 부하를 주기 시작했다.

실행 예 9 오토스케일링 동작 상태 모니터링

```
imac:l19 maho$ while true; do kubectl get hpa; sleep 60; done
NAME        REFERENCE              TARGETS           MINPODS   MAXPODS   REPLICAS   AGE
web-php     Deployment/web-php     <unknown> / 50%   1         10        0          5s
NAME        REFERENCE              TARGETS           MINPODS   MAXPODS   REPLICAS   AGE
web-php     Deployment/web-php     <unknown> / 50%   1         10        1          1m
NAME        REFERENCE              TARGETS           MINPODS   MAXPODS   REPLICAS   AGE
web-php     Deployment/web-php     <unknown> / 50%   1         10        1          2m
NAME        REFERENCE              TARGETS           MINPODS   MAXPODS   REPLICAS   AGE
web-php     Deployment/web-php     0% / 50%          1         10        1          3m
```

```
NAME       REFERENCE           TARGETS      MINPODS  MAXPODS  REPLICAS  AGE
web-php    Deployment/web-php  0% / 50%     1        10       1         4m
<-- 액세스 부하 개시
NAME       REFERENCE           TARGETS      MINPODS  MAXPODS  REPLICAS  AGE
web-php    Deployment/web-php  125% / 50%   1        10       1         5m
NAME       REFERENCE           TARGETS      MINPODS  MAXPODS  REPLICAS  AGE
web-php    Deployment/web-php  235% / 50%   1        10       3         6m
NAME       REFERENCE           TARGETS      MINPODS  MAXPODS  REPLICAS  AGE
web-php    Deployment/web-php  117% / 50%   1        10       3         7m
NAME       REFERENCE           TARGETS      MINPODS  MAXPODS  REPLICAS  AGE
web-php    Deployment/web-php  115% / 50%   1        10       3         8m
NAME       REFERENCE           TARGETS      MINPODS  MAXPODS  REPLICAS  AGE
web-php    Deployment/web-php  114% / 50%   1        10       3         9m
NAME       REFERENCE           TARGETS      MINPODS  MAXPODS  REPLICAS  AGE
web-php    Deployment/web-php  86% / 50%    1        10       6         10m
NAME       REFERENCE           TARGETS      MINPODS  MAXPODS  REPLICAS  AGE
web-php    Deployment/web-php  58% / 50%    1        10       6         11m
NAME       REFERENCE           TARGETS      MINPODS  MAXPODS  REPLICAS  AGE
web-php    Deployment/web-php  59% / 50%    1        10       6         12m
NAME       REFERENCE           TARGETS      MINPODS  MAXPODS  REPLICAS  AGE
web-php    Deployment/web-php  59% / 50%    1        10       6         13m
NAME       REFERENCE           TARGETS      MINPODS  MAXPODS  REPLICAS  AGE
web-php    Deployment/web-php  50% / 50%    1        10       8         14m
NAME       REFERENCE           TARGETS      MINPODS  MAXPODS  REPLICAS  AGE
web-php    Deployment/web-php  44% / 50%    1        10       8         15m
<-- 액세스 부하 정지
NAME       REFERENCE           TARGETS      MINPODS  MAXPODS  REPLICAS  AGE
web-php    Deployment/web-php  23% / 50%    1        10       8         16m
NAME       REFERENCE           TARGETS      MINPODS  MAXPODS  REPLICAS  AGE
web-php    Deployment/web-php  0% / 50%     1        10       8         17m
NAME       REFERENCE           TARGETS      MINPODS  MAXPODS  REPLICAS  AGE
web-php    Deployment/web-php  0% / 50%     1        10       8         18m
NAME       REFERENCE           TARGETS      MINPODS  MAXPODS  REPLICAS  AGE
web-php    Deployment/web-php  0% / 50%     1        10       1         19m
NAME       REFERENCE           TARGETS      MINPODS  MAXPODS  REPLICAS  AGE
web-php    Deployment/web-php  0% / 50%     1        10       1         20m
```

스케일 업을 할 때는 3분의 대기 시간, 스케일 다운을 할 때는 5분의 대기 시간이 있다. 즉, HPA
는 지나치게 성급하게 파드의 개수를 조절하지 않는다.

Step 14 마무리

이번 스텝에서 배운 내용을 정리하면 다음과 같다.

- 파드 수를 부하에 맞게 자동으로 조절하는 기능으로 수평 파드 오토스케일러(Horizontal Pod Autoscaler, HPA)를 사용할 수 있다.
- HPA는 CPU의 평균 사용률과 목표 사용률이 일치하도록 레플리카 수를 조절한다.
- 스케일 업은 이전 동작에서 3분 뒤에 발동되고, 스케일 다운은 5분 뒤에 발동된다.
- HPA가 목표로 하는 CPU 사용률은 파드의 실제 CPU 사용 시간을 매니페스트에 기재한 CPU 요구 시간으로 나누어서 구한다.
- HPA는 파드의 개수만 조절할 수 있기 때문에, 노드의 개수까지 조절하고 싶은 경우에는 클러스터 오토스케일러(Cluster Autoscaler, CA)를 고려한다. 단, 이 기능은 클라우드 프로 바이더의 기능 지원이 필수다.

▼ 표 1 이번 스텝에서 새로 사용한 kubectl 커맨드

커맨드	동작
kubectl describe node 〈노드명〉	노드의 자세한 내용을 출력. 리소스 보유량이나 사용량 등 HPA 사용을 계획할 때 필요한 정보 확인 가능
kubectl autoscale 〈컨트롤러〉 〈오브젝트명〉	HPA 설정. kubectl autoscale help를 통해 사용법 확인 가능
kubectl get hpa	HPA 상태 출력. get을 describe로 바꾸면 상세 내용 출력

Step 14 참고 자료

[1] **Autoscaling Special Interest Group,** https://github.com/kubernetes/community/blob/master/sig-autoscaling/README.md

[2] **수평 파드 오토스케일러, Horizontal Pod Autoscaler,** https://kubernetes.io/docs/tasks/run-application/horizontal-pod-autoscale/

[3] **K8s 오토스케일러,** https://github.com/kubernetes/autoscaler

[4] **수평 파드 오토스케일러 상세 동작**, https://kubernetes.io/docs/tasks/run-application/horizontal-pod-autoscale-walkthrough/

[5] **수평 오토스케일러 API**, https://kubernetes.io/docs/reference/generated/kubernetes-api/v1.14/#horizontalpodautoscaler-v1-autoscaling

[6] **kube-controller-manager 명령어 레퍼런스**, https://kubernetes.io/docs/reference/command-line-tools-reference/kube-controller-manager/

[7] **metrics-server**, https://github.com/kubernetes-incubator/metrics-server

클러스터 가상화

K8s 클러스터를 논리적으로 분할하여
RBAC과 조합하여 운영 환경 구축

네임스페이스를 사용하여 K8s 클러스터를 논리적으로 분할하는 방법, 즉 클러스터의 가상화에 대해 알아보자. 이번 절에서는 네임스페이스별 역할 기반 접근 제어, 설정 정보 및 보안 정보 관리, CPU와 메모리 제한 설정 방법을 알아볼 것이다.

먼저 클러스터 가상화가 필요한 이유는 무엇일까? 그림 1은 물리적으로 클러스터를 분리하는 것과 가상화를 하는 것의 차이를 표현하고 있다. 여러 개의 K8s 클러스터를 구성하고 운영할 수 있는 예산, 인력, 시간이 있다면 굳이 가상화를 할 필요는 없을 것이다. 그러나 현실적으로는 주어진 자원을 가장 효과적으로 운영하기 위해 하나의 K8s 클러스터를 여러 개 분할해서 사용한다.

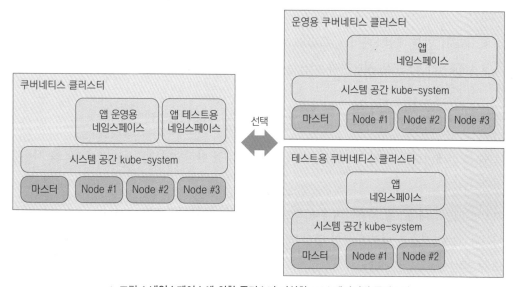

▲ 그림 1 네임스페이스에 의한 클러스터 가상화 vs 스테이지별 클러스터

이번 스텝에서는 하나의 K8s 클러스터에 '운영 환경'과 '테스트 환경'에 해당하는 네임스페이스를 만들 것이다. 분리된 네임스페이스가 서로 영향을 미치지 않는지 확인하기 위해 다음과 같은 순서로 실습을 진행할 것이다.

1. 네임스페이스(Namespace) 작성
2. K8s 클러스터와 네임스페이스를 지정하는 kubectl 커맨드 설정
3. 직원의 역할에 따라 액세스 권한 설정
4. 보안이 필요한 정보(Secret)를 네임스페이스에 보존하고 이용
5. 설정 파일(ConfigMap)을 네임스페이스에 보존하고 이용
6. 리소스 제약(메모리, CPU) 설정
7. 네임스페이스의 접근 제어 설정

먼저 K8s 클러스터의 가상화 기술에 대해 알아보고 실습을 진행해 보자.

15.1 네임스페이스(Namespace)

K8s 클러스터는 여러 개의 네임스페이스를 가질 수 있는데, 미니쿠베의 K8s 클러스터에서도 다음과 같은 네임스페이스를 가진다. 여기서는 명령어의 범위를 한정하기 위해 사용하고 있다.

- default 기본 네임스페이스. 특별히 지정하지 않으면 기본으로 사용됨
- kube-public 모든 사용자가 읽을 수 있는 네임스페이스. K8s 클러스터를 위해 예약된 공간
- kube-system 시스템이나 애드온(add-on)이 사용하는 네임스페이스

'스텝 12 스테이트풀셋'에서도 명령어가 적용되는 범위를 한정하기 위해 네임스페이스를 사용했었다.

하지만 네임스페이스를 사용하여 논리적으로 구분할 수 있는 대상은 '명령어의 적용 범위'만이 아니다. CPU 시간과 메모리 용량 등의 '리소스 할당', 그리고 파드 네트워크 통신의 '접근 제어'도 구분하여 설정할 수 있다.

이와 같이 네임스페이스는 하나의 물리적 K8s 클러스터를 가상화하여 마치 여러 개의 K8s 클러

스터가 있는 것처럼 사용이 가능하게 한다[1, 2, 3]. 앞의 세 가지 구분 대상 중, 15.1에서는 '(1) 명령어의 적용 범위' 구분을 설명한다. '(2) 리소스 할당'은 '15.4 시크릿 이용'에서, '(3) 접근 제어'는 '15.7 네트워크 접근 제어(Calico)'에서 각각 다룬다.

실행 예 1과 같이 미니쿠베를 기동하고 처음으로 'kubectl get pod'를 실행해 보면 아무것도 표시되지 않는다. 네임스페이스 default에 어떤 오브젝트도 만들지 않았기 때문이다. 한편, 'kubectl get pod -n kube-system'을 실행하면 쿠버네티스의 시스템 관련 파드가 나열된다.

실행 예 1 미니쿠베의 네임스페이스별 파드 확인

```
## (1) 네임스페이스 목록
C:\Users\Maho>kubectl get ns
NAME              STATUS   AGE
default           Active   47m
kube-node-lease   Active   47m
kube-public       Active   47m
kube-system       Active   47m

## (2) 네임스페이스 default의 파드 목록
C:\Users\Maho>kubectl get pod
No resources found.

## (3) 네임스페이스 kube-system의 파드 목록
C:\Users\Maho>kubectl get pod -n kube-system
NAME                                    READY   STATUS    RESTARTS   AGE
coredns-fb8b8dccf-5n744                 1/1     Running   1          47m
coredns-fb8b8dccf-v2bnq                 1/1     Running   1          47m
etcd-minikube                           1/1     Running   0          46m
kube-addon-manager-minikube             1/1     Running   0          46m
kube-apiserver-minikube                 1/1     Running   0          46m
kube-controller-manager-minikube        1/1     Running   0          46m
kube-proxy-nqfvr                        1/1     Running   0          47m
kube-scheduler-minikube                 1/1     Running   0          46m
storage-provisioner                     1/1     Running   0          47m
```

이처럼 네임스페이스는 kubectl이 적용되는 범위다. 앞의 예에서 볼 수 있듯이 kubectl을 사용할 때 네임스페이스를 지정하지 않으면 default라는 네임스페이스가 사용된다. 한편, '-n kube-system'과 같이 네임스페이스를 지정하면 해당 네임스페이스 안의 파드가 출력된다.

그렇다면 네임스페이스를 만들어 보자. 실행 예 2에서는 prod라는 이름의 네임스페이스를 만들고 있다. 참고로 prod는 production의 약자다.

실행 예 2 네임스페이스 작성

```
## 네임스페이스 목록 출력
C:\Users\Maho>kubectl get ns
NAME              STATUS     AGE
default           Active     53m
kube-node-lease   Active     53m
kube-public       Active     53m
kube-system       Active     53m

## prod라는 네임스페이스 작성(= 운영 환경;production)
C:\Users\Maho>kubectl create ns prod
namespace/prod created

## 네임스페이스 생성 확인
C:\Users\Maho>kubectl get ns
NAME              STATUS     AGE
default           Active     53m
kube-node-lease   Active     53m
kube-public       Active     53m
kube-system       Active     53m
prod              Active     18s         ## <--- 추가됨
```

네임스페이스를 만들면 서비스 어카운트 default와 그에 대응하는 시크릿이 만들어진다. 이 네임
스페이스 prod를 만들 때 생성된 서비스 어카운트와 시크릿은 실행 예 3과 같이 확인할 수 있다.

실행 예 3 네임스페이스와 함께 만들어지는 서비스 어카운트와 시크릿 확인

```
## 네임스페이스를 작성하면, 서비스 어카운트 default가 만들어짐
## prod 네임스페이스의 서비스 어카운트 목록 확인
C:\Users\Maho>kubectl get sa -n prod
NAME     SECRETS     AGE
default   1          8m33s

## 서비스 어카운트의 시크릿도 만들어짐
C:\Users\Maho>kubectl get secret -n prod
NAME                TYPE                                    DATA     AGE
default-token-75f6l   kubernetes.io/service-account-token   3        8m49s

## 시크릿에는 서비스 어카운트의 토큰이 담겨 있음
C:\Users\Maho>kubectl describe secret default-token-75f6l -n prod
Name:          default-token-75f6l
Namespace:     prod
Labels:        <none>
```

```
Annotations:    kubernetes.io/service-account.name=default
                kubernetes.io/service-account.uid=d70e0a9a-5813-11e9-90db-080027b942dc

Type: kubernetes.io/service-account-token

Data
====
ca.crt:         1066 bytes        ## 클라이언트 인증서
namespace:      4 bytes           ## 네임스페이스명
token:          eyJhbGci<생략>    ## 서비스 어카운트의 토큰
```

시크릿에는 클라이언트 인증서, 네임스페이스의 이름, 서비스 어카운트의 토큰이 들어 있다. 시크릿은 이 네임스페이스에 있는 파드의 컨테이너에 마운트되어 사용된다(실행 예 4).

실행 예 4 파드의 컨테이너에 마운트된 시크릿

```
## 네임스페이스 prod에 파드가 기동되면
## 서비스 어카운트의 시크릿이 자동으로 마운트되어
## 파드는 이 서비스 어카운트에 부여된 액세스 권한을 얻게 된다.
C:\Users\Maho>kubectl run -it test --image=ubuntu:16.04 --restart=Never --rm -n
prod /bin/bash
If you don't see a command prompt, try pressing enter.
root@test:/# df -h
Filesystem     Size   Used   Avail   Use%   Mounted on
overlay        17G    1.4G   15G     9%     /
tmpfs          64M    0      64M     0%     /dev
tmpfs          996M   0      996M    0%     /sys/fs/cgroup
/dev/sda1      17G    1.4G   15G     9%     /etc/hosts
shm            64M    0      64M     0%     /dev/shm
tmpfs          996M   12K    996M    1%     /run/secrets/kubernetes.io/serviceaccount
tmpfs          996M   0      996M.   0%     /proc/acpi
tmpfs          996M   0      996M    0%     /proc/scsi
tmpfs          996M   0      996M    0%     /sys/firmware

## 시크릿이 마운트되어 있음
root@test:/# ls /run/secrets/kubernetes.io/serviceaccount/
ca.crt namespace token
```

하나의 K8s 클러스터에 운영 환경과 테스트용 환경을 같이 돌리고 싶은 경우가 있다. 이때 하나의 네임스페이스 내에서는 중복된 오브젝트의 이름이 허용되지 않기 때문에 매니페스트를 수정하여 오브젝트의 이름을 변경해야 하는 번거로움이 발생한다. 이런 경우에는 각 환경별로 네임

스페이스를 만들어 관리하는 것이 좋다(그림 2). 즉, 네임스페이스가 다르면 같은 이름의 오브젝트를 만들 수 있어 매니페스트를 관리하기 용이해진다.

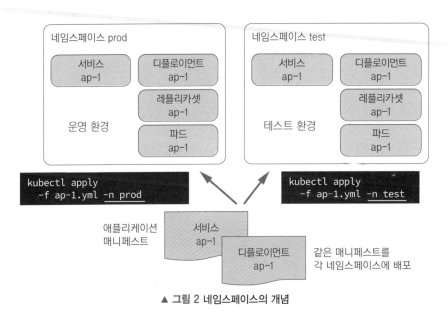

▲ 그림 2 네임스페이스의 개념

네임스페이스에 배포된 서비스는 기본적으로 같은 네임스페이스의 파드에서 서비스의 이름만으로 접근할 수 있다. 그리고 네임스페이스에 배포된 컨피그맵과 시크릿도 같은 네임스페이스의 파드에서 접근할 수 있다. 그래서 네임스페이스별로 바뀌는 정보들은 네임스페이스에 보관하는 것이 좋다.

15.2	kubectl 커맨드의 네임스페이스 설정

kubectl을 사용할 때 네임스페이스를 지정하려면 옵션 '-n 〈네임스페이스명〉'을 사용한다. 그러나 매번 네임스페이스를 지정하다 보면 실수가 발생할 수도 있다. 옵션을 지정하지 않았을 때 kubectl이 기본으로 사용하는 네임스페이스를 바꾸려면 kubectl config를 사용하면 된다. 그러면 여러 개의 K8s 클러스터 중에서 조작할 클러스터와 그 네임스페이스를 지정할 수 있다.

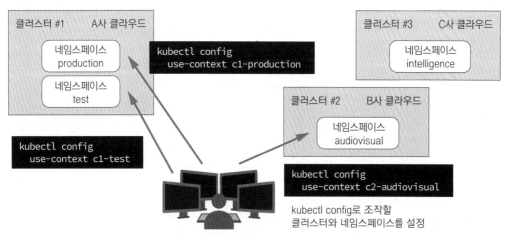

▲ 그림 3 조작할 K8s 클러스터와 네임스페이스를 교체

kubectl config는 마스터에 대한 접근 정보를 기반으로 한다. kubectl이 마스터에 대한 정보를 얻는 방법은 다음과 같이 세 가지가 있다.

① 실행 시 옵션으로 지정 '-kubeconfig 〈config_파일_경로〉'
② 홈 디렉터리 밑의 '.kube/config' 참조
③ 환경 변수 KUBECONFIG에 지정된 경로 참조

이 책의 학습 환경 1 미니쿠베에서는 기본적으로 ②의 방법을 사용하고 있다. minikube start를 하면 '.kube'라는 디렉터리가 만들어져 K8s 클러스터 접근 정보가 config라는 이름의 파일에 기재된다.

한편, 학습 환경 2(멀티 노드 K8s)에서는 ③의 방법을 사용할 수 있다. 'vagrant up'을 수행하면 디렉터리에 'kubeconfig/config'가 만들어진다. 이 파일의 경로를 환경 변수 KUBECONFIG에 설정하여 마스터에 액세스할 수 있다.

대부분의 퍼블릭 클라우드에서도 ② 또는 ③의 방법을 채용한다. IKS(IBM Cloud Kubernetes Service)에서는 'ibmcloud ks cluster-config 〈클러스터ID〉'를 실행하면 자동으로 해당 클러스터에 대한 콘텍스트가 추가된다.

실행 예 5 환경 변수 KUBECONFIG를 설정하여 K8s클러스터 추가

```
## 학습 환경 2(멀티 노드 K8s)에서 vagrant up이 완료된 상태에서
## KUBECONFIG를 설정한다. 독자의 환경에 맞게 경로를 수정한다.
```

```
$ export KUBECONFIG="/Users/maho/tmp/vagrant-kubernetes/kubeconfig/config"

## 위 설정으로 kubectl이 클러스터의 마스터에 접근할 수 있게 되어,
## 다음과 같이 노드 목록을 표시할 수 있다.
$ kubectl get node
NAME      STATUS   ROLES     AGE    VERSION
master    Ready    master    4d     v1.14.0
node1     Ready    <none>    4d     v1.14.0
node2     Ready    <none>    4d     v1.14.0

## 관리하는 K8s 클러스터를 추가한다.
## 학습 환경 3의 IKS 구성이 완료된 상태에서
## 다음 명령어를 통해 클러스터에 대한 콘텍스트를 추가한다.
$ ibmcloud ks cluster-config mycluster1
OK


## kubectl을 통해 조작 가능한 콘텍스트 목록을 표시한다.
##
$ kubectl config get-contexts
CURRENT   NAME                            CLUSTER       AUTHINFO           NAMESPACE
*         kubernetes-admin@kubernetes     kubernetes    kubernetes-admin
          mycluster1                      mycluster1    takara             default

## 조작할 클러스터를 학습 환경 3으로 설정한다.
##
$ kubectl config use-context mycluster1
Switched to context "mycluster1".

## kubectl이 학습 환경 3의 IKS에 명령을 내리게 되었다.
##
$ kubectl get node
NAME            STATUS   ROLES     AGE    VERSION
10.132.253.17   Ready    <none>    15d    v1.12.6+IKS
10.132.253.30   Ready    <none>    15d    v1.12.6+IKS
10.132.253.38   Ready    <none>    11d    v1.12.6+IKS

## 관리하는 K8s 클러스터를 한 개 더 추가한다.
##
$ ibmcloud ks cluster-config mycluster2
OK

## 총 3개의 콘텍스트가 등록되었다.
##
```

```
$ kubectl config get-contexts
CURRENT   NAME                         CLUSTER      AUTHINFO            NAMESPACE
          kubernetes-admin@kubernetes  kubernetes   kubernetes-admin
*         mycluster1                   mycluster1   takara              default
          mycluster2                   mycluster2   takara              default
```

클러스터, 인증 정보, 네임스페이스를 기반으로 '콘텍스트'를 등록하면 kubectl의 대상 클러스터와 네임스페이스를 쉽게 바꿀 수 있다. 실행 예 6에서는 콘텍스트를 만들고 현재 사용 중인 콘텍스트를 바꾸고 있다.

실행 예 6 콘텍스트 추가와 기본 네임스페이스 변경

```
## 콘텍스트 추가
## prod라는 이름의 콘텍스트를 만들고 있다.
##
$ kubectl config set-context prod --namespace=prod --cluster=mycluster2 --user=takara
Context "prod" created.


## 콘텍스트 목록
## CURRENT 열에 별표(*)가 표시된 콘텍스트가 현재 사용 중인 콘텍스트다.
$ kubectl config get-contexts
CURRENT   NAME                         CLUSTER      AUTHINFO            NAMESPACE
          kubernetes-admin@kubernetes  kubernetes   kubernetes-admin
*         mycluster1                   mycluster1   takara              default
          mycluster2                   mycluster2   takara              default
          prod                         mycluster2   takara              prod


## prod 콘텍스트 사용
##
$ kubectl config use-context prod
Switched to context "prod".


## 현재 사용 중인 콘텍스트가 prod로 변경되었다.
## 이제 네임스페이스 prod가 기본으로 사용된다.
$ kubectl config get-contexts
CURRENT   NAME                         CLUSTER      AUTHINFO             NAMESPACE
          kubernetes-admin@kubernetes  kubernetes   kubernetes-admin
          mycluster1                   mycluster1   takara@jp.ibm.com    default
          mycluster2                   mycluster2   takara@jp.ibm.com    default
*         prod                         mycluster2   takara@jp.ibm.com    prod


## 네임스페이스 지정 옵션 없이 파드 목록을 표시
```

```
## 한 개의 파드가 표시된다.
$ kubectl get po
NAME       READY    STATUS       RESTARTS    AGE
test       0/1      Completed    0           12h


## 옵션을 지정하여 네임스페이스 prod의 파드 목록을 표시
## 동일한 것이 표시된다. 네임스페이스 prod가 디폴트가 되었음을 알 수 있다.
$ kubectl get po -n prod
NAME       READY    STATUS       RESTARTS    AGE
test       0/1      Completed    0           12h


## default 네임스페이스를 지정해서 파드 목록을 표시
## default 네임스페이스의 파드 목록이 표시된다.
$ kubectl get po -n default
NAME                              READY    STATUS     RESTARTS    AGE
dep2pod-file-5fc5f4b998-6ks7v     1/1      Running    0           1d
dep2pod-file-5fc5f4b998-6qbm4     1/1      Running    0           1d
dep2pod-file-5fc5f4b998-c8ggn     1/1      Running    0           1d
dep2pod-file-5fc5f4b998-f6sgc     1/1      Running    0           1d
dep2pod-file-5fc5f4b998-qw74k     1/1      Running    0           1d
web-php-698c7bf8-mvk6s            1/1      Running    0           20h
```

자주 사용하는 kubectl config 명령을 표 1에 정리했다. 이외에도 많은 기능이 있으며, 'kubectl config --help'로 확인할 수 있다.

▼ 표 1 네임스페이스 관련 커맨드

커맨드	개요
kubectl get ns	네임스페이스 목록 출력
kubectl config view	config 파일에 등록된 정보 출력
kubectl config get-contexts	콘텍스트 목록 출력
kubectl config use-context 〈콘텍스트명〉	콘텍스트 설정
kubectl config set-context 〈콘텍스트명〉 --namespace=〈네임스페이스명〉 --cluster=〈클러스터명〉 --user=〈유저명〉	K8s 클러스터명, 네임스페이스, 유저를 조합하여 콘텍스트를 작성
kubectl config current-context	현재 사용 중인 콘텍스트 표시

K8s를 구축하고 처음 제공되는 사용자는 리눅스의 슈퍼 유저처럼 모든 권한을 가지고 있다. 서비스를 운영할 때는 사용자에게 필요한 최소한의 권한을 부여해야 한다.

애플리케이션의 설정 정보나 패스워드와 같은 인증 정보는 컨테이너에 담지 말고 분리하여 네임스페이스에 저장하고 컨테이너가 읽도록 해야 한다. 그러면 테스트 환경과 프로덕션 환경별로 컨테이너를 별도로 빌드할 필요가 없게 된다. 이미지의 빌드 횟수를 줄이는 것은 의도치 않은 버그를 미연에 방지하는 것과 연결된다. 테스트가 끝난 상태에서 다시 빌드를 하면 의도치 않은 변경 사항이 포함될 가능성이 생기기 때문이다. 이를테면, 라이브러리의 새로운 버전이 빌드에 포함될 수 있다. 따라서 컨테이너의 불변성(Immutable)을 유지하는 것이 중요하다.

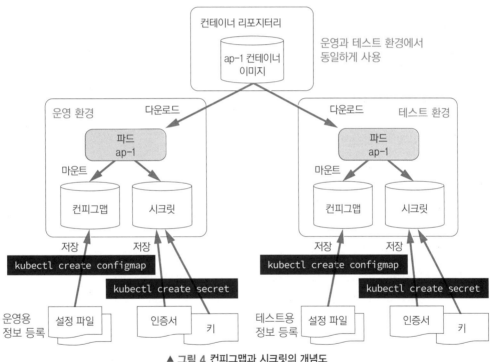

▲ 그림 4 컨피그맵과 시크릿의 개념도

네임스페이스에 저장한 설정 정보를 '컨피그맵(ConfigMap)'이라 한다. 그리고 인증 정보와 같이 보안이 필요한 정보를 네임스페이스에 저장한 것을 '시크릿(Secret)'이라 한다. 컨테이너에서는 이들 오브젝트를 파일 시스템으로 마운트하여 파일로 읽거나 환경 변수로 참조할 수 있다.

컨피그맵에 대해서는 '15.5 컨피그맵'에서 자세히 다룬다. 한편, 시크릿은 다음과 같은 특징을 가진다.

- 시크릿은 패스워드, 토큰, 키처럼 보안이 필요한 데이터를 저장하는 데 사용한다. 보안 데이터의 노출 리스크를 줄이기 위해 사용된다. 사이즈는 1MB 미만이어야 한다.
- 서비스 어카운트를 만들면 서비스 어카운트의 토큰을 담은 시크릿이 네임스페이스에 자동으로 생성된다. 해당 토큰은 RBAC 기반의 접근 제어에 사용된다.
- 사용자가 시크릿을 등록하면 파드의 환경 변수나 마운트된 볼륨의 파일을 통해 접근할 수 있다.
- 시크릿은 네임스페이스에 속하며 다른 네임스페이스에서는 읽을 수 없다.
- 시크릿 자체는 암호화와는 직접적인 관계가 없으며 벤더가 제공하는 추가적인 암호화 기능을 사용할 수도 있다.
- 파드가 시크릿을 사용하도록 설정했으면 기동하기 전에 시크릿이 존재해야 한다.

15.4 시크릿 이용

구체적인 시크릿의 사용 사례를 소개한다.

테스트 환경에서 테스트를 통과한 애플리케이션의 이미지는 가능하면 다시 빌드하지 않고 운영 환경에 배포하는 것이 좋다. 그러나 컨테이너의 이미지에 테스트용 데이터베이스에 대한 ID와 비밀번호 정보가 담겨 있으면 운영 환경에 배포하기 전에 값을 바꾸고 다시 빌드해야만 한다. 이렇게 되면 컨테이너의 불변성이라는 특징을 살릴 수 없으며 의도치 않은 문제가 발생할 수 있다.

이런 경우에는 테스트 환경과 운영 환경 각각의 네임스페이스에 시크릿을 만들어 ID와 비밀번호를 저장하도록 한다. 그리고 컨테이너에서는 등록된 시크릿을 환경 변수로 읽도록 구현한다. 그러면 응용 프로그램의 이미지를 다시 빌드할 필요 없이 배포하는 것이 가능하다.

위와 같은 사용 사례를 간단하게 실습해 보자. 실제 운영 시에는 사용자 ID 외에도 데이터베이스의 이름, 서버의 IP 주소 등의 정보를 함께 저장하지만, 여기서는 간단하게 사용자 ID와 비밀번호만을 저장하겠다.

매니페스트로 시크릿을 등록할 때는 텍스트를 base64로 인코딩해야 한다. 다음과 같이 사용자 ID와 패스워드를 base64 명령어로 인코딩한다(실행 예 7).

실행 예 7 시크릿에 등록할 문자열 Base64 인코드

```
$ echo -n 'takara' | base64
dGFrYXJh
$ echo -n 'password' | base64
cGFzc3dvcmQ=
```

base64로 인코딩된 문자열을 복사하여 매니페스트에 붙여 넣는다.

파일 1 DB 사용자 ID와 패스워드를 시크릿으로 등록하는 매니페스트: db_credentials.yml

```
1    apiVersion: v1
2    kind: Secret
3    metadata:
4      name: db-credentials
5    type: Opaque
6    data:
7      username: dGFrYXJh
8      password: cGFzc3dvcmQ=
```

이 매니페스트를 실행 예 8과 배포하면 현재 선택된 네임스페이스에 시크릿이 등록된다.

실행 예 8 시크릿 등록과 확인

```
$ kubectl apply -f db_credentials.yml
secret/db-credentials created

$ kubectl get -f db_credentials.yml
NAME             TYPE      DATA    AGE
db-credentials   Opaque    2       12s
```

이어서 애플리케이션을 배포하는 매니페스트를 작성하자. 여기서는 등록된 시크릿의 키와 값을 환경 변수로 설정하고 있다.

파일 2의 env 항목을 보면 환경 변수 'DB_USERNAME'에 시크릿 db-credentials의 username 이라는 키의 값을 설정하고 있다. 그리고 환경 변수 'DB_PASSWORD'에는 password라는 키 의 값을 설정하고 있다.

파일 2 시크릿의 값을 환경 변수로 등록: reg_secret_env.yml

```
1    apiVersion: v1
2    kind: Pod
3    metadata:
4      name: web-apl
5    spec:
6      containers:
7      - name: nginx
8        image: nginx
9        env:
10       - name: DB_USERNAME          ## 환경 변수
11         valueFrom:
12           secretKeyRef:
13             name: db-credentials    ## 시크릿명
14             key: username           ## 시크릿 키
15       - name: DB_PASSWORD          ## 환경 변수
16         valueFrom:
17           secretKeyRef:
18             name: db-credentials
19             key: password
```

실행 예 9에서는 이 매니페스트를 배포하여 파드의 컨테이너에서 환경 변수의 값을 출력하고 있
다. 실행 결과를 보면 Base64로 인코딩하기 전의 문자열이 출력된 것을 알 수 있다.

실행 예 9 시크릿이 담긴 환경 변수 출력

```
$ kubectl apply -f db_client.yml
pod/web-apl created

$ kubectl get po
NAME       READY     STATUS       RESTARTS     AGE
web-apl    1/1       Running      0            10s

$ kubectl exec -it web-apl -- bash -c 'echo $DB_USERNAME, $DB_PASSWORD'
takara, password
```

이번에는 nginx에서 HTTPS를 사용하는 경우, 즉 SSL/TLS 암호를 설정하는 경우에 대해 살펴
보자. 커맨드 라인에서 'kubectl create secret tls'로 tls를 추가하면 키와 인증서 파일을 지정할
수 있다. 실행 예 10에서는 이 기능을 사용하여 시크릿 'www-cert'에 인증서 파일 selfsigned.
crt와 키 파일 selfsigned.key를 저장하고 있다. tls 옵션을 사용하면 저장되는 파일 이름이 tls.
crt와 tls.key가 된다.

```
$ ls
selfsigned.crt selfsigned.key

$ kubectl create secret tls www-cert --cert=selfsigned.crt --key=selfsigned.key
secret/www-cert created

$ kubectl get secret www-cert
NAME        TYPE                DATA      AGE
www-cert    kubernetes.io/tls   2         7s

$ kubectl describe secret www-cert
Name:          www-cert
Namespace:     default
Labels:        <none>
Annotations:   <none>


Type: kubernetes.io/tls


Data
====
tls.crt: 1034 bytes
tls.key: 1708 bytes
```

파일 3의 매니페스트는 시크릿을 볼륨으로 마운트하고 있다. 마지막 줄의 secretName을 보면 'www-cert'라는 시크릿의 이름을 지정하고 있고, 두 줄 위에 볼륨의 이름으로 'cert-vol'을 지정하고 있다. 그리고 컨테이너 섹션의 volumeMounts에서 볼륨의 이름과 마운트 경로를 설정하고 있다. 이에 따라 컨테이너의 파일 시스템에 시크릿이 마운트된다.

파일 3 컨테이너에서 시크릿을 볼륨으로 마운트하는 매니페스트: secret_volume.yml

```
1    apiVersion: v1
2    kind: Pod
3    metadata:
4      name: web
5    spec:
6      containers:
7      - name: nginx
8        image: nginx
9        ports:
10       - protocol: TCP
```

```
11          containerPort: 443
12        volumeMounts:               ## 마운트 정의
13        - name: cert-vol            ## 시크릿의 볼륨 이름
14          mountPath: /etc/cert      ## 컨테이너상의 마운트 경로
15      volumes:                      ## 볼륨 정의
16      - name: cert-vol              ## 시크릿의 볼륨 이름
17        secret:
18          secretName: www-cert      ## 시크릿의 이름
```

이 매니페스트를 통해 기동된 파드는 마운트된 볼륨의 파일을 읽어서 시크릿의 내용을 읽을 수 있다. 실행 예 11을 보면 인증서 파일 tls.crt와 키 파일 tls.key가 '/etc/cert'에 존재하는 것을 알 수 있다. 이제 이 컨테이너 내의 nginx 설정 파일에 키와 인증서의 경로를 설정하면 HTTPS 통신이 가능해진다.

실행 예 11 마운트된 볼륨에서 시크릿을 확인

```
$ kubectl apply -f apl.yml
pod/web created
$ kubectl get po
NAME      READY    STATUS     RESTARTS    AGE
web       1/1      Running    0           7s

$ kubectl exec -it web -- df -h
Filesystem      Size     Used    Avail    Use%    Mounted on
overlay         17G      1.4G    14G      9%      /
tmpfs           64M      0       64M      0%      /dev
tmpfs           996M     0       996M     0%      /sys/fs/cgroup
tmpfs           996M     8.0K    996M     1%      /etc/cert
/dev/sda1       17G      1.4G    14G      9%      /etc/hosts
shm             64M      0       64M      0%      /dev/shm
tmpfs           996M     12K     996M     1%      /run/secrets/kubernetes.io/serviceaccount
tmpfs           996M     0       996M     0%      /proc/scsi
tmpfs           996M     0       996M     0%      /sys/firmware

$ kubectl exec -it web -- ls /etc/cert
tls.crt tls.key
```

네임스페이스에 저장된 nginx의 설정 파일을 파드에서 읽을 때는 이어서 설명하는 컨피그맵을 사용한다.

15.5 컨피그맵

컨피그맵은 시크릿과 비슷하게 사용된다. 환경에 따라 변하는 정보를 컨테이너에서 분리하여 컨테이너의 불변성과 재사용성을 높여 준다. 시크릿은 보안이 필요한 정보를 저장하여 참조를 제한하는 반면, 컨피그맵은 네임스페이스에 설정 정보를 저장하고 공유하는 것을 목적으로 한다. API 오브젝트를 다루는 방법에는 별 차이가 없지만, 다음과 같은 부분에선 차이점을 가진다.

- 컨피그맵을 등록할 때는 시크릿처럼 값을 Base64로 인코드하지 않아도 된다.
- 'kubectl describe secret'에서는 등록된 내용이 표시되지 않으나, 컨피그맵의 경우 'kubectl describe configmap'으로 내용이 표시된다.
- 시크릿과 컨피그맵은 정기적으로 갱신이 체크된다. 볼륨으로 마운트된 경우에도 kubelet 의 갱신 주기에 따른 지연이 있기는 하지만 자동으로 갱신된다[4].
- 클러스터 롤 view의 대상 리소스에 시크릿은 포함되지 않지만, 컨피그맵은 포함된다. 따라서 참조 권한만으로도 컨피그맵의 내용을 참조할 수 있다.

실습으로 Nginx의 SSL/TLS 설정 파일을 컨피그맵에 등록해 보자. Nginx의 공식 이미지에서 설정 파일은 '/etc/nginx/conf.d'에 배치하면 된다. 따라서 다음 파일 4를 설정 파일 경로에 배치하도록 컨피그맵과 파드의 매니페스트를 작성해 볼 것이다.

파일 4 Nginx의 SSL/TLS 암호 설정 파일: tls.conf

```
1    ssl_protocols TLSv1 TLSv1.1 TLSv1.2;
2    server {
3        listen 443 ssl;
4        server_name www.sample.com;
5        ssl_certificate /etc/cert/tls.crt;
6        ssl_certificate_key /etc/cert/tls.key;
7
8        location / {
9            root /usr/share/nginx/html;
10           index index.html index.htm;
11       }
12   }
```

먼저 컨피그맵을 등록한다. 실행 예 12는 nginx-conf 디렉터리를 통째로 컨피그맵으로 등록하고 있다. 이 디렉터리에 파일 4의 tls.conf를 놓고 실행하면 컨피그맵에 저장되어 볼륨으로 마운트할 수 있다.

시크릿의 경우 'kubectl describe'를 실행하면 파일 이름까지밖에 표시되지 않는다. 그러나 컨피그맵의 경우는 파일의 내용까지 표시된다.

실행 예 12 nginx-conf 디렉터리의 설정 파일을 일괄로 컨피그맵에 등록

```
$ kubectl create configmap nginx-conf --from-file=tls.conf
configmap/nginx-conf created

$ kubectl get configmap nginx-conf
NAME          DATA     AGE
nginx-conf    1        11s

$ kubectl describe configmap nginx-conf
Name:          nginx-conf
Namespace:     default
Labels:        <none>
Annotations:   <none>

Data
====
tls.conf:
----
ssl_protocols TLSv1 TLSv1.1 TLSv1.2;
server {
    listen 443 ssl;
    server_name www.sample.com;
    ssl_certificate /etc/cert/tls.crt;
    ssl_certificate_key /etc/cert/tls.key;
    location / {
        root /usr/share/nginx/html;
        index index.html index.htm;
    }
}
```

이번에는 컨피그맵을 컨테이너의 환경 변수로 읽는 실습을 진행해 보자. 파일 5는 log_level이란 키에 값 INFO를 컨피그맵으로 등록하는 매니페스트다.

파일 5 컨피그맵에 데이터를 등록하는 매니페스트: cm-env.yml

```
1    apiVersion: v1
2    kind: ConfigMap
3    metadata:
4      name: env-config
5    data:
6      log_level: INFO
```

다음은 파드의 매니페스트다. 컨테이너 내 환경 변수의 이름, 컨피그맵의 이름과 키 항목을 정의한다. 그러면 셸 스크립트나 프로그램에서 환경 변수를 참조하여 값을 사용할 수 있다.

파일 6 컨피그맵을 환경 변수로 읽는 파드의 매니페스트: cm-env-read.yml

```
1    apiVersion: v1
2    kind: Pod
3    metadata:
4      name: web-apl
5    spec:
6      containers:
7      - name: web
8        image: nginx
9        env:
10       - name: LOG_LEVEL        ## 컨테이너 환경 변수명
11         valueFrom:
12           configMapKeyRef:
13             name: env-config   ## 컨피그맵명
14             key: log_level      ## 키 항목
```

실행 예 13에서는 파드에서 환경 변수의 목록을 출력하고 있다. 환경 변수 LOG_LEVEL에 INFO란 값이 있음을 알 수 있다. 참고로 KUBERNETES로 시작하는 환경 변수가 많이 보이는데 이것은 기본적으로 동작하는 쿠버네티스 서비스에 의한 것이며, 관련 정보는 'kubectl get svc'로 확인할 수 있다.

실행 예 13 파드에서 컨피그맵의 값을 환경 변수로 읽기

```
## 컨피그맵을 배포
$ kubectl apply -f cm-env.yml
configmap/env-config created

## 파드 매니페스트 배포
```

```
$ kubectl apply -f pod.yml
pod/web-apl created

## 파드(컨테이너) 환경 변수 표시
$ kubectl exec -it web-apl env
PATH=/usr/local/sbin:/usr/local/bin:/usr/sbin:/usr/bin:/sbin:/bin
HOSTNAME=web-apl
TERM=xterm
LOG_LEVEL=INFO                          <<--- 여기에 주목  환경 변수 LOG_LEVEL
KUBERNETES_PORT_443_TCP_PROTO=tcp
KUBERNETES_PORT_443_TCP_PORT=443
KUBERNETES_PORT_443_TCP_ADDR=10.96.0.1
KUBERNETES_SERVICE_HOST=10.96.0.1
KUBERNETES_SERVICE_PORT=443
KUBERNETES_SERVICE_PORT_HTTPS=443
KUBERNETES_PORT=tcp://10.96.0.1:443
KUBERNETES_PORT_443_TCP=tcp://10.96.0.1:443
NGINX_VERSION=1.15.5-1~stretch
NJS_VERSION=1.15.5.0.2.4-1~stretch
HOME=/root
```

15.6 메모리와 CPU 할당과 상한 지정

쿠버네티스에서는 네임스페이스마다 CPU나 메모리의 최소 요구량과 최대 사용 제한을 설정할 수 있다. 예를 들어, 2개의 프로젝트가 하나의 K8s 클러스터를 공유하는 경우, 각 프로젝트에 대한 네임스페이스를 만들고 리소스를 할당할 수 있다. 혹은 테스트 환경과 운영 환경별로 네임스페이스를 만들어 리소스를 설정할 수 있다. 그러면 테스트 중인 애플리케이션이 무한 루프에 빠지더라도 운영 환경에 악영향을 끼치는 것을 방지할 수 있다[5].

네임스페이스에 리소스를 할당하는 방법은 Resource Quota와 Limit Range의 두 가지 방법이 있다.

- **Resource Quota** 네임스페이스별 리소스의 총 사용량을 제한한다. 여기서의 리소스란 컨테이너의 CPU 시간과 메모리량을 말하며 기동 시에 확보하는 리소스의 합계량 및 상한값을 설정한다.
- **Limit Range** CPU와 메모리 각각의 요구량과 최대량의 기본값을 설정한다.

그림 5는 Limit Range의 주요 설정 항목 중 하나인 자원 제한의 동작 방식을 나타내고 있다. 코어가 하나인 노드의 최대 CPU 시간은 1000밀리초다. 2개인 경우는 2000밀리초가 된다. 실제로는 파드 네트워크를 위한 데몬셋 등이 돌기 때문에, 1코어 노드에서 1000밀리초의 CPU 시간을 사용할 수는 없지만, 여기서는 간단하게 설명하기 위해 1000밀리초로 가정했다.

그림 5 상단의 '컨테이너 실행 요청 목록'이라는 박스는 실행해야 될 컨테이너의 목록이다. 이 안에 있는 'CPU 요구 시간(request)'은 컨테이너를 실행하기 전에 확보해야 하는 CPU 시간을 의미한다. 그리고 'CPU 제한(limit)'은 컨테이너가 사용할 수 있는 최대 CPU 시간이다. 숫자의 단위는 밀리초이며, 매초당 사용하는 CPU 시간을 의미한다.

예를 들어, 컨테이너 A의 CPU 요구 시간이 200밀리초인 경우, 매초(1000밀리초)당 200밀리초의 CPU 시간을 컨테이너 A를 위해 확보한다. 'CPU 제한(limit)'은 컨테이너 A가 사용할 수 있는 CPU 시간의 상한이다. 이것은 CPU에 작업이 없어 유휴 시간이 있어도 매초 중 400밀리초까지만 컨테이너 A에 CPU 시간을 할당하는 것을 의미한다.

실제로는, 컨테이너는 파드라는 그룹으로 노드에 할당된다. 여기서는 쉽게 설명하기 위해, 파드에 하나의 컨테이너가 있다고 가정하였다. 여러 개의 컨테이너를 내포하는 경우는 모든 컨테이너의 합계로 노드에 할당 가능 여부가 결정된다.

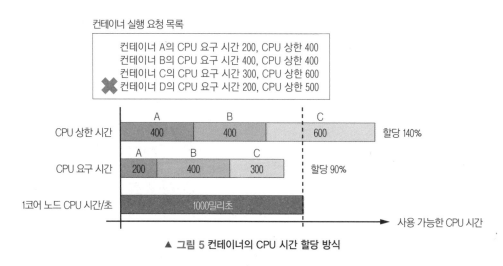

▲ 그림 5 컨테이너의 CPU 시간 할당 방식

실행 요청 목록을 위에서 아래로 차례대로 1코어의 노드에 투입했다고 하자. 그러면 컨테이너 A~C까지는 실행되지만, 컨테이너 D는 CPU 요구 시간의 조건에 맞지 않아 할당이 보류된다.

컨테이너 A~C까지의 CPU 요구 시간의 합계는 900밀리초로 노드의 가용한 CPU 시간의 90%에 해당하므로 스케줄이 가능하다. 한편, 네 번째 컨테이너 D의 CPU 요구 시간은 200밀리초이기 때문에, 할당할 CPU 시간이 부족하여 보류 상태로 된다.

실행 상태가 된 컨테이너 A~C는 요구한 CPU 시간만큼은 보장되지만, 상한값에 해당하는 부분은 다른 컨테이너와 경쟁을 하며 얻게 된다.

그림 6은 컨테이너들의 CPU 시간 요구와 상한의 관계를 시계열로 나타내고 있다. A~C의 컨테이너는 CPU 시간을 가능한 한 많이 사용하여 배치 처리를 빨리 완료하는 것을 목표로 하고 있다.

컨테이너 B는 요청 400, 최대 400이므로, 컨테이너 C와 A와는 관계 없이 초당 400밀리초의 CPU 시간을 사용한다. 4분이 지난 시점에서 컨테이너 C가 기동하면 컨테이너 A는 지금까지 최대 400까지 사용할 수 있었지만, 이제는 200까지 억제된다. 컨테이너 C는 컨테이너 A가 종료되면, 상한으로 설정한 600을 사용하기 시작한다.

Limit Range를 사용하면 네임스페이스에서 파드 또는 컨테이너별 최소 및 최대 컴퓨팅 리소스 사용량을 지정하고 디폴트 값을 설정할 수 있다. 여러 네임스페이스가 공존하는 K8s 클러스터에서 자원의 배분을 정확하게 수행할 수 있다.

컨테이너 설정

CPU 시간	컨테이너 A	컨테이너 B	컨테이너 C
요구(밀리초)	200	400	300
상한(밀리초)	400	400	600

CPU 시간 배분

경과 시간	CPU 시간(밀리초)			실행 상태	CPU 경합
	컨테이너 A	컨테이너 B	컨테이너 C		
1	400	400	0	B 연속 처리	A, B
2	400	400	0		A, B
3	400	400	0		A, B
4	400	400	0		A, B
5	300	400	300	C 처리 개시	A, B, C
6	250	400	350		A, B, C
7	250	400	350		A, B, C
8	250	400	350	A 처리 종료	A, B, C
9	0	400	600		B, C
10	0	400	600		B, C
11	0	400	600		B, C
12	200	400	400	A 처리 개시	A, B, C
13	250	400	350		A, B, C
14	250	400	350	C 처리 종료	A, B, C
15	400	400	0		A, B
16	400	400	0		A, B
17	400	400	0		A, B
18	400	400	0		A, B

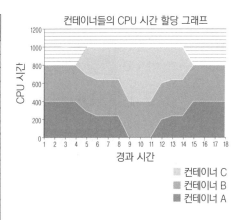

▲ 그림 6 여러 컨테이너에 대한 CPU 시간 배분 예

메모리 사용 제한을 초과하면 강제 종료 신호가 보내져 컨테이너가 중지되기 때문에 주의가 필요하다(그림 7). 이는 폭주하는 프로세스가 메모리를 계속 고갈시켜 시스템이 다운되는 것을 막아주는 보호 장치이기도 하다. 따라서 설정한 상한을 넘지 않도록 프로그램의 메모리 사용량을 조절해야 한다. 혹은 프로그램이 실제로 필요로 하는 적절한 상한치를 설정해 줄 필요가 있다.

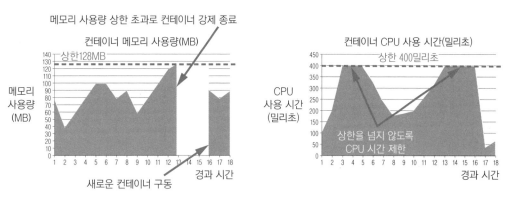

▲ 그림 7 메모리 용량 상한과 CPU 시간 상한의 동작 차이

15.7 네트워크의 접근 제어(Calico)

네트워크 정책을 네임스페이스에 적용하여 액세스 제한을 실시할 수 있다. Calico를 사용하면 여러 네임스페이스 사이의 접근을 제한할 수 있다[6, 7].

하나의 물리적 K8s 클러스터를 네임스페이스로 구분하여, 테스트 환경과 운영 환경을 만드는 경우를 생각해 보자. 운영 환경에서 발생한 응용 프로그램의 오류 원인을 분석하기 위해 테스트 환경에서 문제를 재현해 보고자 한다. 이때 혹여 실수로 설정을 잘못하면 테스트 환경에서의 재현 테스트로 운영 환경의 데이터를 손상시키는 문제가 발생할 수도 있다. 네트워크 정책을 적용하면 이러한 문제를 미연에 방지할 수 있다.

이러한 기능을 사용하려면 Calico가 활성화되어 있어야 한다. 학습 환경 2에서 사용하는 Flannel은 네트워크 정책이 구현되어 있지 않기 때문에 액세스 제한을 설정할 수 없다. 따라서 네트워크 정책은 IKS 클러스터를 사용해서 살펴볼 것이다.

Calico와 Firewall은 비슷한 기능을 가지고 있어 헷갈릴 수 있다. 둘의 관계를 표현한 것이 그림 8이다. Firewall은 외부로부터의 보호를 목적으로 하고, Calico는 K8s 클러스터 내의 네임스페이스 간 상호 액세스 정책에 사용된다. 또한, calicoctl를 사용하여 직접 Calico를 설정하여 Firewall의 대안으로 사용할 수도 있다.

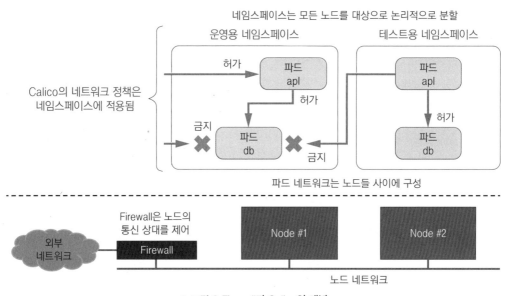

▲ 그림 8 Firewall과 Calico의 개념

15.8 역할에 따른 접근 범위 제한

모든 직원에게 슈퍼 유저 권한을 줘서는 안 되며, 직원의 역할에 맞는 권한을 부여해야 안정적으로 운영할 수 있다.

예를 들어, 미숙한 직원이라면 실수로 중요한 API 오브젝트를 삭제할 수도 있으니, 해당 권한을 제한하는 게 직원 본인과 서비스를 보호하는 것이 된다. 또한, 개발자는 테스트 환경을 조작할 수 있어도 운영 환경에 대해서는 참조만 가능하도록 제한해야 모두가 안심할 수 있다.

그리고 보안이 중요한 정보는 접근 가능한 직원을 최대한 줄이는 것이 보안 유지에 도움이 된다.

접근 제어를 구체적으로 살펴보기 위해 그림 9와 같은 경우를 예로 들어 생각해 보자. 클러스터 관리 담당, 시스템 운영 담당, 앱 개발 담당이 서로 협력하여 하나의 K8s 클러스터를 사용하고 있다고 하자. 각각의 역할은 다음과 같다.

1. '클러스터 관리 담당'은 K8s 클러스터 구축, 운영 자동화 코드 개발, 사용자의 접근 권한 부여 등을 담당한다. 따라서 OS의 슈퍼 유저에 해당하는 K8s 클러스터의 액세스 권한을 가진다. 그리고 K8s 클러스터의 모든 네임스페이스에 대한 책임을 진다.
2. '시스템 운영 담당'은 운영용 네임스페이스에 대한 애플리케이션의 릴리즈, 메트릭 감시, 로그 감시, 부하 변동 대응 등의 책임을 지며 서비스 운영을 담당한다.
3. '앱 개발 담당'은 애플리케이션 개발과 품질 테스트를 담당한다. 테스트용 네임스페이스에서 통합 테스트를 실시한 후, 시스템 운영 담당에게 인계하여 새로운 버전의 앱을 출시한다.

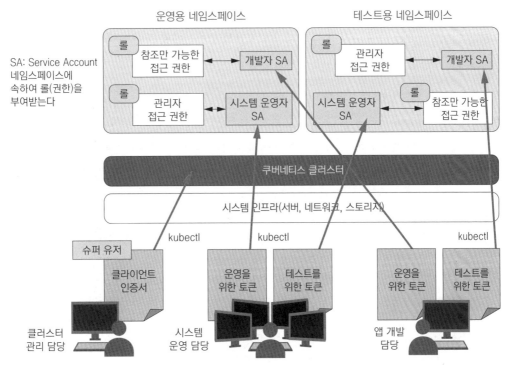

▲ 그림 9 접근 제어 적용 예

각 그룹에게 필요한 권한을 부여하는 방법을 생각해 보자. 먼저 '클러스터 관리 담당'은 '시스템 운영 담당'과 '앱 개발 담당' 직원에게 적합한 액세스 권한을 부여하기 위해 다음과 같은 네 가지 조치를 취한다.

1. '운영용 네임스페이스'와 '테스트용 네임스페이스'를 작성한다.
2. 각 네임스페이스에서 '시스템 운영 담당'과 '앱 개발 담당'을 위한 '서비스 어카운트'를 작성한다.
3. 클러스터 레벨의 '역할(롤)'을 작성해서, '서비스 어카운트'와 매핑시킨다.
4. 각 네임스페이스에서 '역할'을 작성해서, '서비스 어카운트'와 매핑시킨다.

그러면 시스템 운영 담당의 '운영용 네임스페이스'에 대한 토큰과 '테스트용 네임스페이스'에 대한 토큰 2개가 만들어진다. 앱 개발 담당도 마찬가지로 2개의 토큰이 만들어진다.

클러스터 관리 담당은 만들어진 토큰을 담당자에게 전달한다. 토큰을 받은 담당자는 'kubectl config' 커맨드를 사용하여 자신의 설정 파일에 추가하여 자신에게 주어진 액세스 권한으로 K8s 클러스터를 사용할 수 있다.

그래서 앱 개발 담당자는 테스트용 네임스페이스에 대해서는 관리자의 권한을 가지는 한편, 운영용 네임스페이스에 대해서는 참조만 할 수 있는 권한을 가지게 된다. 구체적인 실행 예는, '15.9 환경 구축 (4) 액세스 권한 배포와 담당자 설정 작업'에서 살펴본다.

15.9 환경 구축

그러면 이제 실제로 환경 구축을 진행해 보자. 다음 순서에 따라 실습을 진행하고, 다음 절에서는 이번 실습에서 사용한 매니페스트 파일과 애플리케이션 파일을 살펴볼 것이다.

(1) K8s 클러스터의 스펙
(2) 운영 환경과 테스트 환경의 스펙
(3) 매니페스트 적용
(4) 액세스 권한 배포와 담당자 설정 작업
(5) SSL/TLS 암호 설정

(6) 애플리케이션 배포

(7) 네트워크 액세스 정책과 리소스 제한 확인

(1) K8s 클러스터의 스펙

이번 절의 실습은 학습 환경 2와 학습 환경 3에서 수행할 수 있는데, 여기서는 학습 환경 2를 가정하고 내용을 구성했다. 학습 환경 2는 작은 규모의 클러스터지만 쉽게 재구축할 수 있어 의도적으로 장애 상황을 만들면서 마음껏 테스트를 해볼 수 있다. 본인의 PC에 마음껏 테스트할 수 있는 K8s 클러스터를 만들어 놓으면 학습에 큰 도움이 될 것이다.

한편, 클라우드 기반의 학습 환경 3을 사용하면 비용이 발생하지만 상용 수준의 본격적인 K8s 클러스터 환경을 체험할 수 있다.

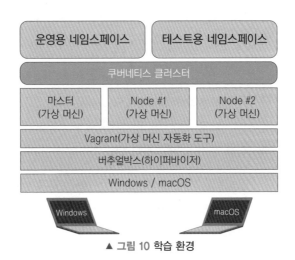

▲ 그림 10 학습 환경

▼ 표 2 실습을 위한 K8s 클러스터의 스펙

노드 타입	코어 수	메모리 용량
마스터	2코어	1GB
Node #1	1코어	1GB
Node #2	1코어	1GB
합계	4코어	3GB

※ 쿠버네티스 버전 1.12 이후부터 마스터 노드의 최소 코어 수는 2코어가 되었다.

(2) 운영 환경과 테스트 환경의 스펙

표 2의 스펙으로 구성된 K8s 클러스터를 운영 환경과 테스트 환경으로 분할해 보자. 분할하는 방식은 표 3에 정리했다.

표 3의 자원 할당을 보면 Node #1과 Node #2가 가지는 총 2코어의 CPU 중 운영 환경에 1코어, 테스트 환경에 0.5코어를 배분하고 있다. 나머지 0.5코어는 K8s 클러스터의 시스템 운영을 위해 남겨 둔다. 여기서 CPU의 배분 기준은 초당 CPU 할당 시간이다. 즉, 1코어를 할당하면 초당 1000밀리초의 CPU 시간을 사용할 수 있게 되며, 0.5코어를 할당하면 초당 500밀리초의 CPU 시간을 사용할 수 있다.

한 개의 컨테이너당 200밀리초의 CPU 시간을 요구하고 있다. 이는 컨테이너가 배치될 노드가 CPU 시간 200밀리초를 확보하고 있어야 한다는 의미다. 운영 환경의 CPU 할당은 1코어이고 컨테이너는 200밀리초를 요구하므로, 최대 5개의 컨테이너를 동시에 수행할 수 있다는 계산이 나온다. 또한, 운영 환경에서의 컨테이너 한 개의 메모리 제한이 200Mi[1]이므로, 5개를 돌렸을 때의 최대량은 1Gi[2]가 된다.

한편, 테스트 환경의 CPU 할당은 0.5코어이므로 초당 500밀리초를 사용할 수 있고, 컨테이너의 CPU 시간 상한은 200밀리초이므로 최대 2개의 컨테이너를 기동할 수 있다. 나머지 100밀리초는 디버그용 대화형 컨테이너를 위해 남겨 두도록 한다.

메모리는 운영 환경에 1Gi, 테스트 환경에 500Mi를 할당한다. 컨테이너당 최대 메모리 사용량이 200Mi이므로 최대 5개를 기동할 수 있다. 테스트 환경에서는 컨테이너를 2개 기동하면 100Mi의 여유가 있지만 디버깅 용도로 여유를 주고 있다.

규모의 차이는 있겠지만 실제 업무용 환경에서도 이와 유사한 기준으로 클러스터를 분할하여 사용한다.

---

1   **주** Mi는 MiB(메비바이트)의 약어이며, 2의 20승 바이트를 의미한다. 한편, 메가바이트(MB)는 10의 6승 바이트다.
2   **주** Gi는 GiB(기비바이트)의 약어이며, 2의 30승 바이트를 의미한다. 한편, 기가바이트(GB)는 10의 9승 바이트다.

항목				사양	
네임스페이스명	운영 환경	prod			
	테스트 환경	test			
리소스 할당	운영 환경	컨테이너 기본값	요구	CPU 시간	200밀리초
				메모리 용량	100Mi
			상한	CPU 시간	200밀리초
				메모리 용량	200Mi
		네임스페이스 설정값	요구	CPU 시간	1코어
				메모리 용량	1Gi
			상한	CPU 시간	1코어
				메모리 용량	1Gi
	테스트 환경	컨테이너 기본값	요구	CPU 시간	200밀리초
				메모리 용량	100Mi
			상한	CPU 시간	200밀리초
				메모리 용량	200Mi
		네임스페이스 설정값	요구	CPU 시간	0.5코어
				메모리 용량	500Mi
			상한	CPU 시간	0.5코어
				메모리 용량	500Mi
도메인 이름	운영 환경	www.sample.com		HTTPS를 사용, SSL/TLS 암호화	
	테스트 환경	test.sample.com		동일	
역할	클러스터 관리 담당			K8s 클러스터 구축과 관리, 권한 부여	
	시스템 운영 담당			앱 출시, 서비스 운영	
	앱 개발 담당			앱 개발과 품질 보증	
역할별 접근 권한	운영 환경	앱 개발 담당		참조만 가능	
		시스템 운영 담당		관리자로서 생성, 변경, 삭제	
	테스트 환경	앱 개발 담당		관리자로서 생성, 변경, 삭제	
		시스템 운영 담당		참조만 가능	
네트워크 접근 제어	네임스페이스 간 통신			운영과 테스트 환경 간 통신은 금지, 네임스페이스 내 통신은 가능	
	인터넷과 K8s 클러스터 간 통신			지정 컨테이너만 인터넷 통신 가능, 그 외는 금지	

여기서는 독자들이 '클러스터 관리 담당자'가 되어 '시스템 운영 담당자'와 '앱 개발 담당자'에게 접근 권한을 부여하는 일을 해볼 것이다.

운영 환경과 테스트 환경을 위한 도메인 이름을 각각 준비하고 HTTPS를 활성화할 것이다.

역할별 접근 권한(RBAC)은 사용자 ID에 부여되는 것이 아니라, 역할에 부여되어 서비스 어카운트에 매핑된다. 서비스 어카운트는 네임스페이스별로 설정하므로, 같은 이름의 서비스 어카운트더라도 각 네임스페이스에서 접근할 수 있는 범위를 다르게 설정할 수 있다. 예를 들어, 앱 개발 담당의 경우, 테스트 환경의 네임스페이스에서는 배포, 삭제 및 업데이트가 가능하지만, 운영 환경의 네임스페이스에서는 참조 권한만 가지게 할 수 있다. 한편, 시스템 운영 담당은 운영 환경의 네임스페이스에서 관리자에 상응하는 권한을 가지게 할 것이다.

'네트워크 접근 제어'에서는 테스트 환경과 운영 환경의 네임스페이스 간 서로 접근을 금지하고 있다. 그리고 인터넷에서 접근할 수 있는 파드도 제한하고 있다.

(3) 매니페스트 적용

이제 매니페스트를 적용하여 테스트 환경과 운영 환경을 구축해 보자. 실행 예 14는 매니페스트와 관련 파일들의 목록이다. 각 파일들에 대한 설명은 환경을 구축하고 실습을 진행한 뒤 살펴볼 것이다.

실행 예 14 환경 구축을 위한 파일 목록

```
$ tree step15
step15
├── application              (1) 테스트용 애플리케이션 배포
│   ├── apl-1.yml
│   ├── apl-2.yml
│   └── apl-3.yml
├── cert
│   ├── server.key
│   ├── server.key.encrypted
│   ├── test.sample.com.crt
│   ├── test.sample.com.csr
│   ├── www.sample.com.crt
│   └── www.sample.com.csr
├── config-nginx
│   ├── prod
│   │   └── tls.conf
│   └── test
│       └── tls.conf
├── container                (2) 테스트용 애플리케이션 이미지 빌드
│   ├── Dockerfile
│   └── src
│       └── index.php
├── setup-prod               (3) 운영 환경용
│   ├── namespace.yml            네임스페이스 prod
│   ├── network-policy.yml       네트워크 접근 정책
│   ├── rbac-developer.yml       앱 개발 담당용 역할별 접근 제어
│   ├── rbac-sysop.yml           시스템 운영 담당용 역할별 접근 제어
│   ├── resource-limits.yml      리소스 제한, 디폴트 값 설정
│   └── resource-quota.yml       운영용 CPU와 메모리 할당
└── setup-test               (4) 테스트 환경용
    ├── namespace.yml            네임스페이스 test
    ├── network-policy.yml       네트워크 접근 정책
    ├── rbac-developer.yml       앱 개발 담당용 역할별 접근 제어
    ├── rbac-sysop.yml           시스템 운영 담당용 역할별 접근 제어
    ├── resource-limits.yml      리소스 제한, 디폴트 값 설정
    └── resource-quota.yml       테스트용 CPU와 메모리 할당

9 directories, 25 files
```

실행 예 15에서는 kubernetes-admin 권한, 즉 관리자 권한으로 테스트 환경과 운영 환경을 구축하고 있다.

실행 예 15 K8s 클러스터 가상화 실행 예

```
## 현재 권한 확인, 관리자 권한으로 2개의 네임스페이스를 구성
$ kubectl config get-contexts
CURRENT   NAME                          CLUSTER      AUTHINFO            NAMESPACE
*         kubernetes-admin@kubernetes   kubernetes   kubernetes-admin

## (1) 테스트 환경 네임스페이스 구성
$ kubectl apply -f setup-test/
namespace "test" created
networkpolicy "deny-from-other-namespaces" created
serviceaccount "developer" created
rolebinding "developer-crb" created
role "developer" created
rolebinding "developer-rb" created
serviceaccount "sysop" created
rolebinding "sysop-crb" created
role "sysop" created
rolebinding "sysop-rb" created
resourcequota "test" created

## (2) 운영 환경 네임스페이스 구성
$ kubectl apply -f setup-prod/
namespace "prod" created
networkpolicy "deny-from-other-namespaces" created
serviceaccount "developer" created
rolebinding "developer-crb" created
role "developer" created
rolebinding "developer-rb" created
serviceaccount "sysop" created
rolebinding "sysop-crb" created
role "sysop" created
rolebinding "sysop-rb" created
resourcequota "prod" created
```

> **● 주의 ●**
>
> GKE에서는 실행 예 15에서 롤을 만들 때 다음과 같은 에러가 발생한다.
>
> ```
> Error from server (Forbidden): error when creating "rbac-developer.yml": roles.rbac.
> authorization.k8s.io "developer" is forbidden: attempt to grant extra privileges...
> ```
>
> 다음과 같이 어카운트에 권한을 부여하여 해결할 수 있다.
>
> ```
> $ gcloud info | grep Account
> Account: [user-account@xxxx.xxx]
> $ kubectl create clusterrolebinding cluster-admin-binding --clusterrole=cluster-
> admin --user=user-account@xxxx.xxx
> ```

(4) 액세스 권한 배포와 담당자 설정 작업

환경 설정을 완료했으니 이번에는 '시스템 운영 담당'과 '앱 개발 담당'에게 토큰을 배포하는 과정을 알아보자.

● 클러스터 관리 담당의 작업

먼저 기본으로 생성되는 콘텍스트의 긴 이름을 짧은 것으로 변경한다. 실행 예 16에서는 kubernetes-admin@kubernetes라는 기본 콘텍스트의 이름을 superuser로 변경하고 있다. 해당 콘텍스트는 관리자 권한을 가지고 있기 때문에 superuser라는 이름을 붙였다.

실행 예 16 콘텍스트명을 superuser로 변경

```
## 환경 변수를 설정해서 클러스터에 액세스
$ export KUBECONFIG=`pwd`/kubeconfig/config
$ kubectl get node
NAME     STATUS   ROLES    AGE     VERSION
master   Ready    master   4m31s   v1.14.0
node1    Ready    <none>   3m44s   v1.14.0
node2    Ready    <none>   3m44s   v1.14.0


## 콘텍스트명 표시
$ kubectl config get-contexts
CURRENT   NAME                            CLUSTER      AUTHINFO           NAMESPACE
*         kubernetes-admin@kubernetes     kubernetes   kubernetes-admin
```

```
## 다루기 쉽도록 콘텍스트명을 짧게 변경
$ kubectl config rename-context kubernetes-admin@kubernetes superuser
Context "kubernetes-admin@kubernetes" renamed to "superuser".

## 관리자 권한을 가지므로 이름을 superuser로 설정함
$ kubectl config get-contexts
CURRENT   NAME        CLUSTER      AUTHINFO            NAMESPACE
*         superuser   kubernetes   kubernetes-admin
```

이어서 사용자에게 공유해 주기 위해 K8s 클러스터의 API 엔드포인트를 출력한다. 다음 예에서는 KubeDNS가 나오시만, 비전 1.14에서는 CoreDNS로 바뀌었다. 명령 'kubectl get pods -n kube-system | grep dns'로 CoreDNS의 파드를 확인할 수 있다.

실행 예 17 K8s 클러스터의 API 엔드포인트 확인

```
$ kubectl cluster-info
Kubernetes master is running at https://172.16.20.11:6443
KubeDNS is running at https://172.16.20.11:6443/api/v1/namespaces/kube-system/
services/kubedns:dns/proxy
```

이제 test와 prod 네임스페이스에 저장된 서비스 어카운트의 토큰 목록을 확인한다.

실행 예 18 서비스 어카운트 developer와 sysop의 토큰명 확인

```
$ kubectl get secret -n test
NAME                  TYPE                                    DATA   AGE
default-token-lzlhb   kubernetes.io/service-account-token     3      49m
developer-token-g59dw kubernetes.io/service-account-token     3      49m
sysop-token-jpqmg     kubernetes.io/service-account-token     3      49m

$ kubectl get secret -n prod
NAME                  TYPE                                    DATA   AGE
default-token-s8kcv   kubernetes.io/service-account-token     3      49m
developer-token-bcgh5 kubernetes.io/service-account-token     3      49m
sysop-token-mr97d     kubernetes.io/service-account-token     3      49m
```

토큰과 서버 인증서 파일을 저장하기 위한 디렉터리를 만든다. 실행 예 19에서는 앱 개발 담당을 위한 developer와 시스템 운영 담당을 위한 operator라는 디렉터리를 만들었다.

실행 예 19 developer와 operator 디렉터리 작성

```
$ mkdir users
$ cd users
$ mkdir developer
$ mkdir operator
```

앱 개발 담당의 디렉터리 developer로 이동하여 실행 예 20과 같이 두 네임스페이스에 저장된 토큰과 클라이언트 인증서를 파일로 저장한다.

실행 예 20 개발자용 토큰과 인증서를 파일에 저장

```
$ cd developer/
$ kubectl get secret developer-token-g59dw -n test -o jsonpath={.data.ca\\.crt}
|base64 --decode > ca.crt
$ kubectl get secret developer-token-g59dw -n test -o jsonpath={.data.token}
|base64 --decode > token-dev-test.txt
$ kubectl get secret developer-token-bcgh5 -n prod -o jsonpath={.data.token}
|base64 --decode > token-dev-prod.txt
$ ls
ca.crt          token-dev-prod.txt    token-dev-test.txt
```

이어서 운영 담당의 디렉터리 operator로 이동하여 마찬가지 방법으로 토큰들을 파일에 저장한다. 클라이언트 인증서는 동일하므로 개발 담당 디렉터리에서 복사한다.

실행 예 21 운영 담당용 토큰을 파일에 저장

```
$ cd ../operator
$ cp ../developer/ca.crt .
$ kubectl get secret sysop-token-jpqmg -n test -o jsonpath={.data.token} |base64
--decode > token-sysop-test.txt
$ kubectl get secret sysop-token-mr97d -n prod -o jsonpath={.data.token} |base64
--decode > token-sysop-prod.txt
$ ls
ca.crt    token-sysop-prod.txt    token-sysop-test.txt
```

이제 각 담당자에게 해당하는 디렉터리 안의 인증서와 토큰 파일들을 보낸다. 이를 수령한 각 담당자가 kubectl의 환경을 설정하면 제한된 권한으로 클러스터를 조작할 수 있게 된다.

클러스터 담당자가 각 담당자의 토큰을 kubectl에 등록하는 방법은 다음과 같다. 실행 예 22를 보면 초기 상태에서는 슈퍼 사용자의 콘텍스트밖에 없었지만, 각 토큰을 등록함으로써 콘텍스트가 추가된 것을 알 수 있다.

실행 예 22 토큰 파일로 콘텍스트 추가

```
## 초기 상태
$ kubectl config get-contexts
CURRENT    NAME          CLUSTER       AUTHINFO            NAMESPACE
*          superuser     kubernetes    kubernetes-admin


## 개발 담당용 토큰 등록
cd ../developer
$ kubectl config set-credentials dev-prod --token=`cat token-dev-prod.txt`
$ kubectl config set-context le2-pd --cluster=kubernetes --user=dev-prod
--namespace=prod
$ kubectl config set-credentials dev-test --token=`cat token-dev-tesl.txt`
$ kubectl config set-context le2-td --cluster=kubernetes --user=dev-test
--namespace=test


## 운영 담당용 토큰 등록
cd ../operator
$ kubectl config set-credentials sysop-prod --token=`cat token-sysop-prod.txt`
$ kubectl config set-context le2-po --cluster=kubernetes --user=sysop-prod
--namespace=prod
$ kubectl config set-credentials sysop-test --token=`cat token-sysop-test.txt`
$ kubectl config set-context le2-to --cluster=kubernetes --user=sysop-test
--namespace=test


## 등록 후의 콘텍스트 목록
$ kubectl config get-contexts
CURRENT    NAME          CLUSTER       AUTHINFO            NAMESPACE
           le2-pd        kubernetes    dev-prod            prod
           le2-po        kubernetes    sysop-prod          prod
           le2-td        kubernetes    dev-test            test
           le2-to        kubernetes    sysop-test          test
*          superuser     kubernetes    kubernetes-admin
```

● 앱 개발 담당의 설정 작업

앱 개발 담당자가 전달받은 토큰과 인증서를 자신의 kubectl 설정에 추가하는 과정을 살펴보자.

kubectl을 사용하여 전달받은 토큰과 인증서를 등록하면 환경 변수 KUBECONFIG에 지정된 파일에 기재된다. 환경 변수가 설정되지 않은 경우에는 사용자의 홈디렉터리 '.kube/config'에 저장된다. 이때 디렉터리가 없으면 자동으로 만들어지며, 이미 파일이 있는 경우에는 내용이 추가된다.

실행 예 23 서비스 어카운트 권한으로 액세스하기 위한 kubectl 설정

```
## 초기 상태. 저장된 콘텍스트가 없다
$ kubectl config get-contexts
CURRENT     NAME       CLUSTER      AUTHINFO      NAMESPACE

## 받은 파일 확인
$ ls
ca.crt      token-dev-prod.txt      token-dev-test.txt

## 클러스터와 토큰 등록
$ kubectl config set-cluster le2 --server=https://172.16.20.11:6443 --certificate-
authority=ca.crt
$ kubectl config set-credentials dev-test --token=`cat token-dev-test.txt`
$ kubectl config set-credentials dev-prod --token=`cat token-dev-prod.txt`
$ kubectl config set-context le2-td --cluster=le2 --user=dev-test --namespace=test
$ kubectl config set-context le2-pd --cluster=le2 --user=dev-prod --namespace=prod

## 등록 결과 확인
$ kubectl config get-contexts
CURRENT     NAME       CLUSTER      AUTHINFO      NAMESPACE
            le2-pd     le2          dev-prod      prod
            le2-td     le2          dev-test      test

## 콘텍스트 선택
$ kubectl config set-context le2-td
```

이로써 앱 개발 담당의 쿠버네티스 접속 환경이 준비되었다. 부여된 권한을 확인해 보자. test 네임스페이스에서는 앱 배포, 파드와 서비스 목록 표시, 삭제가 가능하다.

한 단계 위의 디렉터리로 이동해서 애플리케이션을 배포해 보자. 애플리케이션의 이미지를 빌드하고 리포지터리에 등록하는 과정은 생략한다. 여기까지 잘 따라온 독자라면 진행에 어려움이 없을 것이다.

실행 예 24에서는 먼저 테스트 환경에서 애플리케이션(web-apl1)을 배포한다. 그리고 운영 환경 콘텍스트로 변경하여 동일한 애플리케이션을 배포해 본다. 그 결과, 테스트 환경에서는 배포가 진행되지만, 운영 환경에서는 권한이 없어(Forbidden) 배포에 실패한다. 각 네임스페이스의 서비스 어카운트에 부여된 접근 권한에 따라 제어된 것을 알 수 있다.

```
## 콘텍스트를 테스트 환경으로 설정
$ kubectl config use-context le2-td
Switched to context "le2-td".

## 테스트 환경의 콘텍스트에서 애플리케이션 배포
$ kubectl apply -f ../../application/apl-1.yml
deployment.apps/web-apl1 created
service/web-apl1 created

## 배포 진행 중
$ kubectl get po
NAME                          READY     STATUS             RESTARTS     AGE
web-apl1-7865ffbd54-76cjp     0/1       ContainerCreating  0            15s

## 운영 환경 콘텍스트로 바꾸고 애플리케이션 배포 시도
$ kubectl config use-context le2-pd
Switched to context "le2-pd".

## 배포 권한이 없어 실패함
$ kubectl apply -f ../../application/apl-1.yml
Error from server (Forbidden): error when creating "../../application/apl-1.yml":
deployments.apps is forbidden: User "system:serviceaccount:prod:developer" cannot
create deployments.apps in the namespace "prod"
Error from server (Forbidden): error when creating "../../application/apl-1.yml":
services is forbidden: User "system:serviceaccount:prod:developer" cannot create
services in the namespace "prod"
```

(5) SSL/TLS 암호 설정

이번에는 K8s 클러스터에 배포된 Nginx 파드가 HTTPS, 즉 SSL/TLS로 암호화된 통신을 수행하도록 설정해 보자. 이를 위해 각 네임스페이스에 인증서와 키 파일을 시크릿으로 등록하고 Nginx의 설정 파일을 컨피그맵에 등록한다.

먼저 'www.sample.com, test.sample.com'의 FQDN에 대한 서버 인증서를 취득하는 과정을 알아보자.

● 인증서 서명 요청 작성

먼저 인증서 서명 요청(이하 CSR: Certificate Signing Request)을 생성한다. CSR을 만들면 디지털 인증서를 발행하는 인증 기관에 인증서를 요청하거나 자기 서명 인증서를 직접 만들 수 있다.

실행 예 25에서는 2개의 FQDN에 대한 CSR을 각각 만들고 있다.

실행 예 25 CSR 작성

```
## 디렉터리 작성
$ mkdir cert
$ cd cert


## DES3로 암호화된 프라이빗 키를 생성
$ openssl genrsa -des3 -out server.key.encrypted 2048
Generating RSA private key, 2048 bit long modulus
.....................................................................+++
...........................................................+++
e is 65537 (0x10001)
Enter pass phrase for server.key:********
Verifying - Enter pass phrase for server.key:********


## TLS 암호 설정에 사용하기 위해 암호를 풀어 평문으로 저장
$ openssl rsa -in server.key.encrypted -out server.key
Enter pass phrase for server.key:********
writing RSA key


## 도메인명을 지정해서 CSR 작성
$ openssl req -new -key server.key -out www.sample.com.csr -subj "/C=JP/ST=Tokyo/
L=Nihombash/O=SampleCorp/CN=www.sample.com"
$ openssl req -new -key server.key -out test.sample.com.csr -subj "/C=JP/ST=Tokyo/
L=Nihombash/O=SampleCorp/CN=test.sample.com"


## 생성된 CSR 파일 확인
$ ls
server.key server.key.encrypted test.sample.com.csr www.sample.com.csr
```

CSR 작성 시 옵션 '-subj'를 설정하면 대화식으로 필요 항목을 입력하는 대신 한 줄로 CSR을 생성할 수 있다. 이때 함께 지정해야 할 변수들을 표 4에 정리했다. 모든 값들은 전부 영문과 숫자로만 구성되어야 한다. 외부 인증 기관에 인증서 발행을 주문할 때는 각 항목의 내용을 정확하게 기술해야 한다.

변수	전체 이름	설명
CN	CommonName	인증서를 신청하는 서버의 FQDN
OU	OrganizationUnit	인증서를 사용하는 조직 내 부서의 이름
O	Organization	공식적인 조직의 이름
L	Locality	시/군/구(예: Seocho)
ST	StateOrProvinceName	지역(예: Seoul)
C	CountryName	2문자의 국가 코드(한국은 KR)

● 자체 서명 인증서 작성

공인된 기관의 인증서를 발급하려면 비용이 발생한다. 따라서 테스트 환경에서는 무료로 만들 수 있는 자체 서명 인증서를 사용한다.

이때 CSR 파일과 CSR을 만들기 전에 생성한 프라이빗 키를 바탕으로 서버 인증서를 만든다(실행 예 26).

실행 예 26 자체 서명 인증서 작성

```
## 운영용 도메인에 대한 자체 서명 인증서 작성
$ openssl x509 -req -days 365 -in www.sample.com.csr -signkey server.key -out www.
sample.com.crt
Signature ok
subject=/C=JP/ST=Tokyo/L=Nihombash/O=SampleCorp/CN=www.sample.com
Getting Private key

## 테스트용 도메인에 대한 자체 서명 인증서 작성
$ openssl x509 -req -days 365 -in test.sample.com.csr -signkey server.key -out
test.sample.com.
crt
Signature ok
subject=/C=JP/ST=Tokyo/L=Nihombash/O=SampleCorp/CN=test.sample.com
Getting Private key
```

● 시크릿과 컨피그맵에 TLS 관련 파일 등록

실행 예 27에서는 공인기관에서 발급한 인증서 혹은 자체 서명 인증서와 프라이빗 키를 시크릿에 등록하고 있다. 운영 환경과 테스트 환경에서 사용하는 도메인명이 다르기 때문에 각각 다른 인증서를 등록하고 있다.

```
## 운영 환경에 등록
$ kubectl create secret tls cert -n prod --cert=www.sample.com.crt --key=server.key
secret/cert created

## 테스트 환경에 등록
$ kubectl create secret tls cert -n test --cert=test.sample.com.crt --key=server.key
secret/cert created

## 등록 결과 확인
$ kubectl get secret cert -n prod
NAME         TYPE                  DATA      AGE
cert         kubernetes.io/tls     2         2m
$ kubectl get secret cert -n test
NAME         TYPE                  DATA      AGE
cert         kubernetes.io/tls     2         2m
```

각 환경별로 Nginx 설정 파일을 준비하고 SSL/TLS를 위한 도메인 이름을 설정한다(파일 7a, 파일 7b).

파일 7a 운영용 Nginx 설정 파일

```
1    ssl_protocols TLSv1.2;
2    server {
3        listen 443 ssl;
4        server_name www.sample.com;        ### 도메인명
5        ssl_certificate /etc/cert/tls.crt;
6        ssl_certificate_key /etc/cert/tls.key;
7        location / {
8            root /usr/share/nginx/html;
9            index index.html index.htm;
10       }
11   }
```

파일 7b 테스트용 Nginx 설정 파일

```
1    ssl_protocols TLSv1.2;
2    server {
3        listen 443 ssl;
4        server_name test.sample.com;        ### 도메인명
5        ssl_certificate /etc/cert/tls.crt;
6        ssl_certificate_key /etc/cert/tls.key;
```

```
7          location / {
8              root /usr/share/nginx/html;
9              index index.html index.htm;
10         }
11     }
```

파일 7a를 운영용 네임스페이스 prod의 컨피그맵으로 등록하고, 파일 7b를 테스트용 네임스페이스 test의 컨피그맵으로 등록한다(실행 예 28).

실행 예 28 컨피그맵 등록

```
$ cd ../config-nginx

$ kubectl create configmap nginx-conf --from-file=prod -n prod
configmap/nginx-conf created

$ kubectl create configmap nginx-conf --from-file=test -n test
configmap/nginx-conf created

$ kubectl get cm nginx-conf -n test
NAME            DATA        AGE
nginx-conf      1           20s

$ kubectl get cm nginx-conf -n prod
NAME            DATA        AGE
nginx-conf      1           37s
```

이것으로 SSL/TLS 설정이 완료되었다.

(6) 애플리케이션 배포

이번에는 앱 개발 담당자가 되어 테스트 환경에서 세 종류의 애플리케이션을 배포해 볼 것이다. 이 애플리케이션은 각각 다음과 같은 특징을 가진다.

- **a.** 노드의 IP 주소와 포트번호로 접근할 수 있는 애플리케이션
- **b.** K8s 클러스터 내에서 사용하는 애플리케이션 모듈, 즉 마이크로서비스로서 내부에서만 접근
- **c.** 로드밸런스와 SSL/TLS 암호를 사용하여 외부에 공개하는 애플리케이션

대부분의 웹 애플리케이션이 위 세 종류 형태 중 하나를 취한다고 볼 수 있다.

먼저 테스트용 네임스페이스에서 개발자의 서비스 어카운트를 사용하도록 콘텍스트를 전환한다(실행 예 29). 테스트용 네임스페이스는 메모리와 CPU 할당량이 적어 금방 한도에 도달하므로 그때의 동작도 확인해 보자. 테스트용 네임스페이스에서 앱 개발자의 역할은 '관리자'이므로 모든 권한을 가진다.

실행 예 29 콘텍스트 전환

```
$ kubectl config get-contexts
CURRENT   NAME        CLUSTER       AUTHINFO           NAMESPACE
          le2-pd      kubernetes    dev-prod           prod
          le2-po      kubernetes    sysop-prod         prod
          le2-td      kubernetes    dev-test           test
          le2-to      kubernetes    sysop-test         test
*         superuser   kubernetes    kubernetes-admin

$ kubectl config use-context le2-td
Switched to context "le2-td".

$ kubectl config current-context
le2-td
```

● NodePort로 애플리케이션을 공개하는 경우

실행 예 30에서는 NodePort 타입의 서비스로 외부에 공개하는 애플리케이션을 배포하고 할당된 포트번호를 확인하고 있다. 그 결과 30718 TCP 포트에 할당된 것을 알 수 있다.

실행 예 30 NodePort로 공개하는 애플리케이션

```
$ kubectl apply -f apl-1.yml
deployment.apps/web-apl1 created
service/web-apl1 created

$ kubectl get svc,deploy,po
NAME                TYPE        CLUSTER-IP      EXTERNAL-IP    PORT(S)        AGE
service/web-apl1    NodePort    172.21.50.145   <none>         80:30718/TCP   13s


NAME                                  DESIRED   CURRENT   UP-TO-DATE   AVAILABLE   AGE
deployment.extensions/web-apl1        1         1         1            1           13s


NAME                               READY     STATUS     RESTARTS   AGE
pod/web-apl1-7865ffbd54-rjvw6      1/1       Running    0          13s
```

노드의 포트번호와 함께 노드의 IP 주소도 알아야 한다. 학습 환경 2에서는 Vagrant 설정 파일 Vagrantfile에 노드의 IP 주소가 기재되어 있다(실행 예 31a). 한편, 퍼블릭 클라우드에서는 클라우드 벤더의 CLI 명령을 통해 확인해야 한다. 실행 예 31b는 IKS의 예이며, 실행 예 31c는 GKE의 예다.

실행 예 31a 학습 환경 2: 멀티 노드 K8s에서 테스트 결과

```
## 서비스의 기동 상황과 포트번호 확인
$ kubectl get -f apl-1.yml
NAME          DESIRED      CURRENT      UP-TO-DATE      AVAILABLE      AGE
web-apl1      1            1            1               1              6h


NAME          TYPE         CLUSTER-IP      EXTERNAL-IP      PORT(S)          AGE
web-apl1      NodePort     10.244.37.150   <none>           80:32101/TCP     6h

## 노드 node1에 액세스 테스트
$ curl http://172.16.20.12:32101/
Hostname: web-apl1-7865ffbd54-76cjp

## 노드 node2에 액세스 테스트
$ curl http://172.16.20.13:32101/
Hostname: web-apl1-7865ffbd54-76cjp
```

실행 예 31b 학습 환경 3: IKS 노드 IP 주소 조사 방법과 테스트 결과

```
## 클러스터 목록
$ bx cs clusters
OK
Name       ID           State      Created      Workers      Location      Version
iks-1      553551c0f    normal     5 days ago   3            Tokyo         1.11.3_1524

## 노드 목록
$ bx cs workers --cluster iks-1
OK
ID               Public IP       Private IP      Machine Type       Status Zone  Version
553551c0f-w2 161.**.**.**    10.132.253.17   u2c.2x4.encrypted Ready  tok02 1.11.3_1524*
553551c0f-w1 128.**.**.**    10.192.9.105    u2c.2x4.encrypted Ready  tok04 1.11.3_1524*
553551c0f-w3 165.**.**.**    10.193.10.41    u2c.2x4.encrypted Ready  tok05 1.11.3_1524*

## 각 노드에 액세스 테스트
$ curl http://161.**.**.**:30718/
Hostname: web-apl1-7865ffbd54-rjvw6
```

```
$ curl http://128.**.**.**:30718/
Hostname: web-apl1-7865ffbd54-rjvw6

$ curl http://165.**.**.**:30718/
Hostname: web-apl1-7865ffbd54-rjvw6
```

실행 예 31c 학습 환경 3: GKE 노드 IP 주소 조사 방법과 액세스 테스트 결과

```
## 서비스의 기동 상황과 포트번호 확인
$ kubectl get -f apl-1.yml
NAME       DESIRED   CURRENT   UP-TO-DATE   AVAILABLE   AGE
web-apl1   1         1         1            0           9s

NAME       TYPE       CLUSTER-IP      EXTERNAL-IP   PORT(S)       AGE
web-apl1   NodePort   10.7.245.227    <none>        80:30453/TCP  9s

## 노드 목록 표시
$ gcloud compute instances list
NAME             ZONE              MACHINE_TYPE   INTERNAL_IP   EXTERNAL_IP    STATUS
98b8b443-q1mx    asia-northeast1-a  g1-small      10.146.0.3    **.221.**.**   RUNNING
c080f90f-4rn5    asia-northeast1-b  g1-small      10.146.0.5    **.200.**.**   RUNNING
03d7ddc3-vh8n    asia-northeast1-c  g1-small      10.146.0.4    **.194.**.**   RUNNING

## 방화벽 설정 TCP 30453 포트에 액세스 허가
$ gcloud compute firewall-rules create myservice1 --allow tcp:30453
Creating firewall...|Created [https://www.googleapis.com/compute/v1/projects/
intense-base-183010/global/firewalls/myservice1].
Creating firewall...done.
NAME         NETWORK   DIRECTION   PRIORITY   ALLOW        DENY
myservice1   default   INGRESS     1000       tcp:30453

## 액세스 테스트
$ curl http://**.221.**.**:30453
Hostname: web-apl1-74cb4d5959-qwqcb

$ curl http://**.200.**.**:30453
Hostname: web-apl1-74cb4d5959-qwqcb

$ curl http://**.194.**.**:30453
Hostname: web-apl1-74cb4d5959-qwqcb
```

어떤 환경에서도 kubectl의 사용법은 동일하지만, 노드의 IP 주소를 확인하는 과정은 클라우드 벤더에 따라 다소 다르다.

● 내부 마이크로 서비스의 경우

마이크로 서비스 아키텍처에서 내부적으로 호출되는 애플리케이션의 경우를 살펴보자. K8s에서는 서비스의 이름으로 원하는 파드에 접근할 수 있으며 부하분산 기능도 갖추고 있어 마이크로 서비스 아키텍처의 구현에 적합하다.

실행 예 32에서 배포할 때의 apply를 get으로 바꿔 실행하면 배포된 오브젝트의 목록이 표시된다. 서비스 CLUSTER-IP 부분에 표시된 IP 주소는 서비스의 이름 'web-apl2-rest'로 접근할 수 있도록 내부 DNS에 등록된다.

실행 예 32 내부 마이크로 서비스를 위한 애플리케이션 배포

```
$ kubectl apply -f apl-2.yml
deployment.extensions/web-apl2-rest created
service/web-apl2-rest created

$ kubectl get -f apl-2.yml
NAME            DESIRED    CURRENT    UP-TO-DATE    AVAILABLE    AGE
web-apl2-rest   1          1          1             1            42s


NAME            TYPE       CLUSTER-IP       EXTERNAL-IP    PORT(S)    AGE
web-apl2-rest   ClusterIP  172.21.33.149    <none>         80/TCP     42s
```

여기서 서비스의 이름으로 접근할 수 있는지 확인하기 위하여, BusyBox를 기동하려고 하면 오류 메시지가 표시되면서 기동에 실패한다(실행 예 33). 에러 메시지의 내용은 'exceeded quota'로 현재 할당된 총 CPU 시간이 400밀리초이고, 상한치가 500밀리초라고 표시되어 있다. 기동하려고 하는 파드의 CPU 요구 시간이 200밀리초이니 상한을 초과하기 때문이다. 이 문제를 해결하기 위해 앞서 배포한 애플리케이션을 삭제하고 다시 한번 BusyBox를 배포한다.

실행 예 33 할당 제한 초과로 에러가 발생하여 apl-1을 삭제

```
$ kubectl run -it client --image=busybox --restart=Never bash
Error from server (Forbidden): pods "client" is forbidden: exceeded quota: quota,
requested:
limits.cpu=200m,requests.cpu=200m, used: limits.cpu=400m,requests.cpu=400m,
limited: limits.
cpu=500m,requests.cpu=500m

$ kubectl delete -f apl-1.yml
deployment.apps "web-apl1" deleted
service "web-apl1" deleted
```

이번에는 오류 없이 파드가 기동되었다. 그러면 BusyBox에서 wget 명령을 사용하여 'http://web-apl2-rest'처럼 서비스명을 사용하여 요청해 본다. 무사히 응답이 오는 것을 확인할 수 있다.

실행 예 34 확인용 파드를 기동해서 요청 테스트

```
$ kubectl run -it client --image=busybox --restart=Never sh
If you don't see a command prompt, try pressing enter.
/ # wget -q -O - http://web-apl2-rest/
Hostname: web-apl2-rest-5c66d46588-lc5z4
```

여기서는 파드의 개수(replicas)를 1로 했기 때문에, 응답으로 반환되는 Hostname이 항상 같다. 파드의 개수를 늘려서 부하분산이 되는 것을 확인하고 싶지만, 그러기 위해서는 테스트 환경에 설정한 CPU 시간의 제한을 늘려야 한다. 여기서는 배포된 애플리케이션을 삭제하고 다음 실습으로 넘어가자(실행 예 35).

실행 예 35 애플리케이션 클린업

```
$ kubectl delete po client
pod "client" deleted

$ kubectl delete -f apl-2.yml
deployment.extensions "web-apl2-rest" deleted
service "web-apl2-rest" deleted
```

● 암호화 통신을 사용하는 외부용 애플리케이션의 경우

이번에는 로드밸런서를 사용하여 HTTPS의 요청을 여러 파드에 분산하는 경우를 살펴보자. 이 것이 가장 일반적으로 사용되는 형태일 것이다. 실행 예 36에서는 매니페스트를 K8s에 배포하고 있다.

실행 예 36 HTTPS로 외부에 공개하는 애플리케이션의 배포

```
$ kubectl apply -f apl-3-svc.yml
service/web-apl3 created

$ kubectl apply -f apl-3.yml
deployment.apps/web-apl3 created

$ kubectl get svc,deploy,po
```

```
NAME                     TYPE          CLUSTER-IP       EXTERNAL-IP      PORT(S)        AGE
service/web-apl3         LoadBalancer  172.21.166.112   161.**.**.**     443:32489/TCP  19s


NAME                            DESIRED   CURRENT   UP-TO-DATE   AVAILABLE   AGE
deployment.extensions/web-apl3  3         2         2            2           14s


NAME                             READY    STATUS     RESTARTS    AGE
pod/web-apl3-67696f5769-2kwtm    1/1      Running    0           14s
pod/web-apl3-67696f5769-f2dnw    1/1      Running    0           14s
```

앞의 예에서는 요청 수(DESIRED)는 3이지만, 사용 가능한 수(AVAILABLE)는 2가 되어 포드가 하나 실행되지 못한 것을 알 수 있다. 원인을 파악하기 위해 'kubectl get events'를 실행한다(실행 예 37).

그 결과를 보면, ReplicaSet에서 문제가 발생했고 테스트 환경의 CPU 할당이 한계에 도달했음을 알 수 있다.

실행 예 37 이벤트 발생 상황 표시 결과

```
$ kubectl get events
LAST SEEN    FIRST SEEN    COUNT    NAME      KIND       SUBOBJECT
TYPE         REASON        SOURCE                        MESSAGE
16m          16m           1        web-apl3-67696f5769.155d4f73139bf6a1   ReplicaSet
Warning      FailedCreate  replicaset-controller    Error creating: pods "web-apl3-
67696f5769-bfd7f" is forbidden: exceeded quota: quota, requested: limits.
cpu=200m,requests.cpu=200m, used: limits.cpu=400m,requests.cpu=400m, limited:
limits.cpu=500m,requests.cpu=500m
12s          12s           1        web-apl3-67696f5769.155d505be8c0039c   ReplicaSet
Warning      FailedCreate  replicaset-controller    Error creating: pods "web-apl3-
67696f5769-4wnxn" is forbidden: exceeded quota: quota, requested: limits.
cpu=200m,requests.cpu=200m, used: limits.cpu=400m,requests.cpu=400m, limited:
limits.cpu=500m,requests.cpu=500m
```

여기서는 2개의 파드로도 테스트를 진행할 수 있으니 재개해 보자. 실행 예 38에서 볼 수 있듯이 K8s 클러스터 외부에서 curl 명령어를 실행했을 때 응답이 오는 것을 알 수 있다. 해당 서버는 자체 서명 인증서를 사용했기 때문에 옵션 '-k'를 사용했다. 한편, 인증 기관에서 받은 인증서를 사용하는 경우에는 '-H' 옵션으로 헤더에 FQDN을 추가해야 한다.

```
$ curl -k -H 'test.sample.com' https://161.**.**.** /
<!DOCTYPE html>
<html>
<head>
<title>Welcome to nginx!</title>
<이하 생략>
```

(7) 네트워크 액세스 정책과 리소스 제한 확인

이번에는 퍼블릭 클라우드를 사용하는 학습 환경 3에서 IKS와 GKE를 사용한다. 학습 환경 2를 사용하지 않는 이유는 ① 부하를 주는 테스트에 의해 가상 서버의 동작이 불안정해지고, ② 액세스 정책 제어에 필요한 Calico를 사용하기 위해서다.

다음 실행 예 39는 테스트 환경에서 운영 환경으로의 접근 금지를 확인하는 테스트다. 테스트 환경의 파드에서 셸을 기동하고, curl 명령으로 동일 테스트 환경 내의 서비스 'http://rest-server.test/' 및 운영 환경 내의 서비스 'http://rest-server.prod/'에 접근을 시도하고 있다. 동일 네임스페이스의 서비스에서는 응답이 오지만 운영 환경의 서비스에서는 타임아웃이 발생한다. 즉, 네임스페이스에 기반의 접근 제어가 동작하고 있는 것이다.

실행 예 39 네임스페이스 간 접근 제어 동작 확인

```
$ kubectl run -it ubuntu --image=ubuntu -n test --restart=Never --rm --limits=
'cpu=100m,memory=200Mi'
If you don't see a command prompt, try pressing enter.
root@ubuntu:/# apt-get update && apt-get install -y curl

<중간 생략>

root@ubuntu:/# curl --connect-timeout 3 http://rest-server.test/
Hostname: rest-server-7bffb6d9f4-5b5j4

root@ubuntu:/# curl --connect-timeout 3 http://rest-server.prod/
curl: (28) Connection timed out after 3000 milliseconds
```

인터넷에서의 액세스를 허용하는 파드와 허용하지 않는 파드의 동작을 확인해 보자. 실행 예 40에서는 rest-server 서비스가 내부 접근용 파드와 연결되어 있고, web-server는 외부 공개용 파드와 연결되어 있다. 즉, web-server 파드는 인터넷으로부터의 접근이 가능하고, rest-server는 불가능하다. 여기서는 테스트를 위해 rest-server에도 NodePort를 할당하여 접근할 수 있도록 하였다.

실행 예 40 외부 접근을 허용하는 파드와 아닌 파드의 동작 확인

```
$ kubectl get svc -n prod
NAME          TYPE       CLUSTER-IP       EXTERNAL-IP   PORT(S)        AGE
rest-server   NodePort   172.21.255.215   <none>        80:31528/TCP   16s
web-server    NodePort   172.21.124.124   <none>        80:31602/TCP   16s
```

실행 예 41은 인터넷에서 앞의 서비스에 액세스한 결과다. 하얗게 강조 표시한 부분은 노드의 공인 IP 주소다. rest-server와 web-server는 포트번호로 구분한다. 포트번호 31528이 rest-server이고, 31602가 web-server다.

실행 예 41 인터넷에서의 접근 테스트

```
## (1) 내부용 rest-server는 NodePort를 사용해도 타임아웃
$ curl --connect-timeout 3 http://161.**.**.**:31528
curl: (28) Connection timed out after 3004 milliseconds

## (2) 공개용 web-server는 응답 확인 가능
$ curl --connect-timeout 3 http://161.**.**.**:31602
Hostname: web-server-b948c685b-gf6jh
```

이번에는 리소스 제한 기능을 간단하게 살펴보자. 파드의 최대 CPU 시간은 200밀리초로 설정되어 있다. 1코어를 사용하는 운영 환경에서 최대 5개의 컨테이너를 기동할 수 있다. 실행 예 42의 (1)에서 web-server의 레플리카 수를 5로 변경하고 있다. 이미 rest-server가 기동하고 있기 때문에 web-server는 최대 4개까지 늘어날 수 있다. (2)에서 볼 수 있듯이 4개의 webserver가 기동된다.

(3)과 (4)의 CPU(cores) 값에 주목하기 바란다. CPU 시간의 상한치 부근에 있다. 즉, 컨테이너 단위로 CPU 시간이 상당히 정확하게 제어되는 것을 알 수 있다.

실행 예 42 리소스 제한 기능 확인

```
## (1) 부하 테스트를 위해 레플리카 수를 5로 높인다.
$ kubectl scale --replicas=5 deploy/web-server -n prod
deployment "web-server" scaled
```

```
## (2) 부하 테스트 개시 전
$ kubectl top pod -n prod
NAME                            CPU(cores)      MEMORY(bytes)
rest-server-7bffb6d9f4-695rx    0m              7Mi
web-server-b948c685b-drhp2      0m              7Mi
web-server-b948c685b-gf6jh      0m              7Mi
web-server-b948c685b-hqndq      0m              7Mi
web-server-b948c685b-nc9mk      0m              7Mi

## (3) 부하 테스트 개시 후 1분 30초 경과 후
$ kubectl top pod -n prod
NAME                            CPU(cores)      MEMORY(bytes)
rest-server-7bffb6d9f4-695rx    0m              7Mi
web-server-b948c685b-drhp2      196m            52Mi
web-server-b948c685b-gf6jh      200m            70Mi
web-server-b948c685b-hqndq      201m            61Mi
web-server-b948c685b-nc9mk      199m            53Mi

## (4) 60초 더 경과 후
$ kubectl top pod -n prod
NAME                            CPU(cores)      MEMORY(bytes)
rest-server-7bffb6d9f4-695rx    0m              7Mi
web-server-b948c685b-drhp2      200m            72Mi
web-server-b948c685b-gf6jh      199m            90Mi
web-server-b948c685b-hqndq      201m            93Mi
web-server-b948c685b-nc9mk      198m            72Mi
```

15.10 설정 파일 내용

(1) 네임스페이스

테스트 환경과 운영 환경의 차이는 name뿐이다.

파일 8a 운영 환경을 위한 네임스페이스: setup-prod/namespace.yml

```
1 ##
2 # 운영을 위한 네임스페이스 작성
3 #
4 apiVersion: v1
```

```
5 kind: Namespace
6 metadata:
7   name: prod              # production의 앞 4글자
```

파일 8b **테스트 환경을 위한 네임스페이스:** setup-test/namespace.yml

```
1 ##
2 # 테스트용 네임스페이스 작성
3 #
4 apiVersion: v1
5 kind: Namespace
6 metadata:
7   name: test              # 테스트용 네임스페이스
```

(2) 네트워크 폴리시

K8s 클러스터 내부의 네트워크 정책을 설정하는 YAML이다. 이 설정의 핵심은 다음과 같다.

    (1) 네임스페이스 간 통신 금지

    (2) 라벨을 설정한 컨테이너만 외부로부터 액세스 허용

운영 환경과 테스트 환경의 차이는 namespace의 이름뿐이다.

파일 9a 운영 환경: setup-prod/network-policy.yml

```
1    ##
2    # 네임스페이스 간 통신 금지
3    #
4    kind: NetworkPolicy
5    apiVersion: networking.k8s.io/v1
6    metadata:
7      name: deny-from-other-namespaces
8      namespace: prod
9    spec:
10     podSelector:
11       matchLabels:          # <- 모든 파드가 대상
12     ingress:
13     - from:
14       - podSelector: {}
15   ---
16   ##
17   # app: expose 라벨이 붙은 파드만 외부 액세스 허용
```

```
18    #
19    kind: NetworkPolicy
20    apiVersion: networking.k8s.io/v1
21    metadata:
22      name: expose-external
23      namespace: prod
24    spec:
25      podSelector:
26        matchLabels:
27          app: expose          ## 파드에 이 라벨이 없으면 외부에서 액세스 불가
28      ingress:
29      - from: []
```

파일 9b 테스트 환경: setup-test/network-policy.yml

```
1     ##
2     # 네임스페이스 간 통신 금지
3     #
4     kind: NetworkPolicy
5     apiVersion: networking.k8s.io/v1
6     metadata:
7       name: deny-from-other-namespaces
8       namespace: test
9     spec:
10      podSelector:
11        matchLabels:          # <- 모든 파드가 대상
12      ingress:
13      - from:
14        - podSelector: {}
15    ---
16    ##
17    # app: expose 라벨이 붙은 파드만 외부 액세스 허용
18    #
19    kind: NetworkPolicy
20    apiVersion: networking.k8s.io/v1
21    metadata:
22      name: expose-external
23      namespace: test
24    spec:
25      podSelector:
26        matchLabels:
27          app: expose
28      ingress:
29      - from: []
```

해당 매니페스트에서 사용한 API 레퍼런스는 표 5에, 액세스 정책 설정 예는 표 6에 정리했다. 자세한 설명은 표 하단에 기재된 URL을 참고하기 바란다.

▼ 표 5 NetworkPolicy v1 networking.k8s.io

주요 항목		설명
apiVersion		networking.k8s.io/v1 설정
kind		NetworkPolicy 설정
metadata	name	오브젝트의 이름
	namespace	적용할 네임스페이스명
spec		사양 기술. 표 6 참조

※ 자세한 내용은 https://kubernetes.io/docs/reference/generated/kubernetes-api/v1.14/#networkpolicy-v1-networking-k8s-io를 참고하기 바란다. v1.14에서 14를 13이나 12로 변경하면 다른 마이너 버전의 API를 참고할 수 있다.

▼ 표 6 네트워크 정책 설정

네트워크 정책	설명

Spec:
  podSelector:
    matchLabels:
      app: web
	네임스페이스 내의 정책을 적용할 파드를 지정. 레이블 'app: web'과 일치하는 파드에 룰이 적용

Spec:
  podSelector:
    matchLabels:
	네임스페이스 내의 모든 파드에 정책을 적용

Spec: podSelector: {}	네임스페이스 내의 모든 파드에 정책을 적용
Ingress: [ ]	모든 트래픽을 drop
Ingress: - from[ ]	외부의 트래픽을 수용

Ingress
  - from
    - podSelector: {}
	같은 네임스페이스 내 모든 파드에서의 트래픽을 수용. 다른 네임스페이스에서의 트래픽은 모두 drop

Ingress
  - from
    - podSelector:
    matchLabels:
      app:bookstore
	네임스페이스 내에서 레이블(app:bookstore)이 일치하는 파드에서의 트래픽을 수용

Ingress: - {}	모든 트래픽을 수용

※ 위 내용은 https://github.com/ahmetb/kubernetes-network-policy-recipes에서 기본이 되는 내용만을 담았다. 더욱 자세한 내용은 링크에서 확인할 수 있다.

(3) 롤 기반 액세스 제어

RBAC를 설정하는 매니페스트 파일은 길고 복잡해 보이지만, 4개의 매니페스트를 하나의 파일로 붙여 넣은 것이다. 운영 환경과 테스트 환경의 차이점은 주석으로 표시했다.

　(a) 앱 개발 담당용 서비스 어카운트(SA)를 작성

　(b) 앱 개발 담당 SA와 '클러스터 롤 admin'을 매핑

　(c) 앱 개발 담당 롤 작성(선택)

　(d) 앱 개발 담당 SA와 '롤 developer'를 매핑(선택)

여기서 (c)에서 부여되는 접근 권한은 '클러스터 롤 admin'에 포함되므로 (c)와 (d)는 필수가 아니다. 사용자 정의 롤을 만들 때 참고하기 바란다.

파일 10a 운영 환경. 앱 개발 담당을 위한 RBAC: setup-prod/rbac-developer.yml

```
 1    ##
 2    # 앱 개발 담당용 서비스 어카운트(SA) 작성
 3    #
 4    apiVersion: v1
 5    kind: ServiceAccount
 6    metadata:
 7      name: developer
 8      namespace: prod
 9    ---
10    ###########################################
11    ##
12    # 앱 개발 담당 SA와 '클러스터 롤 view'를 매핑
13    #
14    apiVersion: rbac.authorization.k8s.io/v1
15    kind: RoleBinding
16    metadata:
17      name: developer-crb
18      namespace: prod
19    roleRef:
20      apiGroup: rbac.authorization.k8s.io
21      kind: ClusterRole
22      name: view            # 운영 환경에서는 참조만 가능
23    subjects:
24    - kind: ServiceAccount
25      namespace: prod
26      name: developer
```

```
27    ---
28    ##
29    # 앱 개발 담당 롤 작성
30    # 위에서 매핑시킨 '클러스터 롤 view'에 포함되므로 필수는 아님
31    #
32    apiVersion: rbac.authorization.k8s.io/v1
33    kind: Role
34    metadata:
35      name: developer
36      namespace: prod
37    rules:
38    # pods 조회 권한 지정
39    - apiGroups: [""]
40      resources: ["pods","pods/log","services"]
41      verbs: ["get", "watch", "list"]
42    # deployment 조회 권한 extention/apps를 지정
43    - apiGroups: ["extensions", "apps"]
44      resources: ["deployments"]
45      verbs: ["get", "watch", "list"]
46    ---
47    ##
48    # 앱 개발 담당 SA와 '롤 developer'를 매핑
49    # (마찬가지로 필수는 아님)
50    #
51    apiVersion: rbac.authorization.k8s.io/v1
52    kind: RoleBinding
53    metadata:
54      name: developer-rb
55      namespace: prod
56    roleRef:
57      apiGroup: rbac.authorization.k8s.io
58      kind: Role
59      name: developer
60    subjects:
61    - kind: ServiceAccount
62      namespace: prod    ## 운영 환경 developer SA에게 참조 권한 부여
63      name: developer
64    - kind: ServiceAccount
65      namespace: test    ## 테스트 환경 developer SA에게 참조 권한 부여
66      name: developer
```

```
 1  ##
 2  # 앱 개발 담당용 서비스 어카운트(SA) 작성
 3  #
 4  apiVersion: v1
 5  kind: ServiceAccount
 6  metadata:
 7    name: developer
 8    namespace: test
 9  ---
10  #############################################
11  ##
12  # 앱 개발 담당 SA와 '클러스터 롤 admin'을 매핑
13  #
14  apiVersion: rbac.authorization.k8s.io/v1
15  kind: RoleBinding
16  metadata:
17    name: developer-crb
18    namespace: test
19  roleRef:
20    apiGroup: rbac.authorization.k8s.io
21    kind: ClusterRole
22    name: admin
23  subjects:
24  - kind: ServiceAccount
25    namespace: test
26    name: developer
27  ---
28  ##
29  # developer라는 롤 작성
30  # 클러스터 롤 admin에 포함되므로 필수는 아님
31  #
32  apiVersion: rbac.authorization.k8s.io/v1
33  kind: Role
34  metadata:
35    name: developer
36    namespace: test
37  rules:
38  # 파드 조회 권한 지정
39  - apiGroups: [""]
40    resources: ["pods","pods/log","services"]
41    verbs: ["get", "watch", "list"]
42  # 플로이먼트의 조회 권한
43  - apiGroups: ["extensions", "apps"]
```

```
44      resources: ["deployments"]
45      verbs: ["get", "watch", "list"]
46
47   ---
48   ##
49   # 앱 개발 담당 SA와 '롤 developer'를 매핑
50   #
51   #
52   apiVersion: rbac.authorization.k8s.io/v1
53   kind: RoleBinding
54   metadata:
55     name: developer-rb
56     namespace: test
57   roleRef:
58     apiGroup: rbac.authorization.k8s.io kind: Role
59     kind: Role
60     name: developer
61   subjects:
62   - kind: ServiceAccount
63     namespace: test
64     name: developer
```

클러스터의 초기 상태에서부터 있는 클러스터 롤이 있다(표 7). 이 클러스터 롤들은 네임스페이스
kube-system에 속해 있지만, 다른 네임스페이스에 속하는 서비스 어카운트와 매핑할 수 있다.

▼ 표 7 처음부터 있는 유용한 클러스터 롤

클러스터 롤	설명
admin	관리자 권한으로 생성, 편집, 삭제가 가능
edit	편집 가능 권한
view	참조만 가능한 권한

▼ 표 8 Role v1 rbac.authorization.k8s.io

주요 항목		설명
apiVersion		rbac.authorization.k8s.io/v1 설정
kind		Role 설정
metadata	name	롤의 이름, 클러스터 내에서 중복 불가
spec		여러 개의 롤 기술 가능. 기술 방법은 스텝 12의 표 7 참고

서비스 어카운트, 클러스터 롤, 롤 바인딩에 대해서는 스텝 12에서 자세히 살펴봤으므로 표 9에는 참고할 부분만을 정리했다.

▼ 표 9 K8s API 레퍼런스 참고

API	참고
서비스 어카운트(ServiceAccount)	스텝 12 표 5 참고
클러스터 롤(ClusterRole)	스텝 12 표 6 참고
롤 바인딩(RoleBinding)	스텝 12 표 8 참고

다음 YAML 파일은 시스템 운영 담당용 서비스 어카운트 sysop를 운영용 네임스페이스 prod에 만들고 클러스터 롤과 바인딩하여 권한을 부여한다.

파일 11a 운영 환경. 시스템 운영 담당용 RBAC 설정: setup-prod/rbac-sysop.yml

```
1   ##
2   # 시스템 운영 담당 서비스 어카운트(SA) 작성
3   #
4   apiVersion: v1
5   kind: ServiceAccount
6   metadata:
7     name: sysop
8     namespace: prod
9   ---
10  ##
11  # 시스템 운영 담당 SA와 '클러스터 롤 admin'을 매핑
12  #
13  apiVersion: rbac.authorization.k8s.io/v1
14  kind: RoleBinding
15  metadata:
16    name: sysop-crb
17    namespace: prod
18  roleRef:
19    apiGroup: rbac.authorization.k8s.io
20    kind: ClusterRole
21    name: admin
22  subjects:
23  - kind: ServiceAccount
24    namespace: prod
25    name: sysop
26  ##---
27  ##
28  # 시스템 운영 담당 롤 작성
```

```
29    # 클러스터 롤 admin에 포함된 권한이라 주석 처리
30    #
31    ## apiVersion: rbac.authorization.k8s.io/v1
32    ## kind: Role
33    ## metadata:
34    ##   name: sysop
35    ##   namespace: prod
36    ## rules:
37    # 파드 조회 권한 지정
38    ##- apiGroups: [""]
39    ##   resources: ["pods","pods/log","services"]
40    ##   verbs: ["get", "watch", "list"]
41    # deployment의 조회 권한 지정
42    ##- apiGroups: ["extensions", "apps"]
43    ##   resources: ["deployments"]
44    ##   verbs: ["get", "watch", "list"]
45    ---
46    ##
47    # 시스템 운영 담당 SA와 '롤 sysop'를 매핑
48    #
49    #
50    apiVersion: rbac.authorization.k8s.io/v1
51    kind: RoleBinding
52    metadata:
53      name: sysop-rb
54      namespace: prod
55    roleRef:
56      apiGroup: rbac.authorization.k8s.io
57      kind: Role
58      name: sysop
59    subjects:
60    - kind: ServiceAccount
61      namespace: prod
62      name: sysop
```

이어서 다음 매니페스트는 테스트용 네임스페이스에 서비스 어카운트 test를 만들고 클러스터 롤과 바인딩하여 액세스 권한을 부여한다.

파일 11b 테스트 환경. 시스템 운영 담당용 RBAC: setup-test/rbac-sysop.yml

```
1    ##
2    # 시스템 운영 담당의 서비스 어카운트(SA) 작성
3    #
4    apiVersion: v1
```

```
 5    kind: ServiceAccount
 6    metadata:
 7      name: sysop
 8      namespace: test
 9    ---
10    ##
11    # 시스템 운영 담당 SA와 '클러스터 롤 view'를 매핑
12    #
13    apiVersion: rbac.authorization.k8s.io/v1
14    kind: RoleBinding
15    metadata:
16      name: sysop-crb
17      namespace: test
18    roleRef:
19      apiGroup: rbac.authorization.k8s.io
20      kind: ClusterRole
21      name: view
22    subjects:
23    - kind: ServiceAccount
24      namespace: test
25      name: sysop
26
27    ##---
28    ##
29    # 시스템 운영 담당 롤 작성
30    #  클러스터 롤 view에 포함되기 때문에 주석 처리
31    #
32    ## apiVersion: rbac.authorization.k8s.io/v1
33    ## kind: Role
34    ## metadata:
35    ##     name: sysop
36    ##     namespace: test
37    ## rules:
38    # 파드 조회 권한 설정
39    ##- apiGroups: [""]
40    ##   resources: ["pods","pods/log","services"]
41    ##   verbs: ["get", "watch", "list"]
42    # deployment의 조회 권한 설정
43    ##- apiGroups: ["extensions", "apps"]
44    ##   resources: ["deployments"]
45    ##   verbs: ["get", "watch", "list"]
46
47    ---
48    ##
49    # 시스템 운영 담당 SA와 '롤 sysop'를 매핑
50    #
```

```
51   #
52   apiVersion: rbac.authorization.k8s.io/v1
53   kind: RoleBinding
54   metadata:
55     name: sysop-rb
56     namespace: test
57   roleRef:
58     apiGroup: rbac.authorization.k8s.io
59     kind: Role
60     name: sysop
61   subjects:
62   - kind: ServiceAccount
63     namespace: test
64     name: sysop
```

(4) 네임스페이스별 자원 할당(Resource Quota)

Resource Quota를 사용하면 파드가 시작될 때 확보해야 할 자원의 총량을 설정하여 네임스페이스 단위로 제한할 수 있다.

파일 12a 운영 환경에서의 자원 할당: setup-prod/resource-quota.yml

```
1    ##
2    # 운영 환경 자원 할당
3    #
4    apiVersion: v1
5    kind: ResourceQuota
6    metadata:
7      name: quota         # Quota 이름
8      namespace: prod     # 대상 네임스페이스
9    spec:
10     hard:
11       requests.cpu: "1"       # CPU 기본 요구 합계량 1코어
12       requests.memory: 1Gi    # 메모리 기본 요구 합계 1기가바이트
13       limits.cpu: "1"         # CPU 최대 요구 합계량 1코어
14       limits.memory: 1Gi      # 메모리 최대 요구 합계 1기가바이트
```

파일 12b 테스트 환경에서의 자원 할당: setup-test/resource-quota.yml

```
1    ##
2    # 테스트 환경 자원 할당
3    #
```

```
4    apiVersion: v1
5    kind: ResourceQuota
6    metadata:
7      name: quota        # Quota 이름
8      namespace: test    # 대상 네임스페이스
9    spec:
10     hard:
11       requests.cpu: "0.5"      # CPU 기본 요구 합계량 0.5코어
12       requests.memory: 500Mi   # 메모리 기본 요구 합계 500메가바이트
13       limits.cpu: "0.5"        # CPU 최대 요구 합계량 0.5코어
14       limits.memory: 500Mi     # 메모리 최대 요구 합계 500메가바이트
```

▼ 표 10 ResourceQuota v1 core

주요 항목		설명
apiVersion		v1 설정
Kind		ResourceQuota 설정
metadata	name	이름, 클러스터 내에서 중복 불가
	namespace	적용할 네임스페이스명
Spec		사양 기술. 표 11 참고

▼ 표 11 ResourceQuotaSpec v1 core

주요 항목	설명
hard	자원 제한을 기술. 표 12 참고

▼ 표 12 자원 요구량과 한계량 설정

리소스명	설명
cpu	네임스페이스의 총 CPU 요구량의 합계
requests.cpu	위와 동일
limits.cpu	네임스페이스의 총 CPU 상한의 한계
memory	네임스페이스의 총 메모리 요구량의 합계
requests.memory	위와 동일
limits.memory	네임스페이스의 총 메모리 상한의 한계

(5) 자원 요구와 상한의 디폴트 값 설정(Limit Range)

Limit Range에는 파드의 CPU나 메모리의 요구량 및 최대 제한량의 기본값을 설정한다. Resource Quota를 설정한 네임스페이스에서 파드의 요구(request)와 상한(limit)을 수용할 수 있는 가용 자원이 남아 있지 않으면 기동하지 못한다. CPU와 메모리에 대한 요구와 상한은 파드의 매니페스트에 개별적으로 지정할 수도 있다. 그러나 매니페스트에 적지 않고 네임스페이스에 설정된 디폴트 값을 이용하고 싶은 경우도 있다. 이를 위해 존재하는 것이 Limit Range다.

파일 13a 운영 환경의 자원 요구/상한 기본값 설정: setup-prod/resource-limits.yml

```
1    ##
2    #  컨테이너의 자원 요구/상한 기본값 설정
3    #
4    apiVersion: v1
5    kind: LimitRange
6    metadata:
7      name: limits
8      namespace: prod
9    spec:
10     limits:
11     - default:          # 상한값 설정
12         cpu: 200m       # CPU 시간의 상한
13         memory: 200Mi   # 메모리 사용량의 상한
14       defaultRequest:   # 요청값 설정
15         cpu: 200m       # CPU 요구 시간
16         memory: 100Mi   # 메모리 요구량
17       type: Container
```

파일 13b 테스트 환경의 자원 요구/상한 기본값 설정: setup-test/resource-limits.yml

```
1    ##
2    # 컨테이너의 자원 요구/상한 기본값 설정
3    #
4    apiVersion: v1
5    kind: LimitRange
6    metadata:
7      name: limits
8      namespace: test
9    spec:
10     limits:
11     - default:          # 상한값 설정
```

```
12          cpu: 200m        # CPU 시간의 상한
13          memory: 200Mi    # 메모리 사용량의 상한
14        defaultRequest:    # 요청값 설정
15          cpu: 200m        # CPU 요구 시간
16          memory: 100Mi    # 메모리 요구량
17        type: Container
```

▼ 표 13 LimitRange v1 core

주요 항목		설명
apiVersion		v1 설정
kind		LimitRange 설정
metadata	name	오브젝트의 이름. 클러스터 내에서 중복 불가
	namespace	적용할 네임스페이스명
spec		사양 기술. 표 14 참조

▼ 표 14 LimitsRange의 자원과 개요

자원명	설명
deault.cpu	기본으로 적용될 CPU 요구 시간의 상한값
deault.memory	기본으로 적용될 메모리 상한값
deaultRequest.cpu	기본으로 적용될 CPU 요구 시간
deaultRequest.memory	기본으로 적용될 메모리 요구량
type	적용할 대상 타입

※ 더욱 자세한 내용은 다음 자료에서 확인할 수 있다.

- Configure Default Memory Requests and Limits for a Namespace, https://kubernetes.io/docs/tasks/administer-cluster/manage-resources/memory-default-namespace/
- Configure Default CPU Requests and Limits for a Namespace, https://kubernetes.io/docs/tasks/administer-cluster/manage-resources/cpu-default-namespace/
- Kubernetes API Reference Docs, LimitRangeItem v1 core, https://kubernetes.io/docs/reference/generated/kubernetes-api/v1.14/#limitrangeitem-v1-core

(6) 테스트용 컨테이너 파일과 빌드

다음과 같이 테스트용 컨테이너를 빌드하기 위한 디렉터리를 준비한다.

실행 예 43 테스트용 컨테이너의 디렉터리 구조

```
$ tree .
.
├── Dockerfile
└── src
    └── index.php
1 directory, 3 files
```

실행 예 44와 같이 이미지를 빌드하고 레지스트리에 등록한다.

실행 예 44 테스트용 컨테이너 이미지 빌드

```
## (1) Dockerfile이 있는 디렉터리에서 시작
$ ls
Dockerfile src


## (2) 이미지 빌드(리포지터리명 maho는 독자의 리포지터리명으로 변경)
$ docker build --tag maho/webapl3 .
Sending build context to Docker daemon 7.68kB
<중간 생략>
Successfully built 3cd0a957f5db
Successfully tagged maho/webapl3:latest


## (3) 도커 허브의 어카운트로 로그인
$ docker login
<중간 생략>
Username (maho):
Password:
Login Succeeded


## (4) 리포지터리에 푸시
$ docker push maho/webapl3
The push refers to repository [docker.io/maho/webapl3]
db75af880eed: Pushed
<중간 생략>
latest: digest: sha256:9296f3ba30d609b1ceac7a583659e301dee38a76b6e54c7f4777b6fe81b
f386c size:3657
```

Dockerfile은 다음과 같다.

파일 14 Dockerfile

```
1    FROM php:7.0-apache
2    COPY src/ /var/www/html/
3    RUN chmod a+rx /var/www/html/*.php
```

다음 PHP 파일은 컨테이너의 애플리케이션 코드다. 이 애플리케이션은 컨테이너의 호스트 이름을 반환하며, 루프를 돌면서 CPU 부하를 발생시킨다.

파일 15 index.php

```
1    <?php
2      $x = 0.0001;
3      for ($i = 0; $i <= 200000; $i++) {
4        $x += sqrt($x);
5      }
6      echo "Hostname: ".gethostname()."\n";
7    ?>
```

(7) 애플리케이션 배포 매니페스트

K8s 클러스터에 애플리케이션을 배포하기 위한 매니페스트 파일을 살펴보자.

매니페스트 web-apl1.yml은 디플로이먼트를 통해 웹 서버가 돌아가는 파드를 만들고 있으며, 서비스를 통해 노드의 IP 주소와 포트로 외부에서의 요청을 받아들이도록 하고 있다.

파일 16 외부 공개 애플리케이션 배포: web-apl1.yml

```
1    #
2    # 외부공개 애플리케이션 배포
3    #
4    apiVersion: apps/v1
5    kind: Deployment
6    metadata:
7      name: web-apl1
8    spec:
9      replicas: 1
10     template:
11       metadata:
12         labels:
13           web: web-apl1
```

```
14              app: expose # 외부 공개를 위한 라벨
15        spec:
16          containers: # 애플리케이션
17          - image: maho/webapl3
18            name: web-server-c
19            ports:
20            - containerPort: 80
21  ---
22  apiVersion: v1
23  kind: Service
24  metadata:
25    name: web-apl1
26  spec:
27    type: NodePort
28    ports:
29    - port: 80
30      protocol: TCP
31    selector:
32      web: web-apl1
```

매니페스트 web-apl2.yml은 마이크로 서비스를 위한 내부용 앱을 배포하고, ClusterIP 타입의 서비스를 만들어 연결하고 있다. 테스트를 위한 NodePort 설정이 주석으로 처리되어 있다.

파일 17 내부용 마이크로서비스 애플리케이션: web-apl2.yml

```
1   #
2   # 내부용 마이크로서비스 애플리케이션 배포
3   #
4   apiVersion: apps/v1
5   kind: Deployment
6   metadata:
7     name: web-apl2-rest
8   spec:
9     replicas: 1
10    selector:
11      matchLabels:
12        apl: web-apl2-rest
13    template:
14      metadata:
15        labels:
16          apl: web-apl2-rest
17      spec:
18        containers:
```

```
19          - image: maho/webapl3
20            name: rest-server-c
21            ports:
22              - containerPort: 80
23    ---
24    #
25    # 서비스 배포
26    #
27    apiVersion: v1
28    kind: Service
29    metadata:
30      name: web-apl2-rest
31    spec:
32      ##type: NodePort
33      type: ClusterIP
34      selector:
35        apl: web-apl2-rest
36      ports:
37      - port: 80
38        protocol: TCP
```

web-apl3.yml은 시크릿과 컨피그맵을 검증하기 위한 애플리케이션을 배포하는 매니페스트다. 이를 배포하기 전에 시크릿과 컨피그맵이 만들어져 있어야 한다.

파일 18 SSL/TLS 암호화를 사용하는 웹 애플리케이션(NGINX): web-apl3.yml

```
1     ##
2     ## HTTPS 사용 웹 애플리케이션 배포
3     ##
4     apiVersion: apps/v1
5     kind: Deployment
6     metadata:
7       name: web-apl3
8     spec:
9       replicas: 3
10      selector:          # 디플로이먼트와 파드를 연결하기 위한 라벨
11        matchLabels:
12          apl: web-apl3  # 파드와 일치해야 함
13      template:          ### 파드 템플릿
14        metadata:
15          labels:
16            apl: web-apl3    # 디플로이먼트와 연결시키는 라벨
17            app: expose      # 외부에 공개하도록 하는 라벨
```

```
18       spec:
19         containers:
20         - name: nginx
21           image: nginx:latest     # Nginx 공식 이미지
22           ports:                   # 공개용 포트
23           - protocol: TCP          # TCP
24             containerPort: 443     # HTTPS
25           volumeMounts:                    ## 볼륨 마운트
26           - name: nginx-conf               # 컨피그맵 볼륨 이름
27             mountPath: /etc/nginx/conf.d   # 마운트될 경로
28           - name: tls-cert                 # 시크릿의 볼륨 이름
29             mountPath: /etc/cert           # 마운트될 경로
30         volumes:                 ## 볼륨 정의
31         - name: nginx-conf       # 볼륨 이름
32           configMap:             # 컨피그맵 지정
33             name: nginx-conf     # 참조할 컨피그맵의 이름
34         - name: tls-cert         # 볼륨 이름
35           secret:                # 시크릿 지정
36             secretName: cert     # 참조할 시크릿의 이름
```

다음 매니페스트는 로드밸런서를 설정하며, 학습 환경 3의 IKS/GKE에서 사용할 수 있다.

파일 19 web-apl3-svc.yml

```
1     ##
2     ## HTTPS 모의 애플리케이션 서비스
3     ##
4     apiVersion: v1
5     kind: Service
6     metadata:
7       name: web-apl3
8     spec:
9       selector:
10        apl: web-apl3     ## 파드 템플릿의 라벨과 일치해야 한다.
11      ports:
12      - name: https
13        protocol: TCP
14        port: 443
15      type: LoadBalancer   ## 외부용 로드밸런서
```

Step 15 마무리

이번 스텝에서 배운 내용을 정리하면 다음과 같다.

- K8s 클러스터를 여러 개의 네임스페이스로 분할하면 하나의 클러스터를 공유하면서도 서로에게 미치는 영향을 최소화할 수 있다. 그래서 테스트 환경과 운영 환경을 분리하는 것처럼 효율적으로 K8s 클러스터를 운영할 수 있다.
- 테스트 환경이 운영 환경에 영향을 주지 않도록 네임스페이스별로 자원(CPU와 메모리)의 상한(limits)과 기본 요구값(requests)을 설정할 수 있다.
- 네트워크 정책을 통해 네임스페이스 간의 통신을 제한할 수 있다. 이를 위해서는 K8s 클러스터에 Calico가 설치되어 있어야 한다.
- 각 네임스페이스별로 직원의 역할에 합당한 접근 권한을 설정할 수 있다. 이를 위해 서비스 어카운트를 만들고 적절한 롤과 매핑한 후 서비스 어카운트의 토큰을 담당 직원에게 전달하면 된다.
- 유저는 'kubectl config' 커맨드를 사용해서 접속할 K8s 클러스터, 네임스페이스, 역할을 하나의 콘텍스트로 만들고 콘텍스트를 전환하면서 조작할 수 있다.

▼ 표 15 이번 스텝에서 새로 사용한 kubectl 커맨드

커맨드	동작
kubectl config	K8s 클러스터·네임스페이스·사용자 정보를 하나의 콘텍스트로 등록하고, 사용 중인 콘텍스트를 교체하며, K8s 클러스터 조작 가능. 이번 스텝의 표 1 참고
kubectl create secret	보안이 필요한 데이터를 시크릿에 등록
kubectl create secret tls	SSL/TLS 암호화를 위한 인증서와 키 파일을 시크릿에 등록
kubectl get secret	시크릿의 목록 출력
kubectl create configmap	파일을 컨피그맵에 등록
kubectl get configmap	컨피그맵의 목록 출력
kubectl top 〈node | pod〉	노드 또는 파드의 CPU/메모리 사용량을 출력

※ get 대신 describe를 사용하면 상세 내용이 출력된다.

Step 15 참고 자료

[1] **Namespaces**, https://kubernetes.io/docs/concepts/overview/working-with-objects/namespaces/

[2] **Share a Cluster with Namespaces**, https://kubernetes.io/docs/tasks/administer-cluster/namespaces/

[3] **Namespaces Walkthrough**, https://kubernetes.io/docs/tasks/administer-cluster/namespaces-walkthrough/

[4] **Add ConfigMap data to a Volume**, https://kubernetes.io/docs/tasks/configure-pod-container/configure-pod-configmap/#addconfigmap-data-to-a-volume

[5] **Resource Quotas**, https://kubernetes.io/docs/concepts/policy/resource-quotas/

[6] **Network Policies**, https://kubernetes.io/docs/concepts/services-networking/network-policies/

[7] **Declare Network Policy**, https://kubernetes.io/docs/tasks/administer-cluster/declare-network-policy/

책을 끝내며

여기까지 읽어 주셔서 감사합니다. 이것으로 이 책의 모든 레슨을 마쳤습니다.

2장에서는 쿠버네티스를 배우기 전에 꼭 필요한 도커의 기초 지식을 5단계에 걸쳐 알아봤습니다. 그리고 3장에서는 쿠버네티스의 핵심 기능을 10단계에 걸쳐 알아봤습니다. 실습은 CNCF가 배포하는 업스트림 쿠버네티스를 사용하여 특정 벤더에 종속되지 않는 기본 핵심 기능을 다뤘습니다. 그리고 중간중간 퍼블릭 클라우드 GKE와 IKS를 사용한 실습도 진행했습니다.

앞으로 여러분이 실무에서 어떤 쿠버네티스 관리 서비스나 솔루션을 마주치게 되더라도, 이 책에서 배운 기초 지식을 기억한다면 분명 도움이 될 것입니다.

책에서 다 다루지는 못했지만 쿠버네티스와 관련한 유용한 도구들이 많이 있습니다. 또한, 많은 프로젝트들이 활발히 운영되며 계속해서 발전하고 있습니다. 이러한 발전 속도와 함께 이 책에서 배운 쿠버네티스의 기본 지식이 앞으로 10년 이상 독자 여러분께 도움이 될거라 생각합니다. 세계 주요 IT 업체들이 쿠버네티스와 관련하여 막대한 투자를 진행하고 있기 때문입니다.

이 책에서 얻은 지식과 경험을 바탕으로 계속해서 정진해서 자격증 취득과 좋은 일자리로까지 이어졌으면 좋겠습니다. 독자 여러분의 건승을 기원합니다.

학습 환경 구축

부록에는 학습 환경을 구축하는 방법을 담았다. 오픈 소스 소프트웨어의 설치 방법이나 자동 설정을 위한 파일들을 소개한다. 그리고 퍼블릭 클라우드 업체인 구글과 IBM의 쿠버네티스 관리 서비스의 사용 방법도 기재했다. 학습 환경 구축과 관련된 내용들은 CNCF Certified Kubernetes Administrator 인증 시험을 준비하는 데도 도움이 되리라 생각한다.

세 종류의 학습 환경

이 책에서는 다음과 같이 세 종류의 학습 환경을 사용한다.

- **학습 환경 1** 단일 노드로 쿠버네티스를 돌려 볼 수 있는 미니쿠베를 사용한다. macOS, Windows에서 Vagrant를 사용해 우분투 가상 서버를 만들어 학습 환경을 구축한다.
- **학습 환경 2** Vagrant로 여러 대의 가상 서버를 만들어 복수 노드로 구성된 쿠버네티스 학습 환경을 구축한다.
- **학습 환경 3** IBM Cloud Kubernetes Service(IKS)와 Google Kubernetes Engine (GKE)

설정 자동화를 위한 코드들

부록 1.3(Vagrant의 경우), 2.1(멀티 노드 K8s), 2.2(가상 NFS 서버), 2.3(가상 GlusterFS 클러스터), 2.4(프라이빗 레지스트리)에서는 설정 자동화 코드를 사용해서 시스템을 구축한다. Vagrant와 Ansible의 코드는 https://github.com/Jpub/15_DandK/tree/master/vagrant-kubernetes, 그리고 https://github.com/Jpub/15_DandK/tree/master/vagrant-nfs에서 공개하고 있다. 2.3의 가상 GlusterFS 클러스터 환경을 구성하는 코드는 https://github.com/Jpub/15_DandK/tree/master/vagrant-glusterfs에 있다. 2.4의 학습 환경은 도커 컴포즈(Docker Compose)를 사용하며, 해당 코드는 https://github.com/Jpub/15_DandK/tree/master/registry에 있다. 다만 자체 서명 인증서를 사용하기 때문에 퍼블릭 클라우드의 K8s 클러스터와 연동되지는 않는다.

1 학습 환경 1

싱글 노드 구성의
미니쿠베 설치

이 책에서 제안하는 세 가지 학습 환경 중 학습 환경 1은 미니쿠베(Minikube)를 사용해서 단일 노드로 구성된 쿠버네티스를 구축한다. 먼저 macOS와 Windows에서 설치하는 방법을 알아볼 것이다. 그리고 Vagrant를 사용해서 가상 서버를 만들고 그 위에서 미니쿠베를 구축하는 방법에 대해서도 소개할 것이다.

도커를 설치할 때는 가장 많이 사용되는 Docker Desktop for Mac과 도커 툴박스(Docker Toolbox)를 사용한다. 쿠버네티스의 경우에는 CNCF가 배포하는 업스트림 코드를 사용해서 학습 환경을 구축한다.

이 책의 기재 내용은 집필 시에는 최신의 내용이었지만, 소프트웨어는 계속해서 바뀌고 발전한다는 점을 생각해야 한다. 따라서 부록의 내용은 어디까지나 참고로 삼기 바라며, 각 소프트웨어의 최신 정보는 웹 URL에서 확인하기 바란다.

1.1 Mac 환경

macOS에서 도커 실행 환경과 미니쿠베를 설치하는 방법을 알아보자. 구체적으로는 Docker Desktop for Mac, 버추얼박스(VirtualBox), kubectl, 미니쿠베(Minikube), Vagrant, git을 설치한다.

(1) Docker Desktop for Mac 설치

Docker Community Edition for Mac의 설치 안내 페이지(https://docs.docker.com/docker-for-mac/install)를 참조하여 설치를 진행한다.

▲ 그림 1 Docker for Mac 설치 안내 페이지

다음과 같이 설치 파일을 다운로드한다.

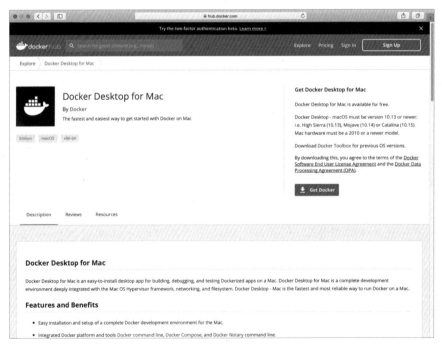

▲ 그림 2 다운로드 화면

다운로드가 완료되면 Docker.dmg를 클릭하여 설치한다. 그림 3처럼 Docker의 아이콘을 드래그 앤 드롭 한다.

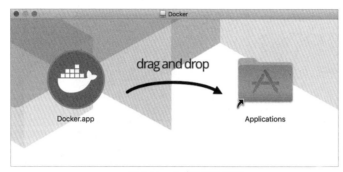

▲ 그림 3 Mac에서의 설치 화면

▲ 그림 4 macOS에서 표시되는
Docker 아이콘

Docker 아이콘을 더블 클릭 하여 도커를 기동한다. 권한 관련 메시지가 표시되면 OK를 클릭하고 비밀번호를 입력하여 진행한다.

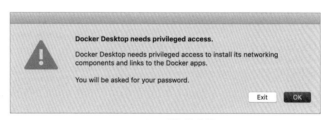

▲ 그림 5 권한 확인 창

도커가 기동되면 그림 6과 같이 로그인 창이 표시된다. 여기서 로그인한다. 메뉴 중에는 Kubernetes도 있는데, 이 책에서는 미니쿠베를 사용할 것이다.

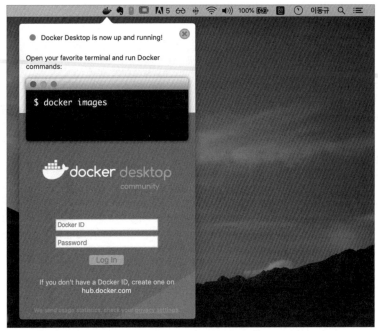

▲ 그림 6 도커 로그인 창

이것으로 Docker Desktop for Mac의 설치가 완료되었다.

(2) 버추얼박스 설치

버추얼박스(Oracle VM VirtualBox)는 오라클이 제공하는 다기능 하이퍼바이저(가상화 소프트웨어)로 많은 호스트 OS와 게스트 OS를 지원한다. 버추얼박스 다운로드 페이지(https://www.virtualbox.org/wiki/Downloads/)에서 설치 파일을 다운로드하고 설치를 진행한다. 집필 시점의 최신 버전은 VirtualBox 6.1.6 platform packages이며, 다음 화면에서 'OS X hosts' 부분을 클릭하면 다운로드가 시작된다.

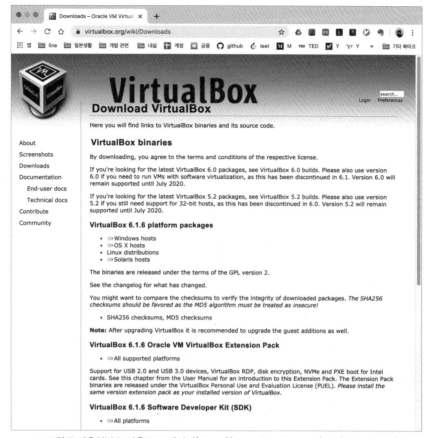

▲ 그림 7 버추얼박스 다운로드 페이지(https://www.virtualbox.org/wiki/Downloads/)

다운로드한 dmg 파일을 더블 클릭 하여 인스톨러를 기동시킨다. 인스톨러의 안내에 따라 그림 8의 1에 해당하는 아이콘을 더블 클릭 한다.

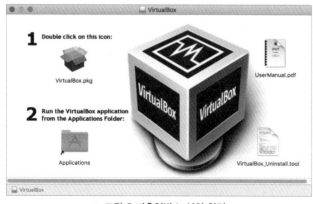

▲ 그림 8 버추얼박스 설치 화면

▲ 그림 9 메뉴의 버추얼박스 아이콘

옵션은 전부 기본값을 사용한다. 설치가 완료되면 macOS의 애플리케이션에 그림 9의 아이콘이 생긴다. 하지만 이 아이콘을 클릭하여 가상 머신을 조작할 일은 많지 않다. 미니쿠베나 Vagrant를 사용하면 대신해서 가상 머신을 조작해 주기 때문이다.

(3) kubectl 명령어 설치

kubectl을 설치하는 방법은 CNCF의 쿠버네티스 페이지(https://kubernetes.io/docs/tasks/tools/install-kubectl)에 기재되어 있다. 여기서는 실행 예 1과 같이 macOS의 패키지 매니저인 Homebrew를 사용하여 설치한다.

실행 예 1 Homebrew를 사용해 kubectl을 설치

```
$ brew install kubernetes-cli
==> Downloading https://homebrew.bintray.com/bottles/kubernetes-cli-1.11.2.high_sie
################################################################### 100.0%
==> Pouring kubernetes-cli-1.11.2.high_sierra.bottle.tar.gz
==> Caveats
Bash completion has been installed to:
/usr/local/etc/bash_completion.d

zsh completions have been installed to:
/usr/local/share/zsh/site-functions
==> Summary
/usr/local/Cellar/kubernetes-cli/1.11.2: 196 files, 53.7MB
```

아직 Homebrew를 설치하지 않은 경우에는 다음 URL(https://brew.sh/index_ko)을 참고하여 설치하도록 한다.

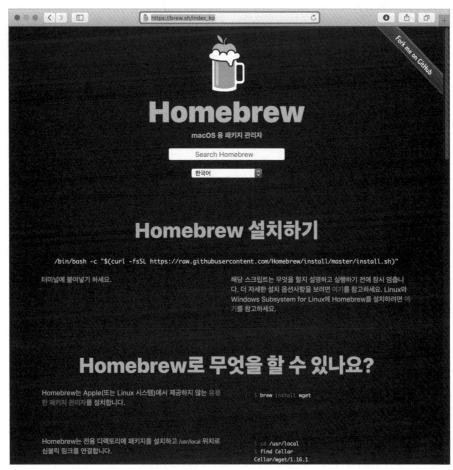

▲ 그림 10 Homebrew 설치 안내 페이지(https://brew.sh/index_ko)

(4) 미니쿠베 설치

실행 예 2와 같이 최신 버전의 미니쿠베를 설치한다.

실행 예 2 미니쿠베 설치

```
$ brew install minikube
darwin-amd64 && chmod +x minikube && sudo cp minikube /usr/local/bin/ && rm minikube
```

설치가 완료되면 버전을 표시해 보자.

실행 예 3 미니쿠베 설치 확인

```
$ minikube version
minikube version: v1.9.2
```

미니쿠베의 설치 방법은 미니쿠베 설치 페이지(https://kubernetes.io/docs/tasks/tools/install-minikube)에 있다. 또한, 깃헙(https://github.com/kubernetes/minikube/releases)에 버전별 릴리스 노트가 있다.

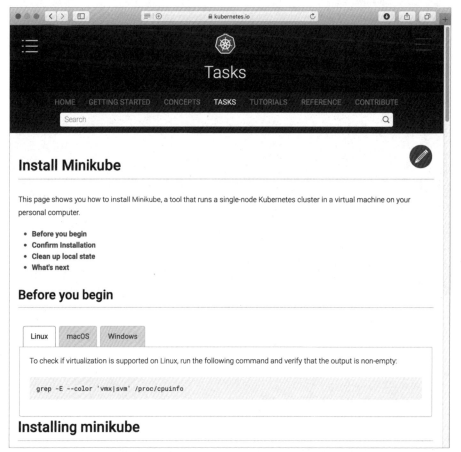

▲ 그림 11 쿠버네티스 프로젝트의 미니쿠베 설치 가이드(https://kubernetes.io/docs/tasks/tools/install-minikube/)

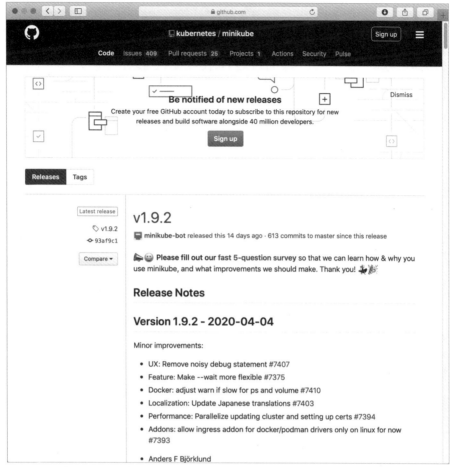

▲ 그림 12 깃헙 kubernetes/minikube 릴리스 노트(https://github.com/kubernetes/minikube/releases)

(5) Vagrant 설치

버추얼박스의 자동화 도구인 Vagrant를 설치하자. 다음 페이지(https://www.vagrantup.com/downloads.html)에서 macOS를 클릭하여 인스톨러를 다운로드한다.

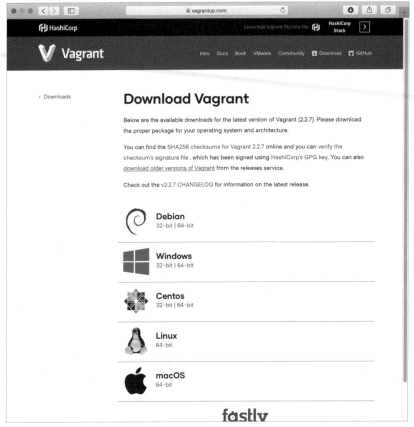

▲ 그림 13 Vagrant 다운로드 페이지(https://www.vagrantup.com/downloads.html)

다운로드한 파일을 더블 클릭 하면 다음과 같은 창이 표시된다. 화면의 안내에 따라 설치를 진행한다.

▲ 그림 14 Vagrant 인스톨러

(6) git 설치

통합 개발 환경인 Xcode가 설치되어 있다면 git이 이미 설치되어 있을 것이다. 하지만 git이 없다면 Homebrew를 사용하여 설치하면 된다(실행 예 4).

실행 예 4 Homebrew를 사용하여 git 설치

```
$ brew install git
==> Downloading https://homebrew.bintray.com/bottles/git-2.18.0.high_sierra.bottle.
################################################################### 100.0%
==> Pouring git-2.18.0.high_sierra.bottle.tar.gz
==> Caveats
Bash completion has been installed to:
/usr/local/etc/bash_completion.d

zsh completions and functions have been installed to:
/usr/local/share/zsh/site-functions

Emacs Lisp files have been installed to:
/usr/local/share/emacs/site-lisp/git
==> Summary
/usr/local/Cellar/git/2.18.0: 1,488 files, 295.6MB
```

이것으로 미니쿠베를 실행하기 위한 준비가 완료되었다. 미니쿠베의 사용법은 '부록 1.4 미니쿠베 사용 방법'을 참고하기 바란다.

1.2 Windows 환경

여기서는 Windows10에 도커 실행 환경과 미니쿠베를 설치하여 학습 환경 1을 구축한다. 구체적으로는 Docker Toolbox for Windows, 버추얼박스(VirtualBox), kubectl, 미니쿠베(Minikube), Vagrant, git의 6개 패키지를 설치한다.

(1) Docker Toolbox for Windows 설치

Docker Toolbox for Windows는 버추얼박스를 사용하며 Windows 10 Pro인 경우에는 설치 전에 Hyper-V 기능을 해제해야 한다.[1] 이를 위해 '제어판' → '프로그램'에서 '프로그램 및 기능'

1 　**㈜** Windows 10 Pro에서 도커 데스크탑을 설치하는 경우에는 Hyper-V 기능을 해제하지 않아도 된다.

그룹의 'Windows 기능 켜기/끄기'를 클릭한다.

▲ 그림 15 Windows 기능 켜기/끄기

Windows가 열리면 Hyper-V의 기능에 체크가 해제되어 있는지 확인한다. 만약 체크가 되어
있으면 선택을 해제하고 확인 버튼을 클릭한다. 그리고 컴퓨터를 다시 시작하면 Hyper-V 기능
이 무효화된다.

▲ 그림 16 Windows 기능, Hyper-V 무효화

Docker Toolbox for Windows는 https://docs.docker.com/toolbox/toolbox_install_windows/
를 참고하여 설치를 진행한다.

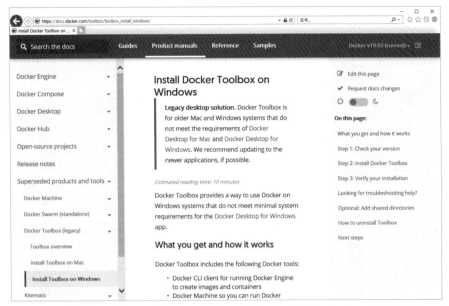

▲ 그림 17 도커 툴박스 다운로드 페이지(https://docs.docker.com/toolbox/toolbox_install_windows/)

그림 17의 링크를 통해 다운로드한 인스톨러(DockerToolbox.exe)를 클릭하여 설치를 진행한다.

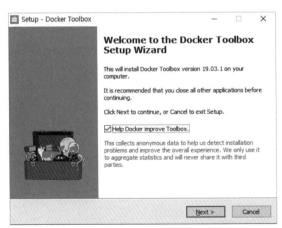

▲ 그림 18 도커 툴박스 인스톨러 초기 화면

다음 선택 화면에서는 'Docker Compose for Windows'와 'VirtualBox'를 선택하고 'Git for Windows'는 선택하지 않는다.

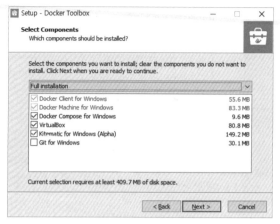

▲ 그림 19 컴포넌트 선택 창

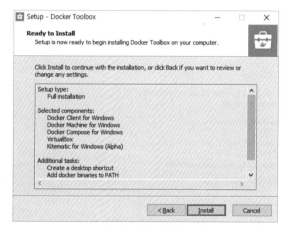

▲ 그림 20 설치 시작 확인 창

▲ 그림 21 설치 완료 시 만들어지는 아이콘

설치가 완료되면 바탕화면에 아이콘이 생긴다. 그림 21의 아이콘을 클릭하면 Docker가 기동하여 커맨드 프롬프트나 Windows PowerShell에서 도커 커맨드를 사용할 수 있다.

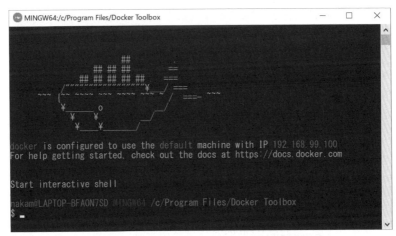

MINGW64:/c/Program Files/Docker Toolbox
docker is configured to use the default machine with IP 192.168.99.100
For help getting started, check out the docs at https://docs.docker.com
Start interactive shell
nakam@LAPTOP-BFAON7SD MINGW64 /c/Program Files/Docker Toolbox
$
▲ 그림 22 Docker Quickstart Terminal을 클릭한 화면

그림 23에서는 설치된 도커 버전을 확인하고 있다.

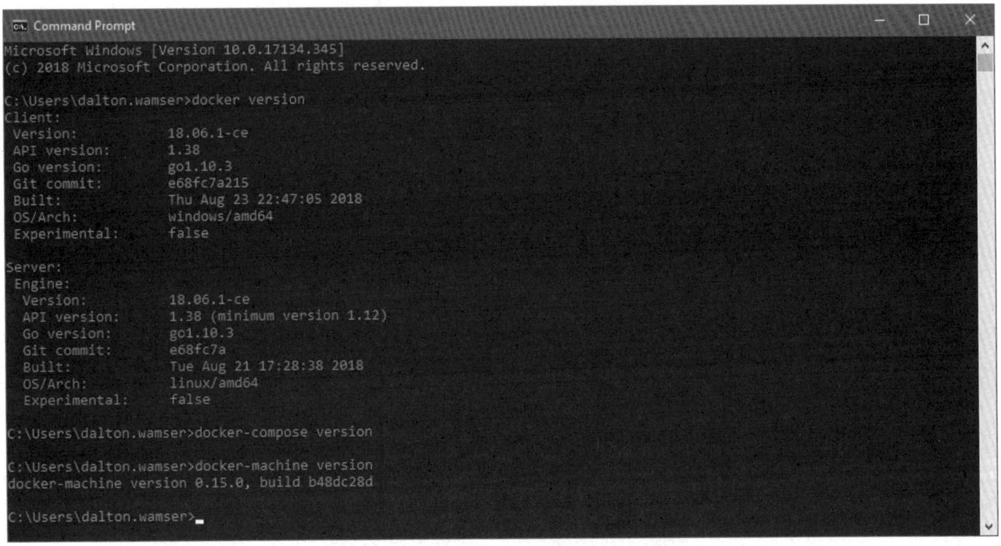

Command Prompt
Microsoft Windows [Version 10.0.17134.345]
(c) 2018 Microsoft Corporation. All rights reserved.
C:\Users\dalton.wamser>docker version
Client:
Version: 18.06.1-ce
API version: 1.38
Go version: go1.10.3
Git commit: e68fc7a215
Built: Thu Aug 23 22:47:05 2018
OS/Arch: windows/amd64
Experimental: false
Server:
Engine:
Version: 18.06.1-ce
API version: 1.38 (minimum version 1.12)
Go version: go1.10.3
Git commit: e68fc7a
Built: Tue Aug 21 17:28:38 2018
OS/Arch: linux/amd64
Experimental: false
C:\Users\dalton.wamser>docker-compose version
C:\Users\dalton.wamser>docker-machine version
docker-machine version 0.15.0, build b48dc28d
C:\Users\dalton.wamser>
▲ 그림 23 docker version을 실행한 결과

(2) Vagrant 설치

하이퍼바이저인 버추얼박스의 관리 도구 Vagrant를 설치한다. Vagrant의 다운로드 페이지(https://www.vagrantup.com/downloads.html)에서 인스톨러(vagrant_2.1.2_x86_64.msi, 2018/8/10 기준)를 다운로드하고 실행한다.

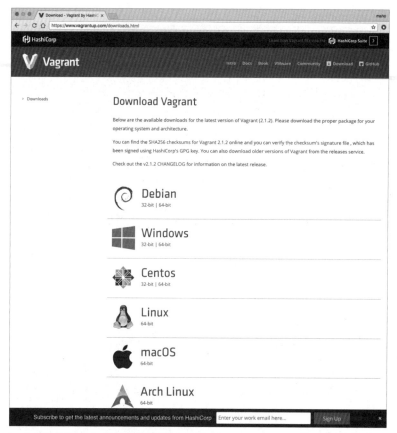

▲ 그림 24 Vagrant 다운로드 화면(https://www.vagrantup.com/downloads.html)

(3) 패키지 매니저 Chocolatey 설치

Windows 10에 curl 등의 소프트웨어를 설치하기 위해 Windows의 패키지 매니저인 Chocolatey
를 설치한다. 이것은 리눅스의 apt나 yum, macOS의 brew에 해당하는 패키지 관리 소프트웨
어다. Chocolatey의 웹 페이지(https://chocolatey.org/)의 안내에 따라 설치를 진행한다.

▲ 그림 25 Chocolatey 웹 페이지(https://chocolatey.org/)

Windows PowerShell ISE를 마우스 우클릭하여 '관리자 권한으로 실행'을 선택한다. 그리고 다음 설치 페이지(https://chocolatey.org/install)의 안내에 따라 명령어를 복사하고 파워셀에서 실행하여 설치한다.

▲ 그림 26 설치 가이드 페이지(https://chocolatey.org/install)

(4) curl과 kubectl 커맨드 설치

curl과 kubectl을 Chocolatey를 사용하여 설치한다. 실행 예 5와 같이 명령어를 입력하면 설치된다. 여기서도 git은 설치하지 않는다.

실행 예 5 curl과 kubectl 설치

```
C:\WINDOWS\system32>cinst -y curl kubernetes-cli
Chocolatey v0.10.11
Installing the following packages:
curl;kubernetes-cli
By installing you accept licenses for the packages.
Progress: Downloading curl 7.61.0... 100%

curl v7.61.0 [Approved]
curl package files install completed. Performing other installation steps.
Extracting 64-bit C:\ProgramData\chocolatey\lib\curl\tools\curl-7.61.0-win64-mingw.
zip to
C:\ProgramData\chocolatey\lib\curl\tools...
C:\ProgramData\chocolatey\lib\curl\tools
ShimGen has successfully created a shim for curl.exe
The install of curl was successful.
  Software installed to 'C:\ProgramData\chocolatey\lib\curl\tools'
Progress: Downloading kubernetes-cli 1.11.2... 100%

kubernetes-cli v1.11.2 [Approved]
kubernetes-cli package files install completed. Performing other installation steps.
Extracting 64-bit C:\ProgramData\chocolatey\lib\kubernetes-cli\tools\kubernetes-
clientwindows-amd64.tar.gz to C:\ProgramData\chocolatey\lib\kubernetes-cli\tools...
C:\ProgramData\chocolatey\lib\kubernetes-cli\tools
Extracting 64-bit C:\ProgramData\chocolatey\lib\kubernetes-cli\tools\kubernetes-
clientwindows-amd64.tar to C:\ProgramData\chocolatey\lib\kubernetes-cli\tools...
C:\ProgramData\chocolatey\lib\kubernetes-cli\tools
  ShimGen has successfully created a shim for kubectl.exe
  The install of kubernetes-cli was successful.
   Software installed to 'C:\ProgramData\chocolatey\lib\kubernetes-cli\tools'

Chocolatey installed 2/2 packages.
See the log for details (C:\ProgramData\chocolatey\logs\chocolatey.log).
```

설치한 패키지를 확인하려면 실행 예 6의 커맨드를 실행한다.

실행 예 6 설치한 패키지 목록

```
C:\WINDOWS\system32>choco list -lo
Chocolatey v0.10.11

chocolatey 0.10.11
chocolatey-core.extension 1.3.3
curl 7.61.0
kubernetes-cli 1.11.2

4 packages installed
```

(5) 미니쿠베 설치

미니쿠베 버전이 1.0이 되면서, Chocolatey를 사용하여 미니쿠베를 설치할 수 있게 되었다. 그림 27과 같이 Windows PowerShell을 관리자로 실행하여 설치하도록 한다.

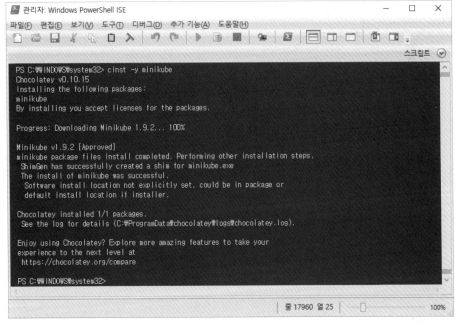

▲ 그림 27 패키지 매니저를 사용하여 미니쿠베 설치

(6) 버추얼박스 버전 업

Docker Toolbox for Windows와 함께 설치된 버추얼박스를 최신 버전으로 업데이트한다. 'Oracle VM VirtualBox 관리자'를 기동하여 '파일' → '업데이트 찾기'를 클릭한다.

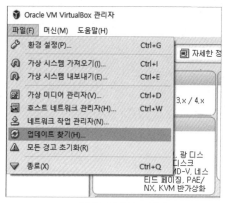

▲ 그림 28 업데이트 찾기

새로운 버전으로 업데이트하라는 메시지가 표시되면(그림 29), 링크를 클릭하여 설치 파일을 다운 로드하고 버전 업을 실시한다.

▲ 그림 29 업데이트 확인 결과

(7) git 커맨드 설치

Windows의 git 클라이언트는 텍스트 파일의 개행 코드 CR+LF와 LF 자동 변환 기능이 있다. 이 기능은 Windows와 macOS 사용자들이 함께 개발할 때 매우 유용하지만 컨테이너를 빌드 할 때 문제의 소지가 된다. 컨테이너는 리눅스 기반 기술이기 때문에 텍스트의 개행 코드는 macOS와 마찬가지로 LF다. 그러나 Windows의 개행 코드는 CR+LF다. 이 개행 코드의 차이점이 문제의 큰 원인이 된다. 예를 들어, macOS 환경에서 만든 셸 스크립트를 git 리포지터리에 등록하고 Windows에서 내려받으면 git 클라이언트가 개행 코드를 LF에서 CR+LF로 변경한다. 이렇게 변경된 셸 스크립트 파일을 컨테이너에 복사하고 이미지를 빌드하면 어떻게 될까? 오류가 발생하여 컨테이너가 비정상적으로 종료될 가능성이 높다. 이러한 문제를 피할 수 있는 방법은 다음 두 가지가 있다.

1. '.gitattributes'에 리포지터리 단위, 확장자 기준으로 변환 여부 설정
2. git 클라이언트 설치 시 변환 기능을 해제

여기서는 두 번째 방법을 소개한다. 먼저 git 다운로드 페이지(https://git-scm.com/download/win)에서 인스톨러를 다운로드한다.

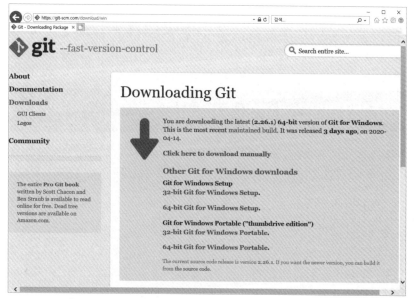

▲ 그림 30 git 커맨드 다운로드 페이지(https://git-scm.com/download/win)

설치 시 그림 31과 같이 설정한다. 기본으로 상단의 'Checkout Windows-style, commit Unix-style line endings'가 선택되어 있는데, 세 번째 'Checkout as-is, commit as-is'를 선택한다.

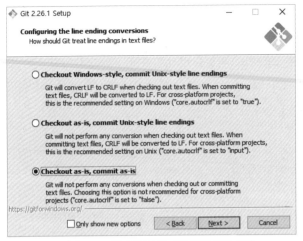

▲ 그림 31 git 클라이언트의 개행 코드 변환 설정

이것으로 Windows 10에서의 환경 설치가 완료되었다. 미니쿠베의 사용법에 대해서는 '1.4 미니쿠베 사용 방법'을 참고하기 바란다.

1.3 Vagrant의 리눅스에서 미니쿠베 사용하기

이번 절에서는 macOS 및 Windows에서 버추얼박스의 가상 서버 위에 도커와 미니쿠베 학습 환경을 구축한다. 여기서는 Vagrant와 Ansible이라는 자동화 도구를 사용한다. 여기서 사용된 코드는 깃헙 저장소(https://github.com/Jpub/15_DandK/tree/master/vagrant-minikube)에 MIT 라이선스로 공개되어 있어 누구나 무료로 사용할 수 있다.[2]

(1) 환경 요건

PC의 하드웨어 및 소프트웨어 요구 사항을 표 1~4에 정리했다. 저자가 확인한 환경이니 참고하기 바란다.

2 　보충　다음 면책 조항이 있다.
- 코드를 잘못 적용하면 독자의 PC에 의도치 않은 결과가 초래될 수 있다. 코드를 사용하다가 발생하는 문제에 대한 보상이나 기술 지원의 의무를 지지 않는다.
- 코드에서 사용하는 오픈 소스는 예고 없이 변경되거나 종료될 수 있다. 오픈 소스 코드의 동작을 보증하거나 기술 지원의 의무를 지지 않는다.
- 본 코드에 결함이나 의도치 않은 동작이 포함되어 있어도 대응하지 않는다.

▼ 표 1 하드웨어, 운영체제, 네트워크 환경 요건

필수항목	요건
PC 하드웨어	Windows PC 혹은 Mac
CPU	Intel Core i5 이상, 가상화 지원 기능(VT)
RAM(메모리)	최소 4GB, 8GB 이상을 추천
운영체제	macOS High Sierra 버전 10.13 이상, Windows 10 버전 1803 이상 64bit
인터넷 환경	브로드밴드 접속 환경(50Mbps 이상)

▼ 표 2 PC에 설치하는 소프트웨어 패키지

OS	패키지	최저 버전
Windows 10	버추얼박스	5.2.8
	Vagrant	2.1.2
	git	2.9.0
macOS	버추얼박스	5.1.10
	Vagrant	2.0.3
	git	2.17.0

▼ 표 3 가상 서버의 스펙

소프트웨어	요건
리눅스	우분투 16.04 LTS x86_64
Host Only(Private) IP 주소	172.16.10.10
vCPU	2
메모리	2GB

▼ 표 4 도커와 쿠버네티스의 버전

소프트웨어	버전
도커	Community Edition 버전 18.06.2-ce
미니쿠베	최신 버전
쿠버네티스	미니쿠베에 의존

(2) 설치 순서

macOS는 부록 1.1을, Windows는 부록 1.2를 참고하여 버추얼박스(VirtualBox), Vagrant, git
을 설치한다. 준비가 되면 실행 예 7과 같이 설치를 진행한다. 미니쿠베가 부팅되기까지 3~5분
정도의 시간이 걸린다.

실행 예 7 Vagrant의 가상 서버에서 도커와 미니쿠베 기동

```
$ git clone https://github.com/Jpub/15_DandK.git
Cloning into '15_DandK'...

<중간 생략>

$ cd 15_DandK/vagrant-minikube/
$ vagrant up
Bringing machine 'default' up with 'virtualbox' provider...

<중간 생략>

vagrant-minikube$ vagrant ssh
Welcome to Ubuntu 16.04.4 LTS (GNU/Linux 4.4.0-130-generic x86_64)

<중간 생략>

## Docker CE 설치 확인
vagrant@minikube:~$ docker version
Client:
 Version: 18.06.2-ce
 API version: 1.38
 Go version: go1.10.3
 Git commit: 6d37f41
 Built: Sun Feb 10 03:48:06 2019
 OS/Arch: linux/amd64
 Experimental: false

Server:
 Engine:
  Version: 18.06.2-ce
  API version: 1.38 (minimum version 1.12)
  Go version: go1.10.3
  Git commit: 6d37f41
  Built: Sun Feb 10 03:46:30 2019
  OS/Arch: linux/amd64
```

```
    Experimental: false


## 미니쿠베 실행
vagrant@minikube:~$ sudo minikube start
```

(3) 사용 방법

미니쿠베가 구성한 쿠버네티스에 액세스하려면 'vagrant ssh'로 가상 서버에 들어가 kubectl 커맨드를 사용하면 된다. 가상 서버와 PC 간의 파일 공유를 위해 가상 서버의 경로 '/vagrant'에 호스트의 Vagrantfile이 있는 디렉터리를 마운트하였다.

실행 예 8 미니쿠베에서 kubectl 커맨드 실행

```
vagrant-minikube$ vagrant ssh

# 노드 목록 표시
vagrant@minikube:~$ kubectl get node
NAME       STATUS  ROLES    AGE  VERSION
minikube Ready     master   3m   v1.14.0

# 모든 파드 목록 표시
vagrant@minikube:~$ kubectl get pod --all-namespaces
NAMESPACE     NAME                                  READY STATUS  RESTARTS AGE
kube-system   coredns-fb8b8dccf-fnsqx               1/1   Running 0        3m19s
kube-system   coredns-fb8b8dccf-thlkp               1/1   Running 0        3m19s
kube-system   etcd-minikube                         1/1   Running 0        2m22s
kube-system   kube-addon-manager-minikube           1/1   Running 0        2m21s
kube-system   kube-apiserver-minikube               1/1   Running 0        2m17s
kube-system   kube-controller-manager-minikube 1/1   Running 0        2m17s
kube-system   kube-proxy-zvd5k                      1/1   Running 0        3m20s
kube-system   kube-scheduler-minikube               1/1   Running 0        2m7s
kube-system   storage-provisioner                   1/1   Running 0        3m18s
```

가상 머신을 종료하고 자원을 해제하려면 Vagrantfile이 있는 디렉터리에서 다음 커맨드를 실행한다. 그리고 다시 시동하려면 'vagrant up'을 실행한다.

실행 예 9 미니쿠베 가상 서버 정지

```
$ vagrant halt
```

가상 머신과 가상 스토리지를 삭제하려면 다음 커맨드를 실행한다. 이때 저장된 데이터도 전부 삭제된다.

실행 예 10 미니쿠베 가상 서버 삭제

```
$ vagrant destroy
```

이어서 미니쿠베의 사용 방법을 알아보자.

1.4 미니쿠베 사용 방법

이번 절에서는 미니쿠베의 기본적인 사용 방법에 대해 알아본다. 이 책의 본문에서는 다음 목록의 1과 2에 해당하는 기능만을 사용하지만, 3번 이후의 내용도 알아 두면 무척 도움이 되는 기능들이라 함께 다루었다.

1. 기동
2. 정지와 삭제
3. 대시보드 사용
4. 로그 분석

(1) 미니쿠베 옵션

다음 표에는 핵심이 되는 명령어들을 정리했다. 관련 내용은 'minikube -h'를 실행해도 확인할 수 있다.

▼ **표 5 미니쿠베의 주요 커맨드 목록**

미니쿠베 커맨드	개요
minikube start	가상 머신 기동, kubectl 사용이 가능해짐
minikube stop	가상 머신 정지
minikube delete	가상 머신 삭제
minikube status	상태 출력
minikube ip	가상 머신의 IP 주소 표시
minikube ssh	가상 머신의 리눅스에 로그인
minikube addons list	애드온 기능 목록
minikube dashboard	브라우저를 기동하여 쿠버네티스의 대시보드 접속

(2) 미니쿠베 기동

Windows에서는 커맨드 프롬프트에서, macOS에서는 터미널에서 'minikube start'를 입력한다.

실행 예 11 미니쿠베 기동

```
$ minikube start
Starting local Kubernetes v1.10.0 cluster...
Starting VM...
Downloading Minikube ISO
160.27 MB / 160.27 MB [=========================================] 100.00% 0s
Getting VM IP address...
Moving files into cluster...
Setting up certs...
Connecting to cluster...
Setting up kubeconfig...
Starting cluster components...
Kubectl is now configured to use the cluster.
Loading cached images from config file.

$ minikube status
minikube: Running
cluster: Running
kubectl: Correctly Configured: pointing to minikube-vm at 192.168.99.100

$ kubectl get node
NAME      STATUS ROLES  AGE VERSION
minikube  Ready  master 2m  v1.10.0
```

Vagrant로 기동한 가상 머신 위에서 미니쿠베를 기동하는 경우(이후 이를 Vagrant-Minikube라고 하겠다) Vagrantfile이 있는 디렉터리로 이동하여 가상 머신을 기동하고 로그인 후 미니쿠베를 기동한다. kubectl 커맨드는 가상 머신 내에서 사용할 수 있다.

실행 예 12 Vagrant 가상 머신 위에서 미니쿠베 기동

```
$ vagrant up ## 가상 머신 기동
<중간 생략>

$ vagrant ssh ## 가상 머신에 로그인
<중간 생략>

$ sudo minikube start   ## 미니쿠베 시작
```

(3) 미니쿠베 정지와 제거

미니쿠베를 다 사용한 후에는 가상 머신을 정지시켜 점유하던 자원을 해제해 준다. 종료할 때의 상태는 재부팅 후 복원된다. 즉, 정지하기 전에 배포한 K8s 클러스터의 디플로이먼트, 서비스, 파드 등이 이어서 기동된다.

실행 예 13 미니쿠베 가상 머신 종료

```
$ minikube stop
```

실습을 진행하면서 미니쿠베가 응답이 없는 경우가 발생할 수 있다. 그런 경우에는 미니쿠베의 가상 머신을 지우고 처음부터 다시 시작하는 것이 좋다.

실행 예 14 미니쿠베 가상 머신 삭제

```
$ minikube delete
```

삭제해도 문제가 해결되지 않을 때는 미니쿠베의 운영체제 이미지를 지우고 다시 시작해 본다.

실행 예 15 미니쿠베의 운영체제 이미지 삭제

```
$ minikube delete && rm -fr ~/.minikube
```

Vagrant-Minikube에서는 다음 순서로 중지한다.

실행 예 16 Vagrant 가상 머신상의 미니쿠베 정지

```
$ sudo minikube stop   ## 미니쿠베 종료
$ exit                 ## 가상 머신에서 로그아웃
$ vagrant halt         ## 가상 머신 종료
```

Vagrant가 만든 가상 머신을 지우려면 실행 예 17처럼 한다.

실행 예 17 Vagrant 가상 머신 삭제

```
$ exit                 ## 가상 머신에서 로그아웃
$ vagrant destroy      ## 가상 머신 삭제
$ vagrant up           ## 가상 머신 기동
```

(4) 대시보드

대시보드는 이 책의 본문에서는 다루지 않지만, 쿠버네티스의 구조를 이해하는 데 매우 유용한 시각적 정보를 제공해 주기 때문에 설치법을 소개하고자 한다. CPU와 메모리 사용량에 대한 시계열 그래프를 보기 위해서는 metrics-server를 먼저 기동해야 한다. 그리고 미니쿠페 대시보드를 실행하면 PC의 브라우저에서 대시보드에 접속한다.

실행 예 18 대시보드 기동

```
$ minikube addons enable metrics-server
metrics-server was successfully enabled

$ minikube dashboard
Opening kubernetes dashboard in default browser...
```

대시보드에서 네임스페이스를 '모든 네임스페이스'로 선택하고 개요를 클릭하면 다음과 같은 화면이 표시된다(그림 32). metrics-server를 기동하지 않았다면 CPU와 메모리 사용량 그래프는 표시되지 않는다. metrics-server를 기동하고 그래프가 표시될 때까지는 약 5분 정도의 시간이 걸린다. 이는 정보를 수집하고 통계를 내기 위해 필요한 시간이다.

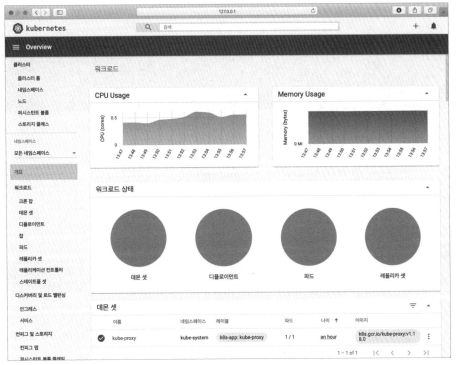

▲ 그림 32 미니쿠베의 대시보드

Windows 10의 Microsoft Edge에서는 대시보드에 접속이 잘 안 될 수 있으니 크롬이나 파이어폭스 사용을 추천한다.

Vagrant-Minikube의 환경에서는 minikube 앞에 'sudo'를 붙이도록 한다. 그리고 PC의 브라우저에서 가상 머신 안의 대시보드에 접속하기 위해서는 가상 머신의 IP 주소 '172.16.10.10'을 사용한다. 다음 순서에 따라 대시보드를 위한 파드를 기동한다. 마지막 명령어는 포그라운드로 돌기 때문에 이후 단계는 다른 터미널을 열고 작업해야 한다.

실행 예 19 대시보드 기동

```
vagrant@minikube:~$ sudo minikube addons enable metrics-server
metrics-server was successfully enabled

vagrant@minikube:~$ sudo minikube dashboard --url
<중간 생략>
http://127.0.0.1:39574/api/v1/namespaces/kube-system/services/http:kubernetes-
dashboard:/proxy/
```

새로운 터미널을 열고 'vagrant ssh'로 로그인한 후 다음 커맨드를 실행하면 가상 서버의 IP 주소에서 접근할 수 있다. 이쪽도 포그라운드로 돌아가기 때문에 대시보드에 접속하는 동안 터미널은 계속해서 돌게 놔둬야 한다.

실행 예 20 K8s 클러스터 외부로부터의 접속을 위한 프록시 기동

```
vagrant@minikube:~$ kubectl proxy --address="0.0.0.0" -p 8001 --accept-hosts='^*$'
-n kube-system
Starting to serve on [::]:8001
```

그러면 다음 URL로 Vagrant-Minikube의 대시보드에 액세스할 수 있다.

http://172.16.10.10:8001/api/v1/namespaces/kubernetes-dashboard/services/http:
kubernetes-dashboard:/proxy/#/overview?namespace=default

(5) 로그 분석

미니쿠베는 통합 검색 엔진인 일래스틱서치(Elasticsearch), 로그 수집 도구인 Fluentd, 데이터 시각화 및 분석 도구인 키바나(Kibana) 기반의 로그 수집 및 분석 학습 환경(이하 EFK)을 플러그인으로 제공한다. 일래스틱서치과 키바나의 조합은 보통 ELK(Elasticsearch, Logstash, Kibana)로 유명하지만, 미니쿠베 애드온은 'EFK'를 제공한다. 이 부분은 Windows 10 또는 macOS에서 작동하는 미니쿠베를 기준으로 진행한다. 일래스틱서치의 컨테이너는 약 2.4GB의 메모리를 필요로 한다. 미니쿠베가 만드는 가상 서버는 2GB의 메모리를 사용하도록 설정되기 때문에 그대로는 EFK를 사용할 수 없다. 그래서 일단 미니쿠베의 가상 머신을 삭제하고 8GB를 할당하여 재시작하도록 한다.

실행 예 21 미니쿠베 삭제, 메모리 8GB로 기동

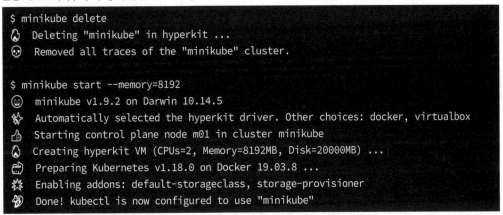

```
$ minikube delete
   Deleting "minikube" in hyperkit ...
   Removed all traces of the "minikube" cluster.

$ minikube start --memory=8192
   minikube v1.9.2 on Darwin 10.14.5
   Automatically selected the hyperkit driver. Other choices: docker, virtualbox
   Starting control plane node m01 in cluster minikube
   Creating hyperkit VM (CPUs=2, Memory=8192MB, Disk=20000MB) ...
   Preparing Kubernetes v1.18.0 on Docker 19.03.8 ...
   Enabling addons: default-storageclass, storage-provisioner
   Done! kubectl is now configured to use "minikube"
```

미니쿠베가 기동되면 EFK를 기동시킨다. 'minikube start'를 실행한 후 쿠버네티스가 완전히 기동할 때까지는 2~3분 정도의 시간이 소요된다. 준비가 완료된 것을 확인하기 위해 다음 커맨드를 실행하여 모든 파드가 Running인지를 확인한다.

실행 예 22 미니쿠베 기동 확인

```
$ kubectl get po --all-namespaces
```

모든 파드가 Running이 되었다면 EFK를 기동한다. 참고로 저자의 환경에서는 일래스틱서치가 완전히 기동할 때까지 대략 10분 정도가 걸렸다.

실행 예 23 EFK 개시

```
$ minikube addons enable efk
efk was successfully enabled
```

키바나(Kibana)의 서비스는 NodePort 타입이기 때문에 다음 커맨드를 통해 포트를 확인하고 가상 서버의 IP 주소와 결합하여 접속한다.

실행 예 24 NodePort 번호 확인

```
$ kubectl get svc --all-namespaces
NAMESPACE      NAME                     TYPE        CLUSTER-IP       EXTERNAL-IP
PORT(S)                         AGE
default        kubernetes               ClusterIP   10.96.0.1        <none>
443/TCP                         2m15s
kube-system    elasticsearch-logging    ClusterIP   10.103.24.201    <none>
9200/TCP                        11s
kube-system    kibana-logging           NodePort    10.107.96.142    <none>
5601:30003/TCP                  11s
kube-system    kube-dns                 ClusterIP   10.96.0.10       <none>
53/UDP,53/TCP,9153/TCP          2m13s
```

kibana-logging 서비스의 PORT(S) 열을 보면 '5601:30003/TCP'로 되어 있어 ClusterIP의 포트번호 5601을 노드의 포트번호 30003으로 공개하는 것을 알 수 있다.

또한, 다음과 같이 미니쿠베의 서비스 목록을 확인해도 접속 URL을 확인할 수 있다.

실행 예 25 미니쿠베 서비스 목록

```
$ minikube service list
|-------------|----------------------|---------------|-----------------------------|
|  NAMESPACE  |         NAME         |  TARGET PORT  |             URL             |
|-------------|----------------------|---------------|-----------------------------|
|  default    |  kubernetes          |  No node port |                             |
|  kube-system|  elasticsearch-logging|  No node port |                             |
|  kube-system|  kibana-logging      |          5601 |  http://192.168.64.3:30003  |
|  kube-system|  kube-dns            |  No node port |                             |
|-------------|----------------------|---------------|-----------------------------|
```

브라우저에서 URL에 접속하면 키바나(Kibana)의 첫 화면이 표시된다. 검색할 첫 인덱스 패턴을 만들기 위해 Create 버튼을 클릭한다.

▲ 그림 33 키바나 초기 화면

이어서 화면 좌측 상단의 Discover 메뉴를 클릭하면 로그를 검색할 수 있다.

▲ 그림 34 로그 조회 화면

로그 분석 소프트웨어는 메모리와 CPU를 많이 사용하기 때문에 미니쿠베에서는 맛을 보는 정도만 가능하다. 본격적인 사용을 원한다면 퍼블릭 클라우드 사용을 추천한다.

2 학습 환경 2

멀티 노드 K8s 클러스터를 PC에 구축

2.1 멀티 노드 K8s

부록 1(학습 환경 1)의 미니쿠베는 단일 노드 구성의 쿠버네티스였다.

따라서 PC의 메모리 용량이 적어도 작동하지만, 여러 노드로 구성된 환경에 대한 실습과 검증에는 사용할 수 없다. 또한, Certified Kubernetes Administrator(CKA) 자격증 시험도 다중 노드 환경에서의 실기 능력을 보기 때문에 미니쿠베의 학습 환경으로는 충분하지 않다.

그래서 학습 환경 2에서는 CNCF의 쿠버네티스 프로젝트가 배포하는 업스트림 코드를 사용하여 PC에서도 동작하는 소규모 멀티 노드 쿠버네티스 클러스터 환경을 구축한다.

가상 환경의 구축은 부록 1.3과 같이, Vagrant와 Ansible를 사용한다. 이번 절에서 사용할 코드들은 깃헙 저장소(https://github.com/Jpub/15_DandK/tree/master/vagrant-kubernetes)에서 누구나 무료로 다운받을 수 있다.[3]

(1) 환경 요건

그림 1은 이번에 구성할 환경의 소프트웨어 스택이다. 자동화 도구(Vagrant와 Ansible)에 의해 음영 부분에 해당하는 소프트웨어들이 자동으로 설치될 것이다.

---

3   보충 면책 조항: 부록 1.3의 각주에 있는 면책 조항을 참고하기 바란다.

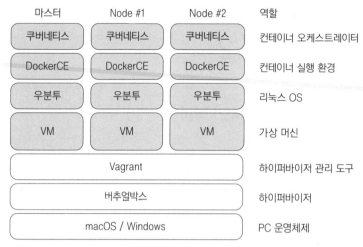

마스터	Node #1	Node #2	역할
쿠버네티스	쿠버네티스	쿠버네티스	컨테이너 오케스트레이터
DockerCE	DockerCE	DockerCE	컨테이너 실행 환경
우분투	우분투	우분투	리눅스 OS
VM	VM	VM	가상 머신
Vagrant			하이퍼바이저 관리 도구
버추얼박스			하이퍼바이저
macOS / Windows			PC 운영체제

▲ 그림 1 학습 환경 2 소프트웨어 스택 개요

표 1에 PC 환경, 표 2에 설치할 소프트웨어, 표 3에 도커와 쿠버네티스의 버전, 표 4에는 가상 NFS 서버를 설치하기 위해 필요한 스펙을 정리했다. 표 2는 저자의 환경에서 확인한 버전으로 이후 출시된 버전이라면 크게 문제 없이 동작할 것이다.

▼ 표 1 하드웨어, 운영체제, 네트워크 등의 환경 요건

필요 항목	조건
PC 하드웨어	Windows PC 또는 Mac
CPU	Intel Core i5 이상, 가상화 지원 기능(VT)
RAM(메모리)	최소 8GB, 추천 16GB
운영체제	macOS High Sierra 버전 10.13 이상 Windows 10 버전 1803 이상 64bit
인터넷 환경	브로드밴드 접속 환경(50Mbps 이상)

▼ 표 2 PC에 설치해야 하는 소프트웨어 패키지

OS	패키지	최저 버전
Windows 10	버추얼박스	5.2.8
	Vagrant	2.1.2
	git	2.9.0
macOS	버추얼박스	5.1.10
	Vagrant	2.0.3
	git	2.17.0

소프트웨어	조건
리눅스	우분투 16.04 LTS x86_64
도커	Community Edition 버전 18.06.1-ce
쿠버네티스	버전 1.14.0

노드	항목	요건
마스터	호스트 이름	master
	리눅스	우분투 16.04 LTS x86_64
	Host Only(Private) IP 주소	172.16.20.11
	vCPU	2
	메모리	1GB
Node #1	호스트 이름	node1
	리눅스	우분투 16.04 LTS x86_64
	Host Only(Private) IP 주소	172.16.20.12
	vCPU	1
	메모리	1GB
Node #2	호스트 이름	node2
	리눅스	우분투 16.04 LTS x86_64
	Host Only(Private) IP 주소	172.16.20.13
	vCPU	1
	메모리	1GB

(2) 설치 순서

macOS는 부록 1.1, Windows는 부록 1.2를 참고하여 버추얼박스(VirtualBox), Vagrant, git을 설치하기 바란다.

여기서는 Vagrant와 Ansible을 사용하여 그림 2의 구성을 완성한다. 여기서 사용하는 코드는 깃헙(https://github.com/Jpub/15_DandK/tree/master/vagrant-kubernetes)에서 구할 수 있다.

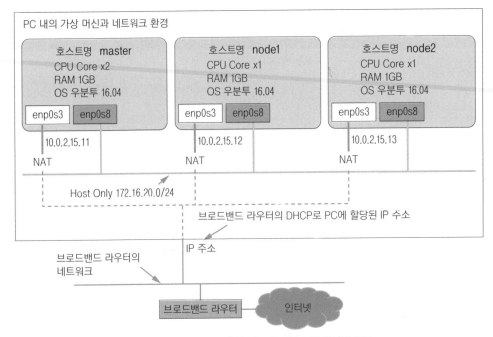

PC 내의 가상 머신과 네트워크 환경

| 호스트명 master | 호스트명 node1 | 호스트명 node2 |
CPU Core x2 / RAM 1GB / OS 우분투 16.04

enp0s3 enp0s8
10.0.2.15.11
NAT

CPU Core x1 / RAM 1GB / OS 우분투 16.04

enp0s3 enp0s8
10.0.2.15.12
NAT

CPU Core x1 / RAM 1GB / OS 우분투 16.04

enp0s3 enp0s8
10.0.2.15.13
NAT

Host Only 172.16.20.0/24

브로드밴드 라우터의 DHCP로 PC에 할당된 IP 수소

IP 주소

브로드밴드 라우터의 네트워크

브로드밴드 라우터   인터넷

▲ 그림 2 Vagrant로 구축할 시스템 구성도 및 인터넷 구조

그림 2의 K8s 클러스터 구축은 다음 실행 예에 기재한 3개의 명령어를 실행하는 것으로 완료된다. 구축이 완료될 때까지 걸리는 시간은 PC의 성능과 인터넷 환경에 따라 다르겠지만, 저자의 환경(도쿄)에서 15~20분 정도 걸렸다.

실행 예 1 깃헙에서 다운받고 vagrant up(macOS의 경우)

```
$ git clone https://github.com/Jpub/15_DandK.git
$ cd 15_DandK/vagrant-kubernetes
$ vagrant up
```

실행 예 2 깃헙에서 다운받고 vagrant up(Windows 10의 경우)

```
C:\Users\Maho\tmp\git clone https://github.com/Jpub/15_DandK.git
C:\Users\Maho\tmp\cd 15_DandK/vagrant-kubernetes
C:\Users\Maho\tmp\vagrant-kubernetes>vagrant up
```

(3) kubectl을 사용하여 클러스터를 조작하는 방법

K8s 클러스터 구축이 완료된 상황에서 kubectl을 사용하는 방법에는 세 가지가 있다. 가장 쉬운 방법부터 소개하면 다음과 같다.

- **방법 1** 마스터 노드에 로그인해서 kubectl을 사용
- **방법 2** 환경 변수 KUBECONFIG를 설정하여 PC에서 kubectl 사용
- **방법 3** PC의 홈 디렉터리 '.kube/config'에 복사 또는 병합하여 사용

세 가지 방법 중 하나를 선택하여 진행하도록 한다.

방법 1: 마스터 노드에 로그인하여 작업

실행 예 3 마스터 노드에 로그인(macOS의 경우)

```
$ vagrant ssh master
Welcome to Ubuntu 16.04.4 LTS (GNU/Linux 4.4.0-130-generic x86_64)

<중략>

vagrant@master:~$ kubectl get node
NAME     STATUS    ROLES     AGE    VERSION
master   Ready     master    9h     v1.14.0
node1    Ready     <none>    9h     v1.14.0
node2    Ready     <none>    9h     v1.14.0
```

실행 예 4 마스터 노드에 로그인(Windows 10의 경우)

```
C:\Users\Maho\tmp\vagrant-kubernetes>vagrant ssh master
Welcome to Ubuntu 16.04.4 LTS (GNU/Linux 4.4.0-130-generic x86_64)

<중략>

Last login: Sun May 5 07:44:26 2019 from 10.0.2.2
vagrant@master:~$ kubectl get node
NAME     STATUS    ROLES     AGE     VERSION
master   Ready     master    10m     v1.14.0
node1    Ready     <none>    10m     v1.14.0
node2    Ready     <none>    10m     v1.14.0
```

방법 2: 환경 변수 설정

실행 예 5 환경 변수를 설정하고 kubectl로 노드의 목록 확인(macOS의 경우)

```
imac:vagrant-kubernetes maho$ pwd
/Users/maho/tmp/vagrant-kubernetes

imac:vagrant-kubernetes maho$ export KUBECONFIG=`pwd`/kubeconfig/config

imac:vagrant-kubernetes maho$ kubectl get node
NAME      STATUS    ROLES     AGE       VERSION
master    Ready     master    25m       v1.14.0
node1     Ready     <none>    23m       v1.14.0
node2     Ready     <none>    23m       v1.14.0
```

실행 예 6 환경 변수를 설정하고 kubectl로 노드의 목록 확인(Windows 10의 경우)

```
C:\Users\Maho\tmp\vagrant-kubernetes>set KUBECONFIG=%CD%\kubeconfig\config

C:\Users\Maho\tmp\vagrant-kubernetes>kubectl get node
NAME      STATUS    ROLES     AGE       VERSION
master    Ready     master    2m        v1.14.0
node1     Ready     <none>    2m        v1.14.0
node2     Ready     <none>    2m        v1.14.0
```

방법 3: '.kube /config' 파일을 복사

실행 예 7 홈 디렉터리에 인증 정보를 복사하고 kubectl로 노드의 목록 확인(macOS의 경우)

```
#
# 설정 파일 보관 디렉터리 작성
#
$ mkdir -p $HOME/.kube
#
# vagrant-kubernetes/kubeconfig/config의 내용을 복사
#
$ cp -i /Users/maho/tmp/vagrant-kubernetes/kubeconfig/config $HOME/.kube/config
$ kubectl get node
NAME      STATUS    ROLES     AGE       VERSION
master    Ready     master    30m       v1.14.0
node1     Ready     <none>    29m       v1.14.0
node2     Ready     <none>    29m       v1.14.0
```

```
C:\Users\Maho\tmp\vagrant-kubernetes\kubeconfig>copy config C:\Users\Maho\.kube\
    1개의 파일을 복사했습니다.

C:\Users\Maho\tmp\vagrant-kubernetes\kubeconfig>kubectl get node
NAME      STATUS    ROLES     AGE       VERSION
master    Ready     master    8m        v1.14.0
node1     Ready     <none>    8m        v1.14.0
node2     Ready     <none>    8m        v1.14.0
```

(4) 가동을 확인하는 방법

다음 명령어로 클러스터의 상태를 확인할 수 있다. 다음과 같이 3개의 서버가 모두 running 상태로 나오면 준비가 완료된 것이다.

실행 예 9 Vagrant 가상 머신의 상태 확인(macOS와 Windows 10)

```
$ vagrant status
Current machine states:

master                    running (virtualbox)
node1                     running (virtualbox)
node2                     running (virtualbox)
```

K8s 클러스터의 상태는 다음과 같이 확인한다.

실행 예 10 K8s 클러스터의 상태 확인(macOS와 Windows 10)

```
#
# 클러스터 정보를 표시
#
$ kubectl cluster-info
Kubernetes master is running at https://172.16.20.11:6443
KubeDNS is running at https://172.16.20.11:6443/api/v1/namespaces/kube-system/
services/
kube-dns:dns/proxy

To further debug and diagnose cluster problems, use 'kubectl cluster-info dump'.

#
# 구성 요소의 상태 확인
```

```
#
$ kubectl get componentstatus
NAME                   STATUS     MESSAGE              ERROR
scheduler              Healthy    ok
controller-manager     Healthy    ok
etcd-0                 Healthy    {"health":"true"}
```

(5) K8s 클러스터 운영

가상 머신에서 돌아가는 K8s 클러스터일지라도 제대로 운영하는 것이 좋다.

예를 들어, K8s 클러스터를 종료하지 않고 PC의 전원을 끄면 다시 시작했을 때 가상 머신의 상태가 'abort(중단)'로 표시되며 시작되지 않는다. 이 경우 'vagrant up'을 실행하여 다시 가상 컴퓨터를 시작해야 한다. 만약 기동 중 오류가 발생하면 'vagrant halt'로 정지한 후 'vagrant up'을 해본다. 그래도 문제가 해결되지 않는다면 'vagrant destroy'로 삭제한 뒤 'vagrant up'으로 새롭게 구축하기 바란다.

▼ 표 5 자주 사용하는 vagrant 명령어

커맨드	동작 개요
vagrant up [VM명]	현 디렉터리의 Vagrantfile에 기재된 내용을 바탕으로 가상 머신 기동. VM명을 생략하면, Vagrantfile에 기재된 모든 VM을 기동
vagrant halt [VM명]	가상 머신을 셧다운. VM명 생략 시의 동작은 동일. 정지한 후 다시 기동하려면 vagrant up을 실행
vagrant destroy [VM명]	가상 머신을 삭제. VM명 생략 시의 동작은 동일. 가상 머신에 있던 데이터는 함께 지워지며 복원 불가능
vagrant ssh [VM명]	가상 머신을 지정해서 로그인. 패스워드는 불필요
vagrant status	가상 머신의 상태를 출력

그럼 K8s 클러스터를 정지, 기동, 삭제, 재구성하는 실행 예를 살펴보자.

실행 예 11 K8s 클러스터 정지

```
#
# 마스터에서 로그아웃
#
vagrant@master:~$ logout
Connection to 127.0.0.1 closed.
```

```
#
# 디렉터리 vagrant-kubernetes에서 정지 명령어 실행
#
$ vagrant halt
vagrant@master:~$ logout
Connection to 127.0.0.1 closed.
imac:vagrant-kubernetes maho$ vagrant halt
==> master: Removing cache buckets symlinks...
==> master: Attempting graceful shutdown of VM...
==> node2: Removing cache buckets symlinks...
==> node2: Attempting graceful shutdown of VM...
==> node1: Removing cache buckets symlinks...
==> node1: Attempting graceful shutdown of VM...
```

실행 예 12 K8s 클러스터 기동

```
#
# 디렉터리 vagrant-kubernetes에서 기동 명령어 실행
#

$ vagrant up
Bringing machine 'node1' up with 'virtualbox' provider...
Bringing machine 'node2' up with 'virtualbox' provider...
Bringing machine 'master' up with 'virtualbox' provider...

<중략>

==> master: Configuring cache buckets...
==> master: Machine already provisioned. Run `vagrant provision` or use the
`--provision`
==> master: flag to force provisioning. Provisioners marked to run always will
still run.
$
```

실행 예 13 K8s 클러스터 삭제

```
#
# 디렉터리 vagrant-kubernetes에서 삭제 명령어 실행
#

$ vagrant destroy
    master: Are you sure you want to destroy the 'master' VM? [y/N] y
```

```
==> master: Forcing shutdown of VM...
==> master: Destroying VM and associated drives...
    node2: Are you sure you want to destroy the 'node2' VM? [y/N] y
==> node2: Forcing shutdown of VM...
==> node2: Destroying VM and associated drives...
    node1: Are you sure you want to destroy the 'node1' VM? [y/N] y
==> node1: Forcing shutdown of VM...
==> node1: Destroying VM and associated drives...
```

실행 예 14 K8s 클러스터 재구성

```
#
# 디렉터리 vagrant-kubernetes에서 상태 확인
#
$ vagrant status
Current machine states:

node1                   not created (virtualbox)
node2                   not created (virtualbox)
master                  not created (virtualbox)

<이하 생략>

#
# 디렉터리 vagrant-kubernetes에서 vagrant up 실행
#
$ vagrant up
Bringing machine 'node1' up with 'virtualbox' provider...
Bringing machine 'node2' up with 'virtualbox' provider...
Bringing machine 'master' up with 'virtualbox' provider...
```

2.2 가상 NFS 서버

이번 절에서는 가상 머신을 활용하여 NFS 서버를 구축한다. 이번에도 Vagrant와 Ansible을 사용할 것이다. 여기서 사용하는 코드는 깃헙 리포지터리(https://github.com/Jpub/15_DandK/tree/master/vagrant-nfs)에 있어서 누구나 무료로 사용할 수 있다.[4]

---

4   보충 면책 조항: 부록 1.3의 각주를 참고하기 바란다.

(1) 환경 요건

가상 NFS 서버는 그림 3의 음영 부분에 해당하며, 미니쿠베 및 멀티 노드 K8s에서 스토리지로
사용할 수 있다.

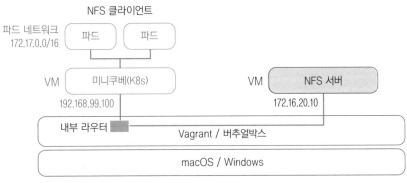

▲ 그림 3 NFS 서버의 실행 이미지

하드웨어 및 소프트웨어의 요구 사항을 표 6~8에 정리했다. 저자가 확인한 환경이니 참고하기
바란다.

▼ 표 6 하드웨어, 운영체제, 네트워크 환경

필요 항목	조건
PC 하드웨어	Windows PC 또는 Mac
CPU	Intel Core i5 이상, 가상화 지원 기능(VT)
RAM(메모리)	최소 4GB
운영체제	macOS High Sierra 버전 10.13 이상 Windows 10 버전 1803 이상 64bit
인터넷 환경	브로드밴드 접속 환경(50Mbps 이상)

▼ 표 7 PC에 설치하는 소프트웨어 패키지

OS	패키지	최소 버전
Windows10	버추얼박스	5.2.8
	Vagrant	2.1.2
	git	2.9.0
macOS	버추얼박스	5.1.10
	Vagrant	2.0.3
	git	2.17.0

저자가 확인한 버전으로 이후 출시된 버전에서도 문제 없이 동작할 것이다.

▼ 표 8 가상 NFS 서버의 스펙

소프트웨어	조건
리눅스	우분투 16.04 LTS x86_64
Host Only(Private) IP 주소	172.16.20.10
vCPU	1
메모리	512MB
NFS 서버	nfs-kernel-server 1:1.2.8-9 ubuntu12.1 supported NFSv3/NFSv4

(2) 사용 방법

깃헙의 리포지터리에서 코드를 다운받고 'vagrant up'을 실행하면 몇 분 안에 NFS 서버가 기동된다.

실행 예 15 NFS 서버 시작

```
$ git clone https://github.com/Jpub/15_DandK.git
$ cd 15_DandK/vagrant-nfs/
$ vagrant up
```

가상 머신을 종료하여 자원을 해제하려면 다음 명령어를 실행한다. 나중에 다시 기동할 때는 'vagrant up'을 입력하면 된다.

실행 예 16 NFS 서버 정지

```
$ vagrant halt
```

가상 스토리지를 제거하여 NFS 서버가 점유하던 스토리지 자원을 해제한다. 이때 저장된 데이터도 삭제된다.

실행 예 17 NFS 서버 제거

```
$ vagrant destroy
```

2.3 가상 GlusterFS 클러스터

학습 환경 2의 멀티 노드 K8s 클러스터에서 퍼시스턴트 볼륨을 동적으로 프로비저닝할 수 있는 학습 환경을 구축해 보자.

여기서도 Vagrant와 Ansible을 사용한다. 이번 절에서 사용하는 코드는 깃헙 리포지터리 (https://github.com/Jpub/15_DandK/tree/master/vagrant-glusterfs)에 있어서 누구나 무료로 사용할 수 있다.[5]

(1) 가상 GlusterFS 클러스터란?

GlusterFS는 NFS나 Samba와 같은 네트워크 파일 시스템으로 오픈 소스 소프트웨어다. 파일 시스템을 대규모로 병렬화할 수 있어 방대한 데이터를 활용하는 바이오 인포매틱스 및 클라우드 컴퓨팅에서 사용되고 있다.

여기서는 가상 머신을 사용하여 PC에 소규모 GlusterFS 클러스터를 구축할 것이다. 그리고 Heketi와 연동하여 쿠버네티스에서 퍼시스턴트 볼륨을 자동으로 구성(동적 프로비저닝)할 수 있게 할 것이다.

(2) GlusterFS 환경 요건

이 환경의 소프트웨어 스택은 그림 4와 같다. 음영 부분에 해당하는 부분이 설치된다.

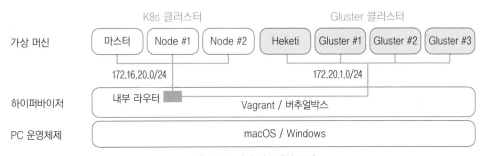

▲ 그림 4 스토리지 시스템의 구성

▼ 표 9 하드웨어, 운영체제, 네트워크 환경 요구 사항

필요 항목	조건
PC 하드웨어	Windows PC 또는 Mac
CPU	Intel Core i5 이상, 가상화 지원 기능(VT)
RAM(메모리)	최소 8GB, 추천 16GB
운영체제	macOS High Sierra 버전 10.13 이상 Windows 10 버전 1803 이상 64bit
인터넷 환경	브로드밴드 접속 환경(50Mbps 이상)

▼ 표 10 PC에 설치하는 소프트웨어 패키지

OS	패키지	최소 버전
Windows 10	버추얼박스	5.2.8
	Vagrant	2.1.2
	git	2.9.0
macOS	버추얼박스	5.1.10
	Vagrant	2.0.3
	git	2.17.0

저자의 환경에서 확인한 버전으로 이후 출시된 버전에서도 문제 없이 동작할 것이다.

▼ 표 11 GlusterFS 가상 서버의 스펙

노드	항목	요건
Heketi	호스트 이름	heketi
	리눅스	우분투 16.04 LTS x86_64
	Host only(Private) IP 주소	172.20.1.20
	Vcpu	1
	메모리	512MB
Gluster #1	호스트 이름	gluster1
	리눅스	우분투 16.04 LTS x86_64
	Host only(Private) IP 주소	172.20.1.21
	vCPU	1
	메모리	512MB

노드	항목	요건
Gluster #2	호스트 이름	gluster2
	리눅스	우분투 16.04 LTS x86_64
	Host only(Private) IP 주소	172.20.1.22
	vCPU	1
	메모리	512MB
Gluster #3	호스트 이름	gluster3
	리눅스	우분투 16.04 LTS x86_64
	Host only(Private) IP 주소	172.20.1.23
	vCPU	1
	메모리	512MB

(3) 사용 방법

깃헙의 리포지터리를 Clone하고 'vagrant up'을 실행하면 몇 분 안에 GlusterFS가 기동한다.

실행 예 18 GlusterFS 클러스터 기동

```
$ git clone https://github.com/Jpub/15_DandK.git
$ cd 15_DandK/vagrant-glusterfs/
$ vagrant up
```

가상 컴퓨터를 종료하고 자원을 해제하려면 Vagrantfile이 있는 디렉터리에서 다음 명령을 실행한다. 나중에 다시 기동하려면 'vagrant up'을 실행하면 된다.

실행 예 19 GlusterFS 클러스터 중지

```
$ vagrant halt
```

가상 머신을 삭제하려면 다음 명령어를 실행한다. 데이터도 함께 지워지는 것에 주의하기 바란다.

실행 예 20 GlusterFS 클러스터 삭제

```
$ vagrant destroy
```

2.4 프라이빗 레지스트리

이번 절에서는 프라이빗 레지스트리를 만들어 본다. 그러면 여러분의 PC에 컨테이너의 이미지를 저장할 수 있는 레지스트리를 운영할 수 있다.

이 학습 환경은 도커 컴포즈(Docker Compose)를 사용한다. 여기서 사용할 코드는 깃헙 리포지터리(https://github.com/Jpub/15_DandK/tree/master/registry)에 MIT 라이선스로 공개하고 있어 누구나 무료로 사용할 수 있다.[6] 한편, 자체 서명 인증서를 사용하고 있기 때문에 퍼블릭 클라우드에서는 이미지를 다운로드할 수 없다.

(1) 시스템 구성

여기서 구성할 프라이빗 레지스트리에 등록된 컨테이너 이미지는 PC의 디스크에 저장되기 때문에 레지스트리를 정지해도 등록된 이미지는 사라지지 않는다. 이 레지스트리는 다음과 같은 기능을 제공한다.

- 도커 커맨드로 레지스트리에 로그인(login), 로그아웃(logout), 등록(push), 삭제(rmi), 목록 조회(images), 실행(run), 다운로드(pull)
- 브라우저에서 레지스트리가 보유하는 모든 리포지터리를 나열하고, 상세 내용 조회

그림 5는 이러한 기능을 실현하기 위한 아키텍처다. 그림에서 상자는 컨테이너를 의미한다. 각각의 역할은 다음과 같다.

- 컨테이너 nginx는 HTTPS 5043 포트를 열고 registry에 대한 프록시 역할을 수행한다.
- 컨테이너 front-end는 registry의 프런트엔드로 브라우저에서 접근 가능한 UI를 제공한다.
- 컨테이너 registry는 레지스트리 서버다.

---

6   보충 면책 조항: 부록 1.3 시작 부분의 각주를 참고하기 바란다.

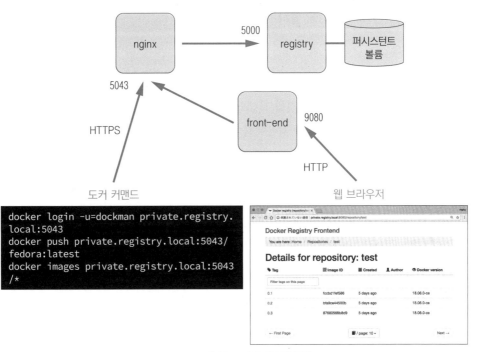

▲ 그림 5 레지스트리의 시스템 구성

(2) 준비 작업

자체 서명된 인증서를 사용하기 위해 다음의 준비 작업이 필요하다.

준비 1: PC의 hosts 파일에 도메인 이름 등록

자체 서명 인증서의 도메인 이름에 접속할 수 있도록 PC의 hosts 파일에 다음과 같이 기재한다. 여기서 '192.168.1.25'는 컨테이너를 호스트하는 PC나 가상 서버의 IP 주소다. DHCP로 IP 주소를 취득하는 경우는 IP 주소를 확인하고 설정하도록 한다. 부록 1.3 가상 서버(Vagrant)에서는 'private_network 172.16.10.10'을 설정한다.

hosts 파일에 추가

```
1    192.168.1.25    private.registry.local
```

준비 2: 자체 서명 인증서를 PC에 설치

● macOS의 경우

macOS에서는 자체 서명 인증서를 키 체인에 등록해야 한다. 도메인 이름 'private.registry.local'로 작성한 자체 서명 인증서가 깃헙 저장소 https://github.com/Jpub/15_DandK/tree/master/registry의 'auth' 폴더에 있으니 이를 사용한다. 독자가 직접 자체 서명 인증서를 만드는 방법은 후술한다.

1. '키체인 접근'을 실행하고 다음을 선택한다. '키체인:시스템' → '카테고리:인증서'
2. auth/domain.crt 파일을 키체인의 인증서 목록에 드래그 앤 드롭 한다.
3. piravate.registry.local을 더블 클릭 한다.
4. 팝업 창의 '신뢰'를 확장하고, 이 인증서 사용 시 '항상 신뢰'를 선택한다.
5. 도커를 다시 시작한다.
6. 'docker-compose up -d'로 레지스트리, 프록시, 프런트엔드를 기동한다.
7. 레지스트리에 로그인한다.

● Windows의 경우

저자의 도커 툴박스 환경에서 개인 리포지터리로 연결을 시도했지만, 불행히도 성공하지 못했다. 도커 툴박스의 기능적 한계로 예상된다.

(3) 레지스트리 기동과 정지

레지스트리를 기동하고 정지할 때는 docker-compose 명령어를 사용한다.

실행 예 21 레지스트리 기동

```
$ git clone https://github.com/Jpub/15_DandK.git
$ cd 15_DandK/registry
$ docker-compose up -d
```

실행 예 22 레지스트리 정지

```
$ docker-compose stop
```

실행 예 23 레지스트리 다시 시작

```
$ docker-compose start
```

실행 예 24 레지스트리 삭제

```
$ docker-compose down --rm all
```

(4) 도커 커맨드에서 사용

도커 커맨드에서 프라이빗 레지스트리를 사용하는 방법을 알아보자. 로그인 시 ID는 'dockman', 암호는 'qwerty'다.

실행 예 25 레지스트리에 로그인

```
$ docker login -u=dockman private.registry.local:5043
Password:
Login Succeeded
```

실행 예 26 도커 허브에서 이미지를 다운받아 개인 레지스트리에 등록

```
$ docker pull ubuntu:18.04
$ docker tag ubuntu:18.04 private.registry.local:5043/ubuntu:18.04
$ docker push private.registry.local:5043/ubuntu:18.04
```

실행 예 27 개인 레지스트리에서 이미지를 로컬에 복사

```
$ docker pull private.registry.local:5043/alpine
Using default tag: latest
latest: Pulling from alpine
Digest: sha256:0873c923e00e0fd2ba78041bfb64a105e1ecb7678916d1f7776311e45bf5634b
Status: Image is up to date for private.registry.local:5043/alpine:latest
```

실행 예 28 컨테이너 실행

```
$ docker run -it --rm private.registry.local:5043/busybox ps
PID   USER     TIME COMMAND
    1 root      0:00 ps
```

```
$ docker rmi private.registry.local:5043/fedora:latest
Untagged: private.registry.local:5043/fedora:latest
Untagged: private.registry.local:5043/fedora@sha256:c4cc32b09c6ae3f1353e7e33a8dda
93dc41676b923d6d89afa996b421cc5aa48

$ docker images private.registry.local:5043/fedora:latest
REPOSITORY              TAG               IMAGE ID        CREATED        SIZE
```

실행 예 30 레지스트리에서 로그아웃

```
$ docker logout private.registry.local:5043
```

(5) 브라우저로부터 레지스트리에 접근

브라우저를 실행하는 PC의 hosts 파일에 private.registry.local의 IP 주소가 등록되어 있으면 프런트엔드 화면에 접속할 수 있다.

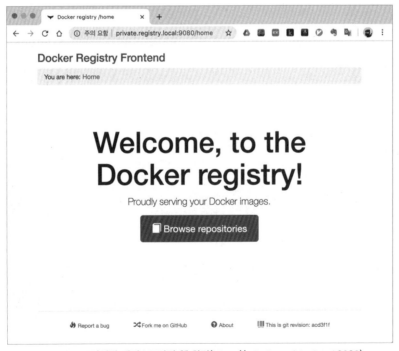

▲ 그림 6 프라이빗 레지스트리의 웹 화면(https://private.registry.local:9080)

(6) 자체 서명 인증서 만드는 방법

이번에는 TLS 암호화를 위해 FQDN(Fully Qualified Domain Name)에 대한 자체 서명 인증서를 만드는 방법을 알아보자.

여기서 설정한 옵션을 보면 '–days 3650'으로 유효 기간을 10년으로 설정하고, 2048비트의 키를 생성하여 domain.key에 저장한 후, 인증서는 domain.crt에 저장하고 있다. 그리고 입력 항목에서는 Common Name에 FQDN을 입력하고 있다.

실행 예 31 자체 서명 인증서 만들기

```
$ cd auth
$ openssl req -x509 -nodes -days 3650 -newkey rsa:2048 -keyout domain.key -out
domain.crt
Generating a 2048 bit RSA private key
...............................+++
............+++
writing new private key to 'domain.key'
-----
You are about to be asked to enter information that will be incorporated
into your certificate request.
What you are about to enter is what is called a Distinguished Name or a DN.
There are quite a few fields but you can leave some blank
For some fields there will be a default value,
If you enter '.', the field will be left blank.
-----
Country Name (2 letter code) []:JP
State or Province Name (full name) []:Tokyo
Locality Name (eg, city) []:Koto
Organization Name (eg, company) []:
Organizational Unit Name (eg, section) []:
Common Name (eg, fully qualified host name) []:private.registry.local
Email Address []:
```

(7) 로그인 비밀번호 작성 방법

registry의 Basic 인증에 대한 사용자 ID와 암호는 registry 컨테이너에 들어 있는 'htpasswd'를 사용하여 생성하고 등록한다.

```
docker run --rm --entrypoint htpasswd registry:2 -Bbn dockman qwerty > auth/nginx.
htpasswd
```

(8) 쿠버네티스의 도커 엔진에서 이용하는 경우

쿠버네티스에서 자체 서명 인증서를 사용하는 레지스트리를 이용하려면 해당 인증서를 쿠버네티스가 사용하는 도커 엔진에 등록해야 한다. 이때 K8s 클러스터의 모든 노드에 등록해야 하며, 각 노드의 hosts 파일에 IP 주소와 FQDN도 등록해야 한다.

노드 중 하나에 로그인하여 '/etc/docker' 디렉터리에 인증서를 보관할 디렉터리 'certs.d'를 만들고 그 밑에 'FQDN:포트번호' 형식으로 디렉터리를 만든다. 그리고 그 디렉터리에 domain. crt 등의 인증서를 배치한다.

실행 예 33 인증서 배치용 디렉터리 작성

```
# cd /etc/docker/
# mkdir -p certs.d/private.registry.local:5043
```

그런 다음 노드의 '/etc/hosts' 파일에 IP 주소와 FQDN을 등록한다. IP 주소는 노드에서 접근 가능해야 한다. registry 컨테이너가 PC의 도커 환경에서 실행되고 있다면 PC의 IP 주소를 지정한다. 그리고 가상 서버에서 실행되고 있다면 가상 서버의 IP 주소를 지정한다.

'/etc/hosts' 파일에 추가

1	192.168.1.25	private.registry.local

(9) 인증이 필요한 레지스트리를 K8s 클러스터에서 접근하는 방법

K8s의 시크릿에 레지스트리의 FQDN과 사용자 ID 및 암호를 저장한다.

실행 예 34 레지스트리의 인증 정보를 K8s 시크릿에 등록

```
$ kubectl create secret docker-registry registry-auth --docker-server=private.registry.
local:5043 --docker-username=dockman --docker-password=qwerty --docker-email=xxx@yyy
secret "registry-auth" created
```

'kubectl create secret docker-registry 〈시크릿명〉'을 실행할 때 지정할 수 있는 옵션은 다음
과 같다.

▼ 표 12 시크릿 등록 매개 변수

파라미터	개요
--docker-server=	레지스트리의 FQDN:포트번호
--docker-username=	레지스트리의 유저 ID
--docker-password=	레지스트리의 패스워드
--docker-email=	메일 주소

다음은 프라이빗 레지스트리에 등록된 이미지를 지정하는 파드 매니페스트의 예다. 'image
PullSecrets[0].name'에 위에서 작성한 시크릿의 이름을 지정하고 있다.

레지스트리 서버를 파드로 기동하는 YAML 파일

```
1    apiVersion: v1
2    kind: Pod
3    metadata:
4      name: ubuntu
5    spec:
6      containers:
7      - name: nginx
8        image: private.registry.local:5043/ubuntu:18.04
9        command: ["tail","-f","/dev/null"]
10     imagePullSecrets:
11       - name: registry-auth
```

3 학습 환경 3

IBM이나 구글의 클라우드 서비스를 사용해
K8s 클러스터를 구축

퍼블릭 클라우드를 사용할 수 있는 능력은 IT 개발자에게 매우 중요한 능력이다. 적은 시간으로 높은 품질의 서비스를 구현할 수 있기 때문이다. IT 전문가로서의 가치를 더욱 높이기 위해서는 기술의 근간을 이해하여 필요에 맞게 솔루션을 적절히 조합할 수 있어야 한다. 여기서는 퍼블릭 클라우드에서 제공하는 쿠버네티스 관리 서비스를 사용하는 방법을 알아본다.

3.1 IBM Cloud Kubernetes Service

이번 절에서는 IBM의 클라우드 서비스 중 하나인 IBM Cloud Kubernetes Service(이하 IKS)를 사용해 멀티 노드로 구성된 학습 환경을 구축하는 방법을 알아볼 것이다. 주의할 것은 IKS를 사용하면 요금이 발생한다는 점이다. 또한, IBM Cloud는 데이터 센터마다 글로벌 IP의 서브넷을 사용자의 VLAN에 할당하기 때문에 공인 IP의 서브넷 이용 요금이 발생한다.

(1) IKS란?

IKS는 IBM Cloud의 쿠버네티스 관리 서비스로서 CNCF의 쿠버네티스 적합 인증 프로그램 시험을 통과했다. 한국에서는 하나의 존(데이터 센터)에서 인스턴스를 시작할 수 있으며, 노드는 가상 서버 혹은 베어 메탈을 선택할 수 있다.

(2) IBM Cloud의 계정 생성

IKS 표준 클러스터를 사용하려면 계정을 만들고 결제를 위한 신용 카드 정보를 등록해야 한다. https://cloud.ibm.com/에 접속하여 'IBM Cloud 계정 생성'을 클릭한다. 계정 개설 화면이 나타나면 화면의 안내에 따라 등록을 진행한다.

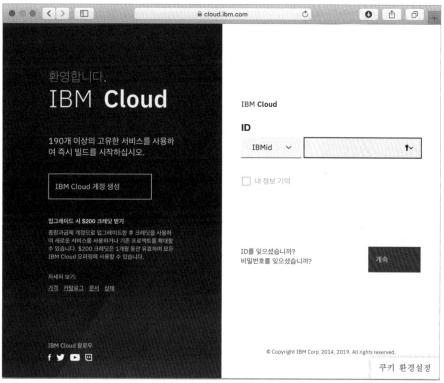

▲ 그림 1 IBM Cloud의 로그인 화면

(3) IKS 클러스터 생성

IBM Cloud에 로그인하면 대시보드가 표시된다. 그림 2의 왼쪽 상단에 있는 메뉴 아이콘을 클릭하여 확장된 메뉴 중에서 Kubernetes를 클릭한다.

▲ 그림 2 IBM Cloud에 로그인 후 표시되는 대시보드 화면

'클러스터 작성' 버튼이 표시되면 클릭하고 진행한다.

▲ 그림 3 쿠버네티스 관리 화면

그러면 K8s 클러스터를 만드는 데 필요한 정보를 입력할 수 있게 화면이 나타난다. 위에서부터 순서대로 입력 항목을 살펴보자.

'플랜 선택'에서는 '표준 클러스터'를 선택한다. '클러스터의 유형 및 버전'에서는 Kubernetes의 '안정적(Stable), 기본값'이 붙은 버전을 선택한다. '환경 선택'에서는 '클래식 인프라'를 선택하고 다음 항목에 대해 입력한다.

- '클러스터 이름'에는 영어와 숫자로 구성된 이름을 입력
- '태그'는 필요에 따라 설정
- '리소스 그룹'은 'Default'를 선택
- '지역'은 '아시아 태평양'을 선택

위치는 다음과 같이 선택한다.

- '가용성'은 '단일 구역'을 선택
- '작업자 구역'은 '서울 01'을 선택
- '마스터 서비스 엔드포인트'는 '공용 엔드포인트만'을 선택

기본 작업자 풀은 다음과 같이 선택한다.

- '특성'에서 '2개 vCPU 4GB RAM'을 선택
- '작업자 노드'는 '2' 또는 그보다 큰 값을 선택

필수 항목을 입력하면 작성 버튼이 활성화된다. 버튼을 클릭하면 작성이 시작된다. 잠시 뒤에 클러스터에 액세스하는 방법이 표시되는 페이지로 넘어간다. 해당 지침에 따라 CLI 도구를 설치하고 설정하도록 한다. 가이드 화면의 마지막에 나오는 '다음 단계:지속적 딜리버리 사용'은 무시하고 넘어간다.

한 가지 주의할 것은 로드밸런서 및 인그레스 컨트롤러를 위해 공용 IP 서브넷을 취득한다는 점이다. 이는 클러스터 구성의 필수 기능이기 때문에 클러스터 생성 시 자동으로 취득한다. 이 서브넷은 '포터블 서브넷'이라 불리며 추가적으로 월별 요금이 발생한다.

(4) kubectl을 사용하여 클러스터에 접근

웹에서 생성된 쿠버네티스의 페이지로 들어가서 '액세스' 탭을 클릭하면 kubectl을 설정하는 방법이 표시된다. 안내에 따라 설정을 진행한다.

쿠버네티스를 조작하기 위해서는 ibmcloud 커맨드(이전 명칭은 bluemix 커맨드)와 kubectl이 필요하다. 설치 방법은 액세스 탭의 안내에도 나와 있고, IBM Cloud CLI 시작하기(https://cloud.ibm.com/docs/cli?topic=cli-getting-started)도 참고하기 바란다.

지금부터의 설명은 'IBM Cloud CLI 및 Developer Tools'가 설치되었음을 가정하고 진행하겠다.

ibmcloud 커맨드로 로그인한다.

실행 예 1 CLI를 사용하여 IBM Cloud에 로그인

```
$ ibmcloud login -a https://cloud.ibm.com
```

이어서 kubectl이 IKS 클러스터에 액세스할 수 있도록 설정한다. 작성된 클러스터 ID를 가지고 다음 명령어를 실행한다.

실행 예 2 KUBECONFIG 정보 취득

```
$ ibmcloud ks cluster-config {작성된 클러스터 ID}
```

그러면 kubectl의 콘텍스트가 추가된다. 실행 예 3에서는 현재 등록된 콘텍스트의 목록을 확인하고 사용할 콘텍스트를 설정하고 있다.

실행 예 3 kubectl config로 조작할 K8s 클러스터 선택

```
$ kubectl config get-contexts
CURRENT   NAME      CLUSTER             AUTHINFO           NAMESPACE
*         gke-1     gke_intense-base    gke_intense-base
          iks-1     iks-1               takara@jp.ibm.com  default
          study2    vagrant-k8s         admin
$ kubectl config use-context iks-1
Switched lo context "iks-1".
$ kubectl config current-context
iks-1
```

K8s 클러스터와의 연결을 확인하기 위해 'kubectl get node' 명령어를 실행해 본다. 버전 부분에 표시된 '+IKS'를 통해 IKS의 K8s 클러스터에 연결되어 있는 것을 알 수 있다.

실행 예 4 kubectl로 노드 목록 출력

```
$ kubectl get node
NAME            STATUS   ROLES    AGE   VERSION
10.132.253.17   Ready    <none>   2h    v1.11.3+IKS
10.192.9.105    Ready    <none>   2h    v1.11.3+IKS
10.193.10.41    Ready    <none>   2h    v1.11.3+IKS
```

NodePort로 서비스를 공개하기 위해 노드의 공용 IP 주소를 알고 싶은 경우가 있다. IBM Cloud 콘솔에서 확인해도 되지만, 실행 예 5와 같이 ibmcloud 커맨드로도 확인할 수 있다.

실행 예 5 ibmcloud로 노드 목록 출력

```
$ ibmcloud ks workers --cluster {작성된 클러스터 ID}
ID                       Public IP     Private IP     Flavor             State
Zone     Version
kube-bkssh3c...-0000011c 165.***.**.*  10.193.10.58   u3c.2x4.encrypted  Normal
tok05  1.13.8_1529
kube-bkssh3c...-00000216 165.***.**.** 10.193.10.14   u3c.2x4.encrypted  Normal
tok05  1.13.8_1529
```

(5) 공인 IP로 서비스 공개

IKS에서는 NodePort를 열면 인터넷에 연결된 공용 IP로 서비스가 공개된다. 실행 예 6은 '스텝 09 서비스'의 매니페스트를 적용한 예다.

실행 예 6 NodePort를 통해 공인 IP로 서비스 공개

```
## 매니페스트 적용
$ kubectl apply -f deploy-svc.yml
deployment.apps/web-deploy created
service/web-service created

## NodePort로 서비스 공개
$ kubectl apply -f svc-np.yml
service/web-service-np created

## NodePort 번호 확인
$ kubectl get svc
NAME            TYPE        CLUSTER-IP       EXTERNAL-IP    PORT(S)       AGE
kubernetes      ClusterIP   172.21.0.1       <none>         443/TCP       2h
web-service     ClusterIP   172.21.227.124   <none>         80/TCP        27s
web-service-np  NodePort    172.21.76.152    <none>         80:31045/TCP  5s

## 실행 예 7에서 얻은 공용 IP와 NodePort 번호로 접근
$ curl http://165.**.**.*:31045/
<!DOCTYPE html>
<html>
<head>
<title>Welcome to nginx!</title>
```

또한, 실행 예 7과 같이 로드밸런서 서비스를 추가하여 HTTP 포트를 공개할 수 있다.

실행 예 7 로드밸런서와 공용 IP로 서비스 공개

```
## 로드밸런서 매니페스트 적용
$ kubectl apply -f svc-lb.yml
service/web-service-lb created

## 로드밸런서 서비스 시작 확인
$ kubectl get svc
NAME            TYPE          CLUSTER-IP       EXTERNAL-IP      PORT(S)       AGE
kubernetes      ClusterIP     172.21.0.1       <none>           443/TCP       3h
web-service     ClusterIP     172.21.227.124   <none>           80/TCP        33m
web-service-lb  LoadBalancer  172.21.127.244   128.***.**.***   80:30476/TCP  6s
```

```
web-service-np    NodePort       172.21.76.152    <none>        80:31045/TCP    32m

## 인터넷에 연결된 HTTP 포트로 접근
$ curl http://128.***.**.***/
<!DOCTYPE html>
<html>
<head>
<title>Welcome to nginx!</title>
```

(6) 프라이빗 레지스트리 서비스 이용

IBM Cloud의 프라이빗 레지스트리 서비스에 등록된 이미지를 사용하려면 먼저 인증 정보를 담은 시크릿을 만들어야 한다. 그리고 파드의 매니페스트에서 해당 시크릿을 지정하면 된다. 그러면 IBM Cloud의 쿠버네티스 이외에서도 이미지를 다운받을 수 있다.

파일 1 IBM의 프라이빗 레지스트리에 등록된 이미지를 사용하는 매니페스트

```
1    apiVersion: v1
2    kind: Pod
3    metadata:
4      name: nginx-pod
5    spec:
6      containers:
7      - name: nginx
8        image: jp.icr.io/takara/webpage:v1
9        ports:
10       - containerPort: 80
11     imagePullSecrets:    ## 프라이빗 레지스트리를 사용하기 위한 옵션
12     - name: tokyo         ## 인증 정보가 담긴 시크릿의 이름
```

다음의 실행 예에서는 시크릿에 인증 정보를 저장하고 있다. 이를 통해 'tokyo'라는 이름의 시크릿이 만들어진다.

시크릿을 만드는 명령어는 'kubectl create secret docker-registry 시크릿명 파라미터'다. 필수적으로 입력해야 될 파라미터는 다음 세 가지다.

- --docker-server=레지스트리 서비스의 URL
- --docker-username=iamapikey
- --docker-password=api-key

실행 예 8 개인 레지스트리의 인증 정보를 시크릿에 등록

```
$ kubectl create secret docker-registry tokyo --docker-server=jp.icr.io -docker-
username=iamapikey --docker-password=2VFfJ60oLXQuDeri91abDX9VJJDFWJxQqehyMZVaY1sv
secret/tokyo created
```

IBM Cloud의 레지스트리 서비스의 API 키는, 포털 화면의 메뉴 바에서 '관리' → '액세스 IAM' → 'API 키'에서 'IBM Cloud API 키 작성' 버튼을 클릭하여 만든다. 이름을 입력하고 '만들기' 버튼을 클릭하면 API 키가 생성되어 화면에 표시된다. 표시된 API 키를 복사하여 잘 보관한다. 이후 다시 표시할 수 없으니 분실하지 않도록 주의한다. 자세한 내용은 IBM Cloud Container Registry 액세스 자동화(https://cloud.ibm.com/docs/Registry?topic=registry-registry_access&locale=ko)를 참고한다.

실행 예 9 IBM Cloud 레지스트리 서비스에서 이미지를 다운받는 방법

```
## IBM Cloud CLI 로그인
$ ibmcloud login -a cloud.ibm.com
API endpoint: https://cloud.ibm.com
<중략>

Select a region (or press enter to skip):
1. au-syd
2. jp-osa
3. jp-tok
4. eu-de
5. eu-gb
6. us-south
7. us-east
Enter a number> 3
<중략>

## IBM Cloud 레지스트리 서비스에 로그인
$ ibmcloud cr login
Logging in to 'jp.icr.io'...
Logged in to 'jp.icr.io'.

OK

## 대상 지역을 선택
$ ibmcloud cr region-set
Choose a region
1. ap-north ('jp.icr.io')
```

```
  2. ap-south ('au.icr.io')
  3. eu-central ('de.icr.io')
  4. global ('icr.io')
  5. uk-south ('uk.icr.io')
  6. us-south ('us.icr.io')
Enter a number ()> 1
The region is set to 'ap-north', the registry is 'jp.icr.io'.

OK


## 이미지를 등록할 네임스페이스를 등록
$ ibmcloud cr namespace-add ldkns

## 레지스트리에 등록할 이미지 태그 생성
$ docker tag centos:7 jp.icr.io/ldkns/centos:7

## 레지스트리 서비스에 등록한 이미지 목록
$ ibmcloud cr images
Repository              Tag   Digest        Namespace   Created        Size
Security status
jp.icr.io/ldkns/centos  7     3a8eef8d0a81  ldkns       3 months ago   9.7 MB
2 Issues

## ibmcloud에 로그인되었으므로 도커 커맨드로 이미지 취득 가능
$ docker pull jp.icr.io/ldkns/centos:7
```

(7) IKS 사용 후 리소스 정리

사용이 끝난 K8s 클러스터를 삭제하려면 클라우드 콘솔 화면 오른쪽 상단의 메뉴 아이콘을 클릭하고 '클러스터 삭제'를 선택한다. 확인 창이 나타나면 요청하는 문자열을 입력하고 '삭제'를 클릭하면 삭제된다.

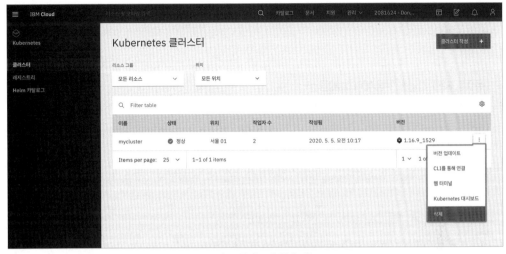

▲ 그림 4 클러스터 삭제 메뉴

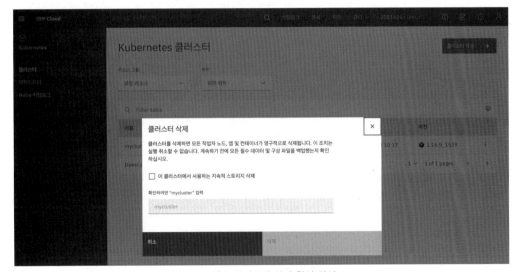

▲ 그림 5 클러스터 삭제 확인 화면

(8) IKS 감시 기능과 Helm 카탈로그

IKS 관리 화면에는 쿠버네티스 패키지 매니저인 'Helm 카탈로그'라는 탭이 있다. 카탈로그를 클릭하면 상세 내용과 설치법을 확인할 수 있다. 카탈로그 중에는 IKS 전용 패키지가 아닌 것도 있으니 적용 전에 상세 내용을 충분히 검토한다.

참고 자료에 IKS의 개요[1], 모니터링[2], 로그 분석[3], 커맨드 라인 도구[4]를 기재하였으니 참고하기 바란다.

무료로 사용 가능한 쿠버네티스 제품

IBM Cloud Private Community Edition

IBM Cloud Private Community Edition은 누구나 무료로 다운로드하여 사용할 수 있는 쿠버네티스를 중심으로 한 소프트웨어 제품의 학습용 버전이다.

IBM의 미들웨어 제품인 WebSphere Liberty, Db2, MQ 등을 쉽게 사용할 수 있으며, Java용 CI/CD 도구도 포함되어 있다.

향후 IBM Watson 관련 소프트웨어와도 연동될 예정이다.

유료 버전은 상업적 목적으로 사용할 수 있으며, IBM의 지원을 받을 수 있다.

🚫 IBM Cloud Private은 IBM Cloud Paks로 명칭이 변경되었다. IBM이 레드햇을 인수함에 따라 향후 IBM Cloud Paks와 OpenShift 제품 체계의 변화가 예상된다. 집필 시점에서는 IBM Cloud Private Community Edition이라는 이름을 사용하고 있다.

참고 자료

1. 커뮤니티 에디션 설치 방법, https://github.com/IBM/deploy-ibm-cloud-private
2. 'IBM Cloud Technical Community'로 검색(URL이 자주 변경되니 구글 검색을 추천)

3.2 Google Kubernetes Engine

이번 절에서는 구글의 클라우드 서비스인 Google Kubernetes Engine(GKE)을 사용하는 방법을 알아본다. 무료 이용 기간이 종료되면 요금이 발생하기 때문에 사용이 끝난 인스턴스들은 반드시 삭제하기 바란다.

(1) GKE란?

GKE는 구글의 퍼블릭 클라우드 Google Cloud Platform(GCP)에 있는 서비스 중 하나다. 원래 쿠버네티스가 구글의 Borg(보그)에서 파생되었고 많은 커미터를 보유했기 때문에 쿠버네티스의 본가로 인식되고 있다.

(2) GKE 설치 방법

GCP 계정을 가지고 있지 않은 경우는 https://cloud.google.com/에 접속하여 계정을 취득하도록 한다. 계정 취득 후, GCP 콘솔에 로그인하면 그림 6과 같은 화면이 표시된다.

▲ 그림 6 Google Cloud Platform 콘솔 화면

웹 브라우저 화면의 왼쪽 상단 끝에 있는 '탐색 메뉴' 아이콘(가로 선 3개로 구성된 아이콘)을 클릭하여 메뉴를 표시한다. 그리고 메뉴 항목 중에서 '컴퓨팅' 그룹의 'Kubernetes Engine'을 클릭한다.

그림 7과 같이 진한 색으로 처리된 '클러스터 만들기'를 클릭하여 계속 진행한다.

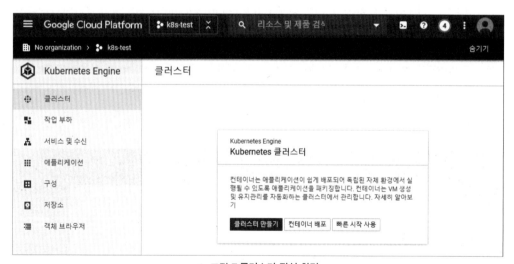

▲ 그림 7 클러스터 작성 화면

클러스터를 만들기 위한 화면으로 전환되면 클러스터 작성에 필요한 항목을 설정한다. 여기서는 최소한의 항목만으로 클러스터를 만들어 본다.

- 이름에는 클러스터를 식별할 수 있는 이름을 지정한다.

'위치 유형'은 '리전'을 선택하고 이어지는 항목을 다음과 같이 선택한다.

- 'asia-northeast1'을 선택
- 마스터의 버전은 정적 버전의 기본값을 선택

노드 풀의 'default-pool'을 선택하여 다음 항목을 설정한다.

- 노드 수는 2개 이상을 설정한다.
- 노드 스펙은 'N1' 시리즈, 머신 유형은 커스텀으로 '1vCPU, 1GB'를 설정한다.

위와 같이 설정한 후 만들기 버튼을 클릭하여 클러스터를 생성한다.

(3) kubectl 설정

생성한 K8s 클러스터를 조작하기 위해서는 여러분의 컴퓨터에 gcloud가 설치되어 있어야 한다. 설치 및 설정 방법은 Google Cloud SDK 설치(https://cloud.google.com/sdk/install#interactive) 를 참고한다. gcloud를 설치한 후 터미널에서 'gcloud auth login'을 실행하여 로그인까지 수행한다.

한편, 그림 8과 같이 K8s 클러스터 목록에서 연결 버튼을 클릭하면 kubectl 사용에 대한 안내 화면이 표시된다. '명령줄 액세스'의 오른쪽에 있는 '복사' 아이콘을 클릭하여 복사하고 터미널에서 실행한다.

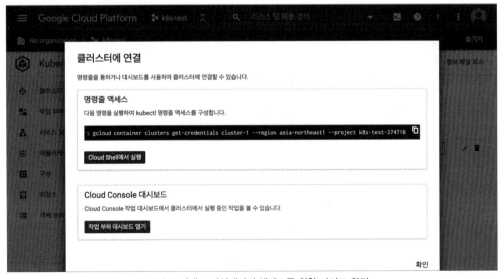

▲ 그림 8 커맨드 라인에서의 액세스를 위한 가이드 화면

```
$ gcloud container clusters get-credentials cluster-1 --region asia-northeast1
--project k8s-test-274710
Fetching cluster endpoint and auth data.
kubeconfig entry generated for cluster-1.
```

그러면 기존의 kubectl 설정 파일에 GKE에 접속하기 위한 설정이 추가된다. 실행 예 11을 보면 학습 환경 2에서 설정한 내용에 더해 GKE의 클러스터 정보가 config에 추가된 것을 알 수 있다.

실행 예 11 GKE의 K8s 클러스터의 콘텍스트가 추가된 모습

```
$ kubectl config get-contexts
CURRENT   NAME                                               CLUSTER        AUTHINFO
*         gke_k8s-test-274710_asia-northeast1_cluster-1 gke-cluster   gke-auth
          study2                                             vagrant-k8s    admin
```

콘텍스트의 이름이 길기 때문에 이름을 바꾸도록 하자. 실행 예 12에서는 'kubectl config rename-context'로 콘텍스트의 이름을 짧게 만들고 있다.

실행 예 12 콘텍스트 이름 변경

```
$ kubectl config rename-context gke_k8s-test-274710_asia-northeast1_cluster-1 gke-1
Context "gke_k8s-test-274710_asia-northeast1_cluster-1" renamed to "gke-1".

$ kubectl config get-contexts
CURRENT   NAME      CLUSTER
*         gke-1     gke-cluster
          study2    kubernetes
```

이는 부록 3.1의 IKS(IBM Cloud Kubernetes Service)에 대해서도 마찬가지다. 이처럼 여러 쿠버네티스 클러스터에 대한 콘텍스트를 등록해 놓으면 하나의 kubectl로 콘텍스트를 바꿔 가면서 조작할 수 있다.

여기서 버전을 확인해 보자. 저자의 환경에서는 kubectl의 버전이 '1.14.6'인데 마스터의 버전은 '1.14.10-gke.27'이다. 두 버전의 차이는 문제가 되지 않으니 확인만 하고 넘어가자.

실행 예 13 버전 확인

```
$ kubectl version --short
Client Version: v1.14.6
Server Version: v1.14.10-gke.27
```

이어서 K8s 클러스터를 구성하는 노드를 출력해 본다(실행 예 14). IKS와 마찬가지로 GKE도 마스터는 출력되지 않고 노드만 표시된다.

실행 예 14 노드 목록 보기

```
$ kubectl get node
NAME                                   STATUS   AGE    VERSION
gke-gke-1-default-pool-4b8e4604-mlwr   Ready    23m    v1.14.10-gke.27
gke-gke-1-default-pool-4b8e4604-t0lq   Ready    23m    v1.14.10-gke.27
```

(4) 방화벽 설정

NodePort를 사용하여 외부에 서비스를 공개하려면 포트를 공개하도록 GCP의 방화벽을 설정해야 한다. 예를 들어, 실행 예 15와 같이 NodePort 30795로 서비스를 공개하는 경우에는 gcloud 명령으로 방화벽에 권한을 부여해야 한다.

실행 예 15 NodePort로 30795를 사용하는 경우

```
$ kubectl get svc
NAME            TYPE        CLUSTER-IP     EXTERNAL-IP   PORT(S)        AGE
kubernetes      ClusterIP   10.7.240.1     <none>        443/TCP        1h
web-service     ClusterIP   10.7.245.247   <none>        80/TCP         7m
web-service-np  NodePort    10.7.243.165   <none>        80:30795/TCP   7m
```

실행 예 16에서는 gcloud 명령으로 방화벽을 설정하여 포트를 허용하고 있다. 명령어에서 'create'를 'delete'로 바꾸면 방화벽 규칙을 삭제할 수 있다. 그리고 방화벽 규칙을 나열하려면 'list'를 사용한다.

실행 예 16 방화벽 설정

```
$ gcloud compute firewall-rules create myservice --allow tcp:30795 --project k8s-
test-274710
Creating firewall...-Created [https://www.googleapis.com/compute/v1/projects/k8s-
test-274710/global/firewalls/myservice].
Creating firewall...done.
NAME        NETWORK   DIRECTION   PRIORITY   ALLOW        DENY   DISABLED
myservice   default   INGRESS     1000       tcp:30795           False
```

노드의 공인 IP 주소(EXTERNAL_IP)는 gcloud 커맨드로 확인할 수 있다(실행 예 17). 해당 IP 주소와 포트는 인터넷에 연결된 PC에서 접근할 수 있다(실행 예 18).

실행 예 17 노드의 IP 주소 출력

```
$ gcloud compute instances list --project k8s-test-274710
NAME                                  MACHINE_TYPE  INTERNAL_IP EXTERNAL_IP
gke-gke-1-default-pool-4b8e4604-mlwr n1-standard-1 10.146.0.3  35.***.**.***
gke-gke-1-default-pool-4b8e4604-t0lq n1-standard-1 10.146.0.2  104.***.***.**
```

실행 예 18 curl 명령어로 GKE의 NodePort 서비스에 액세스

```
$ curl http://35.***.***.***:30795/
<!DOCTYPE html>
<html>
<head>
<title>Welcome to nginx!</title>
```

(5) 레지스트리 서비스 사용

GKE 레지스트리 서비스는 Container Registry의 퀵 스타트 문서(https://cloud.google.com/container-registry/docs/quickstart)에 나오는 지침에 따라 'Container Registry API'를 사용하도록 설정한다. 이미지를 등록하는 과정은 스텝 01의 실행 예 18을 참고하도록 한다.

다음 실행 예 19에서는 Container Registry에 등록된 이미지를 쿠버네티스에서 돌리고 있다.

실행 예 19 GKE의 레지스트리 서비스 사용

```
## 레지스트리에 저장된 이미지의 목록
$ gcloud container images list --project k8s-test-274710
NAME
gcr.io/k8s-test-274710/centos

$ gcloud container images list-tags gcr.io/k8s-test-274710/centos
DIGEST       TAGS  TIMESTAMP
39eda93d1586  7    2020-04-24T10:05:04

## 클러스터의 접속 설정
$ gcloud container clusters get-credentials cluster-1 --region asia-northeast1
--project k8s-test-274710
Fetching cluster endpoint and auth data.
```

```
kubeconfig entry generated for cluster-1.

## 노드 목록 출력
$ kubectl get node
NAME                                  STATUS AGE  VERSION
gke-gke-1-default-pool-4b8e4604-mlwr Ready  30m  v1.14.10-gke.27
gke-gke-1-default-pool-4b8e4604-t0lq Ready  30m  v1.14.10-gke.27

## 프라이빗 레지스트리로부터 이미지를 다운받아 컨테이너를 기동
$ kubectl run -it test --restart=Never --image=gcr.io/k8s-test-274710/centos:7 bash
If you don't see a command prompt, try pressing enter.
[root@test /]#
```

(6) 사용이 끝난 리소스 삭제

클라우드의 요금은 사용한 시간에 비례하여 청구되기 때문에 사용이 끝나면 반드시 리소스를
삭제하기 바란다. 깜빡하고 지우지 않으면 나중에 청구서를 보고 놀라게 될 것이다. 인스턴스를
제거하려면 K8s 클러스터 목록의 오른쪽에 있는 휴지통 아이콘을 클릭한다. 확인 창이 표시되
면 '삭제'를 클릭하여 더 이상 과금이 발생하지 않도록 한다.

▲ 그림 9 클러스터 삭제 확인 창

참고 자료

[1] IBM Cloud Kubernetes Service, https://cloud.ibm.com/docs/containers?topic=containers-getting-started

[2] IBM Cloud Monitoring, https://cloud.ibm.com/docs/Monitoring-with-Sysdig

[3] IBM Cloud Log Analysis, https://cloud.ibm.com/docs/Log-Analysis-with-LogDNA?topic=Log-Analysis-with-LogDNA-getting-started#getting-started

[4] IBM Cloud Developer Tools CLI, https://www.ibm.com/cloud/cli

✿ 찾아보기